광주 전남 시조문학사

광주 전남 시조문학사

2024년 9월 20일 인쇄
2024년 9월 25일 발행

엮은이 광주전남시조시인협회

펴낸이 강경호 편집 강나루 디자인 정찬애
펴낸곳 도서출판 시와사람
등록 1994년 6월 10일 제 05-01-0155호
주소 광주시 동구 양림로119번길 21-1(학동)
전화(062)224-5319   E-mail jcapoet@hanmail.net

ISBN 978-89-5665-735-6 03810

·잘못된 책은 구입하신 서점에서 바꾸어 드립니다.
·이 책은 광주광역시 2024문화예술민간단체 지원사업에서 제작비 일부를 지원받았습니다.
·값은 표지에 있습니다.

이 도서의 국립중앙도서관 출판예정도서목록(CIP)은
서지정보유통지원시스템 홈페이지(http://seoji.nl.go.kr)와
국가자료종합목록 구축시스템(http://kolis-net.nl.go.kr)에서
이용하실 수 있습니다.

ⓒ 광주전남시조시인협회, 2024
이 책은 저작권에 의해 보호를 받는 저작물이므로
출판사와 저자의 허락 없이 무단 전재와 복제를 금합니다.

광주 전남 시조문학사

광주전남시조시인협회

시와사람

발간사

광주 전남 시조문학의 역사를 정리하며

서연정 (광주전남시조시인협회 회장)

    시조는 우리 민족문학의 정수精髓로 천년 세월을 우리의 호흡 속에 살아 숨 쉬는 시가입니다. 고려말부터 불려왔으니 그동안 얼마나 다듬어져 왔겠습니까! 사람은 오고 가지만 당대의 삶을 음각해 낸 시조는 진실로 이 땅에 남긴 그들 혼의 필적입니다. 『광주 전남 시조문학사』의 발간을 계기로 時調가 우리 삶과 어떻게 긴밀함을 형성하며 노래되고 전승되어 왔는가를 다시 한 번 확인할 수 있습니다.

    광주전남시조시인협회에서는 2024년 협회의 중대한 사업으로 『광주 전남 시조문학사』 발간을 기획하였습니다. 이 책이야말로 광주와 전남의 시조문학사를 온새미로 저술한 책자입니다. 시조의 문학적 가치를 재고하고 시조시인의 위상을 재정립하는 일이야말로 우리 협회의 역할이기에 산적한 난제를 극복하며 진행하였습니다. 광주와 전남을 중심으로 활동하거나 출향하여 활동하는 시조시인의 자료는 우리 지역 시조단은 물론 한국시조단의 귀중한 문학사료입니다. 그러므로 치밀하게 우리 지역 시조문학 실상을 찾아 기록하고 문학자산인 시조작품을 한데 모으는 것은 이 지역 시조의 위상을 정립함은 물론이고, 세계적 문학 자산을 남겨 두는 일입니다. 또한 한국 현대시조문학사에서 중요한 위치를 점하고 있는 광주와 전남의 훌륭한 시인과 작품을 발굴하여 만천하에 드높이는 기록물이 될 것입니다.

『광주 전남 시조문학사』는 총3부로 구성하였습니다. 1부는 광주와 전남의 시조 발전 역사를 써 온 시조 단체 중심의 시조사와 광주에서 태동한 시조전문지의 역사를 약술했습니다. 시조 단체 중심 시조사 집필자는 윤삼현, 오종문, 서연정, 유춘홍, 유헌, 백학근 선생이며《겨레시조》,《한국동시조》,《열린시조》등 광주를 모태로 태동한 시조전문지에 대해서는 김종, 박현덕 선생께서 집필해 주셨습니다. 1부를 통해서 광주와 전남 시조단체의 줄기가 그 모습을 드러냅니다. 2부에서는 광주와 전남의 시인과 작품을 함께 들여다볼 수 있습니다. 이 부분은 다음 단락에서 좀 더 말씀드리겠습니다. 3부는『광주전남시조문학사』를 발간하는 광주전남시조시인협회의 연혁을 실었습니다. 광주전남시조시인협회는 2002년 창립하였으며 명실상부 광주와 전남 지역을 대표하는 단체입니다. 시조시인들의 면면을 살펴보면 치열한 문학적 진정성으로 우리나라 시조단을 건강하게 견인하고 입지를 굳건히 다지고 있음을 알 수 있습니다.

이 책의 2부에 대하여 다시 말씀드리자면, 시기적으로는 1920년대부터 2000년대를 망라하였습니다. 이 방대한 작업을 맡아 주신 노창수 선생은, 세밀한 자료 수집과 작가에 대한 애정을 기본적으로 가지고 있으며 허언을 배척하고 철저히 눈과 손으로 집필하는 분입니다. 집필기간, 집필료 어느 것 하나 충족되지 않는 조건임에도 시조를 아끼는 충정에서 집필을 수락하고 그 수락에 책임지기 위하여 어느 틈서리에 있는지 모르는 시인과 작품을 찾아내기 위해 불철주야 노심초사하셨습니다. 광주전남시조시인협회에서 전한 시인의 자료는 100여 명 정도였음에도 400명에 가까운 시인의 이름이 등장하고 작품과 작품평에 거론되는 시인 수가 213명에 이릅니다. 이처럼 방대한 작가와 작품 자료들을 피땀으로 기록해 주신 데 대하여 감사할 따름입니다.

저마다 맡은 분야에서 노력했습니다만, 기일의 촉박으로 체제가 치밀하지 못하거나 누락이 있을 수 있고 표현의 정확도가 떨어진 부분도 있을 것입니다. 이러한 부분에 대하여 송구스럽게 생각하며 질정이 있다면 차후 개정, 증보판을 대비하여 잘 정리하고 그것을 다음 집행부에 넘기겠습니다.

송선영, 오재열, 전원범, 김종, 노창수, 이한성, 문주환, 백학근, 윤삼현, 유춘홍, 유헌, 김강호, 박정호 선생의 자문과 협조, 정경화 본회 이사의 정리, 임성규 사무국장의 봉사 등 부족한 회장을 도와주신 많은 분들이 계셨기에 『광주 전남 시조문학사』 발간이 순조롭게 진행되었다고 생각합니다. 우리 지역 시조의 실상을 밝히고 위상을 높이려는 치열한 책임감으로 유난히도 무더운 올여름을 더욱 뜨겁게 보내신 여러분께 감사 인사를 올립니다. 이 책자가 남아 있는 한, 아니 그 이후에라도 많은 사람들은 이를 기억할 것입니다. 발간의 발판을 지원해준 광주광역시, 기꺼이 자료를 보내주신 김연동 선생, 번거로운 과정을 싫은 내색 없이 도와주신 시와사람사에도 진심으로 감사드립니다.

『광주 전남 시조문학사』가 한국 현대시조문학사에서 광주와 전남 시조문학의 위상을 재정립하는 데 이바지하고 우리나라 시조문학 연구에 유용한 기록이 되기를 바라마지 않습니다.

2024년 초가을

글머리

전원범(시인)

　면앙정 송순, 송강 정철, 고산 윤선도, 하서 김인후 등 조선 시조문학 선대는 당대 최고 시인이었으며, 모두 광주 전남 출신으로서 우리 지역의 시조 전통을 마련한 선구자이다. 우리 광주 전남의 시조문학 전통은 생래적인 것이지만 현대 시조의 부흥 운동은 타 지역에 비해 뒤늦은 감이 있는 듯하다. 그것은 근대 자유시에 대한 관심 탓 때문이 아니었을까.

　1920년 1940년 무렵 영광의 조운의 뛰어난 작품이 주목을 받으면서 현대시조와 조남령의 작품이 각광을 받기 시작했고 1970년 8월에 시조문학 부흥과 향토문학 재건을 내걸면서 〈시조예술동인회〉가 광주에 결성되면서 동인지 《영산강》이 발간되기 시작했다. 처음에는 허연, 문도채, 정덕채, 이준구, 김영자, 문삼석 등 12명이었지만 점차 확대되고 지금 광주 전남 시조시인 수가 수백 명에 이르게 된다. 50여 년만의 일이니 놀라지 않을 수 없다. 이는 전남 지역의 해남 시조단, 목포·강진 시조단, 여수·순천 시조단, 광주의 수많은 동인활동, 전남학생시조협회 토풍시, 우리시 동인, 《겨레시조》 정기간행, 《한국동시조》 장기간 간행, 시조 인구의 저변 확대, 각 협회의 활발한 조직과 운영, 학생시조 공모전, 빛고을학생시조문학제, 시조 낭송회, 시조창작 강좌, 시조 전문지 발간, 시조문학 행사 등이 빈번하게 이뤄지면서 나타난 1970년대 이후 활발한 모습들이 아니었던가 한다.

　그동안 『광주 전남 시조문학사』를 편찬하기 위해 많은 어려움을 감수하면서 노고를 아끼지 않은 분 중에서 노창수, 김종, 윤삼현, 오종문, 서연정, 유춘홍, 유헌, 백학근, 박현덕, 정경화, 임성규, 이 분들의 노고에 크게 고마움을 표하지 않을 수 없다.

일러두기

◎ 본 『광주 전남 시조문학사』는 광주와 전남에서 출생 또는 활동하는 시조시인으로 신춘문예, 문예지 당선 등 관문을 거쳐 시조부문에 정식 등단한 시인을 선정 수록하였습니다.

◎ 본 책에 등재한 내용은 광주전남시조시인협회 회원의 경우 시인 본인이 제출한 원고를 수록하였고, 작고문인 또는 연락이 잘 안 되는 시인의 경우 참고문헌의 서적, 공개된 자료, 온라인 정보(인터넷) 등의 내용을 참고하였습니다.

◎ 본 책 저술 과정 참고사항으로 광주전남시조시인협회 고문 김종 선생의 '『광주 전남 시조문학사』에 대한 기술의견'을 덧붙입니다.

먼저 지역에서 『광주 전남 시조문학사』를 작업하는 현 집행부에 수고하신다는 말씀을 드리고 문학사 기술에 대한 제 소략한 견해를 말씀드리려 합니다. 현재 추진하고 있는 『광주 전남 시조문학사』는 그 자체로 소중한 의미를 지니는 것이며 보다 완벽한 문학사를 향하여 그 작업을 치열하게 진행할 것입니다. 결론부터 말하여 모든 문학사는 기술된 것들의 차원에서 완벽한 문학사를 지향한 것들임을 밝힙니다. 그럼에도 여러 조건에 의해 한계를 안고 제작되었다는 것이 문학사 기술의 현실성이라 하겠습니다. 그래서 문학사를 비롯하여 모든 역사는 그 자체로 완성품이면서 또 다른 미완성품의 연장이라는 것입니다. 문학사는 기술된 이후에도 계속해서 또 다른 더 완벽한 문학사를 지향하는 것이고 그 상태에서 문학사는 쓰여지고 또 쓰여진다는 사실입니다. 그리 보면 우리가 생각하는 완벽한 문학사란 현실에서는 하나의 이상일 뿐 영원히 존재하지 않는다는 것입니다. 그래서 쓰여지는 모든 문학사는 낱낱으로 완성품이면서 낱낱으로 미완성품이어서 계속적으로 다시 쓰여지게 되는 것입니다. 마치나 장강의 뒷물이 장강의 앞물을 제압하면서 더 넓은 바다를 향하여 흐름을 만들어가는 이치와 동일하다는 말씀을 드리고 싶습니다.

『광주 전남 시조문학사』의 작업에서 여러 회원님이 걱정하신 의견들은 의견 자체로는 저마다 손색이 없는 맞는 말씀들이며 보다 나은 문학사 정리를 위해 필요한 조언임이 분명합니다. 허지만 그런다고 거기에만 매이다보면 문학사를 하나의 성과물로 만들어내는 데는 크나큰 어려움이 될 것이며 그 일로 아예 『광주 전남 시조문학사』 작업을 불가능하게 할지도 모른다는 것입니다. 그렇다고 일부에서 말씀하신 '협회의 문학사' 운운은 당초 필요하지도 않고 지원하는 기관의 의도도 아니니만치 여기서는 거론할 필요조차 없겠습니다. 우리는 『광주 전남 시조문학사』의 기술에서 이에 필요한 자료에 협조하고 그 이후는 찬자撰者의 능력에 그 모든 것을 맡길 수밖에 없는 것임을 강조하여 말씀드리고 『광주 전남 시조문학사』에 직접 담길 우리는 기술에 대한 결과를 기다리는 것만이 이 자리에서 우리에게 필요한 일이 아닌가 싶습니다. 제 말씀이 혹시 못마땅하게 들리셨을 수도 있겠습니다만 이것은 『광주 전남 시조문학사』 기술을 위한 엄연한 현실이며 그 현실의 어려움을 헤치면서 보다 충실한 문학사의 기술이 이루어지기를 소망합니다.

그리고 이 자리에서 덧붙이고 싶은 말은 "어부는 고기를 잡는 사람이지만 그렇다고 바다의 고기 모두를 잡을 수는 없다"는 점도 상기시켜 드리고 싶습니다. 이 자리에서 필요한 또 하나의 말은 발이 많은 지네에게 어떻게 그 많은 발을 움직여서 기어가느냐고 물었더니 그 말을 들은 다음부터는 지네가 아예 기어가지를 못하고 멈춰버리더라는 것입니다. 걱정하시는 마음들은 회장단에서 충분히 경청하였으니 이 이후는 회장단의 역량과 방침에 맡기면 어떨까 싶습니다. 이번의 『광주 전남 시조문학사』가 불충분하다면 부족한 부분은 이를 잇는 보정판도 있을 것이고 다음의 또 다른 문학사가 채워주리라는 바람을 담아서 제 말씀을 마치겠습니다.

광주 전남 시조문학사

CONTENTS

발간사 _ 서연정 / 7
글머리 _ 전원범 / 10
일러두기 / 11

PART + 01
광주 전남 시조 발전 역사

1. 광주와 전남의 시조사 약술: 단체를 중심으로 / 20

- 시조예술동인회와 《영산강》 _ 윤삼현 / 20
- 호남시조시인협회와 《시조문예》 _ 윤삼현 / 26
- 전남학생시조협회와 《토풍시》 _ 오종문 / 33
- 우리시동인- 새로운 등불을 켜다 _ 서연정 / 45
- 해남 시조단 소사- 시조의 본향, 해남 시조 문학의 약사 _ 유춘홍 / 51
- 목포, 강진, 장흥 시조단 소사 _ 유헌 / 65
- 여수, 순천 시조단 소사 _ 백학근 / 75

2. 광주와 전남의 시조사 약술: 광주에서 태동한 시조전문지 / 85

- 《겨레시조》의 세월 _ 김종 / 85
- 《한국동시조》-동시조문학의 진흥에 진력하다 _ 김종 / 93
- 정형미학의 꽃을 피운《열린시조》창간 _ 박현덕 / 112

PART + 02
광주 전남 시조문학의 시대별 발자취 _ 노창수 / 118

■ 들머리/현대 광주 전남 시조문학의 연원과 개관 / 118

- 1920년대 / 125

  조운_ 125

- 1930~1940년대 / 129

  조종현_ 130 박용철_ 131 조남령_ 135 고정흠_ 138

- 해방 이후와 1950~1960년대 / 138

  정소파_ 139 이국헌_ 143 허연_ 144 김해성_ 146 송선영_ 147 김제현_ 149 전규태_ 151 최동일_ 152 윤금초_ 154 오영빈_ 156 강인한_ 157 김만옥_ 158 최덕원_ 160 정덕채_ 161 이준구_ 163 문도채_ 164

- 1970년대 / 165

  김종_ 168 양동기_ 171 이한용_ 172 최일환_ 173 이한성_ 174 조병기_ 176
  김영재_ 177 황몽산_ 178 이정룡_ 180 박노경_ 181 여지량_ 182 허인무_ 183
  경철_ 184 허형만_ 186 최정웅_ 187 전원범_ 188 차의섭_ 190 석가정_ 191
  이재창_ 192 김옥중_ 194

- 1980년대 / 195

  김두원_ 197 용진호_ 198 김오차_ 200 오재열_ 201 손동연_ 203 김종섭_ 205
  이지엽_ 206 여동구_ 208 고규석_ 209 박녹담_ 211 정병표_ 212 김진혁_ 212
  차정미_ 214 오종문_ 215 김선희_ 216 윤삼현_ 217 박석순_ 219 박현덕_ 221
  천병태_ 222 이희란_ 223 박정호_ 224 문혜관_ 226 이남수_ 227 염광옥_ 228
  강진형_ 229

- 1990년대 / 230

  유춘홍_ 232 박태일_ 233 이성관_ 233 염창권_ 235 오기일_ 237 김진택_ 238
  노창수_ 240 김차복_ 241 이병휘_ 242 이해완_ 243 전태봉_ 244 김삼환_ 245
  조계철_ 247 황하택_ 248 임용운_ 248 천병국_ 249 임권신_ 250 차경섭_ 250
  경희준_ 251 양길섭_ 251 최상환_ 252 이복현_ 252 박재곤_ 254 설상환_ 255
  양인용_ 255 장민하_ 255 강무강_ 256 박종대_ 257 나관주_ 258 박진남_ 259
  부일송_ 260 진삼전_ 260 최말식_ 261 강정삼_ 262 김계룡_ 262 김옥동_ 265
  최지형_ 266 김철학_ 267 서연정_ 268 김동찬_ 269 정춘자_ 270 장옥순_ 271
  조재섭_ 271 정혜정_ 271 김정래_ 272 정려성_ 273 김강호_ 273 문주환_ 275
  송광룡_ 276 김산중_ 277 임성규_ 278 장수현_ 279 최양숙_ 280 이민규_ 281

- 2000년대와 그 이후 / 282

  이전안_ 285 이구학_ 287 강대규_ 289 김병효_ 289 리인성_ 291 김숙자_ 292
  배서진_ 293 장경례_ 293 이인우_ 294 오성수_ 295 조연탁_ 295 권현영_ 296
  이보영_ 297 강경화_ 298 임문자_ 300 채홍련_ 301 김진우_ 302 김용철_ 302
  이수윤_ 302 조선희_ 303 정혜숙_ 305 선안영_ 306 이송희_ 308 전학춘_ 309
  최한선_ 311 홍준경_ 312 이명희_ 313 김창현_ 314 박래흥_ 315 조성문_ 316
  박금희_ 317 박청길_ 318 강성남_ 319 박성애_ 320 이상호_ 322 양기수_ 323
  박성민_ 324 안천순_ 325 구애영_ 327 조민희_ 328 김화정_ 330 이순권_ 331
  백학근_ 332 유헌_ 333 윤갑현_ 334 이형남_ 335 문제완_ 336 강성희_ 337
  손예화_ 339 김승재_ 339 이성구_ 340 허승자_ 341 마명복_ 342 김영순_ 342
  강경구_ 343 용창선_ 344 이광호_ 345 서문기_ 346 고정선_ 348 곽호연_ 349
  고경자_ 350 차상영_ 351 이홍남_ 352 송행숙_ 353 최미선_ 354 백숙아_ 354
  강대선_ 355 최문광_ 357 전서현_ 358 김수진_ 358 오미순_ 360 김미진_ 361
  조윤제_ 362 김기평_ 363 임순희_ 364 고미선_ 365 노태연_ 366 박정희_ 367
  김상수_ 367 김현장_ 368 강원산_ 369 정경화_ 370 이문평_ 371 이금성_ 372
  최정애_ 373 이소영_ 375 김미진_ 376 김교은_ 377 손형섭_ 378 김선일_ 380
  김현경_ 381 강성재_ 382 조우리_ 383

- 2000년대 동인지 / 385
- 맺는 말 / 386

  참고문헌 / 390

PART + 03
광주전남시조시인협회 연혁

1. 조직과 운영 – 정경화 / 396

2. 협회 주요사업 – 정경화 / 400

시조전문지 발간:《광주전남시조문학》/ 400
포상: 공로상, 무등시조문학상 및 무등시조작품상 / 401
학생시조 공모전: 전국학생시조백일장과 전국빛고을학생시조문학제 / 403
시조인구 저변 확대: 시화전, 시조낭송회, 시조창작강좌, 문학행사 참관 / 405

■ **사진으로 보는 협회 발자취** – 임성규 / 410

집필진 약력 / 441

『광주 전남 시조문학사』 발간위원회 / 442

광주 전남 시조문학사
PART + 01

광주 전남의 시조 발전 역사

1. 광주와 전남의 시조사 약술: 단체를 중심으로

(1) 시조예술동인회와 《영산강》

윤삼현(시조시인, 문학평론가)

  1970년 7월 시조문학의 부흥과 향토문학의 재건을 내걸고 출발한 '시조예술 동인회'는 70년대 이 지역의 전반적인 문학예술을 선도하는 출발점 역할을 했다. 이 고장 문인들에게 생기있는 문학혼을 불어넣었고, 창작의 불꽃을 가속화하는 촉매제 역할을 했던 것이다. '시조예술 동인회'는 당시 시조시단의 중진인 정소파, '원탁동인'으로 활동하던 허 연, 문도채, 송선영 등이 주도하여 창립되었다. 여기에 《한국시단》 출신의 정덕채, 《시조문학》 등을 천료한 이준구, 양동기, 장 청, 조선일보 신춘문예 동시부문 당선자인 문삼석, 전남매일 신춘문예 당선자 최일환 등이 합세하였다. 그리하여 광주문화방송국실에서 회동하여 준비과정을 거치면서 '시조예술 동인회'를 탄생시킨 것이다. 회장에는 허 연 광주문화방숙국 국장이 추대되었고, 실무는 문도채가 맡아 월례회를 가지면서 회지인 『영산강』 발간작업을 차근차근 준비해 나갔다.
  작품집 《영산강》은 자칫 '영산강문학회'의 《영산강문학》과 비슷한 명칭으로 인해 혼동할 수도 있어 노파심에 그 구별을 밝혀둔다. 《영산강》

은 1970년 이 지역에서 창립된 시조예술 동인회의 작품집 명이다. 반면에 《영산강문학》은 1991년 3월 목포를 지역으로 목포지역 문학청년인 대학생들이 창립한 단체인 영산강문학회의 동인지다. 90년대 초 젊은 시인들이 활동한 단체란 점을 이해해주길 바란다.

시조예술 동인회는 광주·전남 지역 시조시인들이 이 지역 시조 장르에서 최초로 결성을 했고, 또 시조 동인 작품집을 최초 발간했다는 점에서 특기할 만한 일이다. 창립 회원으로 고정흠, 문도채, 문삼석, 김영자, 양동기, 송선영, 장 청, 정소파, 이준구, 허 연, 최일환, 정덕채 등 12명이 참여하였다. 시조를 전공하지 않은 문인 몇 분이 참여하고 있는 점도 자못 이색적인 장면이라 하겠다.

현대시조의 정착과 시조단 형성을 바탕으로 시조시기 구분과 관련하여 박을수는 부흥기(1895~1919), 제1기(1920~1930), 제2기 (1931~1940), 제3기(1941~1950), 제4기(1951~1960), 제5기(1961~1970), 그리고 70년대 이후를 제6기로 나눈 바 있다.[1] 필자는 그 이후를 다시 밀레니엄을 맞은 제7기(1971~2000)로, 제8기를 디지털 발달과 4차 산업화를 맞은 2000년대 시기(2001~2018), 그리고 다시 코로나 팬데믹으로 인한 비대면 시기를 겪은 제9기(2019~ 현재)로 나눌 수 있다고 판단하였다.[2]

시조 동인회 '영산강'은 시조사적 시대구분에서 볼 때 제7기에 해당

---

1) 박을수, 『한국시조문학전사』, 성문각, 1978.
2) 제7기는 경향 각지의 신춘문예 시조부문을 통해 활발히 신인이 배출되었고, 기존의 《시조문학》(1960), 《현대시조》(1970) 외에 《열린시조》(1996), 《시조생활》(1989), 《한국시조》(1991) 등이 창간되었고, 〈역류〉(1998) 같은 시조동인 등이 탄생, 시조 인구가 급속히 늘어난 시기이다. 언론 출판계가 활성화됨으로써 시조집 발간도 차차 호황을 맞게 되었다. 제8기(2001~2018)는 디지털 확산과 인터넷 혁명의 물결로 제재, 주제면에서 시대인식을 반영한 시조가 다수 발표되었다. 제9기(2019~ 현재)는 전대미문의 코로나 팬데믹으로 비대면 시가를 맞아 사회 문화 및 심리학적 여파가 시조단에도 예외없이 미쳤다. 그 파급 여파가 지금도 영향을 끼치고 있다.

하는 동인회다. 70년대는 '조국 근대화' 시책에 따른 경제발전과 궤를 같이 하여 문화도 속도감있게 발전되었던 시기다. 이른바 통키타, 청바지, 장발족으로 대변되던 청년문화가 급속히 퍼져갔고, 다방문화가 확산되어 휴식을 취하며 음악다실에서 팝송이나 포크송을 감상하기도 했다. 국민들의 삶의 질적 향상이 뒷따랐고 사회구조도 큰 변혁을 맞았다. 일자리를 찾아 농어촌 인구가 급격히 도시로 이동하게 된 것이다. 그리하여 대중문화가 빠르게 성장하여 한류열풍을 일으켰다. 이런 변화는 한국의 현대화를 가속화 시켰고, 가파른 경제발전과 함께 세계의 주목을 받았던 시기다. 경제발전은 개개인의 일상과 삶을 진보시켰으며 사람들에게 긍정적 희망과 이상을 품어 나가도록 이끌었다. 특히 경제성장과 모더니제이션의 도약이 문화의 선진화를 이끄는 동력원이 되었다.

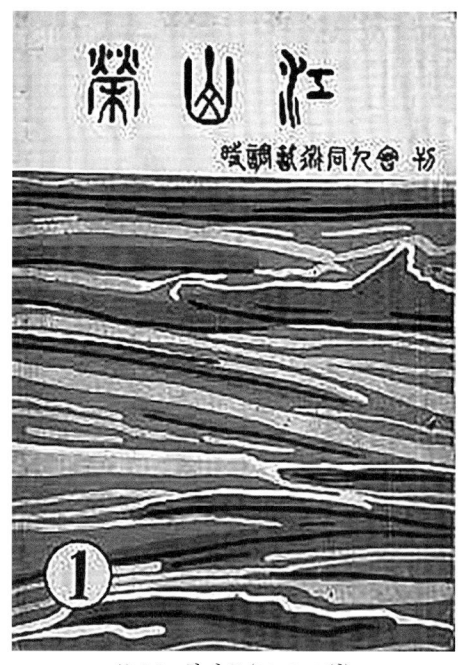

榮山江 창간호(1970. 8월)

이 시기는 문화산업과 관련하여 특히 문학, 음악, 영화들에서 창의적인 작품들이 속속 탄생하여 문화적 성숙기를 맞게 된 시기였다. 그러나 경제발전과 함께 자본의 축적과 이윤의 불균형으로 인하여 상대적으로 소외와 빈곤의 사회문제를 낳기도 했다. 개발이 가져온 빛과 그늘, 이 문제를 시조단이 순발력 있게 다루었던 시기이다. 도시화와 산업화가 속도를 내자 전통적 공동체 의식이 붕괴되어 개인주의가 만연하였고, 대가족사회가 붕괴되어 핵가족시대로 접어들기 시작했다.

  이런 사회적 변혁의 물결 속에서 시조인들이 종전의 회고적 정감에서 탈피하여 생생한 이미지와 현실을 다룬 시조와 역사의식을 통해 인간의 참된 가치를 추구한 작품을 속속 낳기 시작하였다. 그 시대적 역할과 책무를 영산강 동인들이 관심을 갖고 시조 장르를 통해 천착해 나갔던 것이다. 《영산강》 창간호는 1970년 8월 25일 74쪽 분량으로 발간되었다. 허 연 회장이 출판비를 전액 부담하였고 문도채 동인이 원고 수합에서 출판에 이르기까지 실무를 맡았다. 창간사를 살펴보면 본 회의 탄생 배경과 설립 취지를 읽을 수 있을 것이다.

> 이 고장 시조예술 동인들이 한 자리에 모이게 되었다. 늦은 감이 없지 않으나 마치 객지로만 돌아다니던 옛 친구들이 참으로 오랜 만에 마을 앞 느티나무 그늘 아래 모인 기분이다. 그동안 신문이나 잡지를 통해 작품들을 발표하고 있었지만 모임을 갖지 못하다가 우리의 가락을 한데 어울러 보자는 이야기를 주고 받은 것이 열매를 거두어 《영산강》이란 이름으로 동인지까지 펴내게 된 것이다.
>   이제 우리 동인들은 삼장시형三章詩形 전통을 새로이 계승하여 정형시로서의 비약적인 발전을 꾀함으로써 시조를 생활화하자는 데 뜻을 굳게 다짐했다.

  창간사를 들여다보면 참여 회원들의 시조예술에의 공동체적 동참의식이나 동인으로서의 자긍심, 패기와 의욕을 엿볼 수 있게 한다.

  '영산강' 2집은 1970년 12월에, 3집은 1971년 3월에, 4집은 6월에 각각 발간되었다. 2집부터 최남구와 김성곤 회원이 합류하여 힘을 보탰다. 동인지 제자는 고정흠 회원이 썼고, 컷은 노의웅 화가들이 참여하고 있다. 2집의 목차에서 인상적인 대목으로는 '영산강'을 주제로 각 회원이 쓴 시조작품을 '우리들의 합창'이란 꼭지에 담고 있다는 점이다. 편집 후기에는 '영산강'의 창간을 축하하는 각계의 반응과 조종현과 정완영의 축시가 수록되어 무게를 더하고 있다. '영산강 물소리가 귀에 젖어드는구나/ 무등산 옛 모습도 가을 하늘에 보이는 듯/ 천리 밖 산이요 물이 맑고도 향기롭다.'는 조종현의 축하 시조는 '영산강, '무등산' 같은 향토애를 상징하면서 맑고 향기높은 동인회의 발전을 기원하는 염원을 반영하여 녹여내고 있다. 2집에는 특히 아동문학가 문삼석이 6편의 동시조를 발표하여 눈길을 끌고 있다.

3집 서두에서는 임 제의 고시조를 소개하고 있다. '방초 우거진 골에/ 시내는 울어 엔다/ 歌臺 舞殿이/ 어디어디 어디메오/ 석양에 물차는 제비야/ 네 다 알까 하노라.' 이 시조에서 산천을 무대로 호기있게 떠돌아다니며 자유분방한 방랑객의 호연지기를 느낄 수 있는 풍류시조이다. 3집은 회원의 작품과 함께 「時調唱法 小考」라는 최남구의 연재 논고를 싣고 있어 시선을 끈다. 특히 신시운동 60주년을 맞이하여 광주공원에 '시인동산'을 마련할 목적으로 동인회에서 영랑과 용아의 시비를 건립한다는 일련의 행사 경위를 밝히고 있어 이채를 띤다. '회원동정'에서 좀더 자세한 경위를 읽을 수 있고, 그들의 열정을 짐작해볼 수 있게 된다.

■許 演님: 영랑 용아 시비건립 위원장으로서 물심양면의 희생을 무릅쓰고 백만원의 공사비를 들여 광주공원 '시인동산'에 시비를 건립, 1970년 12월 방송국장으로서《남도문화》를 발간하시면서 많은 글을 쓰고 계시다.

■71년도 한국문협 전남지부 임원으로 본 '영산강' 회원 중 허 연(지부장), 정소파(고문), 문도채(시조분과위원장), 문삼석(아동문학분과위원장) 제씨가 피선 됨.

■70 고령이심에도 노익장이신 고정흠님과 최남구님은 거의 날마다 상면하여 詩話, 서예로 세월을 즐기고 계시며, 계림교에 근무 중인 양동기, 문삼석, 김영자님께서도 학년초를 맞아 일에 쫓기긴 하나 모두들 詩作에 몰두, 그리고 호남 삼육고의 장 청 님과 담양 삼산교의 송선영님은 젊은 패기를 오직 창작생활에 발산하고 계신다니 우리 '영산강'의 앞날이 더욱 촉망될 뿐이다.

회원 동정란을 들여다보면 동인회의 활동 내력을 금방 짐작해볼 수 있다. 또 하나 인상적인 대목으로는 '작품의 질적 향상을 위하여 노력할 것을 서로 다짐하면서도 성과를 거두지 못함을 애석하게 생각하면서 보다 분발할 것을 약속할 따름이다.'처럼 반성과 성찰을 통해 치열하게 질적 수준을 추구하고 있다는 점이다. 그리고 '2호 발간 후에 경향의 각 지상에 발표된 회원들의 작품들이 헤아릴 수 없이 많으나 지면 관계상 약하기로 한다.'에서 드러나듯이 동인의 성과에 대해서도 자부심을 갖고 있음을 들여다 보게 된다. 동인 동정에서 나타나 있듯이 여기서 '영산강'은 시조예술 동인회와 동격의 비유체로서 상징화된 명칭으로 사용되고 있음을 알 수 있다. 즉 시조예술 동인회를 나타내는 또 하나의 고유명사로서 지역에서 동인회를 칭하는 붙박이말이 된 것을 목격하게 된다. 호남을 상징하는 영산강, 호남의 젖줄인 영산강은 담양에서 발원하여 굽이굽이 돌고 돌아 흐르다 광주의 품에서 가쁜 숨 고르며 쉬어가듯 다시 나주평야를 적시고 유유히 흐른다. 황룡강과 지석강을 더하여 더 큰 품사위를 펼치어 크고 작은 산기슭 굽이돌아 무안을 지나 목포 앞바다로 나아간다. 이 지역 뭇 생명을 기르며 지칠 줄 모르고 흐르는 어머니 품속 같은 영산강을 시조 동인지 제호로 삼았다는 데에서 '영산강' 동인회의 그 취지와 의미가 자못 깊게 다가온다.

4집은 특히 어려움이 뒷따랐다. 서울의 《시조문학》으로부터 영산강 동인들이 경비를 전담하여 출간해달라 요청해왔기 때문이다. 동인들은 숙의과정을 통해 이를 수락하고 《시조문학》 원고와 《영산강》 원고를 한데 모아 광주인쇄소에서 출간하였다. '영산강동인 특집호'란 부제가 붙여졌다. 사실상 두 문예지의 합병호인 셈이었다. 여기에는 동인 15인의 시조작품 32편이 수록되었다.

지역 시조인에게 신선한 바람으로, 지역민에게 활력있는 언어의 향기로 다가와 반향을 일으켰던 '영산강'의 시조예술 동인회, 그러나 수명은 여기까지였다. 2년에 걸친 시조예술 동인회의 열정과 창작활동과 동인지 발간은 《영산강》 4집 발행을 끝으로 아쉬운 역사의 뒤안길로 사라지게 되었다.

(2) 호남시조시인협회와 《시조문예》

윤삼현(시조시인, 문학평론가)

　호남을 연고로 뿌리내린 호남시조문학회는 1971년부터 2024년까지 53년의 긴 역사를 기록하고 있는 장수 문학회다.[3] '한국시조작가협회 전남지부'에서 '호남시조문학회'로 회명을 바꾼 1981년을 기점으로 놓고 보면 43년의 역사가 될 것이다. 호남시조문학회와 한 뿌리인 한국시조작가협회 전남지부는 이 지역의 시조예술을 선도해온 '시조예술 동인회'가 단명한 채 역사의 지평으로 넘어가자 곧바로 발족되었다. 그만큼 겨레시로서의 시조에 대한 애착이 강했으며 역사적인 분수령을 넘어오면서 시대 속에서 시조를 지키고자 하는 문학인의 소명을 절감하고 있었다는 얘기가 된다.

　이 지역 시조예술의 맥을 이어받은 한국시조작가협회 전남지부는 1974년 4월 20일 회지 《녹명》을 발간하였다. 이 협회지는 4집까지 간행되었다. 창간 당시 참여 회원은 최동일, 이준구, 정덕채, 차의섭, 최일환, 이백순, 박노경, 유정운, 배봉수, 박양구, 정소파, 고정흠, 장재철, 최남왕 등 14명이다. 4집 때에는 경 철, 박광일, 정지채 등이 합류하였다.

---

3) 호남문학회 전신은 '한국시조작가협회 전남지부'이다. '시조예술 동인회'가 1971년 회지인 《영산강》 4집을 끝으로 주춤하는 사이, 정소파 시인을 주축으로 새로 결성되었다. 한국시조작가협회 전남지부는 회지로 《녹명》을 발간하였는데, 창간호는 다소 늦게 1974년 4월에 나왔다.

1974년부터 1977년까지 발간되어오던 동인지《녹명》은 제6집부터《시조문예》로 제호를 바꿔 발행했다. 동시에 단체명도 '호남시조문학회'로 변경하였다.《시조문예》는 면면이 이어져 해마다 발간되어 나왔고 그동안 참여했던 시인도 줄잡아 170여 명에 이른다. 그 면면은 다음과 같다.

강대규, 강대선, 강성남, 강원구, 강진형, 곽현지, 경 철, 고정백, 고정흠, 공란숙, 김광욱, 김경선, 김경숙, 김면수, 김분순, 김계룡, 김능자, 김두원, 김병효, 김산중, 김석문, 김성구, 김승규, 김양용, 김연태, 김영님, 김영태, 김영욱, 김영석, 김용하, 김옥중, 김정희, 김 종, 김종용, 김재현, 김지상, 김진문, 김진혁, 김창진, 김창현, 김철학, 김치중, 김행채, 김형기, 권현영, 김홍식, 김 희, 노창수, 류중영, 리인성, 마명복, 문화자, 박광일, 박금희, 박노경, 박달재, 박동준, 박래홍, 박녹담, 박상하, 박순주, 박영애, 박영학, 박태일, 박장환, 박재곤, 박정인, 박청길, 박형철, 박호석, 배봉수, 서해식, 석가정, 소재순, 신금열, 신용기, 신현영, 양인용, 오석일, 오재열, 오화자, 여동구, 여지량, 염광옥, 오기일, 용진호, 유정운, 유준섭, 유춘홍, 윤삼현, 윤석주, 윤수자, 윤영훈, 이경로, 이광현, 이국헌, 이남수, 이명희, 이민규, 이보영, 이병휘, 이백순, 이성균, 이옥심, 이윤수, 이인우, 이전안, 이정룡, 이재창, 이제택, 이준구, 이준관, 이창식, 이한성, 이한창, 이해완, 이형순, 이희란, 임권신, 임문자, 임하빈, 장경례, 장민하, 장용원, 장정현, 전순명, 전원범, 전태봉, 정덕채, 정병표, 정봉래, 정선수, 정소파, 정연우, 정인태, 정지채, 정 철, 정춘자, 정필온, 정형래, 조계철, 조도현, 조선희, 조연탁, 조용석, 조주성, 지성평, 진병재, 진병로, 진삼전, 차경섭, 차의섭, 차상환, 차정미, 채홍련, 천병태, 최경자, 최동일, 최동훈, 최연기, 최일환, 최정숙, 최정웅, 최지형, 최한섭, 한연섭, 함태선, 황동식, 황의순, 황하택, 허승자, 허형만, 홍점숙[4]

---

[4] 본 명단은 김선기 시인이 집필한 「光州·全南 同人文學史」, 『광주·전남 문학통사』(한국지역문학인협회, 2011)의 명단을 바탕으로 하였고, 이 명단에 없지만 한 때

호남시조문학회는 우리 민족 고유의 문화유산인 겨레시를 지키고 가꾸어가리라는 분명한 다짐과 기치를 내걸고 활동하였다. 그만한 포부를 품고 출발하였기에 회원들의 자긍심도 뜨겁게 타올랐던 것이 사실이다. 지역 뿐만 아니라 전국적으로 내리지 않은 회원 작품집을 품격있게 발간하고자 노력했다. 전통 장르로서의 시학의 미의식과 율조를 내실있게 담아가고자 했으며 독자들의 마음 깊숙이 가 닿아 공명을 일으키는 시조시가 되는데 노력을 아끼지 않으리란 가열찬 다짐이 있었다.

부산의 《부산시조》, 대구의 《대구시조》, 문경의 《나래시조》, 충북의 《충북시조》, 영남시조문학회의 《낙동강》, 제주의 《제주시조》 등과 어깨를 나란히, 아니 그 이상의 위치에서 성과를 얻고자 하는 의욕으로 충만했다. 이 지역이 한국 시조의 뿌리요 본산지라는 것을 공유하고 인식한 때문이었다.

초창기와 최근 활동을 살펴봐도 호남시조문학회의 의욕적인 출발과 패기를 짐작할 수 있다.

1970~1971 '영산강 시조예술 동인회' 정체를 겪는다
1971. 3. 25 한국시조작가협회 전남지부 결성(회장 정소파 맡음)
1974. 1. 20 동인지 《녹명》 창간호 발간 (국제문화사)
1974. 8. 18 동인지 《녹명》 제2집 발간(남선문화사)
1975. 3. 15 동인지 《녹명》 제3집 발간(남선문화사)
1975. 12월 제1회 '녹명 시조 서예 회원전' (Y싸롱)
1976. 5. 1 동인지 《녹명》 제4집 발간(현대문화사)
1976. 7. 25 광산군 송정리 녹봉정사에서 제1회 시조 창작교실 개최
1976. 10. 7 제1회 호남 민족시 백일장 개최 (광주공원)
1977. 1. 25 동인지 《녹명》을 《시조문예》로 개제하고 제5집 발간(현

동참한 회원의 이름을 추가하였다. 그러니까 도중에 탈회한 회원까지 총 명단에 들어있음을 밝힌다.

대문화사)
1977. 8. 10 동인지 《시조문예》 제6집 발간
중앙지 《시조문예》 여름호 특집으로 다룸
1977. 11. 1 동인지 《시조문예》 제7집 발간
월간 《시문학》 11월호, 《시조문예》 특집으로 다룸
2015. 8. 13 회 명칭 '호남시조문학회'에서 '호남시조시인협회'로 변경
2016. 3. 26 정기모임, 위촉장 수여식(회장 김철학)
2016. 5. 21 이영도 시조시인 탄생 100주년 기념 청도 문학기행(29명)
민병도 한국시조시인협회 이사장 시조 강연
2016. 7. 30 박영학 원광대 신방과 명예교수 시조문학 강연
자문위원 황하택, 조연탁, 조계철 위촉
2016. 10. 9 특별기획 제11회 시조 시화전 (남광주역)
김옥중 광주광역시 문화예술상 수상
2017. 11. 26 제6회 전국시조백일장 대회 및 시상식
2018. 4. 28 정기총회, 김산중 회장 선출
2019. 2. 22 정기총회(광양회관)
2024. 2월 박래홍 회장 취임. 작품집 발간 준비

《시조문예》 제44호 표지(2014)

찾아가는 전국시조 백일장 리플렛

8, 90년대는 보다 역동성을 띠고 활동에 들어가기도 했다. 1982년 현산미술관에서 제2회 동인 시화전을, 같은 해에 중앙일보와 공동 주최로

광주상공회의소 강당에서 시조강연회를, 1984년 남도회관에서 시조 창작 및 낭송회를 열었다. 1986년에는 시조낭송 및 야유회를 목포 유달산에서 가졌고, 같은 해 진도대교에서 해변 세미나와 즉흥시 창작회를 갖기도 했다. 1990년 해남 땅끝과 보길도 부용동에서, 1992년 담양 독수정에서, 1993년 영암 월남 야영장에서, 1997년 담양 소쇄원에서, 2000년 나주 공산 춘성정에서, 2001년 압록 섬진강변에서 창작을 위한 세미나를 열었다. 회원 상호 창작 역량을 기르는 동시에 지역사회의 시조에의 관심과 이해를 높이는 계기가 된 것이 틀림없다. 이후 2008년까지 연 5, 6회 모임을 가졌고 세미나, 시조낭송, 백일장, 문학기행 등 시조발전을 위한 각종 행사를 전개해 나갔다.

2009년 호남시조문학회는 동인 사화집 《시조문예》 39호(도서출판 한림)를 발간하였다. 김옥중 회장의 작품 등 회원들의 시조 작품과, 시조문예상 수상자 특집(차경섭, 임문자, 이보영)과 문학기행의 시조를 게재하였다. 김옥중 회장은 권두언에서 '이제라도 우리의 옛 문화를 되찾자고 목소리를 높이면서도 구호에 그치는 일들이 비일비재한 게 오늘의 현실입니다. 그러나 우리들의 모임은 시조를 참으로 사랑하는 모임이기에 이에 대한 실천적인 행동강령이 어느 누구보다도 더욱 절실할 때입니다.'라고 밝히고 있다. 여기에는 시조의 참된 가치를 재인식하고, 보다 새롭게 이정표를 세워 시조의 앞길을 일구어가자는 실천적 다짐이 엿보인다고 하겠다.

호남시조문학회는 밀레니엄을 맞은 2000년대를 맞으면서부터 구태의연한 회의 모습에서 일신되고 혁신적인 회의 모습으로 탈바꿈하려 노력했다. 그 대표적인 사례가 '찾아가는 시조백일장' 개최였다. 매년 이러한 행사를 통해 시조 인구를 늘리고 시조 인프라를 구축하는 의미를 획득할 수 있게 된 것은 누구도 부인할 수 없는 회의 보람이자 성과로 남게 되었다.

제2회 찾아가는 전국 시조백일장은 2013년에 시행되었다. 안내 팜플

렛을 보면 상세한 요강이 나와 있다. '호남시조문학회(회장 정춘자)가 주최하는 제2회 찾아가는 전국시조백일장 분청사기 대전이 한국문화예술위원회, 광주시, 광주문화재단 후원, 평촌 도예공방 협찬으로 오는 14일 오전 광주 북구 충효동 천연기념물 왕버들과 충효 역사마을, 호수생태원 일대에서 열린다. 참가 대상은 전국의 초, 중, 고, 미등단 대학·일반부이며 시조부문 등단자와 호남시조문학회 회원은 백일장에 참여할 수 없다.'로 일목요연하게 기술되어 있다.

개최 측은 심사위원과 시제 출제위원은 공정성을 기하기 위해 둘로 분류했다. 백일장 행사장 당일 현장에서 누구에게나 공평함을 위해 즉석에서 시제를 발표했다.

제3회 찾아가는 전국시조백일장도 세심한 준비와 배려 속에 실시되었다.

2014년 찾아가는 시조백일장은 〈전국시조백일장 분청사기 대전〉의 성격을 띤 바 10월 3일 개천절, 오후 2시, 북구 충효동 왕버들축제 현장에서 개최되었다. 광주광역시·(재)광주문화재단이 후원하며 평촌 도예공방이 협찬한 이 백일장 대회는 전국의 학생과 시조부문 미등단인 대학·일반인이 참여하였다.

시상 내역을 보면 초등부·중등부·고등부 및 대학·일반부 시상으로 분류하였고, 대상에 광주광역시장상, 최우수상에 교육감상과 북구청장상, 우수상에 북구청장상, 동상에 호남시조문학회장상, 그밖에 장려상을 수여하였다. 이 행사는 유구한 전통에 뿌리박은 국민문학으로서의 시조의 위상을 높이고 그 창달에 기여하며 미래 시조에의 발전을 이끌고자 하는 회원들의 의지와 열정이 바탕에 깔려 있었다.

호남시조문학회는 이 날 식전 행사로 이병휘 회장 인사말, 세계 최고령의 문인으로 기록된 정소파 전 명예회장(102세로 별세)을 비롯한 작고 시조시인들에 대한 묵념, 축사, 시조문학 강연, 심사위원장의 요강 발표, 자작 시조낭송 5인의 순서에 이어 시제 발표가 있은 뒤 왕버들 축제 현장 주변에서 백일장을 진행하였다.

특히 백일장 추수작업이 시선을 끌었다. 회원들의 작품과 함께 이날 우수상까지 시상한 작품을 『백일장기념시집』으로 심사평과 함께 엮어 그 의미와 가치를 높일 계획과 실천성을 내보이고 있으며 시상식이 끝난 후 대절한 버스로 화랑궁회관으로 이동, 회원 및 수상자들과의 간담회와 수상작 낭송시간도 가졌다. 일회성의 백일장이 아닌 유의미하고 지속 가능한 백일장으로서의 가치성을 드높이려는 충정과 가열찬 노력의 일환이었다.

본 회는 2015년 8월 13일자로 총회 의결을 거쳐 기존의 '호남시조문학회'명칭을 '호남시조시인협회'로 변경하였다.[5] 새로운 혁신과 발전적 변모를 꾀하고자 함이었다. 코로나 팬데믹으로 세계가 몸살을 앓던 2019년에도 호남시조시인협회는 어김없이 《시조문예》 48호를 발간하여 세상에 내놓았다. 특집으로 '정소파 시인'을 다루었다. 그는 1957년 동아일보 신춘 출신으로 일본 와세다 대학 문학부를 졸업, 18세인 1930년 《개벽》지에 작품을 발표하며 창작활동을 시작하였다. 현대시조를 개척한 그는 최장수 시조시인으로 주목을 받았고 2013년 7월 101세로 타계하였다.

호남시조시인협회회에서 시행한 〈시조문예상〉은 제1회 경철을 필두로 많은 수상자를 냈다. 전원범, 정덕채, 이준구, 최일환, 장석주(나래시조문학회장), 민병찬(나래시조문학회부회장), 오승희(부산 동래초등학교 교사), 노창수, 오기일 이전안, 류종영, 이전안, 박재곤, 임문자, 이보영, 차경섭, 김산중, 조선희, 김창현 등이 역대 수상자가 되었다.

48호 표지는 무등산 서석대 사진 작품을 배치했다. 세세년년 어머니의 품이 되어 변함없이 광주를 보듬고 있는 무등산은 광주의 상징이 되

---

5) 《시조문예》 48호(2018. 12. 31.) 회칙 말미에 부칙 제1조 '명칭 변경' 조항에서 회 명칭의 변경을 밝히고 있다. '기존 명칭인 호남시조문학회를 소정 절차를 거쳐 2015년 8월 13일자로 북광주세무소를 통해 호남시조시인협회로 변경하였다'로 제시하고 있다.

었다. 49호는 화순 적벽을 표지로 내걸었다. 무등산처럼 적벽 호수처럼 한 호의 결호도 없이 늘푸른 시조의 사명을 안고 미래로 나아가려는 시조인으로서의 예지와 기백을 엿보게 하는 대목이다.

2024년을 맞아 신임 박래홍 회장을 비롯 회원들은 호남시조시인협회의 결기를 다지며, 질 높은 시조 창작과 작품집 발간을 위해 촉수를 켜고 암중모색하고 있다.

〈참고문헌〉
《時調文藝》, 44호, 48호, 49호
『한국시조문학전사』, 성문각 1978
『광주문학 대표작 전집』제5권 (평론, 문학사), 도서출판 한림, 1997
《영산강》, 창간호, 1970
『신춘문예 당선시조』, 태학사, 1999
『光州·全南文學通史』, 한국지역문학인협회, 2011

(3) 전남학생시조협회와 《토풍시》

오종문(오늘의시조시인회의 의장)

1. 전남학생시조협회의 발자취

전남학생시조협회全南學生時調協會는 〈明脈〉으로 활동하다가 1975년 11월 8일, 광주 시내 남녀 고등학생 김종섭, 이표선, 조인숙, 이일룡, 이문희 다섯 명이 전남여고 생활관에서 송선영 시인을 지도교사로 모시고 발족했다. 우리나라 최초의 고교생 시조 동인회가 첫울음을 터트린 것이다.

'全南學生時調協會(土風詩) 회칙' 제1조에 의하면, "본 회는 '전남학생시조협회' 별칭 '토풍시'라 일컫는다."라고 명칭을 정하고 있으며, "본 회는 순수한 학생 문예활동을 통하여 작품의 질적 내실을 추구하고, 학생 문예활동의 발전을 도모함을 목적으로 한다."(제2조)고 모임 성격을 밝히고 있다. 그리고 제7조에는 "본 회의 회원 자격은 전남지역 현재학생으로 회원의 추천과 본 회에 2편 이상의 작품을 제출하여 심사를 통과한 자로 한다(심사: 지도교사 또는 선배)"라고 회원 입회 자격을 규정하고 있다.

동인들은 매주 일요일 오후 5시 30분, 광주시 충장로 3가 15번지 '3·1문화원'에서 모여 시조를 발표하고, 합평은 물론 송선영 지도교사로부터 창작 지도를 받으며 시조 역량을 키워나가는 한편 시조 이론에도 눈떠갔다.

그리고 6개월 후, 1976년 5월 15일 전국 최초의 학생 동인지 《土風詩》(국판, 39쪽) 창간호를 발간했다. "전라도/한 하늘인 걸/우리 얼만 담는다"는 「土風詩頌」에서 밝히고 있듯이, 민족시 시조를 계승 발전시켜 우리 것을 찾자는 의미이다. '土風'은 우리 고유의 풍속이란 뜻으로 한문이 아닌 우리말 노래, 즉 시조를 통한 주체성 확보라는 개념으로 토풍시라 한 것이다.

이런 의미로 시작된 토풍시 창간호에는 정소파, 송선영, 배봉수 선생의 서문과 함께 동인 25명 중 19명의 시조 48편이 실렸다. 또한 이인숙의 「이영도 문학론」과 김어채(종섭)의 「이호우 문학론」을 발표하면서 토풍시는 전국 최초로 고등학생이 발간한 동인지로서 문단 선배들의 주목과 격려를 받았다.

전남학생시조협회가 결성된 지 3년째인 1977년 5월 15일, 초대(1기) 선배들이 떠나고 2학년 후배들이 그 뒤를 물려받아 제2집 《無等文學》(1977.5.15. 72쪽)을 발간했다. 월하 이태극·백수 정완영 선생의 발간축하 글이 실려 있고, 배봉수·김옥중 선생의 초대시조 1편과 동인(2, 3대) 23명 중 17명의 작품 38편과 함께 동문 작품(1대) 5명의 시조가 수록되었다. 그리고 아동문학가 문삼석 선생의「無等文學의 作品世界」해설이 실렸다.

동인들은「無等文學의 再發見은 무엇인가」라는 글에서 "우리는 특히 自由詩가 아닌 時調로서 점점 잊혀져가는 時調 재발굴에 노력하자는 의도로서 시작했다"면서 "어느 文學 선배가 말했듯이 '時調는 이미 죽었다'고 성급히 선언하려는 문학인들의 생각을 止揚케 하고 '時調도 詩다' '現在 살아있다'"는 시조 존재론의 이유와 그동안 문학잡지에 실린 토풍시 활동을 소개했다. 특히 창간호 발행 때는 이은상, 박재두, 정완영, 조종현, 서벌, 하한주 선생님 등의 격려 글에 대한 감사 인사와 함께, "시조만 급급하다기보다 모든 문학의 전반을 통달"하고자 《무등문학》으로 제호가 바뀌었다면서 "詩 같은 時調, 시조 같은 시" 창작을 위해 모든 문학을 섭렵하고자 한다는 의지를 밝히고 있다.

그러나 전남학생시조협회의 동인지 발간은 사회적·경제적 여건 등 여러 제약으로 계속 이어지지 못했다. 2집이 발간된 지 5년 만에 제3집 《토풍시》(1982.3.10. 52쪽)가 발간되었다. 제호도 《무등문학》에서 《토풍시》로 돌아갔으며, "참신하고 유능한 신인들이 탄생되어 미래의 주역이 될 것을 믿는다"는 지도교사 송선영 선생의 기대감을 전하는 머리말과 정소파 선생의 초대시 1편, 현역동인(6, 7, 8대) 20명 중 16명의 시조작품 31편, 동문작품(2~5대) 10명의 작품 11편이 실렸다.

《토풍시》 4집(1985.2.24. 66쪽)은 송선영 선생의 서시 1편과 머리말 그리고 월하 이태극 선생의 격려사 「토풍시의 깃발」, 이한성 시인의 초대시조 1편, 고시조 2편이 실렸다. 동인(9, 10, 11대) 작품으로는 10명의 작품 21편, 동문작품(1~3, 5~8대) 14명의 작품 20편이 실렸다. 그리고 "우리들은 빈약한 시조지 전문서적을 대하면서, 현실과 역사가 빚는 피로감이나 공허한 느낌을 받던 혀 짧은 목소리로 時代를 질서 있게 형상화시킨 잠재력도 적지 않다"면서 "체험을 바탕으로 역사의식 속에다 정서를 정착시키는 작업을 게을리"하지 않겠다고 편집후기에서 밝히고 있다.

그 당시 학생의 위치에서는 시조집이나 시조잡지를 구하기 어려웠던 터라 충장로 삼복서점에서 눈치 보면서 책들을 탐독하고, 토요일이면 송선영 선생님 댁을 찾아가 시조집이나 시조잡지를 읽고, 다음날에는 책을 한 보따리 빌려와서 시조 공부를 했다.

《토풍시》 제5집(1989.3.)은 송선영 선생의 서시 「榮山江」과 머리말, 이승량(14대 회장)의 발간사, 초대시조 정덕채 시인의 「우농愚弄」, 이우걸 시인의 「驛」을 싣고 있다. 동인(13, 14, 15대) 총 23명 중 21명의 시조 33편, 동문작품(1~5, 7~12대) 16명의 20편과 함께 「전남학생시조협회의 어제와 오늘」, 동인주소록을 실었다. 그리고 편집후기에서 "근 4년 만에 다시 작품집을 꾸미게 되니 새삼 감개무량하"지만 "85년 2월에 《토풍시》 4집을 낸 후 계속 미루어 온 것이 사실이며, 이번 5집이 나오기"까지 많은 어려움이 있었다는 것을 토로한다.

《토풍시》 제6집(1991.3.30.120쪽)은 선배 동문의 도움을 받아 동인지로서의 모양새를 갖췄다. 활판인쇄에서 옵셋인쇄로 바뀌고, 판형과 편집 디자인도 세련되어지고 쪽수도 많이 늘었다. 동인과 동문들의 작품 외에도 시조단의 중진시인 초대작품과 시조작법, 송선영 선생이 시조와 접하게 된 동기, 그동안 동인들의 전국백일장 우수작 모음, 전남학생시조협회 회칙 등 다양한 기획으로 구성되었다.

토풍시 발행 호수 및 주요 내용

호수	제호	발간연도	쪽수	주요 내용	표지 이미지
창간호	토풍시 (土風詩)	1976 (5.15)	39	-서시: 「토풍시송」 -서문: 정소파, 송선영, 배봉수 -동인작품(1, 2대): 19명 48편 시조 수록 -이호우 문학론(김어채) -이영도 문학론(이인숙)	
제2집	무등문학 (無等文學)	1977 (5.15)	72쪽	-서문: 송선영 -축사: 이태극_時調文學과 土風詩 -축사: 정완영_祝, 土風詩의 開花 -초대시: 배봉수, 김옥중 -작품해설: 문삼석_無等文學의 作品世界 -동인작품(2, 3대): 23명 중 17명 38편 -동문작품(1대): 4명 4편 -김종섭 특집(1대): 18편 수록 「無等文學의 再發見은 무엇인가」편집부	
제3집	토풍시	1982 (3.10)	52	-머리말: 송선영_기쁨과 당부 -초대시조: 정소파_「봄비 戀歌」 -동인작품(6, 7, 8대): 20명 중 31편 -동문작품(2~5대): 10명 11편	
제4집	토풍시	1985 (2.24)	66	-서시: 송선영_「序言」 -머리말: 송선영「내실을 거둘 수 있도록」 -격려사: 월하 이태극「토풍시의 깃발」 -초대시조: 이한성「투병기」 -동인작품(9, 10, 11대) 10명 21편 -동문작품(1~3, 5~8대) 14명 20편 -고시조 감상: 김덕령, 김우규	

제5집	토풍시	1989 (3.)	84	-초대시: 송선영_「榮山江」 -머리말: 송선영 -발간사: 이승량(14대 회장) -초대시조: 정덕채_「愚弄」 -시조감상: 이우걸_「驛」 -동인작품(13, 14, 15대): 총 23명 중 21명 33편 -동문작품(1~5, 7~12대) 16명 20편	
제6집	토풍시	1991 (3.30)	120	-서시: 송선영 「방울새야, 방울새야」 -머리말: 송선영 -발간사: 유수길(16대 회장) -초대시: 박기섭, 이지엽, 정수자 -초대글: 문무학 -동인작품(15, 16, 17대) 13명 중 12명 26편 -동문작품(1, 2, 5~11, 13, 14대) 19명 19편 -지도교사가 주는 글:「나와 시조와의 만남」 -전국 백일장 우수작품(동인): 7명 7편	

2. 기록으로 읽는 전남학생시조협회

"전남학생시조협회 … 학생들이 하나의 시조단체를 만들고 그들의 작품집으로 土風詩라는 詞華集까지 낸 것은 참으로 경하할 일이다. 20년 전에 서울에서 대학생들의 시조 모임이 있었지마는 작품집까지는 내지 못하였는데, 특히 고등학생들의 모임으로 이러한 성과를 올린 것은 이번이 처음이다. 토풍시 제1집에 실린 작품들이 참신하여 앞날이 기대되는 바가 있어 자못 기뻐하였더니, 이제 그 제2집을 간행한다하니 더욱 놀랄 일이며 충심으로 기쁨을 이기지 못하는 터이다."

-《무등문학》제2집(1977년), 이태극_「時調文學과 土風詩」축사 중에서

"국보의 몇만 개로도 값어치 할 수 없는 무등산이 鎭座해 있는 우리 光州 땅에서, 앞으로 국보의 몇 개씩은 구어내고도 남을 지혜를 가진 우리 고등학

생들이 모여 土風詩라는 詩 중에서도 아주 진국인 민족시 時調 동인지를 내고 있는 일은 앞바다 도자류 引揚作業이라 아니할 수 없는 것이다. 이 일꾼들이 얼마만한 보물들을 건져낼 것인가는 두고 보아야 할 일이로되 우리 정신의 바다 속에는 비길 수 없으리만치 아주 많이 감추어져 있다는 것을 장담해둔다."

- 《무등문학》 제2집(1977년), 정완영_「祝, 土風詩의 開花」 축사 중에서

"무등문학은 時調文學에의 집념에 불타는 고등학생들의 同人誌이다. 문학활동에 老少가 있을 리 없지만 성인이 아닌 학생의 처지로 시조문학에 도전한 기개는 가히 탄상의 적이 될 만하다. 成敗는 2차적인 문제이다. 現在의 상황에서는 荒地에 날을 꽂는 선구자적 자세만으로도 값진 것이기 때문이다."

- 《무등문학》 제2집(1977년), 문삼석_「동인들의 작품세계」 중에서

"7년 전 전남학생시조협회가 〈明脈〉이란 이름으로 처음 탄생된 이래 오늘에 이르기까지 연면히 지속해오면서 어느 정도 내실을 기할 수 있었던 것은 현 동인들과 선배 동인 여러분의 성실과 끈기의 소산임을 살필 수가 있다. 그동안 두 차례의 동인지, 중진들을 모셨던 시조좌담회, 학생회관에서의 시조시화전, 전국대회에서의 수많은 입상, 선배들의 문단 데뷔 등 굵직한 일들이 기억에 남는다. 또한 그에 못지않게 의미가 있는 것은 7년이라는 긴 세월을 일요 모임을 갖고 나름대로 진지하게 시조를 추구해 왔다는 사실이다. … 나는 많은 길 가운데에서 시조를 택하여 틈틈이 매진하고 있는 여러분에게 적지 않은 기대를 걸어왔다. 시조 이해 인구의 저변확대라는 관점에서도 그렇고, 또한 앞으로 참신하고 유능한 신인들이 탄생되어 미래의 주역이 될 것을 믿는 마음에서다. … 나 혼자만의 기대가 아니라, 많은 시조시인들의 기대이기도 함을 말해주고 싶다. 시조에의 길은 외로운 길이다. 결코 화려한 길이 아니다. 그럼에도 여러분은 어쨌건 시조에의 길을 걷고 있는 여러분이 대견스러움을 금할 수가 없다. 혹은 그것이 취미의 단계에 머무르고 만다고 하드래도…."

- 《토풍시》 제3집(1982년), 송선영_「기쁨과 당부」 머리말 중에서

"전남학생시조협회가 태어난 지 어언 10주년을 맞게 되었다. 1975년 가을, 無等이 굽어보는 광주의 한복판인 전남여고 생활관에서 고교생 시조 동인회로는 이 나라에서 최초의 첫울음을 터트린 것이다. 그동안 시조에 대한 일반의 이해 부족과 무관심 속에서도 또한, 자리를 옮겨 다녀야만 했던 고달픔을 겪으면서도 명맥을 지켜올 수 있었다는 것은 참으로 대견스럽고 자랑스런 일이라 아니할 수 없다. 그동안 우리 전남학생시조협회에 따뜻한 애정으로 격려를 아끼지 않은 時調人들도 적지 않았다. 時調文學誌의 지면을 할애해 주신 李泰極 선생, 직접 광주에 오셔서 도움말을 주신 張諄河, 朴載斗, 徐伐, 尹今初 선생, 역시 광주에 오셔서 도움말을 주시고 現代時調誌의 지면을 특별히 할애해 주신 李祐鐘, 孔錫夏 선생, 광주에 계시는 鄭韶坡, 鄭德采 선생, 이 밖에도 論文이나 著書를 통해 활동상을 언급해 주신 몇 분에게 이 자리를 빌어 감사하고자 한다."
-《토풍시》제4집(1985년), 송선영_「內實을 거둘 수 있도록」머리말 중에서

"우리의 현대시조가 바야흐로 중흥과 발전의 시기로 들어선 1970년대에 호남시조의 중심지였던 귀지(광주)에서 도하都下의 각 고등학생들 중에서 시조의 뜻을 둔 사람들이 모여 전남학생시조협회를 발족시켰고, 이어 《토풍시》라는 동인지를 발간한 것이 76년이요, 77년에는 《무등문학》으로 다시 82년에는 《토풍시》라는 제호로 그 3집이 간행되어 이 땅에서 민족 고유의 정형시로 학생시조동인과 그 동인지의 창간을 선보인 곳은 한국시조사에 뜻있는 한 장을 펼친 곳이라 하겠다. 지금까지 학생들이 시조 짓기에 참여한 것은 60년 초에 서울에서 각 대학생들이 모여 〈울림회〉를 만들었었으나 계속되지 못하였고, 최근 대구 남성여자고등학생들이 만든 「한얼」시조동인회가 있고, 동인지를 3번 꾸며냈지만 각교의 고등학생들로 구성되어 10년

째나 지속적으로 활동하고 있는 모임은 귀회밖에는 없다. 또 실력 있는 송선영 시조시인의 지도하에 4번째로 동인지 간행을 서두르고 있다 하니 참으로 감회가 깊고 여러분의 장래를 축복하여 마지않은 터이다. 또한 이 모임의 선배로서 시조단에 등단한 분들도 있고, 동인지에 발표되었던 작품들이나 〈시조문학〉에 특집으로 실렸던 세 번에 걸친 작품들로 보아 시조단에 희망을 선사하여 준 바가 있어 기대되는 바가 매우 크다."

 - 《토풍시》 제4집(1985년), 리태극 「토풍시의 깃발」 격려사 중에서

"예나 지금이나 고교생들의 주된 관심은 문학의 경우 자유시나 소설 정도에 머무는 게 상례이어서 소외 장르인 시조 쪽에는 별로 눈길을 보내려 하지 않는다. 그것은 편견과 고정관념 때문이라 할 수 있다. 그럼에도 이들은 처음부터 진지했고 적극적이었다. 거기에는 우리 고유의 민족시를 해보겠다는 결의와 함께 현대시조가 흔히 생각하듯 고루한 것이 아니며, 자유시와 더불어 넉넉히 공존할 수 있고, 또한 공존해야 한다는 믿음 때문이었을 것이다. 뒤를 이어 유능한 학생들의 열의와 성실이 가해져 본회는 점차 내일을 향한 기반이 조성되고, 전국 최초의 전국 유일의 고교생 시조 서클이라는 자부심을 지니게 되었으며, 전국 규모의 각종 대회에서 장기간 발군의 역량을 발휘하기에 이르렀던 것이다. 그렇다고 하여 순풍에 돛 달 듯 순조로운 항해를 지속해 온 것은 아니었다. 모임 장소 문제로 시내를 전전하면서 겪은 고통은 이루 말할 수 없이 컸으며, 지금까지 몇 차례의 시화전과 동인지 발간 과정에서도 기쁨과 함께 받은 고충 또한 결코 작은 것이 아니었다. 다만 선배들과 회원(현역)들이 혼연일체가 되어 젊음으로 그 어려움들을 극복해냈을 따름인 것이다. 지난 해의 시화전에 이어 올해에는 《토풍시》 5집을 펴내게 되어 기쁘기 그지없다. … 선배로서 이미 시조단의 일각에서 주목받고 있는 김종섭, 이재창, 오종문, 권애영, 박정호,

박현덕(철웅) 등의 경우나 아직 데뷔는 유보하고 있지만 역량을 지닌 여러 선배의 경우를 살펴보아도 허튼소리가 아님을 알 것이다."

-《토풍시》제5집(1989년), 송선영_「토풍시 5집 발간에 즈음하여」
머리말 중에서

"광주의 시인들이나 다른 고장 시인들을 만날 때면 내게 학생들의 안부도 곁들이는 것을 잊지 않는다. '학생들'이란 바로 전남학생시조협회를 지칭하는 말이다. 이들은 지금까지도 지속되고 있는가를 묻고, 한편 대견스럽다는 표정을 짓기도 한다. 전국 최초의 고교생 시조 모임이고 또한 그 활동이 주목에 값하는 바가 있었기 때문이리라. … 현 17기 학생이 이 누리에 태어날 무렵에 여러분의 전남학생시조협회도 첫걸음을 내딛었던 것이다. 그동안 학생들의 얼굴은 해마다 바뀌었지만, 매주 일요일의 정기 모임은 거의 거르지 않고 연면히 이루어져 왔다. 유회된 경우는 내가 알고 있기로는 '80년 5월의 일요일 정도일 것이다. 시대적 상황이나 현실적 여건의 어려움 속에서 특히 처소 문제로 이곳저곳을 전전하면서도 쓰러지지 않았고, 외로운 시조를 붙잡아 열일곱 해라는 긴 세월에 걸쳐 명맥을 유지할 수 있었다는 사실만으로도 충분히 값진 모임이라고 나는 생각하고 있다"

-《토풍시》제6집(1991년), 송선영_「土風詩 6집 발간에 즈음하여」
머리말 중에서

"토풍시 동인은 필자에겐 꽤 낯익은 이름이며, 토풍시 출신 시인들과는 인연이 있었던 분들도 있다. 기억컨대 10여 년 전 토풍시 7대가 되는 권애영 시인을 중앙일보 민족시 백일장에서 만났던 기억이 새롭다. 뿐만 아니라 토풍시는 우리 시조단의 튼튼한 일꾼들을 배출하였다. 80년대시조동인 중의 김종섭, 오종문 그 외에도 이재창, 박정호, 박현덕 시인들을 각종 지면에서 만날 수 있음은 큰 기쁨이었다. 이와 같은 기쁨은 토풍시라는 고등학교 시조동인이 있었기 때문이 아닐까. 우리의 교육 풍토 속에서 〈토풍시〉와 같은 고등학교 학생 동인의 존재는 귀하고 장한 일이 아닐 수 없으며, 서벌 선생이 이호우 선생에게서 들으셨다는 다음 말씀은 토풍시의 존재 이유를 분명히 했다. '어떤 전문 분야이든 명실상부한 신인이 속속 출현해야 그 분야가 구실을 제대로 하게 된다. 이때에 있어서의 새 사람이란 깃대에 새로 만들어 올리는 깃발처럼 선명해야 한다는 것 그리고 그 분야에 뛰어든 사람이라면 곁눈질 팔지 말고 끝장을 보아야 한다는 천착 정신이 필수적이라는 것' 등이다."

-《토풍시》제6집(1991년), 문무학「천지만엽이 이 뿌리로 좇아이나니」

초대글 중에서

<전남학생시조협회 지도교사 및 각 기수별 명단>

지도교사 : 송선영 시인
1대(5명) : 김종섭, 이표선, 조인숙, 이일룡, 이문희
2대(13명) : 오종문, 이재창, 이근택, 안혜정, 최미숙, 김혜옥, 박영경, 구철수, 이정란, 임인섭, 정희숙, 정지석, 송숙희
3대(10명) : 정찬흠, 문광자, 김만식, 오윤대, 박화순, 김남희, 윤상숙, 최성식, 김상태, 강순심
4대(10명) : 나기주, 최양숙, 소병기, 장아영, 조선희, 김규상, 김미숙, 김경숙, 임정우, 송미수
5대(6명) : 노종원, 장문희, 박영숙, 김경심, 윤희상, 오경숙
6대(6명) : 정차웅, 정경수, 임수정, 김은희, 최광석, 이혜경
7대(10명) : 임기택, 권애영, 이미송, 고미라, 박정신, 강명남, 최인아, 류방석, 김안나, 강명남
8대(6명) : 정미숙, 조주성, 정영희, 한승희, 이춘규, 이정권
9대(4명) : 박정호, 강호영, 탁동진, 조정미
10대(3명) : 박현덕, 진미란, 김오현
11대(4명) : 전백렬, 김미애, 김은정, 송창현
12대(6명) : 양인수, 이경옥, 신수경, 김종민, 박철균, 김현정
13대(9명) : 조계성, 김행주, 전천렬, 이병래, 송미엽, 류안나, 박혜성, 변중섭, 양인승

14대(8명) : 이승량, 최정주, 배중식, 이정철, 양성우, 고순정, 마경완, 박인우
15대(6명) : 류인식, 김혁, 최수진, 김도현, 김왕석, 김장현
16대(6명) : 유수길, 김경선, 김은정, 박철주, 송철수, 손정호
17대(1명) : 최승원

＊전남학생시조협회는 이후 22대까지 명맥을 유지하며 동인 활동을 했으나, 18대 이후 회원 명단을 확보할 수 없었다.

3. 토풍시 47년 만의 약속_『다시, 화양연화』를 꿈꾸며

토풍시 제6집의 '전남학생시조협회 발자취'는 1975.11.8.일 송선영 선생을 지도교사로 모시고 동인회가 발족되었다는 기록과 함께 1991년 3월 30일 동인지 제6집《토풍시》를 발간했다는 기록으로 끝을 맺는다.

전남학생시조협회가 결성되고 17년 동안 113명의 고등학생이 한국 정형시 시조의 맥을 잇고자 고군분투했다. 이 지면을 통해 토풍시의 발자취를 다 기술할 수는 없지만, 전남학생시조협회 동인들은 민족시 등 전국의 시조백일장에 참가하여 우수한 성적을 올리고, 각종 문학잡지 문학상에서 시조를 비롯해 시, 소설, 수필 부문 등에서 좋은 성적으로 입상했다. 또한 시조전문지《시조문학》과《현대시조》등에 시조를 발표하고, 여섯 번의 시조시화전을 개최하는 등 문학적 역량을 키워오면서 그 결과물로 6권의 동인지를 발간했다.

이는 전남학생시조협회의 동인지《토풍시》가 전국 최초의 고등학생 시조 동인지이자 유일무이한 고등학생 시조 동인지로 한국시조문단사에 자리매김했음을 의미한다. 지금은 그 맥이 끊어져 안타깝기 그지없지만 동인들이 중앙문단에 진출해 활발하게 활동하고 있다. 만약 그 맥이 끊어지지 않고 계속 이어져 왔다면 한국시조문단사와 광주전남지역의 시조 지리地理는 많은 부분에서 달라졌을 것이다.

　그 맥이 끊긴 지 47년이 되는 해, 지도교사 송선영 선생님의 대표작 15편과 전남학생시조협회 출신 시인 7명, 오종문, 이재창, 이근택, 최양숙, 윤희상, 박정호, 박현덕 시인의 작품을 묶은 『다시, 화양연화』(2023, 이미지북)를 펴냈다. '토풍시 47년 만의 약속-전남학생시조협회 사화집'이라는 부제가 의미하듯 소년소녀 고등학생들을 지도하고 문단 진출을 이끌어 준 송선영 스승에 대한 헌시집이요, 전국 최초 고등학생이 만든 학생 시조동인지라는 자리매김이며, 광주전남의 고교생들이 전남학생시조협회의 맥과 뜻을 계속 이어 옛날의 전성기를 되찾을 수 있는 계기가 마련되었으면 하는 바람이다. 인생에서 가장 아름답고 행복한 순간이었던 고등학교 시절의 문학수업을 다시 소환한다는 의미에서 무등이 굽어보는 광주의 땅, 고교생들이 칠판 앞에 둘러앉아 우리 정형시 시조를 얘기하고, 창작하는 미덥고 이쁜 풍경을 꿈꿔 본다.

(4) 우리시동인- 새로운 등불을 켜다

서연정(광주전남시조시인협회 회장)

1.
　동인이 맺어지는 과정은 동인마다 다를 것이다. 처음부터 의기투합하여 동인을 맺는 경우, 이름을 짓고 인원을 조정하고 회합을 가지는 게 일반적이다. 그렇다고 볼 때 〈우리시동인〉의 결성 과정은 지난하다면 지난하고 묵묵하다면 묵묵한 시간들이었다. 개개인의 독특하고 강한 개성은, 밖에서 보면 무리를 빛나게 하는 색깔이지만 자칫 모래알처럼 제각각 흩어지게 하는 악조건이기도 하다. 자신을 내세우기 전에 타자를 배려하는 마음을 갖는다는 건 말처럼 쉬운 일이 아니다. 그렇기에 구성원들은 오래토록, 더불어 걷기 위하여 몸부림을 쳤다. 〈우리시동인〉은 어느 날 묶인 동인이 아니라는 얘기다. 당시, 광주여자대학교에 부임해 온 이지엽 시인은, 문학적 열정을 가득 품었으되 문단에 대해서는 문외한이나 다를 바 없는 이들을 '동인'이라는 이름으로 묶기 위하여 힘을 기울였다. 한국 시조단에서 일정량의 무게를 확보하고 있는 〈우리시동인〉이 어떻게 결성되었는지 그 과정을 살펴 본다.

2.

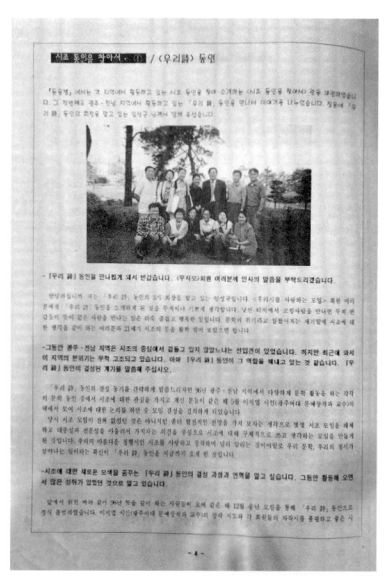

《열린시조》 '우리시를 사랑하는 모임' 회보 〈돋을볕〉 창간호 '시조동인을 찾아서①/우리詩동인'편 기사(1999년 여름 제1호(1999.6.20. 발행).

광주에서 발간되던 문화월간지 《금호문화》 '생활시조' 난은 독자들에게 시조를 접할 수 있는 기회를 주었다. 1993년 10월, 제1회 '생활시조상' 수상자를 낸 이후 이 제도는 '금호시조상'이라고 이름을 바꾸며 몇 회를 더 계속하였다. 전국의 예비 시조시인들이 대거 참여하였고 이 잡지에 이름을 보인 많은 이들이 후에 시조시인으로 정식 등단하였다.

1996년 1월 15일 오후 여섯 시, '생활시조상'이 위상을 갖추기까지 많은 노력을 기울인 이지엽 시인을 중심으로 광주 동명동에 있는 '황톳길'이라는 음식점에서 첫 모임을 가졌다. 이 모임은 〈우리시동인〉의 주춧돌이 된다. 김진웅, 김활란, 김희경, 서연정, 이현기 등,《금호문화》시조상을 수상하였지만 아직 정식으로 등단하지는 않은 사람들이 참석하였다. 이날 논의에서, 매월 1회 모임- 두 번째 월요일, 오후 6시, 황톳길-을 계속할 것과 초대 임원진- 이현기 회장과 서연정 총무-이 결정되었다. 모임에 참석할 수는 없지만 시조를 더욱 공부하자는 의지를 불태우며 타지의 수상자들- 신양란, 이복순, 전성훈-도 우편으로 작품을 보내왔다. 광주에서 모임 후 논의 작품을 보내면 파주에서 경주에서 또 어딘가에서 작품을 읽은 소감과 함께 자신의 작품을 보내는 식으로 이 모임은 한동안 진행되었다. 결국 원거리라는 한계와 생활 환경 변동 등의 난제 앞에 점차 타지와의 교분은 끊기지만 이 공부 모임은 광주에서 계속되었다. 정식 이름을 아직 짓지 않은 채 시조에 대한 이해와 애정을 보다 단단하게 다지며 환골탈태를 거듭하는 과정이었다.

1999년 동인지 발간 기념 시낭송회   작품합평회를 마치고(무등산. 1998.11.8.)

1996년 12월까지 강은정, 김보영, 박성미, 이송희 등 풋풋한 신입회원이 들어온다. 젊은 기운을 받아들이며 시조 공부가 더욱 치열해지던 1996년 12월 1일, 광주에서 시조전문지《열린시조》가 창간되었다. 시조전문지가 창간되자 동인들은 더욱 고무되었다. 1997년 5월 15일 동인 결성의 초석을 다져 준 이지엽 시인 댁에서 새로운 얼굴들이 합류하였고, 8월에는 강경화, 김경심, 김윤묵, 김희경, 박미라, 서연정, 우봉석, 윤재웅, 윤정선, 이송희, 이현기, 임성규, 최양숙, 하종기 등 동인 결성에 뜻을 둔 이들이 모여 담양군 월산면 용흥사 계곡을 찾아 기세를 높였다. 생활시조상 수상자 모임, 미리내 동인, 광주대 문창과, 광주여대 문창과 등, 다양한 모태에서 공부하고 있던 이들이 시조를 써보자는 열정 하나로 뭉쳐 첫 야유회를 가졌던 것이다. 백홍림, 정문효, 오숙현, 이문형, 정혜정, 박성미, 장수현 등, 그 자리에 오기로 하였다가 사정상 불참한 이들도 꽤 되었다. 실질적으로 〈우리시동인〉 구성원은 이 날 이후 만들어지는데, 결성 초창기에 박현덕 시인이 등단 선배로서 유익한 조언을 해주었고 동인의 이름 〈우리시동인〉도 이즈음에 지어졌던 것으로 기억한다. 1997년 12월 18일 목요일 저녁 〈우리시동인〉 송년의 밤은 대단했다. 동인들은 광주의 젖줄 광주천을 노래하며 건너갔다. 구동체육관 – 현재의 빛고을시민문화관 – 앞 포장마차에서 아쉬움을 안은 채 헤어질 때, 여명이 터오고 있었다. 동인의 앞날을 축복하듯 하루가 맑게 열리는 새벽이었다.

서연정(1997년 중앙일보지상시조백일장 연말장원, 1998년 서울신문 신춘문예 당선)과 정혜정(1998년 세계일보 신춘문예 당선)이 등단의 포문을 열었다. 연이어, 김강호(1999년 동아일보 신춘문예 당선), 장수현(1999년 조선일보 신춘문예 당선), 최양숙(1999년 《열린시조》 신인상 당선), 이구학(2000년 《열린시조》 전국우리시현상공모 당선), 임성규(《금호문화》 시조상 당선), 강경화(2002년 《시조시학》 신인상 당선), 이수윤(2002년 《열린시조》 신인상 당선), 선안영(2003년 경향신문 신춘문예 시조 당선), 이송희(2003년 조선일보 신춘문예 당선), 정혜숙(2003년 중앙일보 신인문학상 당선) 등이, 각종 신문과 문예지의 지면을 쟁쟁히 장식하며 시인의 길로 들어섰다.

3.
〈우리시동인〉은 1999년, 드디어 첫 동인지를 냈다. 1997년 결성된 동인의 얼굴을 비로소 세상에 드러낸 셈이다. 예비시인들의 습작기에 〈우리시동인)은 "피나는 노력을 견인하는 서원"이었고 쇳조각을 호미나 낫으로 만들어준 "예술의 대장간"이었다. 개인의 창작력을 더욱 담금질해준 동인이 있었기에, 사적 체험의 영역을 공적인 장으로 확장시켜 나가는 힘을 비축할 수 있었던 것이다. 〈우리시동인〉의 동인지를 통해 그들이 성숙해가는 도정을 일별할 수 있다.

1집 / 하늘, 그 푸른 빈자리 / 1999년 11월 / 태학사
  초대시 : 송선영, 김영재, 이지엽, 박정호, 박현덕
  동인시 : 강경화, 김강호, 김동찬, 김부식, 김윤묵, 김희경, 박성애, 서연정, 안미숙, 엄수경, 윤재웅, 윤정선, 이송희, 이수윤, 임성규, 임성화, 장수현, 정문효, 정영애, 정혜정, 최양숙.

2집 / 사람이 사람을 견디게 한다 / 2002년 3월 / 태학사
  초대시 : 윤금초, 이우걸, 유재영, 이지엽, 홍성란
  동인시 : 강경화, 김강호, 김보영, 박성애, 박현덕, 박형민, 서연정, 선안영, 엄수경, 윤재웅, 이구학, 이송희, 이수윤, 이해완, 임성규, 임성화, 장수현, 정문규, 정혜정, 최양숙.

3집 / 마음이 깊으면 하늘에도 길을 낸다 / 2004년 7월 / 도서출판고요아침
  초대시 : 박기섭, 박시교, 유재영, 윤금초, 이우걸, 이지엽
  동인시 : 강경화, 김강호, 박성애, 박성자, 서연정, 선안영, 엄수경, 윤정선, 이송희, 이수윤, 임성규, 정문규, 정민규, 정혜숙, 최양숙.

4집 / 꽃 문 속에 너가 있다 / 2006년 1월 / 도서출판고요아침
  초대시 : 송선영, 윤금초, 정수자, 최한선, 이지엽, 김동찬
  동인시 : 강경화, 김강호, 김승만, 박성애, 서연정, 선안영, 윤재웅, 이

송희, 이수윤, 임성규, 정문규, 정영애, 정혜숙.

5집 / 그 환한 둘레 / 2006년 12월 / 도서출판고요아침
초대시 : 윤금초, 이우걸, 정수자, 이지엽
동인시 : 강경화, 김강호, 박성애, 서연정, 선안영, 이송희, 임성규, 정문규, 정혜숙.

6집 / 나무의 문장 / 2008년 12월 / 도서출판고요아침
초대시 : 민병도, 박기섭, 윤금초, 이승은, 이우걸, 이지엽, 이한성, 정수자
동인시 : 강경화, 김강호, 박성애, 서연정, 선안영, 이송희, 임성규, 정문규, 정혜숙.

<우리시동인의 동인지 창간호부터 6호까지 표지>

살펴본 바와 같이 〈우리시동인〉이 발간한 동인지는 총 여섯 권이다. 창간호에는 동인 21명이 작품을 실었는데, 제6집에는 9명의 동인만이 작품을 수록하였다. 이는 생활면에서 지각 변동이 생기고 있음을 여실히 보여준다. 2008년 동인지 6집 발간을 끝으로 〈우리시동인〉으로서의 동인 활동은 사실상 멈추었다. 1996년 발아해 1997년 꽃봉을 터트리기 시작한 〈우리시동인〉은 2000년대 후반까지 우리나라 시조단에 놀라운 등불이 되었다. 그들의 젊은 패기와 문학적 열정은 광주와 전남 지역에 건강한 시조 운동의 바람을 불러일으켰으며 2002년 광주전남시조시인협회 창립의 한 축을 담당하였다. 그들의 활동은 10년을 조금 넘는 기간에 화톳불처럼 타올라 광주와 전남 지역은 물론 한국 시조단 발전에 기여하였다. 그들은 다양한 소재로 새로운 시조를 쓰는 모습을 진지하게 보여주었다. 그들의 연대를 통해 시조의 영토가 개척하고 확장되었음은 자명한 사실이라 하겠다.

※ 이 글은 2014년 여름호《주변인과문학》에 실린 원고를 수정한 것이다. 시조전문지《열린시조》는 현재 시전문지《열린시학》으로 발행되지만,《열린시조》를 통해 등단한 시인의 경우 당시 제호《열린시조》를 사용하였다.

(5) 해남 시조단 소사- 시조의 본향, 해남 시조 문학의 약사

유춘홍(시조시인)

1. 해남 지역 시조 문학의 개요

해남은 시가의 고장으로 일컬어진다. 한국 현대문학사에서 해남처럼 많은 시인을 배출한 고장도 찾아보기 쉽지 않다. 그래서 해남을 일컬어

'시문학의 1번지'라고 부른다. 그만큼 한국문학사를 대표하는 시인들을 많이 배출한 고장이다. 시조 문학 또한 예외가 아니다. 한국 현대시조사를 통찰할 때, 해남 출신 작가들이 차지하는 위상은 결코 낮지 않다.

그러나 고산 윤선도 이래 해남 지역의 문학은 오랜 침체기를 갖게 된다. 일제 강점기는 물론, 해방 직후에도 우리 지역에 시조 작가는 찾을 수 없다. 시조뿐만 아니라 현대시를 포함한 시문학에 족적을 남긴 문인을 찾기 어렵다.

해남 지역에 시문학의 지평을 연 시인은 해방 직후 해남군 현산면 출신 심호心湖 이동주(李東柱)(1920~1979)이다. 이동주는 1940년 《조광》지에 「귀농歸農」을 발표하면서 작품 활동을 시작하였다. 1950년 봄 《문예》지에 「황혼」, 「새댁」, 「혼야」 등이 미당 서정주에 의해 추천 완료되어 등단하였다. 이 이동주가 해남 지역에 뿌린 시문학의 씨앗은 오롯하고 튼실했다. 해남 문학의 기초를 다졌고, 시조 시인에게도 지면을 열어주어 이 지역에 현대시조가 뿌리내릴 수 있는 기틀을 마련해주었기 때문이다.

해남 지역 문학의 시작은 동인 활동에서 비롯된다. 해남 지역 최초 문학단체는 '두륜문학회'였다. 1959년 지역문화와 문학에 관심 있는 인사들 모여 '두륜문학회'를 창립하여 회보를 발간 및 시화전 개최 등의 활동을 통해 지역문화를 선도한다. 이 '두륜문학회'가 발전적으로 해체되고 1972년 희곡 작가 김봉호와 시인 이동주 등이 주축이 되어 '한듬문학회'를 창립했다. 이 단체가 '한국문인협회 해남지부'로 인준을 받으면서 오늘날까지 해남 지역 문학 발전의 모체로 활동하고 있다. 해남 지역의 시조 문학사 또한 이 문학회의 동인 활동을 통해 뿌리를 내렸다. 동인지에 시조를 발표하고, 작품성을 길러 중앙 문단에 이름을 올리는 과정을 거쳐 오늘에 이르고 있다. 현재는 여기에 머물지 않고 각종 시조 문학과 관련된 행사를 주관하여 이 지역은 물론 전국의 시조 시인과 예비 작가들의 관심 속에 우리나라 시조 문학을 계승 발전하는 역할을 하고 있다. 또한 작품 공모와 시조 학당을 통해 새로운 시인들을 배출하는 등용문으로도 활발하게 활동하고 있다.

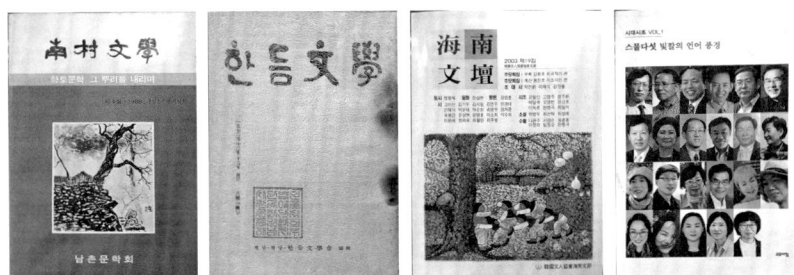

제5회 고산문학 청소년 시조창작대회(2005. 10. 8)

이 외에도 몇 개의 문학단체들이 자생적으로 생겼다가 사라졌고, 몇몇 단체는 현재까지 활발하게 활동하고 있다. 이런 단체들은 동인지를 발간하여 지면이 넓지 않은 지역 작가들에게 작품 발표의 장을 마련해 주고 있다. 시조 시인들도 이 동인 활동을 통해 작품을 발표함으로써 지속적인 작품 활동을 전개하고 있다.

2. 고산문학축전 사업 현황 ('2' 자료는 문주환 시인 제공)

2001년부터 해남군에서는 고산문학축전을 열고 있다. 이 사업은 고산 윤선도 선생의 직신(直臣)으로서의 선비정신과 자주적 문학 정신을 기리고 선양하며 민족문화 발전을 도모하며 예향藝鄕 해남의 문화적 이미지를 널리 알려 지역 문학을 발전시키는 계기를 마련하고 문화관광의 콘텐츠를 풍부하게 하고 해남의 브랜드 파워를 높이는 계기가 되도록 하고자 하는 데 목적이 있다. 그 사업 현황을 문주환 운영위원으로 듣고 기록한다.

＊ 주요사업 개요
  - 사업명 : 고산 문학축전 행사
  - 사업비 : 8,000 만원(운영비 3천 + 시상금 5천만원)
  - 사업기간 : 매년 1회(4 월부터 - 10월중실시)
  - 사업장소 : 고산유적지, 땅끝 순례 문학관(백련재)
  - 사업내용 : 고산청소년백일장(시.시조) 고산시서화백일장, 고산 인문학 콘서트, 고산시낭송대회, 고산문학 대상 시상식.
  - 주관 : 고산 문학축전 위원회

＊ 운영 현황
2001년부터 실시한 고산문학축전행사의 일환으로 고산문학 대상 운영규정에 의하여 군비 3천만 원의 지원을 받아 제1회 학술상, 2회 시조 작품상을 격년제로 2천만 원씩 시상을 하여 오다가 9회째(2009년)부터 시와 시조 시인을 선정하고 이 수상자에 대하여 계간《열린시학》에 대행 특집을 하는 등 한국 시조 문학의 대표하는 상으로 그 위상을 높여 가고 있으며 2018년도 18회 대회부터는 전국 규모의 문학상 시상금이 더 높여야 한다는 의견이 집약되어 군비 시상금 8천만원을 확충 시와 시조 신인상까지(대상 2명. 신인상 2명) 4명에게 4천6백만 원을 시상하여 오늘에 이르러 2024년 현재 24회째를 실시하여 오고 있다.

＊역대 운영위원장 명단 (2001년부터~)
2001년 - 제1대 - 윤내현(단국대 부총장)
2004년 - 제2대 - 황도훈(문화원장)
2005년 - 제3대 - 박진환(한서대)
2007년 - 제4대 - 윤청하(저작권조정위원회위원장)
2009년 - 제5대 - 오세영(서울대)
2011년 - 제6대 - 오세영(서울대)

2013년 - 제7대 - 구중서(수원대)
2015년 - 제8대 - 구중서(수원대)
2017년 - 제9대 - 정희성(한국작가회이사장)
2019년 - 제10대 - 황지우(예술대총장)
2021년 - 제11대 - 황지우(예술대총장)

*역대 고산문학 대상 수상자 현황(2001년~2023년까지)
제01회 - 문영호 (학술), 제02회 - 윤금초 (시조), 제03회 - 박준규 (학술), 제04회 - 서벌 (시조), 제05회 - 김종길 (시조), 제06회 - 성기옥 (학술), 제07회 - 송선영 (시조), 제08회 - 박기섭 (시조), 제09회 - 이근배 (시조), 제10회 - 김제현 (시조), 제11회 - 박시교 (시조), 제12회 - 이상범 (시조), 제13회 - 조오현 (시조), 제14회 - 김영재 (시조), 제15회 - 이승은 (시조), 제16회 - 이지엽 (시조), 제17회 - 김정희 (시조) - 제1회 시조 신인상 - 유헌, 제18회 - 오세영 (시조) - 제2회 시조 신인상- 김영순, 제19회 - 오승철 (시조) - 제3회 시조 신인상- 유순덕, 제20회 - 이송희 (시조) - 제4회 시조 신인상- 장수남, 제21회 - 김일연 (시조) - 제5회 시조 신인상 - 김재용, 제22회 - 선안영 (시조) - 제6회 시조 신인상- 강영임, 제23회 - 강현덕 (시조) - 제7회 시조 신인상- 김영옥

3. 시조 문학의 발전을 위한 주요 활동

해남 지역에 시조의 씨앗을 심은 것은 동인지였다. 등단 작가는 물론 시조에 관심을 갖고 습작에 전념하는 예비 시인들에게도 동인지는 자신의 작품을 세상에 내놓을 수 있는 기회의 장이었다. 중앙 문단의 벽이 낮지 않아 지면을 확보하기 어려운 시인들도 꾸준한 동인 활동을 통해 작품을 발표함으로써 작가의 길을 다지고 있다. 또한 후학을 양성하는 활동도 동인지를 통해 이루어지고 있다. 특히 "한국문인협회 해남지

부"는 지역을 선도하는 대표적인 문학단체로서 동인지『해남문단』을 통해 기성 작가에게는 발표의 장이 되고, 예비 작가에게는 문학의 길을 열어주는 역할을 꾸준히 이행하고 있다. 따라서 본고는『해남문단』을 중심으로 해남지역의 문학단체와 동인 활동을 살핌으로써 해남 지역의 시조 발달사를 조망하고자 한다.

가) 두륜문학회

해남 지역에 문학의 발판을 놓은 단체는 '두륜문학회'이다. '두륜문학회'는 1959년 지역문화와 예술에 관심이 깊은 민재식, 김남용 등이 선현들이 가꾸어 놓은 문향의 맥을 잇고, 불모지에 가까운 지역문화 활동의 초석을 마련하기 위해 창립하였다. 당시 서울에서 활동 중이던 윤금초 시인이 이들과 교류하게 되고, 이 단체의 활동에 기폭제 역할을 했다. '두륜문학'이라는 회지를 발간하였는데, 시조를 공부하던 계산 용진호 시인이 회원으로 활동한다. 계산은 이후 해남 지역에 시조 문학이 뿌리를 내리는데 선구자로서 매우 열성적인 활동을 전개한다. '두륜문학'은 1972년까지 총 32회의 문학의 밤 행사를 개최하여 군내에 문학의 열기를 확산시켰다. '두륜문학' 11집까지 발간하였다.

나) 한국문인협회 해남지부

1972년 1월 희곡 작가 우록 김봉호와 시인 심호 이동주 등이 주축이 되어 '한듬문학회'를 창립했다. 1972년 '한듬문학회'를 '한국문인협회 해남지부(해남문인협회)'로 개편하여 인준을 받는다. 초대 지부장은 김봉호가 선임되었고, 시 분과를 비롯하여, 소설 분과, 평론 분과, 희곡 분과, 수필 분과, 아동 분과 등의 분과를 두고 활동하였다. 시조 분과는 따로 없었으며, 시 분과에 통합되어 활동하였다. 1972년《한듬문학》제1집을 발간한다. 이후 이 지역 문학의 모체로 다양한 활동을 전개한다. 그러던 중 10대 회장에 취임한 천병국 시조 시인이《한듬문학》을《해남

문단》으로 제호를 변경하였다. 이유는 '한듬'은 '대둔산'의 우리말 이름으로 아름답기는 하지만, 타 지역 문인은 물론 지역 인사들도 그 이름을 잘 알지 못한 까닭에 "해남"을 기관지 이름에 넣을 필요가 있었기 때문이었다. 현재까지 같은 이름으로 활동 중이며, 2023년까지《해남문단》 41호가 발간되었다. 이 단체는 해남 지역 문학의 중심으로 위상을 공고히 하고 있으며, 특히 시조 문학 발전에 큰 공헌을 하고 있다.

다음은 이 단체에서 실시한 시조 관련 주요 행사이다.

첫째, '전국 시조 공모 백일장' 운영을 통해 시조를 널리 알림은 물론 역량 있는 시조 작가를 발굴하여 등단시키고 있다. '사단법인 열린시조학회 광주. 전남 지부'와 공동으로 전국의 초.중.고.대학(일반부)생 등 미등단 작가를 대상으로 작품을 응모하여 시상하고, 특히 일반부 장원은《시조시학》지로 등단시켰다. 2006년부터 2023년까지 실시된 18회 대회를 통해 18명의 신진 작가를 배출하였다. 2024년에도 공고를 통해 작품을 모집하고 있다. 이 대회에 초.중.고.대학생들이 참가함으로써 시조에 대한 관심과 애정을 갖게 하고 미래 시조 시인으로 성장하는 발판을 마련해주고 있다.

둘째, "시조 문학 창작 교실"을 개설하여 운영함으로써 후진 양성에 힘쓰고 있다. 문주환 시인이 개설한 이 강좌는 해남 관내 거주자로서 시조 문학에 관심이 있는 자들 중 희망자를 모집하여 주 1회 2시간씩 한 학기 16시간을 편성. 운영하고 있다. 시조의 기초 이론부터 창작의 실제 및 합평회를 통해 시적 역량을 강화하여 시조 시인으로 등단하는 것을 목표로 하는 이 강좌는 2023년 현재 10명을 등단시켰다.

셋째, 2000부터 2005년까지, 당시《해남문단》지부장이었던 천병국 시인과 문주환 시인이 중심이 되어 관내 초, 중. 고등학생을 대상으로 "시조 아카데미"를 운영하였다. 학교를 직접 방문하여 시조 창작 교육 후 분임 별로 시조를 짓게 하고 심사하여 우수작품은 시상하였다. 학생들에게 시조에 대해 알리고 시조의 본향의 후손으로 자긍심을 심어주는 행사였다. 이 행사는 문주환 시인이 이어받아 현재에 이르고 있다.

이 외에도 해남 지역 시조 문학의 발전과 시조 보급을 위한 여러 노력들이 전개되었다. 우선 '작가와 만납시다'를 타이틀로 부문별 유명 작가를 초청하여 문학 강연 및 대담의 시간을 가졌다. 1980년 제5대 지부장으로 취임한 윤금초 시인은 '작가와 만납시다(문학 강연 및 대담)'을 개최했다. 이 행사는 2001년까지 8회에 걸쳐 행사를 진행되었으며, 초대 작가는 시인 조병화, 이태극, 윤금초, 국효문, 범대순, 이동주, 소설가 이청준, 홍성유, 희곡 작가 차범석, 영화감독 김수용 등이었다. 또한 "오늘의 시조학회(회장 윤금초) 초청 여름 세미나"를 개최하였다. 제1회는 "현대시조의 지향"이라는 주제로, 제2회는 "시조 시단의 새로운 물결(서울대 장경렬 교수)", "현대 사설시조의 지향상(경기대 김제현 교수)", "고산 시가에 나타난 미의식(천병국 지부장)"이란 주제로 대흥사에서 열렸다. 이런 기회는 지역 시조 시인과 시조를 공부하는 사람들에게 많은 도움을 주었다. 뿐만아니라 조선 시대를 대표하는 고산 윤선도의 문학적 산실인 해남의 시조인으로서 자긍심을 가지고 고산의 문학 정신을 선양하는 데에도 노력을 게을리하지 않고 있다. '고산 문학 대전'을 지원하고 '고산 시조창작 대회'를 주관하고 있으며, 시조 문학 학술 대회(2010, 윤금초, 이지엽 시인 등 참여)를 개최하여 시조 문학을 널리 알리는 데 공헌하였다,

다) 남촌문학회

'남촌문학회'는 1984년 5월 용진호, 박노경, 윤삼현, 유춘홍 등이 주축이 되어 창립되었다. 회장에 윤삼현, 사무국장은 유춘홍이었다. 1986년 동인지『남촌문학』1호를 발간하여 1992년 제7집 발간을 마지막으로 활동이 중단되었다. 이 단체에서 활동한 시조 시인으로는 용진호, 박노경, 윤삼현, 문혜관, 유춘홍 등이었다. '남촌문학상'을 제정하여 매해

발표된 회원 작품 중 우수작품을 선정하여 시상하였으며, 문학 기행 및 합평회를 통해 작가의 역량 제고를 위해 노력하였다.

유춘홍 등단 기념회 사진의 인물은 좌에서부터
천병태, 유춘홍, 서양순, 유영관, 박노경, 용진호, 윤삼현, 이순자.

라) 사단법인 열린시조학회(광주·전남) 지부

2005년 한국 시조 문학의 발전과 회원 상호 간 창작 활성화 및 친목 도모를 목적으로 '열린시조학회'가 창립되었고, 같은 해 전남.광주 지부가 설립되었다. 지부장은 문주환 시인이고 사무국장은 이보영 시인이다. 광주. 전남에서 활동하는 시조 시인 21명이 정회원으로 활동하고 있다. 이 단체는 사무소를 해남읍 예술회관에 두고 활동하였다.

주요 활동 내역을 살펴보면 다음과 같다. 2006년 '지역주민과 함께하는 예술 활동'을 전개하였다. 전남의 문학 소외지역(도서 벽지)을 찾아가 학술 발표 및 작품 발표회, 시조 백일장 등을 실시하였다. 2007-2008년, '장애우와 함께하는 예술여행'이라는 제목으로 해남 장애인 복지관과 해남 문화예술회관에 장애우를 초청하여 작품 발표 및 도서 나눔 행사를 가졌다. 또한 현재까지 '열린시조학회 정기 학술 세미나'를 개최하고 있다. 해남, 강진, 완도 등을 순회하면서 시조 시단의 유명한 시인들을 강사로 초빙하여 시조 문학의 활성화 및 지역 문학의 발전 방향을 모색하여 시조 문학 발전에 기여하고 있다. 해남 현대 시조 동인지 『스물 다섯 빛깔의 언어 풍경』 발간 및 보급한 것도 이 단체의 빼놓을 수 없는 업적이다. 해남 출신 및 "해남문단" 회원으로 시조 시인으로 등단한 작가를 중심으로 동인지를 발간하여 각급 문화 단체와 문학관, 학교, 도서관 등에 무료 배부하였다. 전라남도 문예진흥기금을 지원받아 3회에 걸쳐 발간, 보급함으로써 현대시조를 널리 알리고 작가들의 창작 의욕을 고취함으로써 시조 문학 발전에 공헌했다. 이외에도 고산 문학 축전 행사 운영에 참여하여 고산의 시혼을 계승하고 발전시켜 지역의 시조 문학의 발전 방향을 제시하고 선도하는 것은 물론, 시조문학의 전통을 이어가는 중요한 역할을 담당하고 있다. 또한 '한국문인협회 해남지부'와 협조하여 지역의 시조 문학 발전에 공헌하고 있다.

마) 달마시조문학동인회

'달마시조문학 동인회'는 2010년 용진호 시인이 중심이 되어 창립된 문학단체이다. 용진호 회장의 시조 창작 기초 이론 강의 및 회원 작품 합평회를 통해 시적 역량을 강화하여 회원들을 등단시키는 데 목적을 둔 시조 창작 실기를 위한 모임이었다. 주요 회원은 문주환, 이행단, 최말식, 고영주 등이었다. 이들은 각종 문예지를 통해 시조 시인으로 등단하여 중앙 문단에 진출하기도 하고, 고향에 남아 왕성하게 작품 활동을 전개하고 있음은 물론, 계산의 후예로 후진 양성을 의해 부단히 노력하고 있다. 한편 용진호는 자택을 '계산시루'라 명명하고 해남 지역은 물론 인근 진도 지역 문인들을 초청하여 문학에 대한 담론을 즐겼다. 진도 '섬문학' 동인인 석가정, 천병태 등 시조 시인들과 자주 교류하였으며, 시조를 공부하는 예비 시조 시인들을 지도하여 등단시키기도 하였다.

계산 용진호 시인이 별세한 후, 땅끝마을 '용진호 시비' 제막 이후 실제적인 모임이 해체되었다.

바) 기타

1988년 정용채, 정동수, 김정복 등이 주축이 되어 발간한 《해남문학》에 시조 시인으로는 박노경, 천병국 등이 활동하였고, 2009년 임상영, 고영주, 이성배 등이 창립 '미암 문학회'에는 용진호, 천병국, 이지엽 시조 시인 등이 참여하여 작품을 발표하였다.

4. 작가 현황(가나다 순)

- 강무강 : 본명 강성금. 1994년 《현대시조》로 등단. 현대시조 문학상 '좋은 작품상' 수상. 『얼음새 꽃』 발간.
- 고미선 : 2019 '전국 해남시조백일장' 장원, 《시조시학》으로 등단. 『너에게로 가는 길』 출간
- 김경자 : 2021년 《아시아서석문학》 시조 부문 등단.
- 김영완 : 2005년 조선일보 신춘문예로 등단. '열린시조학회' 회원. 전국공무원 문예 대전 최우수상 수상.
- 김옥심 : 2023년 《아시아서석문학》 시조 부문 등단
- 김완규 : 2021년 《아시아서석문학》 시조 부문 등단. 해남예총 회장
- 김홍길 : 제16회 전국시조백일장 우수상 수상, 2023년 《아시아서석문학》 시조 부문 등단.
- 라관주 : 《문학공간》으로 등단. 시조집 『사군자』 출간, 한국문화예술원상 수상, 한국시조시인협회 회원
- 문주환 : 2000년 《문학춘추》 신인 작품상, 《시조세계》, 《월간문학》으로 등단. 전국공무원문예대전 시조 부문 최우수상, 전남문학상, 무등시조 문학상 등 수상. 한국시조시인협회 회원. 시조집 『땅끝 귀거래사』, 『전라도 가는 길』 출간.

- 박달목 : 본명 박진환. 1990년 중앙일보 시조문학상(장원)으로 작품 활동. 시조시집 『격렬비도』 출간.
- 박덕훈 : 필명 녹담綠潭. 1984년 광주일보 신춘문예 시 당선. 《월간문학》 시조 부문 신인상 수상으로 등단. 『겸손한 사랑 그대 항상 나를 앞지르고』 등 시집 다수와 『한국의 전통 민속주』 등 전통주에 관한 저서를 다수 출간함.
- 오영빈 : 1973년 동아일보 신춘문예 당선으로 등단. 시조집 『광화문 산보』, 『동행』 출간.
- 용진호 : 1980년 《시조문학》으로 등단, '호남시조문학회' 회장, 한국시조시인협회 이사 및 편집위원, '달마문학회' 회장 역임. 전남문학상 수상. 시조집 『계산시조시선집』 출간.
- 유춘홍 : 1990년 『시조문학』으로 등단. 남촌문학상, 무등시조문학상 수상.
- 윤금초 : 본명 금호. 1967년 《시조문학》으로 등단. 1968년 동아일보 신춘문예 당선. 가람시조 문학상 등 다수 수상. 시조집 『어초문답』, 『해남 나들이』 등 다수. 《정형시학》 발행인.
- 윤삼현 : 1987년 《시조문학》으로 등단. 한국아동문학상. 무등시조문학상. 조연현문학상 등 수상. 시조집 『뻐꾸기 소리를 따라 가다』 출간. 동아일보 신춘문예에 당선되어 아동문학가로 활동. 『유채꽃 풍경』 등 동시, 동화집 다수 출간.
- 윤치원 : 2022년 《한올문학》 시조 부문 등단.
- 윤선웅 : 2022년 《한올문학》 시조 부문 등단
- 이보영 : 2002년 《시조세계》로 등단. 한국시조시인협회 회원, 무등시조문학상, 시조문예상 등 수상. 시조집 『나직한 목소리』, 『물소리가 길을 낼 때』 등 다수 출간.
- 이외단 : 2006년 《한맥문학》으로 등단. 전국해남시조백일장 대상. 전남문학상 등 수상, 시조집 『해찰』 등 출간.

- 이수연 : 2003년 《시조세계》로 등단. 한국시조시인협회 회원
- 이지엽 : 본명 경영. 1984년 경향신문 신춘문예에 시조 당선으로 등단. 《열린시학》, 《시조시학》 편집주간. 한국시조작품상 등 다수 수상. 시조집 『해남에서 온 편지』, 『떠도는 삼각형』 등 다수 출간.
- 임권신 : 《한국시조문학》으로 등단.
- 임정순 : 본명 임명인. 2002년 《한국시조문학》으로 등단.
- 천강래 : 2009년 《시조시학》으로 등단. 열린시조문학회 부회장. 한국시조시인협회 회원. 시조집 『내 작은 잔을 위하여』, 『가을 여백』 등 발간.
- 천병국 : 《한국시》로 등단. 시조집 『귀로 맡는 향기』 출간.
- 최말식 : 《시.시조와 비평》으로 등단. 시조집 『노도』 출간.
- 최영숙 : 2023년 《아시아서석문학》 시조 부문 등단

〈참고문헌〉

『海南郡誌 下』, 2015. 해남문화원 군지 편찬위원회
『海南郡史(增補版)』, 1995. 해남군
『海南郡史』, 1980. 해남군사 편찬위원회
『해남문단』, 2017. 한국 문인 협회 해남 지부.
『한듬文學』, 1972. 한듬문학회 편집부
『스물다섯 빛깔의 언어 풍경』, 시대시조.
『南村文學』, 1986. 남촌문학 동인회
『미암문학』, 2010. 미암문학회
『디지털해남문화대전』, 해남군

(6) 목포, 강진, 장흥 시조단 소사

유헌(한국시조시인협회 이사)

1. 목포의 시조

1) 개요

목포는 예향이다. 특별히 문향이라고도 한다. 그만큼 문학인이 많고, 뛰어난 문인들을 많이 배출했을 뿐만 아니라 문학 활동이 왕성해 그런 애칭을 얻었을 것이다. 도시가 문학적 분위기에 젖어있다는 의미도 되겠다.

1920년 '극예술협회'를 조직, 신극 운동에 앞장서며 희곡, 시, 번역, 연극 및 문학비평 등 다수의 작품을 남긴 비운의 작가 김우진, 한국 여류문학의 상징 소설 박화성, 수필가이자 비평가인 김진섭에서부터 2024년 오늘에 이르기까지 목포의 문학은 양적, 질적으로 큰 발전을 거듭해 왔다. 이처럼 문학의 전 분야가 풍성했음에도 시조문학은 우선 양적으로 초라했다. 불모지였다.

2) 현황

1935년 4월에 《목포평론》과 《전남평론》의 속간호 형식인 《호남평론》이 창간되면서 목포의 문학은 활기를 띄기 시작한다. 김우진의 아우 김철진이 주간을 맡아 문예란의 비중이 높아지면서 문학 발표의 장이 되어 줬기 때문이다.

1930년대 이후 80년대까지 목포의 초창기 시조문학 현황을 살펴보면 1935년 4월부터 1937년 8월까지 2년 4개월 동안 《호남평론》에 시조(민요, 한시 포함)의 경우 14명이 작품을 발표했는데 이근화가 7회로 가장

발표 작품 수가 많았다. 당시는 한 작가가 여러 장르에 걸쳐 창작 활동을 하고 있었고 이근화의 경우 북초(北草)라는 필명과 함께 시와 시조, 수필 분야에서 가장 왕성한 활동을 하고 있었다.

40년대 들어 1948년 박종옥(1953년 작고)이 『상원춘원(桑園)』이라는 시조집을 발간했다는 기록(목포문학 제34호 2011년, 木浦文壇 小史_최재환)이 나온다. 이 시조집은 이태극의 『시조의 사적연구』와 김해성의 『한국 현대시문학 전사』, 『한국 시조 큰 사전』에 영인본으로 수록돼 있다고 한다.

1951년엔 해군 목포경비부가 정훈사업으로 월간지 《갈매기》를 창간하는데 그해 2월 1일 발행된 창간호의 필진에 시조시인으로는 정소파가 등장한다. 또 목포에서 500부 한정판으로 1952년 9월 창간한 《시정신》에 1930년대 《시문학》지에 시조를 발표한 적 있는 광주 광산 출신 박용철의 시가 실렸다는 기록도 있다. 1950년대 중반 이후 최덕원이 《시조문학》에 시조로 등단해 목포에서 활동하기도 했다.

1984년 6월 6일엔 제2회 목포문협 심포지엄이 "남도문학의 맥을 찾아"라는 주제로 해남 고산 녹우당 등을 답사하면서 실시되었는데 최병두가 「고산시조와 남도의 혼」이라는 주제 발표를 하기도 했다.

시조 불모지 목포에서는 또 1984년 10월 27일 목포대학교 대강당에서 시조시인 선정주의 개회로 '한국현대시조협회 84 목포대회'가 「현대시조의 재조명」이라는 주제로 열려 서울여대 김준 교수, 현대시조 이우종 주간, 박순범 시인, 목포대 허형만 교수의 발표가 있어 관심을 모았다.

1980년대 박녹담이 《현대시조》와 《시조문예》로 등단한데 이어 1990년 고규석이 경향신문 신춘문예로, 2008년 김재석이 《유심》으로 등단했다. 2009년에는 박성민이 서울신문 신춘문예로 등단하면서 활발한 창작활동을 펼치고 있으며 2010년에는 오천수가 《시조시학》 신인작품상을 받는다.

현대시조 84 목포대회(1984, 고정선 소장)

이처럼 2010년대 이전까지 목포의 시조문학은 가뭄에 콩 나듯 양적으로 초라했다. 하지만 유헌이《월간문학》2011년 상반기호 시조 등단에 이어 2012년 국제신문 신춘문예로 당선되고 나서 2016년 9월 목포대학교 평생교육원 최초로 '현대시조창작반'을 개설해 2022년 6월까지 운영하면서 서정복(《시조시학》, 2017), 곽호연(《시조시학》, 2017), 이홍남(《문학춘추》, 2018), 송행숙(《시조시학》, 2018), 최문광(《시조시학》, 2019), 김수진(《시조시학》, 2019), 전서현(《시조미학》, 2019,《발견》, 2019), 임순희(《시조시학》, 2020), 강원산(《시조미학》, 2020), 김기평(《한강문학》, 2020), 노태연(《시조시학》, 2021), 박정희(《시조시학》, 2021), 이금성(《시조시학》, 2023) 등이 문단에 얼굴을 내밀며 시조시인들이 크게 늘어나게 된다.

한편 목포대학교평생교육원 박성민의 '현대시창작반'에서 황형자, 최정애에 이어 김광자가《시조시학》2024 여름호로 등단하면서 시조시인에 합류했다. 김수형은 중앙신인문학상(2019)으로, 2023년엔 김미진이 경상일보와 한라일보, 오륙도신문 신춘문예를 통해 문단에 나왔다.

목포대학교 평생교육원 현대시조 창작반(2016)

3) 활동

2010년을 전후해 등단한 시인으로는 2008년 김재석(필명 김해인)이 《유심》으로 등단 『만경루에 기대어』 등의 시조집을 상재했다. 박성민은 2009년 서울신문 신춘문예 당선 이후 『쌍봉낙타의 꿈』, 『숲을 금으로 읽다』, 『어쩌자고 그대는 먼 곳에 떠 있는가』 등의 시조집을 출간했으며, 가람시조문학상 신인상(2013), 오늘의시조시인상(2014), 올해의시조집상(2021), 조운문학상(2023) 등을 수상하는 등 괄목할 만한 문학적 성과를 내고 있다.

유헌(《월간문학》 2011, 국제신문 신춘문예 2012)은 『받침 없는 편지』, 『노을치마』, 『온금동의 달』 등의 시조집을 발간했으며, 시조시학젊은시인상(2015), 고산문학대상 신인상(2017), 올해의시조집상(2020), 월간문학상(2021), 현구문학상(2022) 등을 수상했다. 광주전남시조시인협회 회장을 역임했으며, 현재 한국문인협회·한국시조시인협회·오늘의시조시인회의 이사를 각각 맡고 있다.

강성희(《시조시학》 2012)는 『바다에 묻은 영혼』, 『소리, 그 정겨운 울림』 등의 시조집을 상재했으며, 시조시학젊은시인상(2016), 열린시학상(2021), 역동문학상(2022), 목포작가상(2023) 등을 수상하고, 목포시문학회 회장을 역임했다. 현재 한국시조시인협회 이사이다.

서울신문 신춘문예(2015)로 등단한 용창선은 시조집『세한도를 읽다』를 출간했으며 시조시학젊은시인상(2021)을 수상했다. 현재 한국시조시인협회 이사, 오늘의시조시인회의 감사를 맡고 있다.

고정선은《좋은시조》(2017년) 등단 이후 시조집『눈물이 꽃잎입니다』, 『노을 든 몸 아득하다』, 동시조집『개구리 단톡방』을 냈으며, 제10회 목포문학상 남도작가상(시조), 제7회 한국가사문학대상 장려상, 제8회 무등시조 작품상을 수상했다. 현재 한국시조시인협회 중앙자문위원이다.

2017년《시조시학》으로 등단한 곽호연은 광주전남시조시인협회 사무처장을 역임했으며, 현재 오늘의시조시인회의 재무차장을 맡고 있다.

최문광(《시조시학》2019)은 시조집『꽃신 띄운 자리』(2023)를, 임순희(《시조시학》2020)는 시조집『눈이 닳아 꽃이 되다』(2022), 김기평(《한강문학》2020)은 시조집『소를 수리하는 男子』(2022)를 출간했다.

목포지역에서 또 하나 눈여겨볼 만한 활동은 '목포시조문학회'가 조직돼 활동하고 있다는 고무적인 사실이다. 2022년 3월 결성된 목포시조문학회(회장 용창선, 사무국장 고정선)는 매년 동인지 발간 및 연 2회 회보 발행, 문학기행, 합평, 세미나 등 다양한 활동을 펼치며 시조 대중화에 일조하고 있다.

2024년 6월 현재 회원 명단은 다음과 같다.

용창선(서울신문 신춘문예 2015), 고정선(《좋은시조》 2017), 강성희(《시조시학》 2012), 강원산(《시조미학》 2021), 고규석(경향신문 신춘문예》 1990), 고정애(《시아문학》 2020), 구애영(《시조시학》 2010, 서울신문 신춘문예 2014), 김동찬(《열린시조》 1999), 김수진(《시조시학》 2019), 노태연(《시조시학》 2021), 박정희(《시조시학》 2021), 이희란(《시조문학》 1989), 최문광(《시조시학》 2019), 추연화 등이다.

2. 강진의 시조

1) 개요

"강진은 참 감성적이다. 산이 있고 강이 있고 바다가 있다. 독특한 문화가 있고, 살아 숨 쉬는 역사가 있다. 반도의 끝자락 강진은 상당 부분 감성과 맞닿아 있다. 1930년에 창간된 시 전문지《시문학》을 중심으로 한 순수시 운동의 역사가 그렇다. 순수시가 개인의 정서에 중점을 둔 시이기 때문이다.《시문학》은 1930년 3월 창간호가 발간된 후 그해 5월과 이듬해 10월 3호를 끝으로 종간돼 아쉬움이 크지만 문학사에 남긴 업적은 크다.

그런데《시문학》에 우리 시, 시조가 실려 있다는 사실을 아는 사람은 몇이나 될까. 그 부분에 대해 언급하는 사람을 나는 아직 만난 적이 없다.《시문학》 창간호 편집 후기에 "제1호는 편집에 급한 탓으로 연구 소재가 없이 되었다. 앞으로는 시론, 시조, 외국 시인의 소개 등에도 있는 힘을 다하려 한다"라고 적고 있는데도 말이다. 영랑과 함께 1930년《시문학》을 창간해 편집과 재정을 맡았던 광주 광산 출신 용아 박용철은 이미《시문학》1호에 「비 내리는 날」이라는 시조를 발표했다. 2호에도 박용철은 「우리의 젖어머니」라는 3수로 된 연시조를 상재했고, 수주 변영로 역시 「고운 산길」이라는 제목 아래 3편의 시조를 2호에 발표했다. 또 박용철은 「애사哀詞 중에서」라는 큰 제목 아래 「그대의 돌아가신 날」 등 6편을 제3호에 실었다."『문득 새떼가 되어』(유헌, 해드림출판사, 2020)

　　기세도 없이 온 하루 내리는 비에
　　내 맘이 그만 여위어 가나니
　　아까운 갈매기들은 다 젖어 죽었겠다

　　　　　　　　　- 박용철, 「비 내리는 날」 전문(1930.3《시문학》1호)

1930년대 시문학파의 주역

『시문학』은 1930년 3월 5일 창간하여 그 해 5월 20일 제2호, 1931년 10월 10일 제3호를 끝으로 종간되었지만, 당대를 풍미했던 카프계열의 프로문학과 감상적 낭만주의 시조에서 벗어나 이 땅에 본격적인 순수문학의 뿌리를 내리게 한 모태가 되었다. 사진은 1929년 겨울 시문학 동인 창립 기념으로 촬영한 것이다.(앞줄 왼쪽부터 김영랑, 정인보, 변영로, 뒷줄 왼쪽부터 이하윤, 박용철, 정지용)

    유헌은 그의 저서 『문득 새떼가 되어』(해드림출판사, 2020) 「시문학파 시인들도 시조를 썼다」에서 "영랑은 1호에 「사행소곡四行小曲 7수」, 2호와 3호에 각각 「사행소곡 5수」 등 다수의 4행시를 시문학에 발표했"으며, 《시문학》지가 3호로 종간되지 않았다면 더 많은 시조가 실렸을 것이고 영랑도 어쩌면 우리시 시조를 지었을 텐데 하는 아쉬움이 남는다. 누구보다도 나라를 사랑하고 민족주의자였던 그의 족적을 봐서도 그렇다. 강진 출신 현구 역시 《시문학》 2호와 3호에 시조처럼 각 행을 4음보로 처리한 시를 많이 남겼다."라고 밝히고 있다.

    이처럼 첫머리에 시문학파 시인들의 시조를 길게 인용한 것은 강진의 시조 역사를 설명하기 위함이다. 이렇듯 강진이 이미 1930년대부터 시조와 관계를 맺었지만 그 이후의 시조 활동은 크게 눈에 띄지 않는다. 그러나 2010년 이후 시조 등단자가 늘어나면서 조금씩 활성화되고 있어 고무적이다.

2) 현황 및 활동

    강진의 등단 시조시인은 강진 칠량이 고향인 박양배가 《공무원문예》 3회 천료 후 겨레시사랑회원으로 활동하며 150수의 시조를 발표했으며, 역시 칠량이 고향인 최한선(2004), 윤갑현(2011), 이성구(2013), 송행숙(2018), 황형자(2020), 조윤제(2020), 최정애(2023) 등이 《시조시학》을 통해 문단에 나왔다.

이에 앞서 1999년 강진 군동이 고향인 장수현이 조선일보 신춘문예로 등단한 데 이어, 전서현은 《시조미학》과 계간 《발견》을 통해 2019년에, 김숙자가 《한맥문학》(2001), 강진 작천이 고향인 남신은 《문학춘추》(2020), 김미진은 《월간문학》(2020), 김상수가 《시아문학》(2021), 김선일이 《부산문학》(2023), 김현장이 중앙신춘시조상(2022) 당선과 함께 시조시인의 길을 걷고 있다.

한편 유헌이 강진에서 전남평생학습진흥원 프로그램(2017-2018)으로 '현대시조창작 교실'을 개설해 강진아트홀에서 현대시조 강의를 시작했으며, 강진군도서관 상주작가(2018.11-2019.5)로서 「윤슬」 시조동인을 결성해 역시 현대시조반을 운영했다. 당시 송행숙, 황형자, 조윤제, 김상수, 최정애 시조시인 등이 현대시조반에서 시조동인으로 활동했다.

강진군도서관 시조동인 「윤슬」(2018)

강진에 거주하며 시조집을 낸 시조시인은 광주전남시조시인협회장을 역임하고 현재 한국시조시인협회 이사인 유헌이 『받침 없는 편지』(고요아침, 2015), 『노을치마』(책만드는집, 2019), 『온금동의 달』(고요아침, 2023)을, 광주전남시조시인협회 이사를 맡고 있는 이성구가 시조집 『뜨거운 첫눈』(고요아침, 2016)을, 조윤제가 시조집 『댓잎에 이는 바람 소리』(사의재, 2021)를, 시조시학젊은시인상(2023)을 수상한 김미진이 『빵의 전개도』(고요아침, 2024)를, 김현장이 『느루』(고요아침, 2024)를 출간하는 등 시조시인으로서 활발한 활동을 벌이고 있다.

3. 장흥의 시조

1) 개요

장흥은 문학특구이다. 2008년엔 전국 최초로 '문학관광기행특구'로 지정됐고, 2021년 재지정되기도 했다. 한국문학의 본향답게 문학의 인맥도 두텁다. 2023년 '문학인 및 지역민이 함께하는 문학 축제, 문학특구 장흥의 문맥 계승을 위한 한국 문학특구포럼'을 개최한 사실을 봐서도 그렇다. 명실공히 자타가 인정하는 문학의 고장이 장흥인 것이다.

장흥의 문학은 한국 선시의 비조인 고려 때 승려 원감국사 충지(1226-1292)를, 조선으로 내려와서는 「관서별곡」의 저자 기봉 백광홍을 비롯하여 옥봉 백광훈, 존재 위백규 등의 기라성 같은 문사들을 배출했다.

현대에 들어 대하소설 『녹두장군』의 송기숙, 『선학동 나그네』의 이청준, 『앞산도 첩첩하고』의 한승원, 『생의 이면』의 이승우 그리고 현대 시조문학의 거장 김제현과 이한성 등 걸출한 문인들을 배출했다. 그러나 안타깝게도 시조는 양적으로 역시 불모지였다.

2) 현황 및 활동

장흥문화원, 장흥 별곡문학동인회(회장 양기수) 등에 따르면 현재 장흥에서 시조를 쓰며 문학활동을 하는 문인은 양기수 시조시인뿐인 것으로 파악됐다. 시조단의 입장에서 보면 많이 아쉬운 지점이다.

그래서 장흥문화원의 한국문학특구포럼기념 「장흥문학인 인명록」(시와사람, 2020)에 수록된 장흥 출신 시조시인들을 소개하는 걸로 장흥의 시조문학 소사를 대신코자 한다.

김계룡(1922-2014,《시조문학》), 유정운(1926-1993,《시조문학》, 1988), 고두석(《시조문학》, 1993), 김병렬(《문학의 강》, 2012), 김제현(조선일보, 1960), 백학근(《문학춘추》, 2012), 양기수(《현대문예》, 2008), 유헌(월간문학》 2011, 국제신문 신춘문예, 2012), 이상진(《시조문학》, 1990), 이성관(《문예사조》, 1991), 이한성(《월간문학》, 1972), 장희구(《시조문학》, 2010), 조윤희(《현대시학》, 1990), 조태엽(《문학춘추》, 2012)

4. 맺는 글

지금까지 목포와 강진, 장흥 시조문학의 어제와 오늘에 대해 살펴봤다. '광주전남시조시인협회 시조문학사발간위원회' 기술 원칙에 따라 시조 장르로 등단한 시조시인을 대상으로, 저서 및 문학 활동 등은 2024년 현재 광주전남시조시인협회 회원의 회원카드를 중심으로 집필했으며 시조와 관련된 저서 및 활동만을 중심으로 다뤘다. 인명표기에 있어 존칭은 생략했다.

출생지와 거주지가 달라 문학 활동 지역이 겹친 경우 불가피하게 일부 중복된 부분도 있으며, 거주지와 상관없이 주 활동지역을 중심으로 기술한 부분도 있다. 충분한 자료가 없는 시인들, 특히 1980년대 이전의 활동상은 자료 부족과 제한된 지면 등 서술에 한계가 있어 아쉬움으로 남는다. 향후 자료를 더 발굴해 보완했으면 한다.

〈참고문헌〉
-木浦文壇 小史(최재환, 목포문학 재34호 한국문협목포지부, 2011)
-목포 문학의 흐름(허형만·김선태 시인의 목포문학관 강연자료)
-시 꽃의 향기(강진시문학파기념관 학예연구실, 전남대학교 출판문화원, 2018)
-장흥문학인 인명록(장흥문화원, 시와사람, 2020)

(7) 여수, 순천 시조단 소사

백학근(광주전남시조시인협회 고문)

[개요]

 삼국시대부터 여수와 관련한 작품들은 김총의 「김별가」, 정이오의 「묘도」, 유탁 장군을 기린 「장생곡」을 거쳐 고려시대 속요 「동동」과 조선시대 정소의 「종산포」, 한준겸의 「구봉산」 등을 들 수 있으며, 여수군의 초대 군수인 오횡묵과 김윤식, 김류의 작품들도 있다. 특히 고려시대에 만들어진 「장생포가」와 「동동」에서 여수 문학의 유래와 정체성 등을 찾아볼 수 있다. 『증보문헌비고』에는 「장생포가」와 「동동」을 같은 배경에서 창작된 노래로 보았으며, 이수광은 「동동」을 '송도지사頌禱之詞'라 평하기도 하였다.

 근대 이전의 여수의 문학은 충무공 이순신의 한시와 귤은橘隱 김류, 김윤식 등의 한시가 전해 오는 실정이다. 특히 이순신의 문학을 빼놓을 수가 없다.

 조윤제 박사는 『조선시가사강』에서 조선 후기 시조 문학의 발흥 시대를 연 대표적 문인으로 이순신을 자리매김해 두고 있다. 『난중일기』를 비롯하여 「한산도 야음」, 「한산도가」, 「진중음」 등의 한시는 여수 지역 문학의 스토리텔링에서 빼놓을 수가 없다. 이순신과 함께 송강 정철의 형인 정소의 「종산포」, 조선후기 명신인 이수광의 「영당」 외, 조선 후기 순천부사를 지낸 김윤식의 「흥국사에서」, 「도솔암」 외 여수군 초대 군수인 오횡묵의 「고소대에서」 등과 한말 김류의 한시 문집인 『귤은집橘隱集』 등 많은 한시가 남아 있다. 이와 관련한 자료는 여수지역사회연구소에서 펴낸 여수의 고시가집인 『천년의 노래』에 잘 정리되어 있다.

[현대문학과 문학인]

여수의 현대문학은 1955년 박보운, 엄심호, 김용태가 중심이 되어 지방 종합지 《여향》을 발간하는 것을 출발점으로 하여 그 뒤 1956년 《여향》을 《역우》로 개칭하여 매월 품평회를 개최하였다. 이때 활동한 동인은 박보운, 서정선, 한장춘, 김광희, 김안순 등이었다. '역우' 동인이 중심이 되어 여수문협[한국문인협회 여수지부]과 여수예총의 설립을 주도하게 된다.

당시 여수 예술과 문학의 중심에는 박보운 시인이 있었다. 박보운은 1931년생으로 29세인 1960년에 《자유문학》을 통해 등단하여 지역 문학과 예술의 중심 역할을 하면서 한국문인협회 여수지부 및 여수예총의 설립을 주도하였다. 1957년에 여지량余芝良, 허의령, 서정희, 김민 등이 '한파문학회'를 결성하여 《한파寒波》 1집을 펴내는 등 활동하다 1960년에 '한파문학회'를 해산하고 회원들은 '역우'로 합류하였다. 1962년에 태동한 '역우' 동인들은 박보운, 김광희, 서정선을 중심으로 '시작' 동인으로 개칭되면서 진명화, 최경자 시인이 입회하고 실질적인 한국문인협회 여수지부의 산파 역할을 하게 된다.

1960년에 곽진용, 박종현, 이환희 등에 의해 여수아동문학회가 창립되어 동인지 《아기섬》을 발간하는 등 여수 지역 아동문학의 텃밭이 마련되었다. 문학 좌담회, 아동문예교실을 운영하였을 뿐 아니라 관내 초등학교 학생들의 작품을 발굴하고 작품집으로 엮는 등 지역의 문학 인재 조기 발굴과 육성에 주력하였다. 여수뿐 아니라 한국아동문학에서 전국 최초로 결성된 아동문학 동인으로 아동문학의 저변확대와 지역 문학 창달에 기여하였으며 교육적 측면에서 아동들의 꿈을 키워 주고 정서 함양에 이바지하였다. 동인지 《아기섬》은 3집까지 발간되었다.

1962년에는 '시작' 동인을 중심으로 제1회 문학제, 문학 심포지엄, 문학의 밤, 호남백일장, 시화전 등 다양한 문학 행사를 개최하여 여수 문학이 본격적으로 출발하게 되는 밑자리를 조성하게 된다. 아울러 동인지 《시작》 1집을 발간하게 됨에 따라 현 한국문인협회 여수지부 기관지 《여수문학》의 근간이 되었다.

문단의 원로인 정소파 시조 시인도 1963년 여수에서 활동한 바 있다. 1965년에는 고성의 작가가 전남일보 신춘문예 소설 부문에 당선했으며, 1966년에는 오재호 작가가 동아일보 신춘문예 희곡 부문에 당선하였다.

여수를 배경으로 하는 문학작품으로는 김동리의 「역마」, 한강의 『여수의 사랑』, 김승옥의 『내가 훔친 여름』, 김중태의 『해적』, 김용필의 「1948년 여수의 블루스」, 동화 작가 김자환의 『등대지기』를 비롯한 작품, 여수 근처의 홍합 공장을 무대로 억센 여인들의 삶을 다룬 한창훈의 『홍합』, 선우휘의 「불꽃」도 여순사건을 배경으로 하고 있다. 조경란의 『국자 이야기』에도 주인공 아버지의 고향이 여수로 설정되어 있다. 김형경의 『세월』에서도 여수에서의 교사 시절[여수여자중학교 교사] 이야기가 삽입되어 있다. 순천에서 활동하는 소설가 이재신도 소설 「시묘」, 「해풍」 등에 여수를 주요 배경으로 하고 있다. 그리고 공선옥의 기행 산문집 『마흔에 길을 나서다』에 실린 「봄날, 세상 귀퉁이를 가다」는 화양의 풍정을 그려 놓고 있다. 그리고 작품집 『마흔살의 고백』에서 「여수, 내 마음을 품다」 등이 실려 있다. 기행 문학인 김훈의 『자전거 여행』, 정성옥의 『바닷가 절 한 채』, 전수태의 『돌산섬 향일암』, 정찬주의 『암자로 가는 길』, 최정규의 『기분좋은 1박 2일』 등에 여수를 배경으로 한 이야기가 들어 있다. 그리고 여수 문화와 여수인의 정신을 총체적으로 다룬 김준옥의 『여수 아으 동동 다리』가 있다.

[문학단체]

여수 지역에서 활동했던 문학단체를 살펴보면 다음과 같다. 1968년에 설립된 한국문인협회 여수지부, 2016년에 창립된 한국작가회의 여수지부가 있고, 1982년 창립된 해맥문학회를 시작으로 1986년 갈무리문학회, 1987년 여수수필문학회, 1987년 여수깻돌아동문학회, 1989년 노을문학회, 1991년 여수시문학회, 1993년 여수여성문학회, 1992년 오령문학회, 2000년 월요문학회, 2003년 여수화요문학회, 2006년 수필문학 여백, 2007년 산문 시사, 2010년 동부수필문학회, 2016년 여문돌문학회 등이 창립되어 동인지 발간 및 각종 문학 행사를 개최하여 지역 문학을 이끌어 왔다.

[활동 사항]

여수 지역 시조 시인

여지량(1934~1987), 강경구, 강성재, 김진수, 백학근, 진준수, 이성관(동시조) 등.

순천 지역 시조 시인

정소파(1912~2013), 최덕원(1935~2011), 김선희, 최동훈, 이형순 등

광양 지역 시조 시인

강현수, 고정선, 김선옥, 백숙아, 최선주 등

[주요 시인]

· **정소파(鄭韶坡, 1912~2013)**

시조 시인·아동문학가. 광주 출생. 본명 현민顯珉. 일본 와세다대학 문학과 졸업. 여수중·여수상고·전남여중고·전남상고·광주남중·북

성중학·광주 수피아여고 등에서 교직 근무.(1951~1986)

《개벽》에 첫 작품 「별건곤別乾坤」(1930)을 발표한 후 1957년 동아일보 신춘문예에 시조 「설매사雪梅詞」가 당선되었다.

시조집 『산창일기山窓日記』(1960) 『슬픈 조각달』(세운문화사.1974), 『달여울의 소리무늬』(태학사.2001)

불갑사佛甲寺 / 정소파

1.
모악산母岳山 저문 날을
불갑사로 찾아 드네

황혼이 깃든 골에
앵곡鶯谷이 좋을시고

석교石橋 밑 흐르는 청계淸溪는
구비 구비 예나니

2.
연실봉蓮實峰 기암 아래
해불암海佛庵이 거기로다

툭 트인 칠산 바다
오늘 따라 구름 꼈네.

장壯타던 낙조 못봄을
못내 설어 하노라.

· 여지량(余芝良, 1934~1987) 본명 여충길(余忠吉)

전남 여수 출생, 서라벌예술대학교 문예창작과 수업, 한파문학회활동(1952~1952 여수), 한국문협여수지부 활동(1968~1973), 《시조문학》지 초대작품(1970), 《시조문학》 3회 천료(1975), 한국시조시인협회 회원, 섬진시조문학회 창립 및 고문(1983-1987.2)

1963년 시조에 입문하여 1975년 《시조문학》(봄) 3회 「빼앗긴 마음」으로 천료 후, 1976년 겨울 시력을 잃고(색맹) 표류(노화도 등에서 요양) 생활을 하다가 할아버지 고향인 경남 하동으로 이주하여 문방구를 운영하며, 섬진시조문학회를 창립·결성하여(1983~1987.2) 동인들과 함께 시조에 대한 마지막 열정을 태우다 고혈압으로 타계하였다. 시조 1,400여 편을 남겼다. 그중 270편을 골라 1986년 5월(세진사) 여지량시조선집余芝良時調選集 『이 뜰에 태어나』 첫 시조집을 펴냈다. 그런데 이 시조집은 여지량의 첫 시조집이므로 엄밀한 의미로는 선집은 아니다.

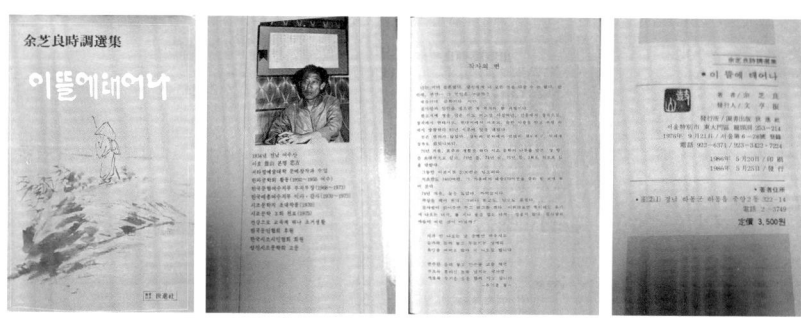

〈여지량 시인의 시조집 표지-저자소개-작자의 변-판권〉(김연동 시인 제공)

쫓긴 마음의 노래 / 여지량

숱한 사연 일구고 멀어져 가는 물레ㅅ소리
설화로 얼룩진 초원에 사랑의 노래로 번져
가슴에 핀 파아란 불빛 내 우주를 밝힙니다

어둠 속에 묻혀버린 예 그림 얼굴 앞에

연연히 타는 슬기로움 꽃 향기로 받쳐 들고
아스히 사라져 가는 내 바람 앞에 섭니다

부르던 그 소리도 밝히던 그 불빛도
어느 꿈엔가 나타난 산불인가 신불인가
유채꽃 노오란 밭머리 가슴 하나 뜹니다
- (『한국현대시조대사전』 사단법인 한국시조시인협회
현대시조대사전 간행위원회, 2021년)

· 최덕원(崔德源, 1935~2011)

호는 청석靑石, 광주 출생, 서울대 문학박사, 시조(조선일보) 시조문학, 시집 『강강술래』, 『풍각쟁이』, 한국문인협회, 한국시조시인협회, 순천대 총장. 1970~1990년대 활동한 시인이자 도서 및 해양 민속 연구의 선구자.

서울대학교 재학 시절 《대학신문》에 발표된 「무명용사」가 1958년 3월 4일자 조선일보에 게재된 「사색의 심연」(시조시인 이태극)에서 호평을 받았으며, 1969년 「매화」와 1980년 「청산별곡」이 추천되어 등단했다. 한국문인협회, 한국현대시인협회, 한국시조시인협회, 한국시문학회 회원으로 활동했다.

· 김선희(1952~)

여수시 출신, 순천대. 《시조문학》(86), 시조집 『요즘 편지』, 일산장학회 이사, 순천대학원 지도자과정 문예대학 강사, 순천문인협회 지부장(3대) 국제유네스코문학상 수상(69) 한국학생문학상(68)

아주 작은 바람 / 김선희

치매 앓는 어머니와 살겠다고 온 아들

창문을 활짝 열고 '어머니 꽃이 피었어요'
마음을 열어드리고 싶은 아들의 맑은 마음

이 세상 모든 어미 그렇게 살아왔듯
먹고살기 힘든 시대 자존감 다 버리고
자녀들 뒷바라지에 자신을 바쳤던 이

마음을 흔드는 아주 작은 바람이라
풀잎을 흔드는 창을 자꾸만 열어 놓는다
허황된 꿈인가 싶지만 영혼의 눈 뜨도록
- 《열린시학》 2023년 겨울호

· 최선주(崔善周, 1947~)

등대문학상(2019. 12. 6.) 청명정격시조문학상(2020. 10. 17.) 중원문학상 수상(2019. 12. 23.) 가람백일장 수상(2021. 11. 6.) 광양문인협회 회원

울기등대를 찾아왔다 / 최선주

금물결 꽃잎처럼 한없이 아름다워
포말이 낙원인 양 힘줄처럼 당겨지고
고래의 아랫도리엔 예쁜 새끼 두 마리

은은한 푸른 바다 유혹에 반했는지
물안개 피는 바다 포경은 녹이 슬고
은은한 통통 장단이 자장가로 들린 듯

보름에 한 번씩은 물길이 바뀌어도
사나운 거친 파도 살갗을 쓸어가도
포효도 울부짖음도 가족애로 꽃핀다

이제는 고즈넉해 새살림을 차리려나
불빛이 황홀해서 위쪽을 닮아 가나
포말이 금빛이 되어 반짝반짝 빛났다
                     - 등대문학상 수상작.

· 김진수(1959~)

여수 초도 출생으로 2007년《불교문예》시 부문으로 등단했다. 전남대학교 이순신해양문화연구소 연구원이자 한국작가회의 회원이다. 전남대학교와 동 대학원 졸업(문화산업학 전공)

2011년 경상일보 신춘문예 시조 당선, 2011《현대시학》시조부 신인문학상 수상, 제16회 거창평화인권문학상 수상, 저서『아, 조국』(시와사람),『문득 묻다』,『좌광우도』(실천문학사)

   그 자리 / 김진수

   우리 그날 마주보며 깊도록 껴안을 때정겨운 너의 손이 깍지 끼던 그 자리내 손은 닿지를 않아 그만큼이 늘 가렵다
   찌르르, 앙가슴에 불현듯 전해오는무자맥질 심장소리에 사과 빛 물든 등 뒤 네 손길 지나간 자리 바람이 와 기웃댄다
   그 여름 지나느라 소낙비 지쳐 울고푸르던 내 생각도 발그레 단풍졌다
아직도 남은 온기가 강추위를 견딘다
                - 2011 경상일보 신춘문예 시조 부문 당선작

[결론]

여수 지역의 시조 중심 문학단체는 두드러진 게 없어 보이고 각종 단체에 소속되어 작품을 발표하거나 개별적으로 작품활동을 하고 있는 것으로 파악된다. 그리고 대부분 시조만 쓰는 게 아니라, 시나 소설, 수필

등 여러 부문의 작품활동을 동시에 하고 있는 것으로 보인다.

한편 학교 교육과정 편성에도 시조 부문이 소홀하게 다루어진 점을 지적하고 싶다. 초등학교 고학년이 되면 시조 한두 수 정도는 외우고 다녔던 지난날이 그리워진다.

요즘 들어 신춘문예를 비롯하여 각종 공모전에 입상하는 등, 등단 시조 시인이 가끔 나타나고 있어 다행스러운 일이며, 여수 지역 출신도 있고 여수에 거주하면서 활동한 시인들도 있다.

여수를 비롯한 순천 광양 지역의 시조 시인들의 발자취에 대해서 인터넷이나 도서관 자료를 중심으로 찾고자 노력하였으나 개인 정보에 관한 것이기 때문에 여러 가지 문제점과 한계점이 있었음을 밝힌다.

〈참고문헌〉
김준옥 공저, 『오횡묵 여수잡영 120년 저 여수를 읊다』(광주:심미안, 2018)
디지털여수문화대전, http://yeosu.grandculture.net, 여수시.

2. 광주와 전남의 시조사 약술: 광주에서 태동한 시조전문지

(1) 《겨레시조》의 세월

김종(시인, 광주전남시조시인협회 고문)

《겨레시조》의 탄생의 경위

《겨레시조》는 허일, 김두원, 경철, 전원범, 김종 등 5인이 '오은시조문학회'를 결성하고 발간한 계간 시조전문지로 "시조의 본격장르화"를 목표로 간행하였다. 편집진으로는 발행인에 김두원, 편집인에 허일, 편집주간에 경철, 책임편집위원에 전원범, 김종 등으로 하고 무엇을 담을까는 편집실무진에 위임하되 전적으로 두 책임편집위원이 전담하는 것으로 결정하였다.

＊《겨레시조》의 재원염출은 편집기획에서 발간비, 우송료 등을 일괄 합산하여 1회당 600만 원 정도로 추산하였는데 발행인과 편집인이 2등분하는 것으로 낙착되었다.

＊《겨레시조》의 사무실은 김두원신경외과 2층(우:501-025 광주직할시 동구 금남로 5가101이며 전화는 062-228-2471.)에다 두었고 주로는 전원범과 김종 2인이 수시로 만나 필요한 사안을 의논 혹은 처리하였다. 그리고 전체의견이 필요한 사안은 5인의 회의에서 결정하였다.

《겨레시조》는 발간과 동시에 구독료 없이 시조시인을 중심으로 발송하는 것을 원칙으로 하였다. 당시만 해도 요즘처럼 업무처리가 제도화되지 않은 때인지라 발간시마다 편집기획, 편집실무, 교열 및 제책, 발송 등 일체를 전원범, 김종 2인이 도맡아 처리한 관계로 예상외로 일이 많았고 전원범과 김종 양인兩人은 편집내용 중 평설이나 해설, 취재기사 등도 때 맞춰 처리해야하는 부담까지를 함께 지고 있었다.

상근직원을 두지 않고 업무를 처리해야했으므로 연관성이 끊기는 일이 많았고 보람과 긍지 가운데서 수행한 일이었지만 현실은 여러 어려움을 내포하고 있었다. 편집구상에서부터 원고청탁서를 내고《겨레시조》매호당 전원범, 김종이 내용 중의 평론까지를 집필해야하는 경우가 많았고 출판사로 원고를 넘기고 나서도 교열에서부터 발간된 책을 김두원 신경외과 2층사무실로 인수하여 밤샘작업으로 발송 진행했던 일은 지금 생각해도 벅찬 일이었다고 하겠다. 그런 터라《겨레시조》발간 업무는 없는 집 제사 돌아오듯 항시 쫓기는 형편이었다는 게 맞을 것이다.

★《겨레시조》창간호는 우제길 화백이 표지화를 맡았고 1992년(봄) 1월 15일에 발간되었다. 등록번호는 '바 1623'였고 발행처는 겨레시조사였다.《겨레시조》는 150-010 서울시 영등포구 여의도동 광장아파트 7동 903호에다 서울사무소 또한 두었었고 전화는 02-782-2215.

창간호에 담긴 창간 슬로건은 "시조의 본격장르화를 목표하고 있습니다."였다. 이 같은 노력들이 더해져 2021년에는 시조가 현대시와도 독립되어(개정 2021.5.18.-예술작품으로서의 문학이란 시, 시조, 소설, 희곡, 수필, 아동문학, 평론 등으로 분류함.) 당당한 개별 장르로서의 위치를 확보하게 되었다.

그리고 1992. 1 오은시조문학회/허일, 김두원, 경철, 전원범, 김종 등의 이름으로 천명한 창간선언문의 일부는 이렇다. "…시조는 우리 겨레의 혼의 형식입니다. 혼의 소리이고 혼의 언어입니다. 밝혀지기로 이 땅

의 우로를 받아서 600여 년의 세월을 굽이쳐 왔고 지금도 이 땅에 부흥되어 겨레정신의 가품을 적시는 생수받이로 이 겨레의 운율이 되어 있습니다. 한국인이면 그 누구 가벼이 시조 한 수 읊조리지 않을 리 없고 그러기에 시조에는 우리 겨레의 진실하면서도 순결한 혼의 음성이 담겨 있다고 여겨집니다. 그럼에도 시조는 이 시대엔 다른 장르처럼 왕성한 줄기로 자라지는 못했습니다. 어떤 것은 외진 곳에서 거미줄이 쳐져 있었고 어떤 것은 벌레 먹어 시들기도 했으며 어떤 것은 더 이상 자라지 못해 관목灌木과의 키재기만을 반복하는 것들도 있었습니다.…"라고 밝히고 있다.

＊《겨레시조》창간호 화보에는 "가람생가를 찾아서"가 가람의 시비, 필적 등을 3p에 담았고, 소시집의 얼굴에는 허일, 박연신 시인, 신인상의 얼굴에는 김진택 시인이 게재되었다.

김두원 발행인의 창간사는 「천 동이의 물로도 끄지 못할 불빛 하나」였고, 특집1에는 「한국시조시인협회, 어디로 가는가」에서 「표류의 전말」, 「입장표명의 문서들」, 「시조시인들의 의견」, 「전망과 기대」 등을 다루었다. 그리고 특집2는 '이병기'를 다룬 「작가연구1」로 1, 가람생가를 찾아서, 2, 대표작 20선, 3, 日記 23선 4, 자료 발굴-가람시조 9수 5, 이병기문학론 등을 담았다.

＊정운엽 시인의 추모특집에선 대표시선, 미망인의 오열, 조시, 정운엽의 문학 등을, 그리고 현대정예시조시인 44인선에선 박재삼, 최승범, 고두동, 정소파, 오동춘 고두동 등과 《겨레시조》초대시단에는 범대순, 조석구, 진동규, 조병기, 허형만 등을 담았다. 1992년도 각종 일간신문 신춘문예당선시조 묶음과 함께 시조의 저변 확대를 의도한 명사들이 꾸미는 '내가 즐겨 외우는 한 편의 시조'를 초대하여 실었다. 신작특집에는 김해성, 소재순, 이일향, 유승식 등이 참여했고 시조짓기한마당에는 정광중학교와 전남여자상업고등학교가 담겨 있다. 《겨레시조》초대수필에는 정주환, 정인자, 김정화, 소묘란 등이 《겨레시조》논단에는 탁인석, 김현석, 임종찬, 주강식 등이 야심적으로 참여해 주었다. 편집후기에는 "잘 만들어야 한다, 본을 보여야 한다. 느낄 수 있도록 해야 한다.(전원범)"는 부분이 눈길을 끈다.

★《겨레시조》(여름) 제2호는 1992년 4월 20일에 발행하였고 표지화는 박종수 화백, 화보에는 「박재삼 시인의 편린들」을 3p에 담았고, 소시집의 얼굴에는 경철, 정표년 시인이 신인상의 얼굴에는 이해완 시인이 소개되었다. 발행인의 글에는 김두원의 「세상에 꼭 필요한 바보」가, 특집1에는 전호에 이어 「한국시조시인협회, 어디까지 왔는가」의 미수록 문서들, '시조시협사태'의 전말을 지켜본 시조시인들의 의견 등을 담았다. 추모특집에는 이복숙 시인의 인간 이복숙, 대표작16선, 조시, 이복숙의 문학 등을 다루었고 《겨레시조》초대시단에는 이해선, 유병학, 양왕용, 김지원, 김재흔 등이 참여했다. 《겨레시조》신인문학상에는 이해완의

「어떤 탁본」 외9편이 소개되었다. 원로시인 4인선에는 정소파, 정완영, 조병희.림영창 등이 모셔졌고 현대정예시조시인 29인선에는 황몽산, 우숙자, 신대주, 경규희, 이은방 등이 모습을 보였다. 편집인 칼럼에는 허일,「신록 앞에서 생각해보는 시조」가,「작가연구2」 박재삼 편은 작가연보, 대표작22선 박재삼문학론 1·2·3이 모셔졌고, ·3 '내가 즐겨 외우는 한 편의 시조'에는 이반, 송룡, 한영섭, 문곤, 박종수, 김춘, 우제길 등이 신작특집에는 김남환, 홍오선, 정태모, 유휘상, 박상륭, 김정희 등이 참여했다. 시조짓기 한마당에는 제1회 제주시조백일장 입상작을 소개했고《겨레시조》초대수필에는 김학, 정우자, 박영희, 오연수, 김재유 등이《겨레시조》논단에는 탁인석, 김현석 등이 좋은 문장을 담았다.

★《겨레시조》(가을) 제3호는 1992년 8월 1일에 발행하였고 표지화는 김종일 화백. 화보에는「정소파 시인의 편린들」을 3p에 담았다. 그리고 소시집의 얼굴에는 이우걸, 오승희가 신인상의 얼굴에는 이우식(시조), 염창권(평론)이 소개되었다. 발행인의 글에는 김두원의「진정한 문학인의 모습」이, 소시집에는 이우걸, 오승희 시인이, 나의 문학 나의 직업에는 박영식 시인, 나의 문학수업시절에는 박옥금 시인이 채워졌다. 추모특집에는 류제하 시인의 인간 류제하, 대표작 20선, 추모시, 류제하의 문학 등이,《겨레시조》초대시단에는 신정숙, 신진, 우미자, 전상훈, 조경자, 최일환 등이 참여했다.《겨레시조》신인문학상에는 시조부문에 이우식, 평론부문에 염창권이 담아졌고《겨레시조》신작특집에는 강영환, 이성관, 이승은, 이준섭, 최철훈, 홍성란 등이 현대정예시조시인 15인선에는 강인순, 곽영기, 경철, 김상형, 송선영, 황다연, 허일 등이, 그리고 작가연구3에는 정소파 시인의 연보, 대표작 21선과 정소파문학론 1·2가 담겨있다.「내가 즐겨 외우는 한 편의 시조」에는 박래홍, 송재하, 진홍원, 김미경, 박용환, 백창석, 박찬선, 오덕렬, 최봉희, 류웅렬, 김호신, 허학수 등이,「시조짓기한마당」에는 호암시조선양회 편이, 그리고《겨레시조》초대수필에는 이철호, 김봉진, 김옥련, 조계철, 최윤정, 김영숙 등

이,《겨레시조》논단에는 박홍원, 탁인석, 김현석 등이 각각 담아졌다.

★《겨레시조》(겨울) 제4호는 1992년 12월 10일에 발행하였고 표지화는 우제길 화백, 화보에는 「고두동 시인의 편린들」을 3p 에 담았고, 「소시집의 얼굴」에는 김종윤, 박옥위 시인이, 「신인상의 얼굴」에는 임용운 시인이 소개되었다. 「발행인의 글」에는 김두원의 「청년 불자에게 드리는 글」이, 소시집에는 김종윤, 박옥위 시인이, 「나의 문학 나의 직업」에는 이월수 시인이, 「나의 문학수업시절」에는 이기라 시인이, 추모특집에는 정훈 시인의 인간 정훈, 대표작 22선, 정훈 유고 미간행시집 서문, 정훈의 문학 등을 소개하고 있다.《겨레시조》초대시에는 박홍원, 송수권, 신병은 시인 등이《겨레시조》초대동시에는 신현득, 박유석, 권오훈, 정용원 시인 등이 신작동시에는 허일 시인이 모셔졌다.《겨레시조》신인문학상에는 임용운 시인이, 신작특집에는 최진성, 채천수, 이영지, 이도현, 노창수, 경규희 시인 등이,《겨레시조》역대신인상 당선자 특집에는 김진택, 이해완, 이우식, 염창권 등이 담아졌다. 작가연구4에는 고두동 시인의 연보, 대표작 23편, 문학론 1·2 등이 시조연평에는 서벌, 김종 시인 등이 시조단의 한 해를 결산했다. 「내가 즐겨 외우는 한 편의 시조」에는 김재수, 김창종, 송진석, 이전안, 정형모, 조영일, 황능곤 등이, 편집인 칼럼에는 허일의 「읽히는 시조에의 길을 찾아」가 게재되었고, 《겨레시조》초대수필에는 이원복, 임병식, 정인자, 김현임 등의 수필가가,《겨레시조》논단에는 경철, 이대구, 탁인석 등이 모셔졌다.

★《겨레시조》(봄) 제5호는 1993년 2월 25일에 발행하였고 표지화는 수향 정경희 화백. 화보에는 「정완영 시인의 편린들」을 3p에 담았고, 「《겨레시조》대상의 얼굴」에는 수상자 박재삼 시인이, 소시집의 얼굴에는 이상범, 김정희 시인이, 신인상의 얼굴에는 김명수, 윤영수 등이 소개되었다. 발행인의 글에는 김두원의 「좋은 글, 필요한 시조」가, 소시집에는 이상범, 김정희 시인이, 「나의 문학 나의 직업」에는 민병찬, 「나의 문학 수업시절」에는 이한성 시인 등이 소개되었다. 추모특집에는 정석

주 시인의 인간 정석주, 대표작 11선, 추모시, 정석주의 문학 등이, 신인문학상에는 윤영수, 김명수 시인이, 편집인 칼럼에는 허일의 「어제의 시조·오늘의 시조」가, 작가연구5에는 정완영 시인의 연보, 대표작 22선, 정완영문학론1·2 등이, 제1회《겨레시조》대상에는 수상자 박재삼 시인이 모셔졌다. 초대시단에는 권일송, 김석규, 문도채, 나영자 시인 등이, 초대동시단에는 오순택, 김재창이,《겨레시조》초대수필에는 조용자, 염성철, 서순초, 최정학 등이 「내가 즐겨 외우는 한편의 시조」에는 선정주, 김시백, 홍의표, 최세균, 김지원, 김경수, 정려성, 고훈 시인 등이, 그리고 1993년 신춘문예당선시조 묶음에는 이종문, 김태은, 이문수, 정휘립, 박명숙 등이 소개되었다. 신작특집에는 허일, 윤삼현, 염광옥, 김한석, 김춘랑, 김전, 김문억, 고결, 이지엽 시인 등이,《겨레시조》논단에는 경철, 탁인석, 이선희, 최금희 등이 담겨졌다.

★《겨레시조》(여름) 제6호는 1993년 6월 25일에 발행하였고 표지화는 정희남 화백. 화보에는 「장순하 시인의 편린들」을 3p에 담았고, 소시집의 얼굴에는 선정주, 전원범 등이 소개되었다. 발행인의 글에는 김두원의 「인술의 이상을 다시금 새기면서」가, 소시집에는 선정주 시인의 대표작 17편, 선정주의 문학 등과 전원범 시인의 대표작 20편과 전원범의 문학이 게재되었다. 「나의 문학 나의 직업」에는 곽영기 시인이, 작가연구6에는 장순하 시인의 연보, 대표작 26선, 장순하 문학론 1·2 등이, 편집인 칼럼에는 허일의 「세계관의 깊이와 시인」이 모셔졌다. 추모특집에는 최일환 시인의 약력, 추모시, 아버지 최일환, 대표시 19편, 최일환의 수필 등이, 초대수필에는 김정화, 심형희, 김영자, 이정심, 김진수 등의 수필가가, 「내가 즐겨 외우는 한 편의 시조」에는 김홍인, 박준양, 김삼경 등이 게재되었다. 「(발굴)조남령 문학 특집」에는 「시조 창」 등 14편의 시조작품과 평론, 소설 「익어가는 가을」, 그리고 「조남령문학 연구」 등이 게재되었고《겨레시조》초대시단에는 강상기, 박해수, 남재만, 김계덕, 윤향숙 시인 등이,《겨레시조》논단에는 경철, 탁인석 등이 담아졌다.

★《겨레시조》(가을) 제7호는 1993년 10월 10일에 발행되었고 표지화에는 박만수 화백, 화보에는 「이태극 시인의 편린들」을 3p에 담았다. 신인상의 얼굴에는 박춘산, 서동화, 최상환 시인 등이 소개되었다. 발행인의 글에는 김두원의 「시조문학의 내일에 부쳐」가, 「나의 문학 나의 직업」에는 유휘상 시인이, 「나의 문학 수업시절」에는 오동춘 시인 등이, 작가연구7에는 이태극 시인의 연보, 작가론, 대표작26선, 월하 이태극론 등이, 편집인 칼럼에는 허일의 「시인과 독서」가, 추모특집에는 홍준오 시인의 약력, 추모시, 소산 홍준오의 생활, 대표작21편, 홍준오 시조작품론1·2 등을 실었다. 《겨레시조》초대시단에는 최일환, 하덕조, 이현정, 김용재, 서종규 시인 등이, 《겨레시조》신인문학상 당선작에는 박춘산, 서동화, 최상환 시인 등이 담겨졌다. 《겨레시조》초대수필에는 박양순, 이나야, 홍명옥, 안성순 등의 수필가가, 「내가 즐겨 외우는 한 편의 시조」에는 김정화, 김시헌, 반숙자, 김동필, 이종숙, 소묘란, 오희숙 등이, 정예시조시인 19인선에는 진성렬, 조호영, 조병희, 이태권, 이일향, 윤현조, 용진호, 박필상, 민홍우, 김주석, 고응삼 등이, 신작특집에는 한점숙, 정태모, 원수연, 양동기, 신대주 시인 등이, 《겨레시조》논단에는 경철, 탁인석 등이 담겨졌다.

★《겨레시조》(겨울·봄) 제8호는1993년(겨울)·1994년(봄) 통합호이며 1994년 2월25일에 발행되었고 표지화는 김춘 화백. 화보에는 「김준 시인의 편린들」을 3p에 담았고, 소시집의 얼굴에는 김종, 김남환, 이문형 시인 등이, 신인상의 얼굴에는 김미경, 경희준 등이 소개되었다. 발행인의 글에는 김두원의 「無明을 깨치며」가, 소시집에는 김종 「바람나들이」 등 21편, 김종 문학론과 김남환 「겨울바라춤」 등 20편, 김남환 작품론, 이문형 「그 얼굴」 등 19편, 이문형문학론 등이, 「나의 문학 나의 직업」에는 김시종이, 「나의 문학 수업시절」에는 김상형이, 편집인 칼럼에는 허일의 「문학과 문학상」이, 추모특집에는 황영파시인의 약력, 추모시, 대표작 13편이 모셔졌다. 《겨레시조》신인문학상에는 김미경 「7

월의 나무」 등 6편이, 경희준 「모정」 등 6편이,《겨레시조》초대수필에는 소묘란, 송진석, 정부래, 김경희, 문희봉, 김학원 수필가가 게재되었다. 작가연구8에는 김준 시인의 연보, 대표작 24편, 김준문학론 1·2·3 등이,《겨레시조》초대시단에는 구재기, 김명배, 김윤숙, 김춘배 등이 담겨졌다. '社告'란의 「삼가 말씀드립니다.」에는《겨레시조》를 잠정 휴간하고 1년 후를 기약하자고 했지만 종간에 이르고 말았다. 1994년 신춘문예 당선시조 묶음에는 손수성, 정성욱, 정인찬, 나순옥, 정일균 등이 신년 아침을 밝히는 얼굴로 소개되었고 원로신작시조에는 정소파 시인의 「설악별곡」 등 6편이, 신작특집에는 권갑하, 김경자, 류상덕, 염창권, 임용운, 정공량, 정위진, 채천수 등이, 신춘시조 5인선에는 박상륜, 이승돈, 정재익, 조창환 등이,《겨레시조》논단에는 탁인석이 담겨졌다.

★《겨레시조》의 제8호의 발간에는 2년여의 세월에 불과하지만 시조의 창작적 위상과 본격장르화, 그리고 저변확대를 부단히 고민하면서 지역은 물론이고 한국문단에 시조부흥의 기치를 드높이고 시조의 문학적 창작현재성을 크게 응원한 수준 높은 시조전문지였다는 평가에는 이견이 없다.

(2)《한국동시조》-동시조문학의 진흥에 진력하다

김종(시인, 광주전남시조시인협회 고문)

《한국동시조》는 박석순(1936~2011) 시인의 동시조사랑에서 출발하였고 반년간半年刊으로 간행되었다. 1995년 4월 8일 도서출판 한림에서《한국동시조》의 창간호를 발간하고 2011년 10월 25일 제29호로 폐간 때까지 총 17년 6개월 동안 가까운 거리에서 자문 등으로 도왔던 터라 시간이 지나면서 많은 부분이 기억에서 사라지기는 했지만 보관된 당시의 성과물을 통해 《한국동시조》의 그간의 역사를 기록하고자 한다. 특히 《한국동시조》는 현재 광주전남시조시인협회 회장의 일을 맡고 있는 서연정 시인이 박석순 시인과 지근의 거리에서 편집주간의 일을 맡았던 일도 있었고 《한국동시조》 발간비용이나 제반업무 등에서 《한국동시조》에 대한 박석순 시인의 동시조사랑의 정도를 가늠할 수 있다.

또한 《한국동시조》의 행운이랄까 박석순 시인께서 타계한 이후 더는 계속되지 못하는가 했는데 《한국동시조》를 《열린시학》의 편집주간인 이지엽 교수가 동일제명으로 배턴을 받아 발간을 하고 있고 필자 또한 기쁜 마음으로 이에 동의하기도 했었다. 그리 보면 얼마간의 휴지기간만 빼면 《한국동시조》는 더더욱 향상된 모습으로 그 발간을 이어가고 있다는 평가가 맞을 것이다. 마땅히 아동들을 상대할 시조지면이 비좁다고 생각했었는데 《한국동시조》가 다시금 재탄생되어 활발한 간행을 이어가고 있다는 것은 박석순 시인도 하늘에서 기뻐하실 것으로 생각되고 이의 기록을 맡은 필자로서도 가뿐한 마음이다.

★'동시조문학을 열어가는'《한국동시조》창간호는 엮은이 박석순으로 1995년 4월 8일에 도서출판 한림에서 발행했고 표지화는 이종우(광주 대자국교 2년). 창간권두언은 리태극 원로시조시인의 「《한국동시조》 간행에 즈음하여」이고 그 한 부분은 이렇다.

> "…우리 시조가 이루져 국민 누구나가 한 두 수 씩을 지어온 것이 이미 천년을 바라보고 있다. 이 시조를 지켜서 세계 시단에 큰 획을 긋는 것은 우리 모두의 사명이요 책무인 것이다.…그간 이 동시조에 뜻을 두어 지어 온 여러 작품들을 한데 모아 묶어두고자 이 「한국동시조」를 펴내는 것은 두 손 높이 들어 기릴 일이라고 본다. 앞으로 어린이들이 지은 작품들도 가려 뽑아 넣었으면 생각한다. 1995년 1. 31. 리태극 씀"

＊《한국동시조》 창간호의 참여시인은 오승희 「바람개비」 등 6편, 전

상 좌로부터)《한국동시조》창간호, 제28호, 한국동시조 제29호 종간호 표지
하 좌로부터) 2004년 한국동시조사 종합편, 2009년 한국동시조선집,
2011년 한국동시조 발행인 박석순 시인의 시조집 표지.

원범 「어머니」 등 3편, 정완영 「종달이가 울어싸면」 등 10편, 허일 「별 하나」 등 13편, 경철 「1994·인천」 등 8편, 김형진 「가을밤」 등 10편, 김창현 「꽃바람」 등 10편, 박석순 「자멱질」 등 10편 등이고 말미의 편집후기에서 박석순 시인은 '시와 동시 시조와 동시조' 등을 각각 독립 장르로 인정해야 한다는 주장을 펼쳤고 박석순 시인의 제4동시조집 『추억』에 대해 "자연 속에서 삶의 문제를 찾아내는 동시조 시인"이라는 전원범 시인의 서평이 실려 있다.

★《한국동시조》제2호도 엮은이 박석순으로 1995년 11월 6일 한림에

서 발행하고 「동시조감상」에 정완영 「분이네 살구나무」가, 머리말에 박석순의 「시조발전의 터-제2집을 내면서」와 「동시조 작품론」에 경철의 '정완영의 동시조 감상'이 실렸다. 「동시조 모음72인」에는 경규희, 권갑하, 권오신, 권형하, 김경자, 김남구, 김몽선, 김복근, 김시균, 김상형, 김시백, 김연배, 김옥중, 김재황, 김종안, 김창현, 김필곤, 김한석, 김형진, 김회작, 남전희, 노창수, 도리천, 민홍우, 리태극, 림헌도, 박노경, 박상륜, 박석순, 박연신, 박옥위, 서일옥, 성덕제, 성호, 손광세, 송재섭, 신후식, 염광옥, 염금련, 오동춘, 오두섭, 용진호, 원수연, 유동삼, 유승식, 윤삼현, 이계상, 이기반, 이기라, 이병춘, 이영지, 이인식, 이준섭, 이충섭, 임교순, 전병희, 전성신, 전태봉, 정순량, 정위진, 정재호, 조규영, 조근호, 조병희, 조영일, 조주환, 최승범, 허성욱, 허일, 홍성란, 홍진기 등 시인들의 작품이 실렸다.

★《한국동시조》제3호는 1996년 10월 25일 한림에서 발행했고 「동시조 감상」에 허일 시인의 「달밤」과 특집으로 「허일의 동시조 작품세계」로 김종의 '호기심과 궁금증의 문학'과 허일의 동시조 작품 「연어 등 13편」을 소개하고 있다. 「동시조 모음」에는 권오신, 김경자, 김대현, 김몽선, 김사균, 김상형, 김시현, 김양수, 김영수, 김영환, 김옥중, 김재황, 김진택, 김창현, 김춘랑, 김필곤, 김환식, 김해석, 김형진, 김회직, 노창수, 박상륭, 박석순, 박정호, 리창근, 리태극, 림헌도, 성호, 신후식, 염광옥, 오기일, 오두섭, 오석필, 용진호, 유동삼, 유승식, 유준호, 유자효, 윤현자, 원수현, 이기반, 이병춘, 이정자, 이종훈, 이충섭, 전탁, 정위진, 정순량, 정재호, 정태모, 조규영, 조근호, 조병희, 최권홍, 최승범, 최재섭, 하문규 등 시인 57 시인의 작품과 경철의 「동시조의 창작지도」가 논단으로 실렸다.

★《한국동시조》제4호는 1997년 3월 25일 한림에서 발행하였고 「동시조 감상」에는 경철 시인의 작품이 박석순의 발간사 앞에 실렸다. '경철 시조에 대한 단견'이란 부제와 함께 노창수의 「깨달음과 다짐의 마음 닦기」가 담겼고 「63인 동시조 모음」에는 경규희, 권형하, 김몽선, 김

사균, 김상형, 김시현, 김양수, 김영수, 김재황, 김창현, 김태은, 김필곤, 김학근, 김해석, 김해성, 김회직, 노창수, 류준형, 리창근, 림헌도, 문무학, 민홍우, 박봉심, 박상륜, 박석순, 박연신, 박정호, 서벌, 서재수, 성덕제, 성호, 손영옥, 신후식, 염금련, 오기일, 오동춘, 오두섭, 오석필, 원수연, 유승식, 유자효, 유휘상, 윤삼현, 이기반, 이상룡, 이수정, 이우재, 이종훈, 이충섭, 이태권, 장순화, 정소파, 정위진, 정재호, 정태모, 정표년, 조규영, 조근호, 조병희, 최승범, 최시병, 최재섭, 홍성란 등의 작품과 평론으로 오승희의 「허일의 동시조 세계」-'동심세계의 관조와 통찰', 경철의 「한국동시조 문학사」-'하나의 서설을 위하여' 등을 접할 수 있다. 그리고 편집후기에 "어떻게 해서라도 동시조문학을 정립해보려는 저를 도와주시길 바랄 뿐"(박석순)이라는 호소 또한 읽을 수 있다.

★《한국동시조》제5집은 한국문예진흥원의 지원으로 한림에서 1998년 3월 30일에 발행하고 표지화는 조영우(광주 살레시오초등 2년). 박석순의 머리말과 「최초의 동시조」에 대하여 류준형의 글이 실렸다. 특집에는 「성덕제 동시조」를 김종의 '표정이 천진한 색감의 언어'란 평설과 '성덕제동시조 감상'으로 이어진다. 「67인 동시조 모음」으로는 강진형, 경규희, 김몽선, 김문억, 김사균, 김상형, 김석철, 김송배, 김수자, 김시백, 김양수, 김영배, 김영환, 김정희, 김재황, 김창현, 김해석, 남궁의선, 노창수, 림헌도, 문태길, 박권숙, 박상륜, 박석순, 박연신, 박옥위, 박재곤, 박필상, 부일송, 서벌, 성호, 송재섭, 신후식, 염광옥, 오기일, 오동춘, 오석필, 용진호, 유동삼, 유선, 유승식, 유온규, 이기라, 이용택, 이수정, 이월수, 이인식, 이충섭, 임금자, 장순하, 정소파, 정순량, 정위진, 정재호, 정태모, 조규영, 조근호, 조병희, 조영일, 최복형, 최상환, 최점순, 하영필, 허일, 홍성란, 황몽산, 황정자 등의 작품이, 「초등학교문예부 순례」-살레시오초등학교 편은 윤삼현의 '동시조에 대한 확고한 신념'과 한성아, 조원화, 황동미, 양홍렬, 조은빈, 김광범 등 아동들의 작품이 실렸고 평론에 경철의 「한국동시조문학사2」를 담았다.

★《한국동시조》 제6호는 1998년(겨울) 11월 1일에 한림에서 발행하고 정광주의 표제글씨로 분위기 변신을 꾀하고 있다. 박석순의 권두칼럼과 정소파의 「내가 마음 하는 동시조」, 경철의 「대한민국동시조문학상 제정」광고, 이우종의 「동시조를 써주신 회원님께」를 만날 수 있고 「서벌 동시조 감상」과 경철의 작품평설이 실렸다. 「88인 동시조모음」에는 강진형, 경규희, 고응삼, 권오신, 부일송, 권형하, 김남구, 김사균, 김상형, 김시현, 김양수, 김영배, 김재황, 김영환, 김준, 김창현, 김필곤, 김해석, 남전희, 도리천, 리창근, 리태극, 림헌도, 박권숙, 박상륜, 박석순, 박옥위, 박필상, 서일옥, 성호, 손영옥, 손영자, 신군자, 신대주, 신명자, 신후식, 안을현, 양동대, 여동구, 염광옥, 염금련, 오기일, 오동춘, 오석필, 유동삼, 오승희, 용진호, 유선, 유자효, 윤삼현, 윤현자, 원수연, 이기라, 이기반, 이도현, 이병휘, 이성관, 이수정, 이준섭, 이지엽, 이충섭, 이해완, 임금자, 장순하, 정소파, 정재익, 정재호, 정태모, 조근호, 조병희, 조철규, 주강식, 진복희, 차경섭, 최복형, 최시병, 최영균, 최점순, 최철훈, 홍진기, 하영필, 한병윤, 허일, 홍성란, 홍윤표, 황몽산, 황진영, 황하택 등의 작품을 「초등학교 문예부 순례-대전 양지초교 편」과 함께 읽을 수 있다.

★《한국동시조》 제7호는 한국문예진흥기금의 보조로 1999년(봄) 4월 11일 한림에서 발행하고 표지그림은 이은혁(강원 춘천남부초교). 박석순의 권두칼럼과 「동시조 감상」에 박경용의 「달여울」 등 11편과 김종의 작품해설이 실렸다. 「한국여류동시조 편」에는 경규희, 「붕어빵」 등 4편, 김경자 「별」 등 5편, 김송배 「민들레」 등 3편, 김수자 「달력」 등 5편, 김일연 「친구 생각」 등 5편, 김정숙 「하늘을 보며」 등 3편, 김정희 「감나무」 등 5편, 김태은 「산골 학교」 등 2편, 김해석 「눈썰매」 등 5편, 박권숙 「가위 바위 보」 등 4편, 박옥금 「비둘기」 등 3편, 손영자 「봄날」 등 5편, 신명자 「한강」 등 5편, 신순애 「봄산 아지랑이」 등 5편, 양계향 「일요일 운동장」 등 5편, 여영자 「봄의 속삭임」 등 5편, 윤현자 「입동 무렵」 등 4편, 이용희 「나팔꽃」, 임금자 「가을 하늘」 등 5편, 전연옥 「우산」,」정위진 「별」등 3편. 정

표년 「봄날」 등 5편, 진복희 「그리는 집」 등 5편, 최점순 「엽서」 등 5편, 하순희 「사랑의 나이테」 등 6편이 담겼고 「대한민국동시조상 편」-'제1회 대한민국 동시조상'에는 수상자 허일 시인이, 경철의 작품론 「그 청정한 동심문학」과 양계향의 「민족시의 싹을 키우며」를, 그리고 「초등학교 순례-춘천남부초등학교 편」에는 이현정, 박하얀, 서혜인, 안소현, 석범기, 홍승환, 윤현우, 이은혜, 정은별 등 아동들의 작품이 실렸다.

★《한국동시조》 제8호는 1999년(가을) 11월 6일에 한국문진원의 발간비 보조로 한림에서 발행하고 박석순의 「발행인의 편지」와 특집에 「대한민국동시조상 수상자/허일, 김종의 작품론이 실렸고 「동시조 88인 모음」에는 강경주, 강세화, 강진형, 경철, 고응삼, 권형하, 김동직, 김몽선, 김사균, 김상형, 김송배, 김시백, 김양수, 김영배, 김영환, 김재황, 김전숙, 김춘랑, 김태은, 김필곤, 김학근, 김해석, 남궁익선, 노창수, 도리천, 리창근, 리태극, 박권숙, 박두억, 박상륭, 박석순, 박수인, 박필상, 서재수, 서재환, 석성우, 성덕제, 성호, 손영옥, 손영자, 송선영, 신대주, 신명자, 신현배, 신후식, 심종선, 안을현, 여영자, 염광옥, 염금련, 오동춘, 오두섭, 오석필, 오재열, 유동삼, 용진호, 원수연, 유성규, 유자효, 윤삼현, 윤현자, 이기라, 이남수, 이병휘, 이성관, 이수정, 이윤주, 이종훈, 이준섭, 이지연, 이지엽, 이충섭, 이해완, 임금자, 장순화, 장지성, 정표년, 조병희, 전성신, 정소파, 정순량, 정위진, 정재호, 정태모, 정하경, 조근호, 최경신, 최권흥, 최복형, 최영균, 최점순, 최진성, 하순희, 하영필, 한병윤, 황몽산, 황순구 등의 작품과 박경용의 「동시조의 현주소」와 「초등학교문예부 순례」-'광주 동산초교 편'(지도교사 강진형)으로 정은혜, 김민주, 남영호, 신영웅, 양휘경, 이윤헌, 조강현, 최재봉, 최승희, 최하늬, 한광희 등이 담겨졌다.

★《한국동시조》 제9호는 2000년(봄) 3월 15일에 한림에서 발행하고 박석순의 「새천년에 바라는 동시조문학」, 유성규의 「동시조 감상」, 전원범의 평론이 실렸고 「동시조 84인선」에는 강세화, 경철, 고응삼, 권오신,

김몽선, 김사균, 김송배, 김수자, 김시현, 김양수, 김영환, 김은숙, 김재황, 김정희, 김좌기, 김창연, 김춘랑, 김필곤, 김해석, 김해성, 김형진, 김호영, 노창수, 도리천, 리창근, 문도채, 문무학, 문태길, 박권숙, 박상륭, 박옥위, 박필상, 서벌, 서재환, 성호, 손영옥, 송선영, 신대주, 양정숙, 염금련, 오동춘, 오석필, 오재열, 용진호, 우현숙, 원수연, 유동삼, 유선, 유자효, 윤삼현, 윤현자, 이기라, 이상룡, 이성관, 이수정, 이인식, 이종훈, 이지엽, 이충섭, 이해완, 임금자, 장순하, 장지성, 전원범, 정공량, 정미자, 정소파, 정순량, 정위진, 정재익, 정표년, 조병희, 조주환, 조호영, 최복형, 최승범, 최영균, 최점순, 하영필, 한병윤, 허일, 홍윤표, 홍진기, 황몽산 등의 작품과 김재황의 정완영 동시조집 『엄마 목소리』 서평이 실렸고 「영동시조문학회가 뽑은 초·중·고 학생작품」이 소개되어 있다.

★《한국동시조》 제10호는 2000년(겨울) 11월 11일 한림에서 펴냈고 박석순의 권두칼럼과 「동시조 감상」에 김해성 편 「소풍 가는 날」 등 10편을, 이지엽의 「한국동시조를 읽고」-'한국동시조의 걸어온 길과 나아갈 길'과 함께 읽을 수 있다. 「한국여류시조시인 특선」에는 김경자, 김금혜, 김기옥, 김송배, 김옥정, 김정희, 김해석, 박권숙, 박봄심, 박옥위, 손영옥, 손영자, 신군자, 양정숙, 엄미경, 우현숙, 윤현자, 이영지, 이용희, 제만자, 전연옥, 정서린, 정위진, 정표년, 정현숙, 조성심, 진순분, 최양숙, 최점순, 하순희, 황정자등의 작품과 평론에 김종의 「박석순 작품 해설」이 담겨있다. 「한국동시조문학 학교순례」에는 '광주 동산초교'(지도교사 강진형)에는 윤기영, 정승아, 김선영, 서희, 윤현상 등 아동들의 작품이 이어지는 「대한민국동시조문학상 제정」, 「초중고대일반인 작품현상 공모」, 「한국동시조상 공모」 등의 광고문안과 함께 실렸다.

★《한국동시조》 제11호는 2001년(봄) 5월 5일에 광주시문예진흥출판보조로 시와사람에서 발행. 박석순의 권두칼럼, 김창현의 동시조선과 박순길의 시인론을 만날 수 있다. 그리고 《한국동시조》 신작」에는 고응삼, 경철, 김몽선, 김사균, 김상형, 김양수, 김영배, 김영환, 김재황, 도리천, 박

석순, 신후식, 염금련, 유동삼, 유선, 유자효, 윤삼현, 윤현조, 이기반, 이수정, 이지엽, 이충섭, 이해완, 임금자, 정순량, 정재호, 정태모, 허일 등 28인의 작품과 유경환의 「김춘랑의 작품세계」, 「초등학생 작품」으로 김수경, 임수진, 서현정, 서한나, 김민영, 박지현, 서민정 등을 읽을 수 있다.

★《한국동시조》제12호는 2001년(가을) 9월 1일 시와사람에서 발행하고 박석순의 권두칼럼과 「《한국동시조》 신작특집(아동문학가편)」에 권오삼, 김관식, 김삼진, 김완기, 김재용, 김종상, 김철민, 노원호, 문삼석, 박경종, 백민, 신현득, 심윤섭, 엄기원, 오두섭, 옥미조, 유경환, 이봉춘, 이성자, 이진호, 정대연, 정병도, 조무근, 진삼전, 최기성, 최동일, 최춘해 등 27인의 작품이, 「《한국동시조》 신작특집(시조시인편)」에는 강진형, 권형하, 김시현, 김희직, 박상류, 박석순, 박필상, 성덕제, 성호, 송선영, 오재열, 원수연, 유승식, 장순하, 조근호, 조병희, 최복형, 하영필, 황몽산 등 19인의 작품이 읽히며 「《한국동시조》신인상 당선작」에는 김순희의 「잠자리 유치원」 등과 「나의 동시조론」이 실렸고 「초등학생 작품」에는 전지수, 박교열, 정원담, 황두은, 서혜민, 김보경, 신희라, 양현화, 이소라, 김수아, 김영수, 이한교, 조강현, 최승희, 최재봉, 김선영, 윤기영, 윤현상, 한서희, 한광희, 정은혜, 신영웅, 김민주, 양휘경 등의 아동 작품을 만날 수 있다.

★《한국동시조》제13호는 2002년(봄) 5월 5일 시와사람에서 발행하고 특별기고에 유경환 「봄의 크레파스」 등 5편을 담았다. 「《한국동시조》 신작특집(아동문학가편)」은 강길환, 강대택, 권영세, 김영기, 김병효, 민현숙, 유종술, 윤수천, 이창규, 전영관, 정두리, 최만조 등 12인이 참여했고 「《한국동시조》 신작특집(시조시인편)」은 김승규, 김시백, 김장규, 김창현, 김해성, 김형진, 민홍우, 박석순, 박재곤, 서재수, 서재환, 송재섭, 신대주, 신현배, 오동춘, 오석필, 유휘상, 윤현조, 리강룡, 이기라, 이병춘, 이성관, 이인식, 이종훈, 이준섭, 조호영, 최승범, 최영균, 한병윤, 홍윤표 등 30인을 담았다.

★《한국동시조》 제14호는 2002년(가을) 11월 25일 드림디자인에서 발행하고 박석순의 권두칼럼과 정태모 신작동시조 「새벽을 여는 소리」 등 8편을 담았다. 「《한국동시조》 신작특집(여류시조시인편)」에는 김경자, 김기옥, 김수자, 김일연, 김정희, 김태은, 김해석, 박권숙, 박옥위, 손영자, 신순애, 양점숙, 여영자, 염혜련, 이수윤, 임금자, 전연욱, 정미자, 정위진, 최양숙, 최지형, 황정자 등 22인이, 「《한국동시조》 신작특집(시조시인편)」에는 김용길, 노종래, 박재곤, 서정목, 오두섭, 이충섭, 정순량, 조영일 등 8인이, 「《한국동시조》 신작특집(꿈나무시조편)」에는 박슬기, 이은아, 박하늘, 임용호, 김동민, 용석봉, 천지연, 허영미, 서민정, 마미란, 이승현, 박은정, 고은비, 전단비, 어은지, 윤성아 등 아동 16인이 참여했고 박석순 동시조 「아침이 찾아오면 별들은 바쁘다」 등 17편을 수록했다.

★《한국동시조》 제15호는 2003년(봄) 4월 8일 광주시발간비 지원을 받아 드림디자인에서 발행하고 표지화는 김종. 박석순의 권두칼럼과 주영숙의 신작동시조 「누나 품속은」 등 12편을 소개했다. 「《한국동시조》 신작특집(시조시인편)」에는 경철, 김몽선, 김승규, 김영배, 김영환, 김용길, 김장규, 김재황, 김창현, 김철민, 김필곤, 노창수, 도리천, 리창근, 박금규, 박석순, 박옥위, 박정선, 배문평, 백민, 송선영, 신웅순, 안문섭, 양동기, 엄미경, 염혜련, 오두섭, 오재열, 유선, 윤삼현, 윤우영, 이기반, 이숙례, 정수자, 정재호, 정현숙, 조호영, 최경신, 최영균, 최우림, 허일, 홍윤표 등 42인이, 「료녕성 조선족 학생시조작품 특집」에는 리창인, 신미영, 김해연, 원금희, 홍영, 안용우, 김정, 김한남, 원금화, 김강위, 김정결, 박은혜 등 12인의 학생 작품이, 이어서 백민의 「한국동시조 발달과 이해」가 담겨있다.

★《한국동시조》 제16호는 2003년(가을) 10월 15일 광주시보조금 지원으로 도서출판드림에서 발행하고 표지화 김종. 백민의 신작동시조에 이어 「동시조에의 초대(아동문학가 편)」에선 권영상, 권오삼, 김완기, 김종영, 김진광, 노원호, 민현숙, 박근칠, 박정식, 배소현, 선용, 안계복, 엄기

원, 오두섭, 유경환, 이문희, 이봉춘, 이소영, 최갑순, 최기성, 최만조 등 21인이,「《한국동시조》신작특집(시조시인편)」에선 강신구, 강정삼, 경철, 김승규, 김월환, 김창현, 노종래, 류인양, 리창인, 림혜미, 박석순, 박영권, 박영식, 서정목, 송영숙, 신대주, 신재후, 염혜련, 이구학, 이근구, 이용재, 이준구, 이충섭, 장세득, 전병태, 전선구, 정태모, 한상철, 허일 등 29인이,「중국 료녕성 제1회 학생시조백일장 수상작」에선 김해연, 박문령, 린선희, 김은자, 리수련, 원금화, 박상범, 윤성, 김령혜, 박란, 김정, 허용준, 원태란, 김설매, 김룡군, 최월화, 신미영, 김정화, 정순애 등 학생19인이 참여했고「울산 봉월초교 학생작품」에선 추창호, 전송희, 이욱련, 안샛별, 이우련, 전보배, 최성도, 전유진, 전민지 등 9인의 아동이 참여했다.

★《한국동시조》제17호는 2004년(봄) 3월 26일 광주시보조금지원으로 도서출판 드림에서 발행하고「다시 읽고 싶은 동시조」에선 정완영의「분이네 살구나무」를, 신현득의 동시조 특집에선「엄마와 아가」등 12편이 실렸고「대구시인협회편」에선 김몽선, 민병도, 박두익, 송진환, 신후식, 이순희, 임병기, 정경화, 정재호, 하장수 등이,「시조시인편」에선 경철, 김일연, 김창현, 리창인, 박권숙, 박금규, 박석순, 박영권, 박임서, 엄미경, 염혜련, 유지화, 윤우영, 윤현조, 이구학, 이보영, 이처기, 임금자, 정태모, 최숙영, 최영균, 최지형, 하순희, 홍윤표 등이,「아동문학가편」에선 구옥순, 김삼진, 김정순, 박일, 박정숙, 오두섭, 윤동기, 이정님, 최만조, 최향숙 등이 모셔졌고「중국 료녕성 학생시조백일장」에선 김혜령, 정란, 리정주, 정천령, 박해연, 리해봉, 길향금, 황걸, 박추일, 허금신, 문송일, 량금영, 전영란, 계천화, 허용준, 손윤희, 박정화, 박련화, 리명성, 김계향 등이 참여했다.

★《한국동시조》제18호는 2004년 10월 25일에 광주시지원금보조로 드림디자인에서 발행하고 표지화는 김종. 박석순의 권두칼럼과 허일 신작동시조「소식」등 5편이 모셔졌다. 그리고「지역시조시인협회-경인시조시인편」에선 김만수, 김용진, 김정희, 김춘기, 김한석, 박영식, 신대생,

우홍순, 이동배, 이수정, 이숙자 등이,「아동문학가편」에선 권영상, 김삼진, 김완기, 김정순, 김진광, 노원호, 민현숙, 박일, 박정식, 엄기원, 오두섭, 오순택, 이봉춘, 정대연, 최기성, 최만조 등이,「쪽배동인 편」에선 박경용, 진복희, 허일, 전병호, 신현배, 김용희, 서재환, 조두현 등이 참여했고「유서초등학교 편」에선 김설아, 서지수, 장서호, 박정수, 노경호, 노유진, 김나연, 오정연, 김시원, 조민기, 김윤재, 김태환, 김한길, 조두호, 이웅기, 차민지, 김문희, 이세림, 양아름, 김기옥 등의 아동이 담겨있다.

★《한국동시조》제19호는 2005년 4월 10일 광주시지원금보조로 드림디자인에서 발행하고 표지화는 김종. 특집에 최지형의 동시조, 박석순의 권두칼럼, 최지형의 신작동시조「풀포기가 아기를 낳았어요」등 15편이 모셔졌고「강원시조시인 편」에선 김기옥, 김양수, 박세자, 박영권, 성덕제, 신대주, 원수연, 이근구, 전태규, 정정용, 정태모, 채병윤, 최복형, 황정자 등 14인이,「동시작가초대석」에선 권오훈, 김철민, 민현숙, 선용, 안계복, 유경환, 이복자 등이,「시조시인 편」에선 경철, 김명섭, 김창현, 김태은, 김해석, 노창수, 류인량, 박권숙, 박석순, 송길자, 송선영, 유동삼, 유선, 유영애, 이준섭, 임금자, 정위진, 차경섭, 최숙영, 최영균, 허일, 홍성란, 홍오선, 홍윤표, 황진영 등이, 마지막에 김종의 최지형 시인론으로 마무리했다.

★《한국동시조》제20호는 2005년(가을) 10월 22일에 광주시지원금보조로 드림디자인에서 발행하고 표지화는 김종. 김종의 권두칼럼과 선용의 동시조 특집「초롱꽃」등 12편과「대전시조시인 편」에선 구상희, 김동민, 김영수, 김영환, 김창현, 남승열, 배정태, 서영자, 신재후, 우제선, 유준호, 이도현, 이상덕, 조근호, 조일남, 홍병선 등이,「아동문학가편」에선 강대택, 권영상, 권오신, 김미라, 김삼진, 김재용, 김종삼, 노원호, 민현숙, 박근칠, 박정신, 신현득, 양동대, 오두섭, 이봉춘, 전병호, 정대연 등이,「시조시인편」에선 김나연, 김민수, 김명섭, 김명호, 김복근, 김숙희, 박상륭, 박석순, 박영권, 박영식, 박용하, 성덕제, 안영준, 양정

숙, 양혜순, 유지화, 이기반, 이상룡, 이숙자, 이애순, 이용우, 이운정, 이인숙, 전병태, 정기환, 정병경, 조연탁, 조영일, 조희식, 천성숙, 천옥희, 최말식, 최숙영, 한동연, 한병윤, 허일 등이 모셔졌고 「중국심양학생시조」에선 김광미, 김이국, 김해완, 로혜원, 리강, 복인강, 송효경, 신정훈, 장정, 정려하, 황걸 등이 참여하고 있다.

★《한국동시조》제21호는 2006년(봄) 4월 1일에 광주시보조금지원으로 드림디자인에서 발행하고 표지화는 김종. 신현득의 권두칼럼과 신현배의 신작동시조 「산을 잡아오너라」 등 10편이 모셔졌다. 「경남시조시인편」에선 김만수, 김정희, 김춘기, 김춘랑, 김한석, 우흥순, 이수정, 이처기, 조종만 등이, 「아동문학가편」에선 권오훈, 강대택, 김미라, 김복근, 김용진, 김재용, 김종산, 김철민, 박일, 백민, 신대생, 안계복, 엄기원, 윤삼현, 이문형, 전병호, 최기성.최만조 등이, 「시조시인편」에선 강진형, 김명호, 김승규, 김일연, 김창현, 김환식, 노창수, 박석순, 서연정, 성호, 송선영, 송진환, 엄미경, 유영애, 이구학, 이근구, 이보영, 이숙자, 이준섭, 장명웅, 전병태.주영숙, 최동일, 최숙영, 최영균, 최지형, 허일, 홍성란, 홍윤표 등이 참여했고 「유석초등학교편」에선 이광노, 정신영, 조동현, 우승현, 이연주, 손상범, 문현석, 김설아, 김선윤, 김세진, 이상준, 노경호, 원도환, 변은지, 손민지, 손동환, 정서현, 서가연, 이종석 등의 아동이 참여했다.

★《한국동시조》제22호는 2006년(가을) 10월 12일에 광주시지원금 보조로 드림디자인에서 발행했고 표지화는 김종. 경철의 권두칼럼과 유영애의 신작동시조 특집으로 「감자 캐는 날」 등 15편과 김종의 작품평설이 담겨졌고 「여류시조시인편」에선 김수자, 김해석, 박권숙, 여영자, 엄미경, 우숙자, 이경자, 이돈희, 이하영, 임금자, 정위진, 정정용, 정표년, 최숙영, 최지형 등이, 「아동문학가편」에선 구옥순, 김숙분, 남진원, 민현숙, 박소명, 박정식, 선용, 이성관 등이, 「시조시인편」에선 경철, 경규희, 김창현, 박석순, 박옥위, 염혜련, 임금자, 유준호, 윤현조, 장영웅, 전병태, 정태모, 최복형, 최영균, 현상언, 홍오선, 최정웅, 홍윤표 등이 참

여했고 「서울화곡초교편」에선 김선경, 오혜미, 김자연, 이장미 등의 아동이, 「료녕성조선족학생시조편」에선 박춘연, 리수철, 량금령, 황걸, 박해연, 리강, 마칠성, 박혜연, 강려니, 손윤희, 박은령, 현명란, 리경주 등의 학생이 담겨있다.

★《한국동시조》 제23호는 2007년(봄) 4월26일 광주시지원금보조로 드림디자인에서 발행했고 표지화는 김종, 김복근의 권두칼럼과 특집에 최숙영 신작동시조 「내 짝궁은」 등 10편이 모셔졌고 「나래시조시인편」에선 김민정, 김은숙, 김차순, 민병찬, 박필상, 우중근, 윤신근, 이석구, 이원식, 이채호, 장명웅, 장세득, 정형석, 한재인 등이, 오순택의 신작동시조에선 「목련 피는 날」 등 10편이, 「아동문학가편」에선 김만수, 김동민, 김숙분, 김숙희, 김영기(제주), 김영기(인천), 김완기, 김용진, 김용희, 김진광, 김철민, 남진원, 노원호, 백민, 신대생, 이병휘, 윤삼현, 정대연, 조옥수 등이, 「시조시인편」에선 강진구, 김사균, 김옥중, 김창현, 리창근, 박근칠, 박석순, 박진홍, 서재환, 송선영, 송재섭, 신후식, 이옥진, 전병태, 전서중, 허일, 홍성란, 홍오선 등이, 전주교육대학교 군산부설초교편 등이 참여했다.

★《한국동시조》 제24호는 2007년(가을) 10월 13일에 광주시지원금보조로 드림디자인에서 발행했고 표지화는 김종. 신웅순의 권두칼럼과 특집에 조동화의 신작동시조 「숲속 길」 등 11편이 모셔졌고 「동인시조시인 편」에선 강정원, 안용택, 공상례, 양만규, 김용선, 윤주홍, 노업, 이미숙, 문복희, 이상완, 박순영, 장창식, 박창수, 전병경, 배문굉, 한동연, 신영철 등이, 안계복의 신작동시조 「간호사 누나는」 등 5편이, 「아동문학가편」에선 강대택, 전병호, 권영상, 정명숙, 권오훈, 조무근, 구상희, 최기성, 구옥순, 최만조, 김종상, 최영환, 박일 등이, 이성관의 신작동시조 「산과 산이 마주하며」 등 5편이, 「시조시인편」에선 상신구, 김장규, 김정희, 김창현, 김춘랑, 박권숙, 박석순, 박찬흥, 박영교, 서일옥, 전병태, 조영일, 조희식, 최숙영, 허일, 홍윤표 등이 참여했고 「전주교육대학교 군산부

설초등학교편」과 김종의 유영애의 동시조론이 뒤를 이어 실려 있다.

★《한국동시조》제25호는 2008년(봄) 4월 18일 드림디자인에서 발행하고 표지화는 김종. 허일의 권두칼럼과 홍오선의 동시조 「목련」등 13편이 모셔졌고 「부산시조시인편」에선 김두만, 김양기, 유준형, 박창주, 박중선, 박필상, 손영자, 신익교, 안영희, 염동근, 심종선, 우아기, 이민화, 이관, 이상훈, 이숙례, 장명용, 정해원, 조호영, 천성수, 최옥자, 최만조 등이, 신현득의 신작동시조는 「새 운동화」등 7편이, 「아동문학가편」에선 김재용, 김종헌, 김철민, 노원호, 민현숙, 이병휘, 백민, 윤삼현, 이봉춘 등이, 「시조시인편」에선 경규희, 김창현, 김태은, 김해석, 노창수, 유인량, 모상철, 박석순, 성덕제, 송선영, 송재섭, 염광옥, 우제선, 유동삼, 이기반, 이근구, 이해완, 임금자, 전병태, 정표년, 조근호, 최지형, 최숙영, 허일, 홍윤표, 홍진기 등이, 박성애 신작동시조 「시골 봉균이」등 6편은 이지엽의 작품해설과 함께 참여하고 있다.

★《한국동시조》제26호는 2010년(봄) 4월 15일에 도서출판 서석에서 발행하고 표지화는 김종. 편집주간에 서연정 시인이 위촉되었다. 박석순의 권두칼럼, 소시집에 박옥위의 「도시 참새들」등 11편이 모셔졌고 초대시단으로 「아동문학가편」에선 권오삼, 김삼진, 김종상, 민현숙, 신현득, 신현배, 양인숙, 이봉춘, 이성자, 조무근, 조화련 등이, 「시조문학회 순례-영남시조문학회」에선 강성호, 구귀분, 김시백, 김전, 김해석, 노종래, 류희걸, 박순화, 배위홍, 이영지, 이용우, 전선구, 정운작, 채영호, 하영필 등이, 「초대시단-시조시인편」에선 강경주, 강정원, 경철, 김옥중, 김창현, 나순옥, 노창수, 민병도, 박경용, 박기섭, 박석순, 박연신, 서숙희, 서연정, 서일옥, 송선영, 송진환, 염동근, 유영애, 유휘상, 윤현자, 이기라, 이명희, 이성관, 이수윤, 이우걸, 조동화, 조영일, 주영숙, 최기성, 최숙영, 최영균, 최지형, 하순희, 허일, 홍오선 등이 참여하고 있다. 편집후기에서 서연정 신임 편집주간은 "힘이 모자라는 터에 벅찬 일을 맡았습니다. 얼마나 잘해낼 수 있을지는 모르겠습니다. 지면 관계상 보내주

신 옥고를 다 싣지 못함이 못내 서운합니다.…" 등의 소감을 밝혔다.

★《한국동시조》제27호는 2010년(가을) 10월 15일에 도서출판 서석에서 발행하고 표지화는 김종. 다시금 위촉한 고문에 경철, 김삼진, 김종, 송선영, 오재열, 전원범, 최경자, 최지형 등이고 민병도의 권두칼럼에, 소시집에 모상철 시인편 「언젠가」 등 7편이 모셔졌다. 「시조문학회 순례-동시조 쪽배 동인회편」에선 김용희, 김종현, 김효안, 박경용, 박방희, 송재진, 신현배, 조두년, 진복희 등과 「초대시단」에선 강경화, 강세화, 강수성, 강현호, 경규희, 김강호, 김두만, 김민정, 김사균, 김윤숙, 김재용, 김재황, 김종상, 김준경, 김차순, 김창현, 나관주, 박권숙, 박근칠, 박석순, 박정식, 박지현, 박찬홍, 박희정, 서관호, 서연정, 서정택, 서용, 신현득, 양정숙, 염창권, 오순택, 윤금초, 이광, 이근구, 이석구, 임영석, 정대연, 정소파, 정희경, 정태모, 지성찬, 채천수, 최복형, 최승범, 최춘해, 추창호 등이 참여했다.

★《한국동시조》제28호는 2011년(봄) 4월 15일에 도서출판 서석에서 발행하고 표지화는 김종. 이지엽의 권두칼럼과, 제1회《한국동시조》신인문학상을 발표하고 당선자 김영철·구순자의 당선소감, 당선작, 신작과 김종, 박석순의 '심사기'가 담겼고 소시집에 이숙례 시인의 「꽃과 마이다스 손」 등 9편이 담겨졌다. 「시조문학회순례/광주전남시조시인협회편」에선 강경화, 경철, 김옥중, 노창수, 박석순, 서연정, 송선영, 염광옥, 염창권, 이구학, 이송희, 이수윤, 정혜숙, 최동일 등이, 초대시단에선 강현덕, 권갑하, 김선희, 김소해, 김윤철, 김일연, 김정숙, 김창현, 모상철, 박명숙, 박연신, 박영식, 박종대, 변현상, 서길석, 손증호, 신현배, 오종문, 옥영숙, 원수연, 유영애, 이경숙, 이경옥, 이남순, 이도현, 이승현, 이정환, 이지엽, 이태순, 이해완, 임삼규, 임성구, 전병태, 전태익, 정문규, 정수자, 정평림, 정현숙, 최숙영, 최오균, 허일, 홍성란, 홍오선 등이 참여했고 독자투고로 여호진, 김혜숙을 만날 수 있다.

★《한국동시조》제29호는 2011년(가을) 10월 25일에 서석에서 발행

하고 표지화는 김종. 상임고문에 허일, 자문위원에 경철, 김종, 송선영, 오재열, 전원범, 최경자, 최지형을 재위촉하고 발행인에 박석순, 편집주간에 김석문으로 새롭게 진용을 재정비하였다. 이정환(대구시조시인협회장)의 권두칼럼과 소시집에 이정환 시인의 「어쩌면 저기 저 나무에만」 등 10편이, 「시조문학 순례/여성시조편」에선 김선희, 김일연, 김정숙, 박권숙, 서일옥, 신순애, 유영애, 정위진, 최숙영, 최지형, 하순희, 홍오선 등이, 「《한국동시조》초대시단」에선 강경주, 강대택, 강성호, 경철, 권영상, 김선화, 김시백, 김양수, 남진원, 모상철, 민현숙, 박근칠, 박금희, 박방희, 박석순, 박연신, 백민, 서관호, 서길석, 선용, 송진환, 신현득, 신현배, 엄기원, 오순택, 유준호, 이봉춘, 정재호, 조무근, 최경자, 최만조, 최복형, 최영균, 최정숙, 최춘해등을 만날 수 있고 김석문의 「시인이 쓴 동시조」가 뒤를 이었다.

★《한국동시조》는 창간부터 폐간까지 총 17년 6개월 동안 통권 29호를 발간하면서 당시 발표지면이 절대 부족이던 동시조 분야의 지면확충에 대단한 공이 있다. 반드시 지켜지지는 않았지만 1년에 2회씩의 반년간 터울을 지키려 노력했었고 무엇보다도 넉넉잖은 재정 상태로 전국의 동시조문학을 다각도에서 규합하고 진흥시키기 위한 여러 노력은 오랜 시간이 지나서도 기억될 것으로 생각한다.

《한국동시조》가 거둔 개별 작품집- 『한국동시조선집』과 『아기별을 찾습니다』

★『한국동시조선집』은 '박석순 엮음'으로 2009년 4월 17일에 광주문진위발간비보조로 드림디자인에서 발행하고 앞 뒤 표지화는 김종. 「동시조 특선」에 강경주, 강길환, 강대택, 강신구, 강정원, 강진형, 경규희, 경철, 권갑하, 권영세, 권오삼, 권오신, 권오훈, 권형하, 김경자, 김남구, 김몽선, 김복근, 김사균, 김삼진, 김상형, 김송배, 김수자, 김순희, 김승

규, 김양수, 김영기, 김영환, 김옥정, 김옥중, 김완기, 김용길, 김일연, 김장규, 김종상, 김진광, 김창현, 김춘랑, 김필곤, 김태은, 김학근, 김해성, 김형진, 남궁익선, 남전희, 남진원, 노종래, 노창수, 도리천, 리태극, 문삼석, 민병도, 민현숙, 민홍우, 박경용, 박권숙, 박봉심, 박석순, 박연신, 박영권, 박영식, 박옥위, 박정호, 박필상, 백민, 서벌, 서일옥, 서재환, 석성우, 선용, 성덕제, 손광세, 손영옥, 손영자, 송선영, 송재섭, 송진환, 신군자, 신대주, 신명자, 신순애, 신웅순, 신현득, 신현배, 양동기, 양점숙, 엄기원, 엄미경, 염혜련, 오두섭, 오순택, 오승희, 오재열, 원수연, 유경환, 유선, 유성규, 유승식, 유영애, 유자효, 유휘상, 윤삼현, 윤수천, 윤현자, 이구학, 이기라, 이기반, 이근구, 이문희, 이봉춘, 이성관, 이성자, 이숙례, 이윤주, 이정님, 이준섭, 이지엽, 이해완, 임교순, 임금자, 장순하, 전원범, 정순량, 정완영, 정위진, 정재익, 정재호, 정태모, 정현숙, 조근호, 조동화, 조두현, 조두근, 조영일, 조영일, 조주환, 조호영, 주영숙, 최경신, 최기성, 최동일, 최만조, 최복형, 최숙영, 최시병, 최영균, 최정웅, 최지형, 하순희, 하영필, 허일, 홍성란, 홍오선, 홍진기, 황정자 등 경향간의 시조시인 154명의 작품을 담았다. 그리고 전원범의 「《한국동시조》지의 「큰 성과와 동시조문학의 과제」에 이어서 허일, 신웅순, 김복근, 신현득, 김종, 류준형, 박석순 등이 집필한 「권두칼럼 모음」이 소개되었고 박석순의 『『한국동시조선집』을 내면서』 등을 만날 수 있다.

★『아기별을 찾습니다』는 '박석순 엮음'으로 2004년에 발간된《한국동시조》의 종합판이며 표지화에 김종. 작품선자選者에는《한국동시조》에 작품을 게재한 적이 없는 문병란, 김종, 이재창 등이 참여했고 박석순의 「나의 희망」, 정완영의 「분이네 살구나무」 등 5편, 유성규의 「나의 꽃밭」 등 5편, 허일의 「장닭」 등 5편이 모셔졌고 작품집의 작품에는 강신구, 강진형, 경규희, 경철, 구옥순, 권갑하, 권영상, 권오삼, 권오신, 권형하, 김경자, 김동직, 김몽선, 김사균, 김상형, 김송배, 김수자, 김승규, 김양수, 김영수, 김영환, 김옥중, 김완기, 김은숙, 김일연, 김재황, 김

정숙, 김정순, 김종영, 김창현, 김춘랑, 김태은, 김해석, 김해성, 김형진, 김호영, 노원호, 노창수, 류인양, 리창근, 문무학, 문삼석, 민병도, 박경용, 박권숙, 박상류, 박석순, 박수인, 박영권, 박옥위, 배소현, 백민, 서벌, 서일옥, 선용, 성덕제, 성호, 손영자, 송선영, 송재섭, 송진환, 신대주, 신명자, 신순애, 신웅순, 신현득, 신현배, 신후식, 심종선, 양동대, 양점숙, 엄기원, 엄미경, 여명자, 오두섭, 원수연, 유경환, 유동삼, 유선, 유승식, 유자효, 유준호, 유지화, 유휘상, 윤삼현, 윤현자, 이구학, 이근구, 이기라, 이문희, 이보영, 이성관, 이수정, 이월수, 이정자, 이종훈, 이지엽, 이처기, 이충섭, 이해완, 임금자, 장지성, 전원범, 정경화, 정수자, 정위진, 정태모, 조규영, 조근호, 조영일, 조주환, 조호영, 주영숙, 진복희, 최경신, 최기성, 최복형, 최숙영, 최승범, 최시병, 최양숙, 최영균, 최지영, 하영필, 홍성란, 홍진기 등 시조시인 127명이 참여했고 박석순의「작품선정을 마치고」로 이어진다.

★《한국동시조》는 폐간 이후 동일명으로 2016년 7월 1일부터 발행인 이지엽, 편집주간 최연근으로 재창간형식으로 고요아침에서 그 발간을 이어가고 있다. 필자가 박석순 시인의《한국동시조》를 정리하면서 생각한 것은 단순한 추억도 문학사 기술에 도움이 되는 의미 있는 일이라는 걸 알았다는 점이다. 또한《한국동시조》의 간행사刊行史는 여기에서 그치지만 박석순 시인께서 창간 당시부터 수시로 찾아와서《한국동시조》의 발간이나 자신의 작품창작에 따른 여러 얘기를 의논해 올 때마다 나는 기탄없는 얘기를 나누곤 하였었다.《한국동시조》는 한마디로 '어린이 시조'의 미래를 재는 이정표 내지는 등대 같은 존재성을 지향해왔다고 할 수 있다.《한국동시조》는 또한 박석순 시인의 동시조문학에의 애정이 고스란히 담겨있는 집념과 땀의 결정체라 할 수 있다. 요컨대 동시조는 박석순 시인 같은 지사적 문학운동가에 의해 하루가 다르게 그 모습을 달리하고 있고 시조문학의 푸른 미래를 조타한다고 생각한다.

(3) 정형미학의 꽃을 피운 《열린시조》 창간

박현덕(시조시인)

1980년의 암울한 시대적 과정을 거치면서, 우리의 시조는 민주주의와 민중시로 대변되는 시대적 소명을 다하기 위해 여러 목소리를 창출했다. 이러한 문학적 소명은 시인의 작품활동과 지면으로 연결된다.

현대시조문학사의 흐름을 볼 때, 동인 활동의 두렷한 발자취를 남긴 것은 1984년 결성한 〈오류〉다. 여기에 더해 〈80년대〉 동인도 개성있는 '율'의 노래로 시조의 위상을 위해 노력하였다. 〈오류〉 동인의 해체로 〈80년대〉 동인들과 뜻을 함께하는 여러 시조시인들이 모여 1996년 계간 《열린시조》를 창간했다.

이 뜻을 함께한 시인들로는 '이정환 박기섭 김연동 이재창 정수자 이지엽 전병희 최한선 오승철 오종문 정일근 황인원 정공량' 등이다. 광주여대 문예창작과 교수로 부임한 이지엽 시인의 노력으로 발행인과 여러 요소들을 해결해 계간 《열린시조》를 창간했지만, 이 길이 결코 순탄한 것만은 아니었다. 문학지를 발간하면 첫째는 책을 만들 금전적 요소와 그 문학지를 기획하고 편집 및 교정을 볼 인적 자원이 필요했다.

광주에서 발행된 계간 《열린시조》는 전국 각 지역마다 편집위원을 둬 그 지역을 순회하면서 편집회의를 하였고 매호 특집을 마련해 시조단의 혁신을 위해 함께 했다. 편집회의를 통해 각 지역 시인들께 원고청탁을 하고, 광주시 《시와사람》 출판사에서 출력해 나온 교정지를 밤늦도록 '이지엽 박정호 박현덕' 시인들은 마무리 교정을 보았다. 원고를 청탁해 취합하는 일도 쉬운 것이 아니었고, 다시 독촉 전화하였다.

시조단에 《시조문학》 《현대시조》가 있었지만, '열린 시대, 열린 정신, 열린 문학'을 표방하여 "전국의 기성시인과 신인을 망라하여 공평타당하게 작품론과 함께 발표지면을 제공"함을 편집방향으로 삼았다. 이러한 것을 토대로 창간호 특집으로 〈현대시조 70년의 반성과 전망〉을 다뤘으며, 연재물 '시조단 이면사' 첫회분인 〈시조동산에서 만난 사람들〉을 실었다. 계간 《열린시조》는 시조단의 변방인 광주 지역에서 창간되었지만, 현대시조의 혁신과 개혁의 목소리를 담고자 늘 노력했다.

각 지역을 돌아가며 편집회의 후 지역 시인들과 함께

계간 《열린시조》는 매호 시조혁신을 위한 특집과 새로운 신인을 배출했으며, '우리시 전국 현상공모'와 호남신문사와 함께 '호남시조대상'도 공모를 통해 시상했다. 가장 큰 결과물로는 〈우리 시대 현대시조 100인선〉이다. 100인선에 선정된 시인은 최남선, 이병기, 안자산, 이희승, 이은상 등 모두 31명. 여기에는 월북작가 조운, 조남령 등도 포함되었다. 또한 1990년대 시인들까지 함께 하여 대표적 현대시조 작품집이었다.

민족문학의 정수인 현대시조를 일반인에게 널리 알리고 올곧게 우리 문학의 자존과 양심을 지키기 위해 창간된 계간 순수문예잡지인 《열린시조》는 2022년 3월초 서울 대우주택문화관에서 계간 《열린시조》 창간 5주년 기념 행사를 하였다. 《열린시조》 신인상 및 〈한국동시조문학상〉 시상. 〈역류〉 및 〈우리시〉 동인이 행사에 함께 하였다.

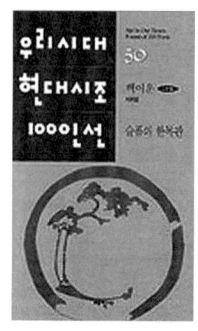 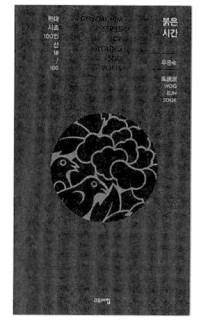 

- 1차분 100인선 후 2차분 100인선 발간.《한국동시조》창간.

   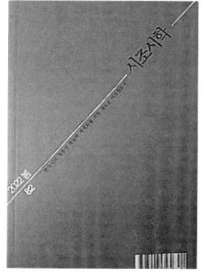

- 계간 열린시조   - 계간 열린시학   - 계간 시조시학   - 계간 시조시학(현재)

    1996년 창간된 계간《열린시조》는 여름호(통권 27호)부터 계간《열린시학》(고요아침)으로 제호를 변경하고 기존에 다뤄 온 시조 외에 시, 평론 등을 포함하는 등 영역을 넓혔다. 이는 광주여자대학교에 재직한 이지엽 교수가 서울 경기대학교 국문과 교수로 자리를 옮기면서, 기존《열린시조》는《열린시학》으로 해 시전문지에 '시조를 발표하는 지면'을 마련했다. 또한 부정기적으로 간행된《시조시학》을 인수해 계간《시조시학》으로 다시 재출발하였다.

    《열린시조》의 이지엽 편집주간(경기대 교수)은 "시조와 시의 교류를 통해 상생相生의 길을 모색하려고 한다"고 밝혔다. 시조에는 시의 자유로운 상상력이, 시에는 시조의 담담함과 정제된 사유가 도움이 될 것이라는 설명이다. 시단과 시조단의 교유를 위해 시인 신경림과 시조시인 오현스님이 함께 편집고문을 맡았다.

계간《열린시조》는 광주 지역에서 발행되었지만, 전국 시조시인들을 대상으로 하였다. 호남지역의 정형시 발전을 위해서 노력했고, 현대시조 문학사에서 획기적인 여러 일들을 도모해〈우리 시대 현대시조 100인선〉발간을 주도했다.

이지엽 시인은《열린시조》와《시조시학》《한국동시조》를 운영하면서, 호남시조단의 혁신을 위해 헌신하였다. 퇴직 후 전남 진도군 폐교에 시와 그림이 어우러진〈시에그린한국시화박물관〉을 열었고, 매년 여름〈해변시인창작학교〉를 하고 있다.

광주 전남 시조문학사
PART + 02

광주 전남 시조문학의 시대별 발자취

광주 전남 시조문학의 시대별 발자취

노창수(시인, 문학평론가)

□ 들머리 / 현대 광주 전남 시조문학의 연원과 개관

　광주·전남의 현대 시조문학에 대한 연원을 고찰함에 있어서 한국시조문학사와 떠나서 별개의 영역으로 다룰 수 없는 특징이 있다. 이는 우리 지역에 일찍이 걸출한 시조시인들이 배출되어 전국 시조단에 중추적으로 활동해 왔기 때문이다. 특히 면앙정 송순은 명종이 하사한 황국화에 붙인 즉흥 시조로 써서 후세까지 전한 바 그 '연군의 정'을 읊어 걸출한 솜씨를 자랑했고, 뒤이어 송강 정철이 '면앙정 시조' 맥을 이으며, 천재적 재질을 발휘해 전아한 시풍을 이었다. 해남의 고산 윤선도는 우리말의 순화된 언어로 격조 높은 작품을 창작하여 조선문학사상 최고의 작가로 일컬어지기도 했다.[1] 또 하서 김인후의 시조 「도임사 수원사 작단가悼林士遂寃死作

---

1) 경철, 「광주의 시조 연원과 맥락」, 광주문인협회 편, 『광주문학사』, 한림, 1994. 82~83쪽 참조.

短歌」는 명종 때 벽서사건壁書事件으로 원통히 죽은 임형수林亨秀를 애도한 시조로 당대 정치와 문단의 판을 들썩이게 했다. 이처럼 광주와 남도는 예향藝鄕, 藝香 특히 시조향時調鄕, 時調香으로 고금의 한국 시조문학사에 끼친 바가 지대했다.

광주·전남의 시조시인으로 선구적 활동을 보인 인물은 조운이며, 그 뒤를 이은 사람으로 조남령, 조종현, 고정흠 등이 있다. 현대에 이른, 즉 1970년 8월에 발간된《영산강》은 광주전남의 시조동인회를 대표하는 동인지였다. 이 동인지는 창간사에서 '시조의 생활화'를 걸고 '국민시조'로 나아갈 것임을 천명하였다. 제4집을 끝으로 더 지속하지는 못했지만 창간호에 고정흠, 김영자, 문도채, 문삼석, 송선영, 양동기, 이준구, 장청, 정덕채, 정소파, 최일환, 허연 등 12명이 참여하여 현대시조를 확장해 나갔다.

1974년 1월 20일에 발행된 동인지《녹명鹿鳴》은 '한국시조작가협회 전남지부'의 기관지로 첫 호를 내었는데, 앞의《영산강》을 이은 동인지라 할 수 있다. 이 동인지는 제4집까지 간행되었고, 최동일, 이준구, 정덕채, 차의섭, 최일환, 이백순, 박노경, 유정운, 배봉수, 박양구, 정소파, 고정흠, 장재철, 최남왕 등 14명이 참여했다. 나중 제4집을 발간할 때 경철, 박광일, 정지채 등이 동참했다.

1977년 12월 시조연구지《민족시》는 발행인 정소파, 주간 경철로 제4집까지 간행되었다. 참여 동인으로는 고정흠, 김제현, 김정희, 문화자, 배봉수, 박광일, 박노경, 박장환, 박정인, 여지량, 유정운, 이백순, 이정룡, 이준구, 전순명, 전원범, 정덕채, 정소파, 정지채, 차의섭, 최동일, 최일환, 최정웅, 허형만, 경철 등 25명이었다.

1981년《녹명》을《시조문예》로 바꾸고, 단체를 '호남시조문학회'로 변경했다. 이때 정병표, 천병태, 노창수, 유춘홍, 이재창 등이 새로 가입했다.

참고로, 호남시조문학회는 광주·전남 및 전북 지역의 시조사랑 회원들이 모여 정소파, 정덕채, 이준구, 최일환, 차의섭 등이 나서서 조직하였는데, 현재도 활발하게 움직이는 동인회이다. 현존하는 우리나라 시조 문학동인 중에서 역사가 오래된 단체라 할 수 있다. '호남시조문학회'는 1969년 전신인 '시조예술동인회'가 《영산강》이라는 동인지를 냈던 때부터 거슬러 올라가 시작된다. 이 모임의 동인은 허연, 정소파, 최일환, 정덕채, 장청, 이준구, 양동기, 송선영, 문삼석, 문도채, 김영자, 고정흠, 김성곤, 최남구 등이고, 이때 문도채 시인이 편집을 주도했다.

이후 '시조예술동인회'는 1969년 5월 '한국시조작가협회 전남지부'로 단체명을 다시 짓고 회장에 정소파 시인을 선임하였다. 1971년 '한국시조작가협회'가 다시 '한국시조시인협회'로 변경됨에 따라 '한국시조시인협회 전남지부'로 명칭 변경과 함께 재 결성되었다. 이 협회는 1974년 1월 20일 《녹명鹿鳴》이라는 동인지를 창간, 국제문화사에서 발간하게 되었다. 이 《녹명》은 자금난으로 제5집까지만 발간하고 이후 문을 닫았다. 1977년 '한국시조시인협회 전남지부'의 명칭 하에 발간한 《시조문예》는 이의 기관지적 성격을 띠게 되었으며, 당시 주간은 경철 시인이 맡았다. 이 《시조문예》 제6집을 시작으로 현재까지도 거르지 않고 줄기차게 발간하고 있으며, 2020년 11월 제50호가 나오게 되었다.

역대 '호남시조문학회'의 임원진을 보면, 1981년 12월 1일 정기총회 시 결의하여 회장에 정소파, 부회장에 경철, 총무 차의섭, 감사 김두원, 전원범으로 새 임원을 선출하며 출범하였다.

1992년 제2대 회장에 정덕채, 부회장 용진호, 박노경, 이남수, 사무국장에 전태봉, 1995년에는 제3대 회장에 용진호, 부회장에 이준구, 이남수, 박노경, 경철, 사무국장에 이해완, 1996년 제4대 회장 이준구, 부회장 이남수, 박노경, 경철, 오재열, 사무국장 이해완, 1998년 제5대 회장 경철, 부회장 이남수, 박노경, 오재열, 사무국장 염광옥, 1999년 제6대 회장 오재열, 부회장 이남수, 박노경, 2001년 제7대 회장 박노경, 부회장 이남수, 노창수, 최점순 사무국장에 최상환 등이다.

시조 창작교실 및 문학기행과 시조세미나 개최는 1976년 송정리 녹봉정사에서 제1회 개최를 시작으로 지금까지 26년 동안 한 해에 한두 차례씩 매년 지속해 오고 있다. 주요 창작교실 개최를 소개하면, 1977년 보성 시천리와 무등산장, 그리고 해남 화원에서, 1981년 5월 31일 무등산 증심사에서 '녹음산사' 라는 주제로 개최하였고, 1982년 7월 23일 진도 운림산방에서, 1984년 10월 24일 김두원 신경외과 별장에서 전국시조시인들을 초청해 세미나(김종, 전원범, 이준구의 논문발표, 사회 경철)를 가졌는데, 이 행사를 통해 광주전남의 시조 현장을 전국에 최초로 알리게 되었다. 1986년 4월 6일 목포 유달산에서, 1986년 7월20일 진도 울돌목에서, 1987년 2월 15일 남도예술회관 별실에서 청소년 시조 강좌, 1987년 8월 2일 광산 비아에서, 1989년 오재열 선친의 정자인 운계정에서, 1990년 5월 27일 송지 용진호의 서재 탐방과 땅끝, 그리고 보길도 부용동에서, 1992년 담양 독수정에서, 1993년 4월 25일 영암 월남 야영장에서, 1997년 5월 26일 담양 소쇄원에서, 2000년 5월 11일 나주 공산의 이남수 시인의 정자인 춘성정에서, 2001년 5월 13일 압록 섬진강변에서, 2001년 7월 15일 이인우 시인의 담양 설원농장에서 시조창작 및 세미나를 갖는 등 시조에 대한 폭을 넓히고 창작 의욕을 고취시키기 위한 노력을 해 왔다. 이외에도 시조백일장, 시조시화전, 시조낭송대회 등 다양한 행사를 가졌다.

주요 활동 회원을 가나다 순으로 소개하면 강진형, 강대규(진도), 경철, 김계룡, 김병효(장성), 김산중, 김승규(전북), 김옥중, 김옥동(경기), 김종, 김철학, 노창수, 박노경, 박재곤(진도), 박태일, 박형철, 석가정(진도), 양인용(담양), 염광옥, 오기일, 오재열, 용진호(해남), 류중영, 이남수, 이문규, 이병휘, 이인우, 이전안, 이준구, 이해완, 임권신(서울), 전원범, 전태봉, 정소파, 정춘자(장성), 채홍련(순천), 최상환, 최점순 등 약 40여 명이다.

2010년 이후 호남시조문학회는 동인지 《시조문예》를 발간, 2023년 현재 53호를 내었다.

1981년 9월 광주에서 순수 동인지로 《동시조문학》이 무크지 형식으로 발간되었다. 여기에 이태극, 김어수, 정소파, 전원범, 천병태, 유승식, 문무학, 허일, 소재순, 김옥중, 염광옥, 박석순 등이 참여했다. 그 지령이 제12집이 지속될 때까지 전국의 시인들의 발표무대가 되었다. 그 이듬해 '한국동시조문학회'로 개명했으며, 박석순이 사재를 털어 발행했다.

  1984년 3월에 목포에서 '새솔문학회'가 결성되고 동인지 《새솔문학》 제4집까지 발간했다. 이 동인회에서 〈새솔문학회보〉를 제20호까지 내는 등 활동을 줄기차게 이어갔다. 이의 동인으로는 구정신, 여동구, 유명, 이희란, 박녹담, 용진호, 이준섭, 신진식, 조주성, 박용일, 문혜관, 김종환, 고규성 등이고 주로 박녹담이 주간을 맡았다. 이들은 문학풍토의 균형있는 발전을, 그리고 향토문학이 뿌리를 깊이 내리는 데 노력할 것을 역설했다.

  1975년 11월 9일 광주권의 고등학생 시조짓기 모임에서 '전남학생시조협회'를 결성했다. 이는 시조 창작을 목적으로 결성된 전국 최초의 고등학교 문학 동아리였다. 1976년 4월 5일 동화사 지址에서 처음 자체 백일장을 개최하였다. '토풍'이라 함은 주대周代 각국의 국풍國風에 소급되고 국시, 풍요, 민풍, 풍화의 개념과 이어지는 말[2]이다. 여기에 토착적·토속적 발견을 상징한 명칭으로 '토풍시'라 했다. 이 취지로 1976년 5월 15일 총 39명이 참여한 《토풍시土風詩》 동인지를 창간했다. 이 모임을 지도해온 정소파, 송선영, 배봉수가 창간호에 각각 「서」를 썼다. 이 동인지 필진으로 광주의 중진 시조시인들과 송선영의 지도로, 김종섭, 이재창, 박정호, 박현덕 등을 비롯하여 여러 학생이 참여했다. 《토풍시》는 제2집을 《무등문학》으로 개제했다가 제3집부터 제6집까지 다시 《토풍시》로 환원했다. 이후는 오랜 동안 침묵하다 최근 2023년 4월 그 동인들이 재결성하여 당시 지도교사인 송선영 시인을 모시고 동인지 『다시, 화양연화』를 펴내고 출판기념회를 가진 바 있다. 이 책은 「토풍시 47년 만의 약속-전남학생시조협회 사화집」이란 부제를 붙였다.

  이 47년 만에 낸 『다시, 화양연화』 사화집에 수록한 윤희상의 시 「전남

---

2) 임선묵, 『시조동안지의 양상』, 단국대학교출판부, 1979. 118~119쪽.

학생시조협회」는 당시를 회상하여 쓴 작품인데, "무등산 아래 그곳, /시인 송선영 선생님과/소년, 소녀들이 칠판 앞에 둘러앉아/시를 얘기하고, 시를 썼다.//어떤 날은 버스를 타고/풍경 속으로 소풍을 다녔다//늘 내 안에 있는 내 학교였다//내 시 학교였다//사십 년이 더 되었다//지금도 불현듯 나를 불러세우는 그곳이/나를 만들었다."[3]라고 썼다.

1986년 1월 새싹시조문학회가 결성되어 〈새싹시조회보〉를 제13호까지, 동인지 《새싹시조》를 제2집까지 발간했다. 이 모임을 주도한 사람은 경철이었으며 광주권 동인으로서는 김수정, 김희숙, 박석순, 박재곤, 박정님, 염광옥, 이남수, 이정숙, 오기일 등이었다.

1992년 1월 25일 광주를 중심으로 '오은시조문학회五隱時調文學會'가 창립되었고 그 동인은 허일, 김두원, 경철, 전원범, 김종 등이었다. 공보처 등록(바 1623호)을 필하고 발행인 김두원, 주간 경철, 편집위원 전원범, 김종의 편집진으로 계간 시조전문지인 《겨레시조》를 창간하고 제8집까지 발간했다. 여기 배출된 광주권 신인은 시조부문에 김진택, 이해완, 임용운, 최상환, 김미경, 경희준 등, 평론부문에 염창권 등이다.

우리 지역의 대표 문학지 격 《문학춘추》는 박형철 발행인, 전원범 주간으로 출발하면서 시조 부문의 신인상에 양길섭, 설상환, 박재곤, 경희준 등이 등단 활동했다.

1970년대 중반부터 한국문인협회 전남지부와 그 안에 시조분과위원회가 조직·운영되었다. 전남문인협회에서는 광주와 통합되기 전부터 연간집이 1986년 제14집이 나올 때까지 시조분과를 운영한바, 이에 참여한 시인은 경철, 김옥중, 김종, 박노경, 박녹담, 석가정, 송선영, 신희창, 여동구, 용진호, 오재동, 오재열, 이재창, 이준구, 이한성, 장재철, 정덕채, 정소파, 최일환 등 19명이었다.

1987년 광주시가 직할시로 승격되어 전남문인협회에서 분리되어 광주

---

3) '토풍시' 사화집 편집부, 『다시, 화양연화 '토풍시' 47년 만의 약속-전남학생시조협회 사화집』, 이미지북, 2023. 85쪽.

직할시문인협회가 결성되어 《광주문학》 창간호가 나오고, 목포를 중심으로 한 전남문인협회는 《전남문학》을 재창간했다. 전남문인협회로부터 분리된 광주문인협회 시조분과에 참여한 시조시인은 경철, 김두원, 김진택, 노창수, 박노경, 박태일, 석가정, 송선영, 여동구, 염광옥, 오재열, 용진호, 이정롱, 이준구, 이한성, 이해완, 전태봉, 정덕채, 정병표, 정소파, 차의섭 등 21명이고 이후 입회한 박석순, 경희준 등이 함께 활동했다.[4]

　1984년 봄 이지엽(당시 광주여대 교수)은 우리 지역의 젊은 시인들을 모아 '우리 시를 사랑하는 모임'(우사모)을 결성하고 소식지인 《돋을볕》을 간행했다. 여기에 필진으로는 송선영, 김제현, 윤금초, 오재열, 노창수, 오종문, 윤삼현, 정혜정, 최양숙, 이해완, 임성규, 김강호, 송광룡, 송필란, 장수현, 박성애, 서연정, 선안영 등이 작품으로 참여했고, 시조 창작이론에는 이지엽, 고전문학 이론에는 최한선 등이 활동했다.

　이 시기에 창간한 《열린시조》는 우리 지역에 발간한 전국 단위의 시조 전문지로 그 기획과 편집을 전향적, 미래지향적으로 선보이며 중앙시조단으로부터 큰 주목을 받았다. 그 예로 1997년 봄호부터 2000년 겨울호까지 현대시조의 올바른 위상을 정립하려는 목적의 기획 특집 「60~90년대 시인들」을 4년 연재로 다루었다. 특히 여기에 발표된 작품과 작품론은 석사학위, 시조논총 등 많은 논문의 참고문헌과 각주로 자주 인용되었다. 이 기획이 가지는 큰 의미는 〈우리시대 현대시조 100인선〉 작업으로 이어져 단행본으로 묶을 것임을 발표했다. 더 나아가 획기적인 사실은 '열린시조 홈페이지' 운영을 통하여 '작가원고', '시인이 쓴 편지', '문단소식', '삼행시', '우리시 현상공모', '창작교실' 등 온라인을 통해 운영한 일로 시대를 앞서간 행보였다. 다가올 전자소통시대를 맞는 시조창작 및 지도체재를 열어간 사례로 시조계에 충격을 주었다. '열린시조 신인상'은 제10회를 시행했고 담양군의 지원을 받아 '담양시조문학축제' 등을 개최

---

4) 경철, 「광주의 시조 연원과 맥락」, 광주문인협회 편, 『광주문학사』, 한림, 1994. 83~88쪽 참조.

해 전국적인 주목을 받기도 했다. 이에 참여한 사람은 문경규(담양군수), 김제현(한국시조시학회 회장·경기대 교수), 최한선(담양대학 교수), 이지엽(광주여대 교수) 등을 비롯해 당시 작품 낭송 시인으로 송선영, 김제현, 윤금초, 오재열, 노창수, 오종문, 윤삼현, 정혜정, 최양숙, 이해완, 임성규, 김강호, 송광용, 송필란, 장수현, 선안영, 박성애 등과 열린시조 편집 운영자들이 행사에 함께했다.[5]

□ 1920년대

■ **조운(曺雲, 1900~?)**은 본명이 조주현曺柱鉉으로 영광군 영광읍 도동리 136번지에서 태어나 1919년 3·1만세운동에 참여하는 등 항일 민족정신이 뚜렷한[6] 시인이었다. 1917년 전남 목포상업전수학교(지금의 목포상업고등학교)를 졸업하고 영광농업보습학교(지금의 영광중학교)에서 농업과 교사로 사회계몽운동을 함께 가르치고 실천했다. 그는 22세 때 다시 귀향하여 사립 중등과정인 영광학원 국어교사로 부임한 후 향토 문예지 《自由藝苑》을 발간했다. 이 문예지는 지방문예운동 선구자격인 잡지였는 바, 주 2회 교사나 학생 그리고 일반인에 이르기까지 문학에 관심 있는 사람이라면 누구나 의무적으로 작품을 내게 하고 이를 지도했다. 작품을 심사해 장원한 작품은 '개벽사'에서 발행하는 자매지《婦人》이란 월간지에 발표하는 특전을 주었다. 이 학교 교사로 온 박화성朴花城. 1903~1988도 세 번 장원하여 이 잡지에 실렸다고 술회한 바 있다. 10월에는 시조 동호회〈추인회秋靭會〉를 창립했고, 회원 30여 명이 월 1회 창작 시조를 발표하고 이를 모아 등사판 시조집을 간행했다. '추인회'는 시조 활동 이외에도 전국적으로 확산되는 문맹퇴치, 물산장려, 왜화배척倭貨

---

5) 우리시 편,《돌을별》제7호, 우사모·이지엽 발행인, 2000. 10. 21(금) 가을호 참고.
6) 이동순 엮음,『조운 문학전집』, 소명출판, 2018. 3쪽 참조.

排斥의 계몽 등의 강연회를 주최했다. 신재효申在孝, 1812~1884의 판소리 여섯마당의 발굴복원, 소인극회 활동에 앞장 서기도 했다. 그는 1924년 《조선문단》에 시조 「초승달이 재 넘을 때」를 발표하면서 본격적인 활동을 시작했다. 1926년 최남선·이병기와 함께 '국민문학운동'에 참여해 '시조부흥론'을 주창했다. 광복 후 조선문학가 동맹에 가입하면서 1947년 2월부터 같은 해 8월까지 동국대학교 국어국문학과 교수를 지냈다. 월북 후, 그 이름이 잊혀졌으나 1988년 해금조치가 발표되면서 1989년부터 알려져 재평가를 받게 되었다. 이후 그는 현대시조 초창기의 대표 시인으로 꼽히고 있다. 조운은 1947년 『조운 시조집』을 발간했으며, 1954년 『조선 구전민요집』, 1955년 『조선 창극집』, 평론집 1927년 『병인년과 시조』, 『근대 가요 '대방가' 신오위장』 등을 펴냈다. 알려진 시조 작품으로는 「법성포 십이경」, 「석류」, 「비 맞고 찾아온 벗에게」, 「어느 밤」, 사설시조 「九龍瀑布」 등이 있다. 당시 그의 작풍이 돋보이는 점은, 감성적인 자아를 현실감 있게 표상화한 점, 나아가 시조 정형의 음률을 자유롭게 구사하며 시각적 시형을 추구하였다는[7] 점이었다. 2000년 그의 탄신 100주년을 기념하여 『조운 시조집』이 복간되고, 영광교육청 부지에 그의 시비 건립을 논의했으나 여부를 놓고 진영논리로 첨예하게 대립했다. 우여곡절 끝에 결국 2000년 9월에 제막식을 한바 있다. 참고로 그에게는 1년 연하의 이복 자형姊兄인 소설가 최서해崔曙海, 본명 崔鶴松, 1901~1932가 있었다.

「법성포 십이경法聖浦 十二景」

〈선진귀범仙津歸帆〉
山으로 오르는돛 山에서 나리는돛
오는돛이 가는돛가 가는돛이 오는돛가
沙工아 山影이 잠겼느냐 桃花떳나 보아라.

---

7) 고경식·김제현, 『시조·가사론』, 예전사, 1988. 247쪽 참조.

〈옥녀조운玉女朝雲〉
하늘은 물빛이요 물빛은 하늘인데
玉女峰 어젯밤은 어느神仙 쉬여갔나
허리에 아침구름만 붉그레히 웃더라.

〈서산낙조西山落照〉
海光이 늘실늘실 하늘에 닿았는데
먼 곳은 金빛이요 가까운 곳 桃花로다
落霞에 갈매기 펄펄 어갸뒤야…….

〈구수청람九岫靑嵐〉
暎湖亭 간밤비는 봄을 얼마나 늦혔으며
九岫에 갠 안개는 몇 번이나 푸르렀나
길손이 술잔을 들고 옛일 그려…….

〈선암모종仙庵暮鍾〉
山은 漸漸 멀어가고 바다는 높아진다
낚시걷어 돌아오니 鍾소리 어느절고
紫雲이 잦아졌으니 仙庵인가 하노라.

〈응암어적鷹岩漁笛〉
매바위 絶壁아래 고기잡이 젓대소리
한소리 또한소리에 山峽이 깊고깊다
물새는 나래를 치며 배ㅅ전에와 노더라.

〈동령추월東嶺秋月〉
霽月亭 맑은물에 笙歌를 아뢰올 제
東嶺에 달이솟아 고기가 뛰노매라.
沙工도 사양마러라 밤새도록 마시자.

〈후산단풍後山丹楓〉
봄에는 軟綠香氣 여름엔 草綠그늘
단서리 하로밤에 물밑까지 붉었어라
西風에 배부른 白帆도 醉한 듯 가더라.

〈정도낙안鼎島落雁〉
기나긴 서리밤을 울어새운 저 기러기
鼎島의 여인같이 그다지 그립던가
西湖의 지새는 빛을 내못잊어 하노라.

〈시랑모연侍郎暮烟〉
山밑인가 물밑인가 白鷗난다 아득한 곳
漁村 두세집에 草綠에 잠겼는데
淸烟이 斜陽을 띄고 길게길게 흐르더라.

〈마촌초가馬村樵歌〉
잔물에 沙工아희 半空에 종지리새
개건너 山비탈에 樵童의 노래소리
굴까는 큰아기들도 홍글홍글 하더라.

〈칠산어화七山漁火〉
별들이 귀양왔나 봄따라 나려왔나
고기불 一千里가 바다밖에 떠있는데
어갸차 노젓는 소리 밤빛푸려 지더라.
(1925년《조선문단》5월호. 현대시조100인선,『구룡폭포』태학사, 2000.)

조운은 1921년 동아일보에 시, 1924년《조선문단》에 시조「초승달이 재 넘을 때」와 1925년 같은 잡지에 시조「법성포 12경」등을 발표하면서 시조 창작에 더욱 매진했다. 그는 고어투를 벗어난 일상어로 구체적 소재를 담아내어 이병기 시인이 강조한 이른바 '실감실정'을 실천했다. 일제 강점기의 식민지적 사고에서 벗어나 전통적 운율, 특히 남도의 풍미와 서정이 배어있는 시조율을 창작했다.

특히 그는 영광의 풍광을 담은 「法聖浦 十二景」, 「海佛菴 落照」, 「佛甲寺 一光堂」 등을 남김으로써 시인으로서의 향토애를 실천했다. 이런 시조와 문학운동으로 미루어 그가 얼마나 향토 영광을 아끼고 사랑했는지를 엿볼 수 있다.[8] 「法聖浦 十二景」은 12수의 연시조로 빼어난 법성포 경관을 두루 형상화했다. 대체로 가경佳景 중 8경, 10경은 많으나 12경까지 소개한 지역은 법성포뿐이다. 이는 마치 실경을 보듯한 효과를 줌은 물론, 주민 생활상까지도 알게 해 준다. 각 수마다 경륜의 제목을 붙여 승경勝景을 체계화한 점도 법성포에 대한 애향심에서 우러나온 심성의 소이이다. 「佛甲寺 一光堂」은 불갑사의 봄을 시청각적으로 묘사하여 독자가 바로 앞에서 녹음을 보거나 새소리를 듣는 듯 표현한다. "窓을 열뜨리니 와락 달려들 듯이 萬丈 草綠이 뭉게뭉게 피어나고"에서처럼, 조운이 아니고선 이런 감각을 부릴 만한 시인은 없을 것이다. 조운의 시조 중에서 뛰어난 작품성을 보이는 것들로는 「석류」, 「채송화」, 「선죽교」, 「구룡폭포」, 「수영 울돌목」 등이다.

□ 1930~1940년대

1930년대는 조남령과 박용철, 고정흠이 활동했다. 이들 작품에 대한 상호 관련성은 적으나 우리 지역의 시조단에 큰 족적을 남겼다는 점에서 기억해야 할 대목이다. 특히 조남령은 영광 출신인 조운과 함께 시조를 개척했고, 시문학과 박용철은 우리 지역에서 시조를 쓴 유일한 시인이며, 고정

---

8) 이태범, 「조운 시(시조)의 로컬리티 연구」, 2017 블로그 〈청개구리시험지〉

흠과 조종현은 시조의 한 시기에 획을 그을 만큼 걸출한 작품을 남겼다.

■ **조종현**(趙宗鉉, 1906~1989)은 고흥 출생으로 일명 조정현趙定鉉, 본명 조용제趙龍濟이고, 종현은 법명이다. 호는 철운鐵雲, 벽로碧路, 예암산인猊巖山人으로 16세 때 불문에 귀의했다. 일본으로 건너가 '주오불전대교과' 및 '주오불교연구원'을 졸업했고, 1932년 중앙불교연구원 유식과唯識科를 졸업, 동화사, 선암사, 마곡사의 불전강주佛典講主로 있었다. 이후 교직에 근무했는데 벌교상고, 광주서중, 보성고 근무를 거쳐 우석중학교 교장으로 정년퇴임을 했다. 그 후 한국불교조계종 고시위원, 대한불교불입종大韓佛敎拂入宗 교정원장 등 여러 불교 요직을 거쳤다. 그는 1927년 조선일보에 동요 「엄마 가락지」, 「숨바꼭질」을, 1927년 《신생》에 「생사현공生死顯空」 등을 발표하면서 작품활동을 시작했다. 1930년 동아일보에 시조 「그리운 정」을 발표하며 불교적 사상에 기반을 둔 구도자적 자세를 노래했다. 주요 작품으로 「천애의 고아」, 「파고다의 열원」, 「어머니 무덤가」, 「가을 비 가을 바람」 등이 있으며, 해방 이후 『자정의 지구』, 『의상대 해돋이』, 『나그네 길』 등의 시조집을 냈다. 역서로 『관음경』, 『아미타경』 등이 있다. 신석정은 그의 시조집 『자정의 지구』의 발문에서 '그의 시에는 항상 나라의 안위를 걱정하는 민족적 비분강개가 저류하고 있으나 섣불리 영탄하는 속운俗韻의 잠입을 불허하였'음을 밝히고 있다. 그는 1930년대 이후의 시조 발전에 기여했는바, 이태극과 함께 《시조문학》을 발간한 게 그것이다. 이후 《시조문학》이 광주전남지역의 시조단을 재편하는 등 막대한 영향을 끼치게 된다.

「어머니 무덤가에」

어머니! 오늘도 쑥은 새파랗게 자랐습니다
해마다 봄철이면 쑥버무리로 살아오던 울어머니!

오늘도 쑥은 파릇파릇 어머니 무덤가에 자라납니다

「구름」

머루 다래휘너울어진 팔구월이 좋다해도
춘삼월 귀촉도 우는 밤이 하그리워
애달픈 심정을 안고 귀 기울여 뗬노라네.

모든 것 물과 같이 흘러간다 하지마는
청산아 너는 아랴 떠도는 내 그림자
이 세상 저 세상 소리 듣고 싶어 굽어 본다.

시러부 아들놈들은 구름같다 하더라마는
가슴 한 번 뭉클하면 천만리도 오락가락
그립다 대지가 그리워 안아 보고 싶구나.

■ **박용철**(朴龍徹, 1904~1938)은 송정 광산 출생으로 《시문학》을 창간했고 여기에 시와 함께 시조를 발표했다. 그는 계급문학의 이데올로기와 모더니즘의 경박한 기교에 반발하며 문학의 순수성을 표방했다. 이런 관점에서 그의 시조는 다음과 같이 분류해 볼 수 있다.

① 시조 형식을 빌린 시 「비 나리는 날」(1930년 《시문학》 제1호)

「비 나리는 날」

세염도 업시 왼 하로 나리는 비에
내 맘이 고만 여위여 가나니
앗가운 갈매기들은 다 저저 죽엇겟다

② 시조 형식을 갖춘 시조 「우리의 젖어머니(소년의 말)」(1930년 《시문학》 제2호)

「우리의 젖어머니 (소년의 말)」

자유의 푸른 하날은 우리의 젖어머니
우리는 어둔속에 엄마를 차저우니
아즉도 젖먹고십은 어린영웅 들이다

자유의 푸른 하날은 우리의 젖어머니
우리는 시퍼런칼 피를보는 싸홈에서
얼골에 칼흔적잇는 사나히가 되련다

자유의 푸른 하날은 우리의 젖어머니
가벼운 솜자리를 어느결에 거미차고
우리는 찬돌우에서 어린꿈을 맺는다 (1929.12. 지음)

시조의 형식을 맞추기 위해 음절 단위로 쓴 작법이 분명히 드러나는 작품이다. 연시조 형태로 쓴 박용철의 시조에서, 그가 추구한 순수성이 대표적으로 현시됨을 볼 수 있다. 각 수의 초장에 "자유의 푸른 하늘은 우리의 젖어머니"임을 반복한다. 푸른 하늘을 바라보며 어둠 속에서 엄마를 찾아 우는, 그래, 젖을 먹고 싶은 영웅들, 그러나 화자는 아직 어린 소년임을 강조한다. 결국 찬 돌 위에서 꿈을 약속하듯 맺으며 소년의 편안한 자리를 걷어차고 고난의 찬 돌 위의 꿈을 실행하며 끝을 맺는데, 그 결의를 지니고 마음을 다지고 있다. 아직은 엄마 젖을 먹는 어린 소년이지만, 꿈을 실현하는 멋진 사나이로써 시퍼런 칼의 피를 보려는 데서, 앞으로 어떤 압제나 장애물에 대해서도 맞서 싸우겠다는 결의를 다짐한다. 그게 따뜻하고 가벼운 솜자리를 걷어차고 차가운 돌 위에서도 잠을 자야 할 고난도 마다하지 않겠다고 말한 데서 드러난다. 소년들에게 어머니의 따스한 품에서 벗어난 멋진 사나이가 되기 위하여 총칼부림 싸움터의 고행을 마다하지 않아야 하며, 이 현실을 뚫고 가야할 자신을 소년의 행보에 비유하여 표현하고 있다.

③ 시조 형식을 완전히 갖춘 시조「哀詞中에서」(1931년 10월《시문학》제3호)[9]

「哀詞中에서」

여위고 시것다만 다름업는 그대심을
눈가머 숨거드니 주검이라 부른다냐
이가치 갓가운길이언 돌처다시 못오느냐 (그대의도라가신날)

서럽다 말을하랴 돌처생각 우스워라
어젠듯 만지든손 사운재가 되단말까
이헛됨 아노라건만 서럼또한 어찌하리 (그대를불에사루다)

두틈한 입술가에 우슴늘 떠돌것만
구슬인듯 틔인맘에 눈물아롱 안가십데

---

[9]《시문학》창간호는 1930년 3월 5일에 나왔고, 제2호는 1930년 5월 20일에 나왔다. 제2호의 간행이 약속보다 늦게 발간되게 되어 '편집후기'를 빌어 독자에게 이를 사과하고 있다. 원래 월간을 목표로 했지만 제3호는 제2호로부터 1년 5개월이 지난 후에 나오게 되었다. 역사적으로 이《시문학》이란 제호는 우리의 시문학사에서 네 번이나 된다. 첫 번째는 1930년의 박용철, 김영랑 중심, 두 번째는 1951년의 박목월, 박두진, 조지훈 등 청록파 중심, 세 번째는 1961년 유치환 주간으로 창간, 네 번째는 1971년 조연현 주간의 창간으로 원래《현대문학》의 자매지로 시작했으나 그 실질적 산파는 문덕수 주간이었다. 2021년 문덕수가 작고하고 이어 가족인 김규화가 2023년 작고하자 가족의 논의 끝에 최종 종간을 결정한 바 있다.

한아츰 이슬이런가 이내자최 일허라 (티한졈업는그대시드니)

벗이라 사랑하고 언니가치 두남할제
철업슨 아기드니 저바림만 맛핫서라
뉘우침 새로움거늘 어데가 퍼보리오 (전에지나든일을생각고)

만나면 낫빛살펴 불고여윔 그넘하고
행여 때아닌때 꺽길세라 애끼더니
네몬저 버리단말까 꿈인듯만 시퍼라 (내몸의약함을몹시걱정하드니)

앞서와 살펴보고 얌전한집 추어주련
새집드러 설레는밤 가치안저 우서주련
첫손님 안보이신다 깃불 것도 업서라 (새집에드니문득더그리워진다)

이 시조는 6수로 된 애사 모음이다. 사례별 에피소드를 속량束量하듯 묶어낸 것이다. "그대는 전과 다름없는" 모습이지만 "숨을 거두게 되니 죽음이라"하게 되고, 따라서 "이승으로는 못 오는 현실을 안타깝게 지적" 한다. 죽음에 대한 애사는 주로 ㉠다시 못 올 수밖에 없는 사연, ㉡설움 또한 어쩌지 못하는 일, ㉢아침 이슬처럼 이내 저버린 존재의 한 자취라는 점, ㉣뉘우침과 새로움을 펼 곳이 없어진다는 점, ㉤그대가 먼저 날 버리고 가는 안타깝기만 한 일, ㉥첫 손님이 안 보이시기에 기쁠 것 없는 일 등 열거식으로 표현된다.

이처럼 박용철의 시조를 압축해 보면, 남도적 정한으로써 이별의 감정과 화자간 교호성에 비중을 둔 작품이 많다.[10]

---

10) 졸고, 「시문학파 시의 남도적 정한과 언어 그 의미적 교호성 김영랑·박용철·김현구 시를 중심으로-」, 『제20회 영랑 문학제 학술 심포지엄』, 2023. 4. 14. 시문학파기념관, 16~17쪽.

■ 조남령(曺南嶺, 1918~?)은 전남 영광 출신, 본명이 조영은曺泳恩으로 영광군 영광면 도동리 281번지에서 아버지 조융현曺隆鉉의 4남 2녀 중 셋째로 태어났다. 영광보통학교와 목포상업학교를 졸업한 후 1년간 김제 전매서에 근무를 하다 1939년 도일渡日하여 고학을 하였다. 일본 법정대학 영문학과를 졸업하고 다시 동대학 일문학과를 이수하고 귀국하여 영광민립중학교 교사로 근무하다 학도병에 징집된다. 그해 일본으로 끌려갔다가 일제가 패망한 후에 귀국했다. 평소 존경해 오던 조운과 더불어 문학가동맹에서 활동했다. 1948년 좌익사상에 관련되어 체포·구금된 바 있고 6·25 때 그 생사가 알 수 없게 되었다.[11] 그는 1939년《문장》을 통해 등단했으며, 조운과 이병기의 극찬을 받으며 시조시인으로 성장했다. 시조의 시형의 연구로도 현대시조의 발전에 중요한 역할을 했다. 일제 말기 학병으로 징집되어 전쟁에 동원되었고, 해방과 함께 귀국하여 학병의 동맹에 참여했다. 그는 정치성과 사상성을 드러낸 자유시로 시대에 대응했으나 전쟁 중에 행방을 알 수 없게 되었다. 그가 남긴 작품은 전집 형태로 시조 9편, 소설 1편, 평론 1편을 묶은『바람처럼』(태학사, 2006)이 발간되었다. 그 동안 많은 작품이 누락되어 조남령의 문학세계 전반으로 조명하기에는 한계가 있었으나, 2018년 1월 조선대 이동순 교수에 의해『조남령 문학전집』이 편찬되어 나오면서 그의 작품의 전모가 알려지게 되었다.[12]

「鄕愁」

저거 이름 모를 새 한 마리 울고 가야
바다 건너 불어오는 비 품은 마파람에

---

11) 한춘섭,「남명 조영은의 시조시 진단」《시조생활》제3호, 55~58쪽 참조.
12) 이동순 엮음,『조남령 문학전집』소명출판, 2018. 이 자료집에는 조남령 시인의 생애 및 작품 계보, 그리고 관련 사진과 작품이 발표된 지면 사진 원고 등이 수록되어 있다.

나뭇잎 소곤거리는 異域- 하루 밤이다.

울타리 쑥나무에 청개고리 비 부를젠
새터 열마지기 하늘 먼저 살피시든
아버지 이 여름 들어 소식 잠잠하시네.

방학 때 집에 들면 옥수수대 매두마다
어머님 아낀 사랑 쪼록쪼록 굵더니
올에는 한몫이 줄어 작히 섭섭하시리.

올봄 영청에는 어떤 집 지었느냐?
앞마당 빨랫줄에 동생 옷들 걸렸드냐?
제비면 내골서 온양 거지없이 묻습네.

매미 우는 소리 어린 시절 눈에 어려,
낮으막 키 줄이고 나뭇가지 쳐다보니
뒤꼭지 저편 숲에서 꾀꼬리도 우더라.

(1939년 12월 《문장》 1권 11호)

조남령이 쓴 이 시조는 대체로 19세 때이다. 조운의 제자인 그는 1933년 영광보통학교, 1938년 목포상업학교를 거쳐 1939년 일본으로 갔다. 해방을 맞자 곧 귀국, 영광민립중학교 교원으로 근무하면서 조운에게 시조를 사사師事 받았다. 그는 1939년 《文章》에 시조 「窓」, 「金山寺」로 이병기의 추천을 받았으며, 이듬 해인 1940년에 조선일보 신춘문예 시조 「봄」이 1등 당선했다. 영광 소재 작품으로 「鄕愁」(《문장》 1939.12.), 「봄」(《문장》 1940.5.), 「바람처럼」(《춘추》 1941.11.) 등이 있다. 1947년 서울 동성중학교 교사로 근무하면서 한글학자 이극로의 초청으로 재차 월북하려다 체포되고 한국전쟁이 발발하자 출감된다.[13] 그는 이후 『조남령시조집曺南

---

13) 이동순, 「조남령 시의 역사적 대응 양상 연구」, 이동순 엮음 『조남령문학전집』,

嶺時調集』을 펴내었고, 향토적 서정으로 일관된 시조를 추구했지만, 태도는 그것과 동떨어져 급전향을 했다. 그는 작품에 곤궁한 시대를 살아가는 영광 서민들의 애환을 시조 형식에 담아냈다. 향토의 풍경에 애정을 담은 서정 시조로 위에 든 「향수鄕愁」[14]가 있다. 시인이 영광읍 도동리에서 살 때의 그곳의 풍광과 정서를 담은 시조다. 그는 영광에 대해 "바다 건너 불어오는 비 품은 마파람"과 "울타리 쪽나무에 청개고리 비 부를젠"과 같이 비를 부르는 바닷바람을 떠올린다. 이어 "새터 열 마지기" 천수답 농사를 지으며 "하늘 먼저 살피시든 아버지"의 가족 안부를 떠올리고, "옥수숫대 매두마다 어머님"이 아껴 두었다가 주던 모정을 회상한다. 이렇듯 그가 회상하고 기억하는 풍광인 영광의 모습을 짙게 드러낸다. 특히 객지에서 집의 안부를 묻는, "올 봄 영청에는 어떤 집"을 "지었더냐?"라든가 "앞마당 빨랫줄에"는 여전히 "동생 옷들 걸렸드냐?"와 같이 식구들에 대해 궁금해 함은 관념이 아니라 실질을 추구하는 시조이다. 마을 풍광에 대해 "매미 우는 소리"가 "어린 시절 눈에 어려" 왔던 기억, 그리고 집 뒤의 "숲에서 꾀꼬리도 우더라"는, 그렇게 '우더냐'란 안부의 물음으로 바꾸는 등 여실한 고향 풍경을 전한다.

그는 1940년대 전남 시조단에 새로운 활기를 넣어주던 패기있는 젊은 시인이었다. 시조의 짜임에도 마음껏 자유를 추구하는 시상을 전개하였다. 특히 돋보이는 종결형의 처리, 전환하는 이미지의 절묘성, 풍경을 일으켜 내는 기술[15] 등이 돋보이는 작품을 썼다.

■ **고정흠**(高廷欽, 1903~1986)은 전남 구례 출생으로 호가 한골이다.

소명출판, 2018. 198쪽 참조.
14) 「향수」는 5수의 연시조이나 1수를 「一夜」로, 2수는 「가믈」로, 4수는 「제비」로 개작했는데, 이는 사상이나 이념과는 별개로 시조형식에 대한 새로운 실험에서였을 가능성도 있다. (이동순, 위의 책, 198쪽)
15) 김주석, 「조남령 시조론」, 《대학시조》 제2호, 단기 4324(1991), 3. 31. 1~4면 참조.

그는 서울 중동고를 졸업하고 전남교원양성소를 수료한 이후 초등학교에서 30년간 봉직했고, 전국 서예전에 특상을 받으며 광주 · 부산 등지에서 서예전을 개최했으며, 말년에 삼락서예원장을 지냈다. 1930년 동아일보 신춘문예에 시조 「기원祈願」이 당선 등단했으며, 그 이전부터 〈영산강문학동인회〉와 〈녹명 시조문예〉, 〈민족시연구회〉 회원으로 활동했다. 그는 주로 불교의 선적 세계禪의 世界를 모색하며 생의 안심입명安心立命을 도모하는 심성을 독특한 시조로 노래했다. 1980년 시조집 『일곡시조선逸谷時調選』을 간행했다.

「기원」

삼각산/제일봉에/검은 구름 뭉그리네
저 구름/비가 되어/이 강산에 뿌려지다
꽃진 지/오랜 등걸에 새 움 돋게 하소서

「늙은이 푸념·1」

갈수록 나인 늘고 잔병만 몸에 처저
등 굽고 숨도 가빠 힘마저 빠졌는데
어이해 이 마음만은 달라질 줄 모르는가

(1978년 사화집 《민족시》 제2호, 민족시연구회)

□ 해방 이후와 1950~1960년대

다른 문학과 마찬가지로 시조문학도 일제 강점기와 해방 시기의 동안은 수난기였다. 비록 8.15 광복은 되었으나, 사실 해방 후부터 6·25까지는 혼란기를 겪어야만 하는 절름발이식 문학이었다. 이 무렵 전남의 시조문학 활동은 지역에 거점을 두고 이루어지기보다는 중앙 문단을 통해 망상형網狀型으로 전개되었다고 볼 수 있다. 하지만 8·15 이후에는 지역의 언론매체를 통한 작품활동이 보다 활발해졌는데, 그 첫 모임이 노산 이은상에 의해 주도된 '단가회短歌會'였다. 1920년대부터 시조부흥운동에 참여했던 이은상은 8.15 직후 광주에서〈호남신문〉을 매개로 한 '단가회'를 조직하고 신인 추천제를 도입하여 시조시인을 발굴 육성하고자 노력했다. 이 '단가회'의 활동은 그 성과보다는 지역단위 시조 운동의 시초라는 점에서 더 의의가 있다고 볼 수 있다.

해방 이후 1950년대까지 각종 매체를 통해 등단하여 활동한 시인으로는 정소파, 허연, 김해성, 송선영 등이 있다. 1960년대는 그 벽두에 시조 전문지가 등장한 점에서 시조문학사상 각별한 의미가 있다. 1960년 6월에 창간한《시조문학》은 가장 오랜 시조 전문 문예지로 현재에 이르고 있다. 창간 당시 편집과 발행을 맡은 이는 조종현과 이태극이었고, 주로 시조 이론과 신작 발표의 장으로 그 기능을 담당했다. 또한 이곳을 통하여 시조단에 등단한 광주전남의 시조작가들이 현재 50여 명에 이르고 있다.

1960년대에 등단하여 활동한 광주전남의 시조시인들은, 1955년에 허연, 김해성, 1961년 전규태, 1962년 최동일, 1967년 윤금초, 강인한, 1968년 김만옥, 최덕원, 1969년 정덕채, 이준구, 이시영, 문도채 등이다.

■ **정소파(鄭韶坡, 1912~2013)**는 본명이 현민顯珉, 호는 설월당雪月堂이며 광주군 광주면 교사리(지금의 광주 남구 사동)에서 태어났다. 광주공립보통학교(지금의 광주서석초등학교와 송정공업학교(지금의 광주일고)를 나와 일본 와세다대학 문학과를 졸업하고 귀국 후 16년간 행정공무원을 지내다 주로 교육계에서 학생을 가르쳤다. 여수중, 여수상고, 전남여중고, 전남상고, 광주남중, 북성중 등에서 교직생활을 했고, 퇴직 후에도 수피아여고, 경신여고 등에서 강사로 근무했다. 그는 1930년 18세에 월간 종합지《개벽》에「별건곤別乾坤」을 게재하며 작품활동을 시작했고, 이은

상의 '단가회'를 통해 본격적인 시조 활동을 시작했다. 그는 1946년 호남신문의 '단가회'에 「봄눈」, 「3·8선」, 「봄맞이」로 3회 추천을 받았다. 하지만 사실 그의 작품 활동은 일찌기 자유시 「별건곤」 통해 시작되었던 셈이다. 해방 후 지방지 공모에 시와 시조가 4회나 당선되고, 제1회 전국시조 백일장대회에서 대통령상을 수상했다. 1957년 동아일보 신춘문예 시조부문에 「설매사雪梅詞」(주요섭 김동명 선고)가 당선하면서 시조 작품 활동을 본격화했다.[16] 이후 《어린이》, 《소년》, 《새벗》, 《학생》, 《신천지》, 《사해공론》, 《신여성》, 《신동아》, 《월간문예》, 《조광》 등의 잡지에 작품을 꾸준히 발표했다. 대표작으로 「설매사」, 「혼곡昏曲에 서서」, 「설목림雪木林」, 「슬픈 조각달」, 「강촌연가江村戀歌」 등이 있다. 시조집 『산창일기山窓日記』(1960), 『슬픈 조각달』(회갑기념), 시집 『마을』(1957), 수필집 『시인의 산하山河』(1964), 동시집 『정소파 동요·동시집』(1971) 등이 있다. 〈시예술〉, 〈영산강〉, 〈호남공론〉 등의 동인이며, 1963년부터는 '자오문학회自午文學會'와 '호남시조문학회' 등을 이끌었다.

그의 작품 세계는 초기의 사실 묘사와 직유적 관찰에서 한 단계 올라

---

16) 이동순, 『광주문학 100년』 심미안, 2016. 253~256 인용. 정소파는, 동아일보에 시조 「설매사」가 당선될 당시 여수중학교 교사로 재직 중이었다. 본명이 정만금수(鄭萬金洙)로 일본 와세다대학교 문과 校外敎育을 졸업했고, 본적은 광주 금동 94번지였다. 45세의 늦은 나이에 「설매사」가 당선되었다. 당시 동아일보에 게재된 당선소감은 이렇게 피력되었다. "차라리 自虐 自葉하리 만치 청승맞도록 시년스러운 文學業苦의 航路이기도 했다. 소소리 치는 逆風 속에서 꾀죄죄한 허물을 벗지 못하고 한 송이 향기높은 꽃을 피우기 위하여 기나긴 三冬을 겪어야만 하는 괴로움은 너무도 컸다. 사치한 치레로 재로라 뽐내 잘들 피우는 群英 속에서 아무래도 일찍 開花를 못보는 그 무슨 까닭이 없지 않았던가도 싶다. 병든 가지 벌레친 잎새를 잘라 가꾸기엔 무척 애타는 일이기도 했기 때문에… 아니, 응당 그래야 할 것으로는 생각하면서도… 호탕한 봄이 가고 蕭蕭한 가을바람을 따라 우수수 낙엽듣는 늦가을을 맞아 위태로운 벼랑, 깎아질린 石壁에 고고히 푸른 싱싱한 石松을 닮아 맵짜고 처절한 그 貞節이 어찌 부럽지 않으랴! …(하략)… 동아일보 1957. 1. 15.) 참고로 「설매사」 전편이 이 책에 인용·수록되어 있다.

서, 중기에는 미적 의지로 역사와 전통 정신을 표방했으며, 말기에 이르러는 내향적 감각으로 섬세한 이미지와 밀도 있는 언어구사가 돋보이는 작품[17]을 썼다. 한편 그는 1929년 일제의 국어시간 없애기 등 한글 말살정책에 항거 투쟁하기도 했고, 1931년 광주학생독립운동에 가담 항일투쟁을 전개했다. 1957년 '자오문학회自午文學會'를 발기시켰고, 1957년 대한민국 정부 주최 제1회 전국시조백일장대회 본선에「독임란사유감讀壬亂史有感」이 당선, 대통령상을 수상했다. 1959년 동인지《시예술》간행, 1969년 동인지《녹명鹿鳴》을 창간해 제4호까지 간행했다. 1972년부터《영산강榮山江》동인지를 제5호까지 발간했으며, 1974년 동인지《鹿鳴》을 제6호까지 발간, 후에《시조문예》로 개명하여 제18집까지 발간했다. 1975년 한국시조시인협회 전남도지부장을 역임했고, 1976년 한국문인협회 전남지부장을 역임했다. 1977년 민족시연구회장을 맡아《민족시民族詩》제3호까지 발간했다. 1980년 가람시조문학회 부회장을 맡았으며, 1977년 '소파문학상'을 제정해 현재까지 20회 수상자를 배출했다. 저서로는 1955년 시집『마을』(여자문화사), 1957년 시조집『山窓日記』(천일문화사), 1966년 수필집『詩人의 山河』(남선인쇄공업사), 1971년 동시집『정소파 동요·동시선』(정문사), 1974년 시조집『슬픈 조각달』(세운문화사), 1979년 시집『殘照』(에덴문화사), 1981년 수필집『세월 가는 그림자』(호남문화사), 1983년 시조집『竹風辭』(학생사), 1987년 시집『孤獨의 窓』(규장각), 1988년『정소파시전집鄭韶坡詩全集』(송정문화사) 등이 있다.

   그의 시조는 두 세계가 조응하고 있음을 보여준다. 즉 그가 추구한 반세기적 시혼詩魂은 자연의 '순수 미학'의 세계상이거나 또는 억눌림에 저항하는 항 부조리적인 '힘의 시학'이다. 이 두 가지의 세계상은 그가 설명

---

17) 한춘섭,「정소파 시조시인론」,『정소파 전집』, 송정문화사, 1988. 318쪽 참조.(김신중,「가사 및 시조문학 변천사」, 전남문학백년사업추진위원회 편,『전남문학변천사』, 109쪽 재인용)

해 주는 '자연과의 시적 교감에서 오는 영원성과 역사성에 입각한 순수미의 탐구'라는 말에 잘 드러난다. 그리고 일제강점기와 같은 암울한 '역사적 현실'을 통해 '풍자'나 '비판의식의 표출'을 시도한 작품에 그의 시풍이 압축되어 있다. 전자의 시적 세계상은 그의 영원한 바람[望]이라 할 수 있으며, 후자의 시적 특성은 그가 식민지시대의 아픈 굴곡을 견뎌 오면서도 굽힐 줄 모르는 저항의식을 키워온 그 체험에서 비롯되었다고 할 수 있다. 그의 작품 중 「新綠은 怒濤되어」를 읽어본다. 이 작품에서는 후자의 뼈아픈 조국 되찾기의 체험이 인상적 이미지로 떠오른다.

「신록新綠은 노도怒濤되어」

인고의 사슬을 끊고/터뜨리는 분노이듯
저렇듯 일어서는/말없는 함성이여
우우우/여울져 가는/성난 소리/파도 소리

모두들 눈짓 꼬나/남몰래 맺은 묵계默契
하도한 놀림에 겪어/더 못참을 열띤 분화噴火
벗어난 문들을 열고/미어지게/터진다.

임리淋漓한 핏빛 바람/푸름으로 돋는 잎들
외치던 아우성이/산하山河를 뒤흔든 날
그 밑의/도도한 흐름/신록되어/넘친다.

「녹음산사綠陰山寺에서」

봉峯 머리 엿듣는/푸른 산 그늘
새소리 곁드린/창변 선방窓邊 禪房에
정겨운/글벗 속삭임……풍경風磬 얼려/흘러라.

(1981年刊 詞華集『民族詩集』民族詩研究會)

화자는 신록이 노도로 변하는 과정을 '역사의 부활'로 인식한다. 그가 울부짖으며 절규한 세계는 주관적 자아인 경우가 많으나, 그것이 반항 정신의 짙은 채색적인 삶으로 바뀌고 있다. 역사적 실체성이나 상징화된 객관적 자아를 드러내고 있음이 주목된다. 이처럼 초창기 그의 시조는 화자의 목청을 웅장하게 높이고, 이 지상의 모든 것을 떠밀듯 독자의 가슴을 뭉클거리게 하는 시편들이 많았다.[18]

■ **이국헌**(李國憲, 1928~2012)은 전남 함평에서 출생했고 호가 소천宵泉이다. 1956년 호남신문 신춘문예에 시「풍토의 노래」가 당선, 1962년 공보부 현상 논문 당선, 1981년 중앙일보 주최 제1회 중앙시조백일장 대학일반부에 입선(이태극·정완영·장순하 심사)된 이후, 여러 지상紙上. 誌上에 시조 작품을 발표했다. 이후 1989년 《시조문학》에 정식 천료를 받은 후 시조시인으로 자리를 굳혔다. 1989년 함평군민의 상(문화부문) 수상, 호남시조문학회, 한국시학회, 한국아동문학회 등 단체의 회원으로 활동했고, 특히 1958년 함평문학 동인지 《文林》을 창립하는 데 앞장서 공헌을 했으며,[19] 이후 1998년 9월 제10호까지 '문림회' 회장을 맡아 함평 지역에 시조문학을 활성화하는 데 이바지했다. 그 이후 제11호부터는 김영관 회장 체재로 옮겨지게 되었다.[20] 1982년부터 함평노인회의 회보인 《수성보壽星報》의 주간을 맡아 일했으며 작고할 때까지 원로들에게 시조 창작을 독려하며 투병했다. 저서로 1988년에 낸 제1의 문학선집인 『忙中有閑』, 그리고 제2의 선집인 『그리운 이에게 띄우는 편지』가 있다. 그의 시조는 토속적이고 향토성에 기반한 서정을 노래를 노래했는바 절제된 언어로 압축된 표현을 구사한 작품이 많다. 중앙일보에 10편 《여성

---

18) 노창수,「순수와 지조의 이중율 -정소파 시조 세계」,《현대시조》1991년 가을호.
19) 함평문인협회 편, 『함평문학사』, 2022, 함평문인협회. 476쪽 참조.
20) 이국헌, 『그리운 벗에게 띄우는 편지』, 이국헌 문학선(Ⅱ), 홍익문화사, 2008. 116쪽의 「함평문림' 발간연보」참조.

동아》에 2편,《샘터》에 2편,《월간교육》에 3편,《시조문예》에 15편 등 주로 시조문학 지상에 발표한 작품이 많은데, 다음 시조는 불면의 시간에 창작의 붓을 쥐고 어떤 작심이라도 하듯 집필 전 고민하는 시인의 태도가 잘 드러나 있는 작품이다.

「잠이 새나는 밤」

1
붓을 꺾자 벼른 작심/몇 발 못가 돌이킨다
구긴 종이 다시 펴고/새김질로 사윈 불꽃
사랑은/여린 결별 앞에/누더기로 펄럭이네.

2
느지거니 뽑는 사연/두견만치 깊을 것이
봄밤 허벼 접는 새벽/이랑마다 핏빛인데
하르르/풀린 못물에/어려 비친 蘭 모습

(1981. 4. 20. 중앙일보)

■ **허연**(許演, 1923~2022)은 나주 영산포 출신으로 호가 향촌(香邨)이다. 1954년《현대문학》에 시를 추천받고 문단에 나왔다. 그는 이러한 형식적 등단을 거치기 전부터 이미 1953년 시집『향나무』, 1954년 동시집『새싹』을 출간한 바 있으며, 1956년에 시조집『불망비不忘碑』를 펴냄으로써 시조시인으로 면모를 보였다. 1965년 시집『얼굴』(융문사), 1971년 시집『산난초山蘭草』, 1995년 시집『백수百壽가 다 되시어도』, 2012년 시집『그냥 그렇게 흘러갔으면』(학사넷), 2012년 시조집『내 혼만은 정녕코』(학사넷), 2016년 시조집『종장終章』(예원) 등으로 꾸준히 시집과 시조집을 펴내고 있다. 그의 작품은 생활 주변의 소박한 삶을 향토미 넘치는 서정적 필치로 그려내는 게 특징이다. 그는 1992년『향촌 허

연 시·시조선香邨 許演 詩·時調選』(예원)을 통해 그간의 문단 활동을 집약했다. 광주에서 주로 언론계와 문화계에서 일한 바, 1961년 호남신문 편집국장, 1969년 광주문화방송국장, 1972년 광주시립박물관장, 1972년 이후 한국문인협회 전남지부장, 전남도문화재전문위원 등으로 활동하면서 1970년대 이 지역의 최초 시조전문 동인지인《영산강》창간을 주도했다. 주요 수상으로는 1959년 전남도문화상, 1983년 현산문화재단 문학부문 공로상, 2002년《시조월드》문학대상 등을 받았다. 그는 1991년 이후 미국에서 생활하고 있으나 쉬임없이 창작에 심도하여 시집과 시조집을 국내에서 지속적으로 간행해 왔는데, 최근 그의 작고 소식을 접했다. 다음 그의 시조집 2012년에 나온 『내 혼만은 정녕코』에서 가려온 「등 비빌 데」를 소개한다.

「등 비빌 데」

마음 놓고 쉬어서 갈/가지 하나 못내어준 채
삭정이 몸이 되어/벼랑 끝에 서 있어도
무지개/뜨는 꿈 하나/내려놓질 못하는데.

노도에 떠밀리듯/그렇게 살았기에
한 치의 언덕조차/마련치 못했으니
너희가/힘겨울 때도/등 비빌 데 없구나

이 시조는 아무 해 준 것 남긴 것이 없는 아비로서 장차 자식에 주는 안타까운 정을 묘사하고 있다. 그의 이러한 자조적 시조로는 「영정사진 앞에서」(시조집 『종장』), 「산」(시조집 『종장』) 등에 나타나 있고, 질박한 향토성을 드러낸 작품으로는 「문수골」(향촌 허연시·시조선』), 그리고 말년에 가족애를 다룬 작품으로 「말이 통해서」(시조집 『내 혼만은 정녕코』) 등으로 일별해 볼 수 있다.

■ 김해성(金海星, 1935~2020)은 나주 공산 출신으로 본명은 희철囍喆, 호는 소심素心, 영산강인, 노강이다. 광주서중, 전주고를 거쳐 경희대 국문학과와 동대학원 국문학과를 졸업하고, 서울대 신문대학원을 나와 동국대 대학원에서 문학박사 학위를 받았다. 대전대학 조교수와 청주대, 대전감리교신학대학, 단국대 강사를 거쳐 서울여대 교수, 대학원장, 대불대 대학원장 등을 역임했다. 창작과 더불어 평론 및 국문학 연구에도 다수의 저서를 남겼다. 1955년《새벽》에 시 당선, 1956년《자유문학》에 시「신라금관」,「발」등을 김광섭으로부터 추천, 1957년 국도신문 시조 당선, 같은 해《시조문학》에「秋情 3章」등으로 추천받았으며, 1967년 서울신문 신춘문예에 문학평론이 당선되어 등단했다. 〈청자문학〉 동인으로 활동하기도 하며, 한국대학신문 주간교수협의회 회장, 대불대 대학원장을 역임했다. 1989년 2월《월간한국시》창간 이래 동지의 발행인, 한국문인협회 부이사장, 한국시조시인협회 회장, 한국문학평론가협회 이사 등을 거쳤다. 1967년 문공부 문학상, 1984년 노산문학상, 1990년 한국예술대상, 1993년 백양촌문학상을 수상했고, 서사시집『영산강』을 썼는데 이 책으로 문공부로부터 백만원 상금을 받았다. 1975년 서사시조집『일월지』, 1976년 시조선집『백제금관』(당현사)을 펴냈다.[21] 저술로『현대시원론』(대광문화사),『한국현대시사』(대광문화사),『현대시인연구』(한국시사), 편저로 2004년『한국현대시인사전』(한국시사) 등이 있다. 그의 시조는 '꽃, 나무, 바위, 산, 냇물, 바다 등 자연을 통한 사물의 내적 생명성을 섬세한 언어로 표현하는 특징'이 있으며,[22] 삶에 대한 고뇌와 희열을 늘 온화하게 받아들이려 애썼다.[23] 한편 그는 노산 이은상의 영향을 받아 양장시조에도 관심을 기울인 바, 시조선집 1976년『백제금관』(당현

---

21) 김해성, 시조선집『백제금관』, 당현사, 1976. 141쪽 저자소개 참조. 이 시조선집은 김해성 시인이 약혼한 해에 기념으로 발간되었다.
22) 한춘섭·박병순·리태극,『한국시조큰사전』, 을지출판사, 1985. 225쪽 참조.
23) 한국시사편,『한국현대시인사전』, 한국시사, 2004. 457쪽 참조.

사)의 제6부에 40여 수를 수록하고 있다.

「바다 이야기·2」

푸르다 지친 바다는/길을 몰라 넘도는데
어족(魚族)을 가족처럼/체온 속에 거느리고
오대양 고운 가정을/밤낮없이 방문하는가

(시조집『백제금관』당현사, 1976)[24]

이 작품은 파도가 제 길을 몰라 지친 채 넘돌고 있는 바다이지만, 거기 노니는 고기들은 따뜻한 제 가족을 거느리고 오대양의 각 가정을 밤낮없이 방문하고 있다는, 그 바다의 이야기를 독자에게 전한다. 이처럼 그의 시조는 윤회하는 생에 따뜻한 정서를 반영한 작품이 대다수이다

■ 송선영(宋船影, 1936~)은 광주 출생으로 본명이 태홍泰洪이다. 1959년 한국일보 신춘문예 시조「휴전선休戰線」, 경향신문 신춘문예 시조「설야雪夜」가 각각 당선되어 등단했다. 그 후 꾸준한 작품활동으로 첫시조집 1979년『겨울 비망록』(형설출판사)을 비롯하여 1986년『두 번째 겨울』(국제문화출판), 1990년『어떤 목비명木碑銘』(신원문화사), 1997년『활터에서』(동학사), 2000년『휘파람새에 관하여』(태학사), 2003년『꿈꾸는 숫돌』(신아출판사), 2005년『원촌리의 눈』(고요아침), 2007년『쓸쓸한 절창』(문학들), 2017년『다시 사는 나무』(고요아침),『벼랑 덩굴손』(책만드는집) 등을 펴냈다. 그의 작풍作風은, 초기에는 동양적 서정의 유로적流露가 깊은 선적禪寂 바탕 위에 토착적인 가락으로 표현했다. 중기로 접어들어서는 분단의 현실, 일제 강점기, 신라시대, 작가의 소년기, 그리고 80년대 민주항쟁 등 각기 다른 시대적 배경을 관통하는 열린 역사의식에 의해

---

24) 김해성,『한국시론』, 진명문화사, 1975.「나의 시 해설관」377쪽 인용.

자아성찰, 또는 극기의 자세를 보여준다. 그리고 국토와 민족애를 기저로 해 한국적 서정에 입각한 인생의 근원적 이법을 노래[25]하고 있다.

시인은 등단 이후부터 줄곧 스스로의 창작력을 강고히 함은 물론, 그가 다루는 생태성의 탐구 또한 그 심도가 차츰 깊어져 가고 있음을 보인다. 그래, 광주지역 시조단은 물론 한국시조단에서, '탄탄한 시인', '작품으로 말하는 시인'이란 수식어가 붙여지고 있다. 독자로부터 회자되는 바 작품의 수壽를 누리고 있는데, 그 이유는 다음과 같은 그의 면면勉勉함에서 비롯된다.

첫째로 절제를 통한 정형미학의 정수를 보여준다는 점, 둘째로 창작력 60년을 넘기면서도 외길 극서정의 시학을 변함없이 보여준다는 점, 셋째로 생태의 근원에 대한 자연이법을 실천한다는 점, 그리고 넷째로 가장 중요한 점이라 할 고향 '운암동'을 지키며 오롯 시조만을 쓰고 있다는 점이다. 이는 시대적 유행이나 세태적 아류, 시류의 부침에도 전혀 흔들리지 않은 그만의 '상풍고절霜風高節식 시학'이라 할 수 있겠다. 그는 시조집 『다시 서는 나무』(2017)를 내는 「시인의 말」에서, "지난 세월, 예순 해 가까이 우리 시조가 내 곁에 있었으므로 비록 가진 것이 없었어도 나는 행복했다"고 말한다. 이처럼 그는 시조만을 평생 동반자로 규정하며 안분지족安分知足하는 지고의 자세를 견지한다.

그 동안 논자들이 그의 작품 경향성을 논의해온 바는 주로 (1)생명 지향의 순수 서정, (2)역사의 생태적 재입론, (3)섬세한 생태의 양감, (4)전통 미학적 감성, (5)자연에 대한 심미적 형상화 등[26]이었다. 이는, 그가 생명의식과 생태존중에 입각한 탐미주의적 시학을 줄기차게 추구해온 바를 알게 해준다.

---

25) 유성호, 「근원적 삶을 탐색하는 은은한 은빛 서정」 (송선영, 『다시 서는 나무』, 고요아침, 2017. 해설) 153~154 쪽 참조.
26) 노창수, 「상처난 땅으로부터 읽는 부활의 생태, 그 지존을 다시 읽다 송선영론」, 《광주전남시조문학》 제19집, 2020. 62~64 참조.

「먼발치 황원荒原 -초록 덩굴손」

상기도 상채기 땅, 겹겹 쇠울 녹슬어 있네
가시 돋친 울 살피며 웬 초록이 갸웃하다가
물음표, /가시줄 붙잡아/등빛 화두話頭 달고 있네!

황원이 궁금한 넝쿨은 녹슨 "가시줄을 붙잡"고 기어오르기 시작한다. 야생화의 넝쿨은 어둠을 밝힐 등꽃을 달고 벋어간다. 넝쿨은 비록 줄기는 작지만 넓고 큰 조화의 생태계를 꿈꾸기도 한다. 하여, "등빛"이란 화두花頭를 "달고" 울 너머를 손짓하며 "등빛"의 "화두話頭"를 건네 보려고 그는 조심스레 다가간다. 꽃의 '모습'[花]은 이제 '말'[話]로 화한다. 화자가 '화두花頭'와 '화두話頭'의 중의적 의의에 기대를 모아보려 하기 때문이다. 제목에서 "먼발치 황원"이란 휴전선 부근의 '자유의 마을'로 가는 평원, 아니면 그 비슷한 땅이겠다. 거기 "초록 덩굴손"은 마침내 "등빛 화두"의 꽃을 달고 '평화의 화두' 같은 걸 꺼내는 것이다. 이념으로 대치된 상황에서도 풀꽃의 신호는 작지만 그 소망은 크다. 소리는 낼 수 없지만 화합의 손짓을 하는 건 가능하기에 그렇다. 그러므로 시조에서 서로를 잇는 작은 넝쿨의 역할은, 무형의 이념을 극복하며 유형의 생명력으로 나아가려는 넝쿨손의 한 생태적 의지라 할 수 있겠다.

■김제현(金濟鉉, 1939~)은 전남 장흥에서 출생하여 경희대 국어국문학과와 한양대 대학원을 졸업하고 경희대 대학원에서 박사학위를 받았다. 경기대 교수로 오래 재직 후 퇴임하여 시조창작에 몰두하고 있다. 1960년 조선일보 신춘문예에 시조 당선,《자유문학》에 시조 추천을 받았으며, 1962년《시조문학》, 1963년《현대문학》에 각각 시조가 천료되었다. 그야말로 오롯 시조만을 쓰고 연구한 외길 시조시인이다. 시조 창작 외에 시조연구에도 많은 업적을 쌓았다. 그가 쓴 주요 저서로는『현대시조의

혁신성』,『가람 이병기론』,『이호우론』,『현대시조의 이모저모』,『엇시조의 형성』,『이병기 사설시조 연구』,『현대시조 평설』,『사설시조문학론』,『사설시조사전』,『현대시조작법』 등 많다. 시조집으로는『凍土』,『산번지』,『무상의 별빛』 등이 있으며, 2001년 시조선집『도라지꽃』(태학사) 등을 펴냈다. 2010년에 펴낸『우물 안 개구리』(고요아침), 2021년『시간』(고요아침), 2024년 '초당시초 99'『허공에 한 발 지상에 한 발』이 있다. 그는 한국시조시인협회 창립회원, 한국문인협회 시조분과회장, 한국시조학회 회장, 한국시조시인협회 회장과《시조시학》발행인, 가람기념사업회 회장을 역임했으며, 정운시조문학상, 중앙일보시조대상, 한국시조대상, 조연현문학상, 그리고 학술상으로 월하시조문학상 등을 수상했다. 그의 작풍은 생활의 정서가 주조를 이루면서 대상의 객관화적 이미지로 역동적인 서정성을 구축하고 있다. 다음 시조는『우물 안 개구리』에 수록된 표제작으로 한국시조대상 수상작이다.

「우물 안 개구리」

암록색 무당 개구리/우물 안에서 산다.
바깥세상 나가봐야/패대기쳐져 죽을 목숨
온전히 보존키 위해/우물 안에서 산다.

짝 짓고 알 슬기에/깊고 넉넉한 공간
이따금 두레박 소리에/잠을 설치고
별들의 전갈을 기다리며/눈이 붓도록 운다.

(시조집『우물 안 개구리』, 고요아침, 2010)

시인은 개구리라는 타자의 몸을 통해 삶의 지혜를 간결하게 읽게 해준다. 제목에서와 같이 우물 안 개구리에 대해 자신을 투사하여 삶의 자족을 노래한다. 우물 밖의 인간 현실을 개탄하는 일종의 '우화시'라고도 할 수 있다. 언뜻 보면 이 시조가 바깥 세계에 대한 한 도피로도 보인다. 그러나 실은 그 반대이다. 몇 마디 안 되는 이 시구 속에 바깥 세상에 대한 풍자의 낌새가 의미 깊게 사려있다. 그 뒤에는 세상살이의 답답함과 신산함을 상기시키기도록 한다. 개구리는 시인 자신의 한 운명적 대유代喩이지만, 그것은 시인에 있어 제2 분신과 같은 것[27]으로 개구리가 바로 시인 자신이란 데 귀결하는 그 진술에서, 세상 사 폐쇄에 대해 통설通說로 낯설게 접근하는 기법을 쓰고 있다. 결국 소견이 좁은 것은 개구리가 아닌 인간이란 데에 이르는 것이다.

■ **전규태(全圭泰, 1933~)** 는 호가 월호月湖로 광주에서 출생하여 연세대 국어국문학과와 동 대학원을 졸업하고 건국대 대학원에서 문학박사 학위를 받았다. 연합신문, 서울일요신문 기자를 거쳐 한양대 전임강사, 1963년 연세대 교수, 1976년 하바드대 연구교수, 1979년 콜럼비아대 연구교수, 1982년 호주국립대 객원교수로 3년간 한국학 강의, 1985년 전주대 학장을 역임했으며, 1997년 호주 시드니대 연구교수를 역임했다. 문단 경력으로는 1953년 공군종군작가단과 함께《코멘트》지 편집을 맡으며 시를 발표했고, 1962년 동아일보 신춘문예에 평론이 당선되어 등단했다. 이후 학자로서 고전시가 연구에 주력하면서 1963년 연세대 교수로 재직 때《시조문학》천료와 함께 시조 창작을 했으며《현대시조》를 창간했다. 시조집으로『석류』,『백양로』등이 있고, 문학이론서로『문학과 전통』,『한국고전문학의 이론』,『고전 및 현대 마야문명』,『마야문명의 신비』,『세계문학 서설』,『문학의 흐름』,『논주시조』,『비교문학』,『동서문학의 조류』,『전규태 전집』등이 있고, 편저로『한국고전문학 전집』이 있다. 이외 수필집 4권, 시집 3권이 있다. 2013년 시조집『지지 않은 꽃은 꽃이 아니다』, 2014년 시선집『길 그너머의 그리움』을 펴냈다. 한국문학평론가협회장

---

[27] 박철희,「전통과 개인의 결합」, 김제현『우물 안 개구리』, 고요아침, 2010. 발문. 106쪽 참조.

상, 현대시인상, 한국시조시인협회장상, 모더니즘 문학상 등을 수상했으며, 《현대시조》와 《문예사조》의 주간을 역임했다.

다음 시조는 「선구자」이다. 그의 작품은 주로 고대와 현대의 왕래, 그리고 동양과 서양의 넘나듦과 역동성을 상징하는 상상적 의미 구성을 해 보인다. 초기에는 생활 주변의 사상事象을 섬세한 정서로 내면화를 추구했으나 70년대 후부터는 탈서정脫抒情의 작풍을 보여주면서 현대시의 방법론을 시조에 도입하거나 일원적 이중구조의 실험적 작품을 다루었다.

「선구자」

번개가 피는 언덕 새벽녘 구렁에서
희푸른 물을 긷는 바윗돌 그 얼굴
선구자 그 굽은 등에 형장의 눈보라가.

메아리 투신하고 무리들은 외쳐댄다
늙은 나무 묶은 끈이 폭풍우를 끌올릴 때
한가닥 괴로운 빛처럼 우뚝 선 님의 모습.

■ **최동일**(崔東一, 1942~2018)은 광주에서 출생, 호가 하향河鄕으로 광주서중, 조선대부속고등학교와 광주교육대학을 졸업하고 오래 교단생활을 하다 퇴임했다. 1962년 한국일보 신춘문예 시조부문에 수석 입선, 1962년 전남일보 신춘문예 시부문 당선, 1963년 공보부 신인 예술상 시부문에 수석 당선, 1971년 전남일보 신춘문예 동시 당선을 하며 다양한 장르에서 활동했다. 첫시집으로 1978년 『이 봄의 아리아 초抄』(현대문화사)에 1부 시, 2부 시조를 나누어 실었으며, 제2시집 『꽃에의 제언』 등이 있고, 화순 고장의 안내서인 『우리 고장 화순』을 펴내기도 했다. 동아일보 신춘작가 '동우회' 회원, 광주전남시조시인협회 부회장, 광주문인협회 부회장, 광주문협 사이버문학 책임자 등을 역임했다. 그의 시조는 삶 속에

깊이 뿌리를 내린 한恨과 그리움 등 민족적인 정서, 그리고 인간 내면의 문제를 표출해 내는 특징을 보이면서 자연에의 침잠 순간, 그리고 사물에 대한 투시력으로 대상을 예리하게 포착하는 눈을 지니고 있다.

「자옥련부紫玉蓮賦」

Ⅰ
눈바람 속 긴긴 날을/한양 시름도 없이,
暗紫 빛 고운 맘은/가슴 그득 간직한 채
봄이랴 화창한 날을/오늘 다시 피었다.

Ⅱ
밖으로 붉은 뜻을/안으로만 여며온 情……
하도 한 세월 따라/타는 듯 매운 숨결,
숨 가쁜 양지에 서서/여직 무슨 꿈을 꾸나.

Ⅲ
생채기 진 잎새마다/함초롬히 베인 素心.
보드라운 바람 따라/ 마냥 이리 번져와도
작은 눈, 가슴 속으론/밀려오는 그리움.

Ⅳ
洞口 밖 홀로 지켜/소용도는 역겨움이
하얀 바람결에/자욱마다 씻기우고
이 아침 누님 얼굴로/환히 웃어 피는가.

(시집 『이 봄의 아리아 抄』 현대문화사, 1978)

「臨津江」

구름도 山을 넘고/철새 또한 넘는 山을……

벽 아닌 벽에 갇혀/바라보는 北녘 땅
하 많은 사연을 싣고/흘러가는 臨津江아.

그 누가 뿌려 놓은/아픔의 눈물인가,
기다림 돌이 되어/山河는 말이 없고
밤마다 피를 吐하며/울어 지친 저 江물.

너와 나 가슴 풀고/痛哭할 날 언제려나…….
三十年 기나긴 날/恨을 못 푼 창백한 낮,
나 여기 오똑 앉아서/메아리만 불러본다.

(1978년《民族詩》제2호, 민족시연구회)

■ 윤금초(尹金初, 1941~)는 본명이 윤금호尹金鎬, 전남 해남 화산 갑길리 출생, 조선대부고를 거쳐 서라벌예대, 중앙대 문예창작과를 졸업했다. 여러 출판사 편집부 기자를 거쳐 출판과장, 편집장 등을 역임했다. 1966년 공보부 시조부문 신인예술상, 1967년《시조문학》천료, 1968년 동아일보 신춘문예 시조 당선으로 등단했다. 그는 평생을 오롯이 시조창작에 전념해 왔고 특히 사설시조의 현대적 수용과 확대에 관심을 기울였다. 한국시조시인협회 자문위원, 오늘의시조회의 의장을 역임했다. 시조집으로『어초문답』,『네 사람의 얼굴』,『땅끝』,『해남 나들이』,『이어도 사나, 이어도 사나』,『무슨 말 꿍쳐 두었니?』,『질라래비훨훨』,『큰기러기 필법』, 사설시조집『주몽의 하늘』,『뜬금없는 소리』, 단시조집『앉은뱅이 꽃 한나절』,『바다 인문학』 등이 있고 시조창작 실기론『현대시조쓰기』,『시조짓는 마을』 등이 있다. 문학사상사 가람시조문학대상, 중앙시조대상, 고산문학대상, 현대불교문학상, 한국시조대상, 유심작품상 등을 수상했다. 민족시사관학교 대표 역임, 현재《정형시학》발행인을 맡고 있다.

다음은 2017년에 나온 시조집『큰기러기 필법』(동학사)의 표제작이자 2013년 제3회 한국시조대상에 수상한 작품이고, 「아침 쥘부채」는 2012년

《시조세계》 겨울호에 실린 작품이다.

「큰기러기 필법筆法」

발목 스릇 번져나는 해질 무렵 평사낙안
시계 밖을 가로지른 큰기러기 어린진이
빈 강에 제 몸피만큼 갈필 긋고 날아간다.

허공은 아무래도 쥐수염 붓 관념산수다.
색 바랜 햇무리는 선염법을 기다리고
어머나! 뉘 오목가슴 마냥 젖네, 농담으로.

곡필 아닌 직필로나 허허벌판 헤매 돌다
홀연 머문 자리에도 깃털 뽑아 먹물 적시고
서늘한 붓끝 세운다, 죽지 펼친 저 골법(骨法).

「아침 쥘부채」

파묵破墨의/일출 바다/쥘 부채를 펼친다
등줄기/쫙/가르는/얼음바람 건 듯 일고
펼쳤다/도로 접히는/이승 한때가/쥘부채다.

(2012년《시조세계》 겨울호)

    그의 시조는 한마디로 언어의 압축과 세련미로 집약될 수 있으며, 편편이 깊이 건져낸 시상들을 시조집을 새로 낼 때마다 가다듬어 선보이고 있다. 그는 특히 사설시조의 표현 기법에 관심을 기울인바, 그 사유의 영역을 확대·재생산하고 있다. 한편, 최승범은 윤금초 작품 가운데 '쌈박 마음이 이끌린 작품으로 「아침 쥘부채」'를 꼽고 있다[28]. 그는 시조의 운율

---

28) 한국시조대상 수상작품집

그 제한된 안에서도 형식적인 언어의 틀을 넘는 사유적 비상을 현현해 보인다. 나아가 한 편의 작품 안에 광범위한 시어들을 발굴 구사해 나간다. 그리고 깊은 시조로 연결되는 수사에의 응축미, 또 심저에서 끌어올리는 한국적 기지의 발휘와 골계적 미학을 부림에도 큰 일가를 이루고 있다. 그의 시풍은 말년으로 갈수록 극점으로 향하는 스케일과 밀도 높은 성취[29]로 드넓고도 깊은 시조의 지평을 보여주는 시인이다.

■ **오영빈(吳永彬, 1942~)**은 본명이 영운(永云), 호가 지산芝山으로 전남 해남 북일면에서 출생하여 조선대부고를 거쳐 중등학교 교사로 재직했다. 1967년 대한불교신문 신춘문예 시조 입상. 1968년《시조문학》천료, 1973년 동아일보 신춘문예 시조 당선 등 모두 시조로 등단했다. 그는 월간《대학입시》편집부장, (주)지학사 국어과편집 이사, (주)중앙학력연구원 편집상무, 도서출판 문장미디어 대표 등을 역임하는 등 주로 편집계에서 잔뼈를 굵혔다. 시조집으로 2012년『광화문 산보』(문장미디어), 2016년『동행』(책만드는집), 2023년『뒤돌아보기』(고요아침) 등이 있다. 그의 시조는 만물 만사와 어울리며 흥興과 원願, 또는 한恨의 마음을 융합하여 드러내는 경향이 있다. 해서 '생활 밀착형'의 시조로 볼 수 있다. 특별한 정서나 깨달음으로 책상에 앉아 골몰하며 이리 깁고 저리 짜낸 시가 아니라, 자신의 체험이 그대로 시조가 됨을 순간 포착하듯 잡은 시상들이다. 다음「동행·1」도 그런 경향을 보인다.

「동행 1」

예와는 사뭇 다른 살 에는 윗녘에서
같잖은 애송이 하나의 행동거지에

---

29) 유성호,「오래도록 치열하게 다져온 그만의 정형미학」(윤금초 시집『큰기러기 필법』동학사, 2017. 작품해설, 121쪽 참조.

우리네 절름발이 걸음 어질증이 도진다

귀쌈을 때릴까 보다, 판 커질까 켕기고
돌아보면 이쪽 그쪽 목숨 건 외줄 타기
오누이 연 맺었다는 헛소문만 난대도

참말보다 먼저 닿는 즐거운 입방아질
장막 얼음 우지끈, 우수 경칩 바로 그것
천지에 꽃비 오리니 춘삼월의 훈기여!

황당한 일 뒤끝마다 장벽 쌓기 자동 변환
수직으로 올라가도 굽어 닿는 우주 보법
닿으면 이내 더워질 혈맥 안고 뚜벅뚜벅

(시조집 『동행』 고요아침, 2016)

■ 강인한(姜寅翰, 1944~)은 본명 강동길姜東吉, 전북 정읍군 정주읍 출생. 1966년 전북대 국문과 졸업하고, 중등학교 교사로 37년간 근무하다 2004년 살레시오고에서 퇴임했다. 1967년 1월 조선일보 신춘문예 시「대운동회의 만세 소리」당선, 같은 해인 1967년 5월 공보부 신인예술상 시조 당선 등단했다. 〈신춘시〉〈원탁시〉동인. 2002년부터 블로그 〈푸른시의 방〉을 개설·운영하고 있다. 1982년 전남문학상, 2010년 한국시인협회상을 수상했다. 시집 1966년 『이상기후』, 연작시집 1974년 『불꽃』, 1982년 『전라도 시인』, 1986년 『우리나라 날씨』(나남), 1992년 『칼레의 시민들』(문학세계사), 1999년 『황홀한 물살』, 2002년 『첫사랑 그 마음으로』(모아드림), 2005년 『푸른 심연』, 2008년 『사랑했을 뿐이다』(문학나무), 2009년 『입술』(시학), 『푸른 심연』, 2012년 『강변북로』, 2017년 『튤립이 보내온 것들』(시와시학사), 2019년 『상상』(상상인), 2020년 『두 개의 인상』(현대시학), 2021년 『당신의 연애는 몇 시인가요』(문예바다),

2023년 『백록시화』(포지션), 12번째 시집 2024년 『장미열차』(포지션), 시선집 1998년 『어린 신에게』(문학동네), 시비평집 2002년 『시를 찾는 그대에게』(시와사람) 등을 펴냈다. 그의 초기 작품은 동화적인 신비성을 바탕으로 이미지의 참신성을 보여주었다. 차츰 사물과 풍경의 배후에 감춰진 삶의 실체를 포착하며 간결한 언어 표현으로 현대시의 정수를 보여준다. 다음 작품은 「이카로스의 비상」과 「水仙」이다.

「이카로스의 飛翔」

새가 날아오른다./저, 아래로 한 시대가 보인다.
태양을 겨냥하여/상승하는 나무의 혼
필생의/상승에 몸을 떨며/내 사랑은 날아오른다.

태양이 폭발한다./불길에 날개가 젖는다.
한 줄기 터널을 끌며/그대는 떨어져 갔다.
캄캄한 바닷속 깊이/隕石인 듯 슬픈 영혼.

「水仙」

핏속을,/내 핏속을,/징징 울며 흐르는 것
스무살 알몸의/어둠이여,/불이여.
뿌리 끝/生金의 잠을 여는/멀고 먼/물결 소리.

(1979년 《시조문학》 통권50호, 1979)

■ 김만옥(金萬玉, 1946~1975)은 전남 완도군 청산면 여서리 출생으로 1960년 완도중학교를 나와 1966년 조선대부고를 졸업, 1969년 조선대 국어국문학과 3년 중퇴했으며 생활고로 음독자살했다. 그의 묘는 무등산 밭에서 6년 묵다가 함평으로 옮겨져 있다. 그는 1965년 고 3학년 때 전남일보 신춘문예 시 가작을 시작으로 1966년 제5회 공보부 신인예술상 단

편소설 차석, 1966년 제8회《사상계》신인상에 시「아침 장미원」등 3편 당선, 1967년 전남일보 신춘문예 단편소설 가작, 1971년 대한일보 신춘문예 단편소설 당선, 1968년《시조문학》에 시조 천료, 1971년 전남일보 신춘문예 단편소설 당선, 1972년 서울신문 5.16민족상에 소설 당선 등, 경력에서 보듯이 치열하게 창작열을 쏟았다. 시집으로 1964년 고 2학년 때 낸『슬픈 계절의』가 있고, 1985년 작고 10주년을 맞이하여 도서출판 청사(靑史)에서 낸 김만옥 유고시집『오늘 죽지 않고 오늘 살아 있다』는 그의 300여 편의 시작품 중에서 65편 정도를 골라 묶은 것이다. 김만옥의 교우 김준태는 1976년 전남문인협회 연간집인《전남문단》에 애석한 글을 기고했다. 즉 목숨을 끊은 김만옥 시인과 김성빈 시인을 생각하며 쓴 글「문학이 가야 할 길」이 그것이다. 그는 '반복되는 갈등 속에서도 불덩이 같은 열정으로 모든 이들을 어루만지고 콕콕 찔러주는 그들의 영혼'[30]을 밝힌 바 있다. 김만옥의 시조 작풍은 섬세한 감각과 서정적 표현에 터한 강한 주제의식을 추구하는 것이 특색이다. 젊어서부터 시법의 뛰어난 재주와 왕성한 창작력을 보였으나 안타깝게도 가난 때문에 문학적 수명을 줄여 그 기량이 크게 발양되지는 못했다. 그가 작고 후 5~6년 동안 그를 따르던 젊은 시인들이 시 낭송, 문학의 밤 등 추모제를 열기도 했다.

다음은 유고집에 들어 있는 시조「돌담 안팎」이다.

「돌담 안팎」

1
초가집 둘러 치고/저리 높이 쌓인 가난
억겁을 비바람과/맞부딪쳐 이겨내고/
안터를 지켜온 정성/무궁화가 곱구나.

---

30) 김준태,「문학과 생명 중시의 길」김만옥 유고시집 해설,『오늘 죽지 않고 오늘 살아 있다』청사, 1985. 140~141 참조.

Ⅱ
사기 그릇 넘겨주고/웃음 가득 넘겨 받고
곱디 고운 情을/紙鳶처럼 서로 띄워
千古를 앍히어 사는/저리 푸른 담쟁이.

■ **최덕원(崔德源, 1935~2011)**은 광주 출생으로 호는 청석靑石이다. 광주고를 나와 서울대 사범대학 국어교육학과를 졸업하고 이후 조선대학교 대학원에서 박사학위를 받았다. 목포해양전문대학 교수, 순천대학교 사범대학 국어교육과 교수, 사범대학장, 그리고 총장을 역임했다. 서울대 재학시절〈대학신문〉에 시조「무명용사」를 발표했다. 이 시조가 1958년 3월 4일자 조선일보에 실린 시조시인 이태극의「사색의 심연」이란 글에서 호평을 받았다. 그런데 그로부터 10여 년의 세월이 흐른 후, 이것이 계기가 되어, 1969년에「매화」를 썼다. 이후 또 오래 세월이 흘러 1980년「청산별곡」을 썼는데, 이때 이태극의 추천으로《시조문학》의 천료를 받아 등단했다. 1978년 시조집『강강술래』(전남매일출판국), 2003년『풍각장이』(삼성문화개발)를 펴냈다. 학술연구서로 1983년『다도해의 당제』(학문사), 1985년『한국구비문학대계(6-6, 6-7, 7-12)』(한국정신문화연구원), 1990년『남도민속고』(삼상출판사), 1993년『동편제 판소리의 연원과 현장』(정문사) 등 주로 민속학에 관심과 연구력을 보였다. 유작소설로 2013년『천년의 사랑 -청석 사랑의 섬 민속 스토리텔링』(민속원)이 출간되었다. 한국문인협회, 한국시조시인협회, 한국현대시인협회, 한국시문학회, 광주전남시조시인협회 회원으로 활동했고 순천문학동우회 회장을 역임했다. 그는 남도 구비민속문화 연구에 큰 업적을 남겼으며 자연친화적인 주제의식을 시조에 담아내었다. 1974년 목포시민의 상, 1983년 전남도문화예술상, 1994년 전남문학상 등을 수상했다. 목포대 도서문화연구원은 2001년 7월 최덕원이 기증한 서적과 신앙 · 의례 · 생업 · 놀이 등을 기록한 12,000여 점의 사진과 문서 자료를 정리하여 '청석문고'로 개관한 바

있다. 그에 대해 특히 기억할 일이 있다. 그와 광주전남시조시인협회와의 인연은 초대 회장인 김계룡과 함께 '남도의 시조 보급운동'을 전개하자며 더불어 기운을 북돋아준 일이 그것이다. 광주전남시조시인협회와 순천대 주관으로 지역 주민과 학생이 참가하는 프로그램으로 시조강좌를 개최한 바 있었다. 이처럼 그는 우리 지역 시조의 일반화를 위해 노력한 특별한 시인이다.

「청산별곡·1」

청산이 상기 좋아 청청하늘 별빛 총총
귀촉도 여울네라 청아한 정한에
그믐달 숙안한 상념 봉황새도 울겠다.

■ **정덕채**(鄭德采, 1915~1994)는 전남 나주 노안 금안리에서 출생하여 서울 중앙고등보통학교를 거쳐 대구사범 강습과를 수료한 후 초중고교에 47년간 근무하고 진도 지산중학교 교장으로 퇴임했다. 1969년에《주간중앙》국민시조부에 「마을」이 1차 당선되고 이듬해 「수선화」가 2차 당선되어 꽃에 관한 일련의 관조적 시풍의 작품을 발표하면서 시조단에 등단했다. 그후 1969년《한국시단》에 「미련」, 「정담」, 「무등산」 등의 작품이 추천되고,《한국시원》에 「古家」가 당선되는 등, 꾸준한 창작과 퇴고를 거듭하며 그 스스로 역량의 가능성을 확인하기도 했다. 그가 시적 소재로 꽃을 즐겨 쓴 건 작품집으로 미루어 보아 초기 때부터임을 알 수 있으며, 그가 그리는 그림 또한 꽃을 소재로 한 작품이 많다. 작품 경력은 총 24년간 정열적으로 시업을 닦으면서도 부드러운 서예체나 한국화에도 일가견을 이룬바, 글·글씨·그림 등에 능숙함을 보여주는 다재한 시인이다. 그는 오척단구五尺短軀의 시인으로[31] 당시 문단에 알려졌다. 1977년 제1회

---

31) 鄭淸一, 「꽃씨를 뿌리는 마음처럼」, 시조집 『꽃씨 뿌리는 마음』 해설, 西歐出版公

소파문학상, 1979년 제3회 시조문예공로상을 수상했다. 전남문인협회 부회장, 호남시조문학회 회장, 광주문협 시조분과 회장을 역임했으며, 시조집으로 1975년『꽃씨 뿌리는 마음』, 1992년『흙속에 씨알』, 1993년『망향의 나그네』등 3권의 시조집을 남겼다. 이 중『흙속에 씨알』은 자화첩自畵帖으로 시, 글씨, 그림을 한 권에 담아낸 특이한 저술이다. 그는 주로 평범한 시조시인으로 고향의식과 토속적 정서를 시조에 담았다. 특히 꽃에 관한 작품을 많이 썼고 집필함에 앞서 목욕재계 등 성실한 자세를 잃지 않은 시인이다. 다음은 자연 속에 한국적 성정性情을 표현한「오월」, 그리고 어버이로써의 도리를 읊은 시조이다.

「오월」

밤이사 깊은 오월 가지 끝에 달은 자고
진달래 고운 산천 순이 마을 움트는 곳
강물은 잔잔한 오월을 잠재우는 이야기여.

「어버이 마음」

1
속심 태워 다듬은 너/이토록 자랐더이,
이젤랑 날라 보렴/흐뭇해 보내마만,
잊으랴/촛불을 켜다/어버이 맘/타오른다.

2

社. 1975. 115~116. 여기에 정덕채의 인물묘사를 다음과 같이 쓰고 있다. "선생님의 별명을 '쬬깐이'라 했던가. 선생님께서 판자촌 등산길에 나타나면 교실에서 잡담을 하던 학생들이 일제히 그쪽으로 고개를 제끼고 '쬬깐이' 나온다 떠들어대었다. 그만큼 인기가 있으셨다" 야무지고 책임 있게 가르치는 서강 정덕채 선생님의 장점이었다.

한 쌍의 원앙새여/푸른 하늘 날으렴,
비바람/친다해도/파드닥/나래쳐라.
넘나는/고비고비에/행복의 씨알 있다.

3
알알을 뿌려 놓고/피땀 흘려 가꾸렴,
내 사랑/네 사랑에/타오른/정열의 꽃,
포동한/청포도 사랑/방안엔/무지개 빛.

(1978년《민족시》제2호, 민족시연구회)

■ **이준구(李俊求, 1929~)** 는 호가 학산鶴山이고, 전북 전주에서 출생하여 원광대 국어국문학과와 고려대 교육대학원 한문교육과를 졸업했다. 장흥고, 숭일고, 동신고고, 동신여고, 동신여중 등에서 한문교사로 근무하다 정년퇴임을 했다. 이후 동강대, 순천대에서의 한문 강의와 전광일보 논설위원으로 활동했다. 1967년 신아일보 시조 백일장에 입상한 후 같은 해에 문화공보부 신인예술상에 시조 「야상夜想」 당선, 1968년 《시조문학》에 시조 「사뇌초詞腦抄」 천료로 등단했다. 그는 한시와 현대시에도 관심을 가져 국제펜한국본부 대회에 시 「소」가 영역되어 소개되기도 했다. 시조집으로 『육화六花』, 『산山』, 그리고 등단 43년만에 내놓은 『사뇌초詞腦抄』가 있다. 저서로 『한국한시선』, 『시경해설』 등이 있다. 문단 활동으로는 〈영산강〉 동인, 한국시조시인협회, 광주문인협회 회원으로 참여했고, 호남시조문학회 회장, 국어국문학회 이사, 한국언어문학회 이사, 한국시문학회 이사를 역임했다. 수상으로는 소파문학상, 광주문학상 등을 받았다. 대표작 「사뇌초」는 사랑하는 이를 애타게 기다리는 심경을 노래한 작품으로 그의 문단 생활의 이정표와 같은 시조이다. 그는 시조의 정형을 잘 지키면서도 단시조 표현답게 시상의 얽매임에 구속받지 않으면서 질박한 소재를 가지고 생동감 있는 표현을 하는 등 호소력을 높이고 있다. 다음은 그의 대표작이라 할 「꽃」과 「산」이다.

「꽃」

연자軟紫 빛/띠를 두른/저 산을 타는/선승禪僧보다
두어 자尺나/높은데/둥실 떠서/더 맑은 눈
달이나/비칠 참이면/호이호이 낭랑한 소리

「산」

활활/불을 지핀다/연달아/치솟는 구름
향기도/빛깔에 걸려/광망光芒인지/물보란지
빗돌에/패이는 목숨/밤낮없이 설치는 잠

(시조집 『산』 교문출판사, 1987)

■ **문도채(文道采, 1928~)** 는 호가 숙암肅岩으로, 전남 승주에서 출생하여 순천사범학교를 졸업하고 중등교사양성과 2년 수료 후 고등학교 국어교사 자격고시에 합격하여 오랫동안 중고등학교에 근무하다 동성중학교 교장으로 퇴임했다. 1952년 첫시집을 펴낸 뒤 〈원탁시〉 동인 활동을 시작했고, 1976년 《시조문학》 천료, 1969년 《시문학》 천료로 등단했으며, 전남도문화상, 평화문학상, 광주교육상 등을 수상했다. 그의 시조 창작은 1969년 〈영산강〉 동인에 참여하면서 본격적으로 이어져 300여 편이 넘는 작품을 발표했다. 한국시인협회 이사, 한국현대시인협회 중앙위원, 한국문인협회 전남지부장, 전남예총 부지부장을 역임했다. 시조집 1979년 『남도연가』 외에 시집 1952년 『쌈지』, 『처음 써보는 사랑의 시』, 『산은 산대로 나는 나대로』, 『황혼』, 『벤치에 앉아서』, 『달력을 넘기면서』, 1990년 『무등산 너덜겅』(문학세계사) 등이 있다.

다음은 시조 「겨울나무」인데, 소박하고도 진솔한 그의 성품을 잘 드러낸 작품이다. 겨울나무의 절개와 슬픔, 그리고 살얼음을 견디는 침묵과 소복이 쌓이는 눈 속에 젊은 부활의 꿈을 꾸는 화자의 잠을 아기의 자장가를 빌어와 상징화한 빼어난 작품이다.

「겨울나무」

바른 뜻 곧은 절개 더러는 슬픈 생각
살얼음 딛고 가는 길 가도 가도 끝없는 길
침묵은 죄 아니라 쳐도 눈시울이 뜨겁다.

머리칼 다 빠지고 뼈만 남은 앙상 굳은 핏줄
내 젊음 되살아날까 숨 죽이고 기다리는 밤
아가야 자장, 잘 자거라 눈이 소복 쌓인다.

□ 1970년대

1970년대는 점차 나아지고 있는 경제와 더불어 언론·출판 관계가 활성화된 시기이다. 처음으로 '한국시조시인협회'가 결성되고 여러 다양한 문예지와 일간지들이 시조에 관심을 기울여 신인 발굴, 지면 할애에 적극적인 입장을 보인다. 광주전남에도 본격적인 시조 동인들이 등장했다. 1960년 중앙에서《시조문학》이 출간된 지 10년 만에 1970년에 〈시조예술동인회〉가 결성되었다. 그 동안 흩어져 있던 우리 지역 시조 동호인들이 최초로 모여 의기투합해 조직·구성한 단체였다. 이 '시조예술동인회'는 결성과 함께 1970년 8월《영산강》이라는 동인지를 발간한 바, 1970년 가을에 발간된 제1집은 안규동 제자題字, 최종섭 표지화, 그리고 허연의 출자로 간행되었다. 창간사는 "남도의 가락과 향기는 송강, 고산, 백호 등 우리 선인들께서 시조나 가사를 통하여 헤일 수 없이 많은 불후의 주옥편 속에 남기고 가셨으니…(중략)…이제 우리 동인들은 삼장시형三章詩形의 전통을 새로이 계승하여 정형시로서의 비약적인 발전을 꾀함으로써 시를 생활화하자는 뜻을 굳게 다짐했다[32]…(하략)…"라고 썼다. 창간호에는 회원들의 작품을 망라해 수록했다. 수록 시인은 고정흠, 김영자, 문도채, 문삼석, 송선영, 양동기, 이준구, 장청, 정덕채, 정소파, 최일환, 허연 등 12명이었다. 제2집은 1970년 12월에 80면 분량으로 나왔으며 제자는 고정흠이 썼다. 첫머리에 「우리들의 합창 영산강」이 나온다. 1970년 11월 7일 밤, 고정흠 집에서 베푼 정기 월례회의에서 정소파의 제안에 따라 즉석에서 시를 지어 제출한 작품이라는 단서를 붙여 동인들이 3수씩 지어 윤독한 것을 수록했다. 2집에 싣고 있는 1회분은 전기《조광》에 실린 것까지 취급하였다. 「영산강」이라는 공동 표제목으로 함께 쓴 「우리들의 합창」을 실었으며, 최남구의 연재 논고 제1회 분으로 「시조창법 소고」를 수록했다. '편집후기'에는《영산강》창간을 축하하는 각계 반응과 함께 조종현, 정완영의 축시를 실었다. 서울에서《시조문학》창간을 주도한 조종현이 보낸 축시는 "영산강 물소리가 귀에 젖어드는 구나/무등산 옛 모습도 가을 하늘에 보이듯/천리 밖 산이요 물이 맑고도 향기롭다"라고 노래하였다. 이렇듯 중앙 시조단에 큰 반향을 불러 일으킨《영산강》이었지만 자금난이 겹쳐 제4집 발행을 끝으로 더는 지속되지 못했다.

'시조예술동인회'에 이어 1974년 한국시조작가협회 전남지부가 결성되었고, 1974년 1월 기관지《녹명鹿鳴》총 52면을 간행했는바 고정흠 제자, 조천용 표지화로 꾸몄다. 이에 참여한 회원은 고정흠, 박노경, 박양구, 배봉수, 유정운, 이준구, 이백순, 장재철, 정소파, 정덕채, 차의섭, 최일환, 최남구, 최동일이었다. '권두언'에서는 "허장성세를 배척하고 내와유리의 배리를 미워하고 왜곡과 불의를 배척한다"[33]고 했다. 이 협회에서는《녹

---

32) 임선묵, 『시조동인지의 양상』단국대출판부, 1979. 88쪽 일부 인용.
33) 임선묵, 『시조동인지의 양상』단국대출판부, 1979. 112~113쪽 요약 인용. 참고로 이 책에서는 〈토풍시〉에 발표된 작품에 대하여 다음과 같이 매우 비판적인 기술을 하고 있다. "정소파가 '자유시에로의 향념을 억제하면서도 자유시를 쓰듯 새

명》을 1976년 5월 제4집까지 내고, 이어 1977년 5월에 발간한 제5집부터는 그 제호를 《시조문예》로 바꾸었다. 그러다 이 단체의 명칭이 '한국시조시인협회 전남지부'로 변경됨에 따라 발행 주체를 1981년 '호남시조문학회'로 바꾸어 낸바, 이는 거슬러 올라가 1969년 창간의 《시조문예》가 2024년 제54호에 이르고 있으며 회원도 40여 명이 참여하고 있다.

1975년 11월 9일 창립된 '전남학생시조협회'는 앞의 '시조예술동인회'나 '호남시조문학회'와는 다르게 기성 문인이 아닌 고교생을 대상으로 한 학생시조운동의 집합체라는 점에서 특별한 의미를 갖는다. 이 협회는 출발 때부터 학생들의 시조창작을 위한 목적으로 조직되었고, 창간호에 정소파·송선영·배봉수 시인이 「서」를 썼다. 특히 정소파는 "경박한 시류에 편승하여 자기 것을 잊고 잃기 일쑤인 이 시점에서 민족시로서의 시조를 계승 발전시키자는 갸륵한 마음들이 내 것 찾기에 앞장서게 되었다"고 강조했다. 전남학생시조협회의 실제지도는 주로 송선영이 맡았다. 1976년 5월 15일 동인지 《토풍시》 39면을 발간하고 매년 시화전을 개최하는 활동 등을 펴 왔는데, 이 동인지는 1991년 3월 제6집까지 간행되었다. 창간호 서시 「토풍시송」에서 "전라도/한 하늘인 걸/우리 얼만 담는다"라고 하여 향토적 토풍임을 강조했다. 제2집에서는 제호를 《무등문학》이라 했으나 제3집부터는 다시 《토풍시》로 환원했다. '전남학생시조협회'는 김종섭, 이재창, 오종문, 박정호, 박현덕, 김행주, 윤희상 등의 문인을 길러내는 성과를 비롯해 연이어 전국백일장 등에서 두각을 나타내

> 로운 현대시조로 지향하는' 이라고 한 것과는 달리 '시조는 언어라는 재료로 수치를 짜서' 라는 한 동인의 말을 반영이라도 하듯이 이들 작품은 아직 율조의 해화和諧를 이루지 못하고 정해진 틀을 답습하고 있으며, 일반적으로 진부한 소재가 노출되어 있는 상태. 고교생다운 감수성과 감상적인 일면을 지나치게 억제하는 데서도 오히려 이러한 현상은 빚어질 수 있다. 그럼에도 동시조 1편과 양장시조 1편이 끼여 있었다는 것은 시조라는 대상에 다양하게 접근해 보려 했다는 시도와 의욕으로 읽혀진다".

었다.[34]

 '민족시연구회'에서는 1977년 12월《민족시》제1집을 간행했고, 이후 1981년 제4집까지 발행하였다. 이에 참여한 제1집 동인은 고정흠, 김제현, 김정희, 문화자, 배봉수, 박광일, 박노경, 박장환, 박정인, 여지량, 유정운, 이백순, 이정룡, 이준구, 이준섭, 이한성, 전순명, 전원범, 정덕채, 정소파, 정지채, 차의섭, 최동일, 최일환, 최정웅, 허형만, 경철 등이다. 제4집에 참여한 회원은 김연태, 김영수, 김옥중, 김행채, 민병찬, 서태종, 석가정, 여동구, 오동춘, 용진호, 유정운, 이금안, 이영자, 이정룡, 이효복, 전원범, 정덕채, 정소파, 정영애, 정지채, 차의섭, 차정미, 최일환, 경철, 정봉래, 김두원 등이었다.

 ■ **김종(金鐘, 1948~)** 은 전남 나주에서 출생하여 광주살레시오고를 거쳐 조선대 국어국문학과를 졸업하고 동대학원 석사, 경희대 대학원에서 박사학위를 받았으며 조선대 교수를 역임했다. 1971년《월간문학》신인상,《시조문학》에 천료, 1976년 중앙일보 신춘문예에 시가 당선되어 등단했다. 광주문인협회 회장, 국제PEN 편찬위원장 및《PEN문학》편집인, 편집주간, 광주문화원연합회 회장, 언론중재위원 등을 역임했다. 그는「시

---

34) 1985년 5월 8일 동국대학교에서는 동국대 소속 시조시인 모임을 창립, 명칭을 '동국시조시인회'로 했으며《동국시조》를 창간했다. 창립위원이 김어수, 이우종, 김동준, 황순구, 윤선효로 동국대에서 시조강의를 하는 교수들이었다. 이 창간호에 동국대 출신의 작고 시인 작품으로 한용운 외 5명, 현역 시조시인 조종현 외 17명 작품이 수록되어 있다. 창간호 뒷부분에 동국대 신문사 주최 전국 남녀 고교 문학(시조) 백일장에서 입상한 학생과 작품을 수록하고 있는바, 백일장 15회부터 20회까지 장원, 우수상, 가작 수상자가 1명을 제외한 모두가 '토풍시' 출신이다. 입상 학생은 정찬흠(진흥고2, 19회), 정찬흠(진흥고3, 20회), 신희창(전남기계공고3), 박경화(무학여고3), 정경수(광주고3), 권애경(수피아여고3) 등이 그들이다. (東國時調詩人會,《東國時調》창간호, 발행인 李祐鐘, 1985. 5. 8. 이 책 55~62쪽 참조)

조의 시문학적 연구」 등 시조 관련 논문을 여러 편 발표했다. 시조집으로 『배중손 생각』, 장편서사시조집 『밑불』, 그리고 최근 2022년에 낸 육필시조시집 『물의 나라에서 보낸 하루』 등이 있는데, 특히 『밑불』은 시조문학사에 획을 긋는 작품으로 평가된 바 있다. 최근에 낸 육필시조집은 한국에서 유일한 저술이라 할 수 있다. 시집으로는 『장미원』, 『더 먼 곳의 그리움』, 『그대에게 가는 연습』, 『물총새의 부리』, 『궁금한 서쪽』, 『간절한 대륙』, 『정말로 우리가 살아있다는 것은』, 그리고 2020년에 낸 육필시집 『독도우체통』 등이 있다. 대표적 저서로 『전환기의 한국 현대문학사』 등이 있다. 문학상으로 「배중손 생각」 등의 작품으로 민족시가대상을 받았고, 현산문학상, 한국펜문학상, 한국시조문학상, 광주시민대상, 영랑문학대상, 백호임제문학상, 박용철문학상, 제1회 한국가사문학대상 등을 수상했다. 그의 시조 세계는 우선 스케일이 크고 꿈틀거리는 기상을 따라 독자가 도도하게 따라 흘러가게 만드는 장중함이 풍긴다. 특히 서사시조에 대한 골격이 뚜렷하다. 해서, 스토리 전개 기복력에서 받는 감동과 강개를 느끼게 한다. 다음은 항몽 투쟁의 상징인 삼별초에 대한 역사의식과 민중적 힘을 발견하는 눈을 뜨기까지 배중손의 사유를 따라가는 그 형형한 가락을 시조에 싣고 있다. 그래, 역사 속의 배중손을 현재적 시점에 소환, 항쟁의 역사를[35] 풀어낸다.

「배중손 생각」

1
지체없이 달려온 인간사 그 어디쯤에
산처럼 지켜 선 역사가 산맥 하나쯤 가꿀 만한데
방파제 굵직한 허리만 뜨건 살을 허물었거니

---

[35] 유성호, 「'돌을무늬가 되는 사람'의 속 깊은 서정」, 육필시조시집 『물의 나라에서 보낸 하루』 해설. 책만드는집, 2022. 149~151 참조.

2
예감마저 목이 말라 하늘 난간에 걸리고
비 내리는 산골짜기엔 악연惡緣 같던 개울물 소리
보기도 아스라한 불빛이 보살인 듯 다가올까

3
달맞이꽃 이파리마다 천년 꿈을 떨쳐보면
젖어 내린 가슴이 한 점 슬픔에 싸이더라만
그적지 등 돌린 청산이 우레 안고 누워있다

4
눈감아도 간곡하여 천만리 떠도는 구름
다가가 일으킨 절벽은 하늘 밖에 버려두고
지워도 돋아난 세월을 벌목伐木으로 배 띄운다

5
제 얼굴 들여다보듯 심지 하나 밝혀두고
얼비치어 꽃술에 담긴 회군回軍하던 그 역사가
실타래 풀리듯 풀리듯 그 어디로 흘러왔나

6
이제는 선지피 더운 눈을 감고 바라보라
저녁 무렵 돋은 별빛이 군지기미로 내릴 쯤
배중손 등 굽은 이야기가 미련처럼 타오른다

「소리꾼」

막혔다가 터질 거라면 천둥처럼 울어야지
앞산 뒷산 푸른 넋이 고향 가듯 장강인데
소리도 속잎 피는가 신록 되어 우거진다

쏟아놓고 바라보리라 이내 핏줄 비맞는다
가난처럼 깊은 열반이 참대만큼 커보인다
이승은 천길 저 멀리 方言같은 전율인데

굽이굽이 하늘에 닿아 광기만큼 찬란하다
腫瘍은 막을 수 없는 실가지로 치밀어서
보 터진 새물을 타고 자유 그것 魚族이구나.

(시조집『배중손 생각』태학사, 2001)

■**양동기(梁東琦, 1928~2019)**는 보성 득량 출생으로 순천사범학교와 광주교육대학을 졸업하고 평생 교직 생활을 했다. 신인군교육청과 함평군교육청 장학사를 거쳐 초등학교 교장으로 퇴임했다. 1970년《시조문학》에「월명부月明賦」가 천료되어 문단에 나왔으며 1970년부터 '시조예술' 동인회 회원으로도 활동했다. 한국시조문학회 회원, 보성문학회 회장을 역임했고『보성문학 대관』을 편찬했으며, 1997년 광산군 서창면 사동 출신의 매임당 박금현梅任堂 朴金賢 여사의『소고문집紹古文集』에 대한 내역을 권두사로 쓰기도 했다. 그는 1993년 시조집『하늘 끝 지연紙鳶처럼』(동인문예)을 남겼다.

그의 시조는 교단생활에 비롯되는 여러 시상을 다루었으며 바르고 옳게 살아가라는 교훈적 신념들이 반영되어 있고, 존재에 대한 삶의 참된 자취들을 소박하게 보여주는 시조를 썼다. 평소 깔끔한 성격에다 문장에서도 군더더기를 나열하지 않은 단아한 글을 보여주었다.

「꽃에 물을 주다가」

목숨이 무엇이간데/풀잎으로 태어나서
예쁘기야 하다마는/화분 속에 갇힌 채
날지도 걷지도 못하고/주는 물만 먹고 사나.

오는 생애는 너도 부디/인간으로 태어나라

천하를 周遊하며/네 마음껏 살려무나

잎새들 끄덕거리며/느껴 흘는 눈물 방울.

(시조집『하늘 끝 지연(紙鳶)처럼』동인문예, 1993)

■ **이한용(李漢用, 1928~)** 은 호가 춘정春汀으로 전남 구례에서 출생하여 전북 신흥고등학교를 거쳐 전북대 국어국문학과를 졸업하고 동대학원에서 석사, 박사학위를 받았다. 광주송원대 교수를 역임했고, 1969년《현대문학》에 '이환용'이란 필명으로 1965년 3월 1회 추천, 1966년 6월 2회 추천, 1969년 1월 3회 천료를 김현승으로부터 받았다. 1967년 10월《시조문학》에 「호반湖畔」으로 2회 추천(단, 1회 추천은 '현대문학' 자유시 추천을 1회 추천으로 간주하던 당시의 규칙을 따름). 1970년 6월 「가배초嘉俳抄」 작품으로 3회 천료를 받음으로서 등단했다. 시집『월요서사月曜序詞』가 있으며, 연구논문으로 「한국 현대시 기법연구 서설」, 「사설시조의 현대적 고찰」, 「고려가요 분석 시론」 등이 있다. 그의 시조적 작풍은 자유시에 뿌리를 두되, 우리 것에 대한 관심을 자연의 시조에 담아 형상화하고 있음을 보인다. 즉 고요와 정적을 배경으로 삼아 정태적 아름다움과 거기 비롯된 음률을 실어내고 있다. 첫시집『월요서사』의 제5부에 시조 작품이 수록되어 있는데, 다음 시조 「가배초」와 「호반」은《시조문학》에 실린 추천 및 천료 작품이다.

「가배초」

달 아래/꽃여울/밤도록 님을 불러

취하여/잦은 노래/굽이굽이 은하銀河로다.

긴 화장/지평을 불러/태양 그린 넋이 허무를 넘는다.

「호반」

구름/한 점이/호심湖心을 건넌다.

천만 이랑으로/꽃여울이 깊어간다.

꾀꼴의/트인 가락/먼 산이 듣는다.

(1967년 10월《시조문학》가을호 추천작)

■ **최일환(崔日煥, 1924~1990)** 은 겨울이 되어도 초록이 변하지 않는다는 만취晩翠가 그의 호이다. 광산군 바아에서 출생했고 광주사범학교를 졸업하고 광주의대 중등교원양성소 생물과를 나와 초등학교를 거쳐 함평농림중, 광주살레시오중, 전남여중 등 여러 중학교에서 교사로 근무했으며, 장평중, 유치중, 장흥중 교감을 끝으로 정년 퇴임했다. 1970년 전남매일신문 신춘문예에 김현승의 선으로 시조「선암사」,「식영정」이 당선되고, 1979년《시조문학》「등대」로 천료하여 등단했다. '영산강' 동인, 호남시조문학회 이사, 한국시조시인협회 이사를 역임했다. 시조 창작과 함께 서예추천작가 및 초대작가로 활동했다. 사후인 1992년 그의 아들 최세욱이 유고집『청송부靑松賦』(을지출판공사)를 펴냈다. 그의 시조에서는 대상에 대한 세세한 관찰력이 반영되고 있으며 온화하고 차분한 성품이 드러남을[36] 볼 수 있다.

다음 작품은 1976년《시조문학》제21집에 수록된 추천작으로 정소파 박병순 이태극이 선選한「선암사」, 그리고 한국시조시인협회 전남지부의 기관지《시조문예》에 발표된 작품이다.

「선암사」

개인 비 이는 바람에 물방울이 뚝뚝 듣는

조계산 구름따라 성지로 굽어 드니

---

36) 오기일,「만취 최일환 선생의 인간과 문학」, 유고집『靑松賦』발문, 을지출판공사, 1992. 295쪽 참조.

이랑진 종소리 댕댕, 임의 고을 정겨웁네.

단청한 전각마다 풍경소리 그윽하다
옛 자취 옆에 끼고 후원을 휘휘 돌아
이끼 낀 유적비 읽다 낮 기운 줄 몰랐네.

호젓한 숲길을 홀로 섰다 또 거닐다
백팔 번뇌를 끊어라 버리라
경 소리 산 그리매 밟고 켜묵은 꿈 깨우네.

(1976년 《시조문학》 제21집 추천작)

「월출산月出山」

그 누가/허공으로/큰 톱질 하는건가
아니면/창검槍劍으로/흰 구름 찌르는가
차창車窓에/어리인 냉기/오싹하는 등골 속.

(1981년 《시조문예》 제10집 봄호)

■ **이한성(李漢晟, 1950~)** 은 호가 취원翠園, 어산語山이며, 전남 장흥 용산에서 출생하여 조선대부고를 거쳐 조선대 사범대 국어교육과를 졸업했고, 대학 2학년 재학 중인 1972년 5월 《월간문학》 신인작품공모 시조 「다도해 기행초·2」 당선, 같은 해 12월 《시조문학》 천료로 등단했다. 송원고등학교, 송원중학교 교사로 근무하고 정년 퇴임했다. 시조집 『과정』, 『신을 끄는 보름달』, 『뼈만 남은 꿈 하나』, 『볏집 죽어서도 산다』, 『작은 것이 아름답다』, 『가을 적벽』, 『바람 구멍』, 『전각』, 『물밑에 불을 놓다』, 『경계를 걷다』 등이 있다.

'혁명문학' 동인 역임, 현재 한국시조시인협회 중앙자문위원, 오늘의 시조시인회의 자문위원, 광주전남시조시인협회 회장을 역임했다. 2004년 중앙시조대상, 2007년 가람시조문학상 등을 수상했다. 그의 시조는 시적 대상에 대하여 깊은 사유를 유발하게 하며 감각적인 언어로 이미지를 간명하게 구성·변환시켜내고 있다. 다음은 그의 대표작이라 할 수 있는 「가을 적벽」과 「비가·1」이다.

「가을 적벽」

살을 다 내어주고 뼈로 층층 단을 쌓고
하늘의 구름집 하나 머리에 이고 산다
거꾸로 나는 새 떼들이 회귀하는 빈 하늘

산처럼 우뚝 서서 오금박은 푸른 절벽
물에 비친 제 모습에 움찔 놀라 물러서는
외발 든 적송 한 그루 발바닥이 가렵다

암벽을 기어 오르는 어린 단풍 붉은 손이
물 속의 고기떼를 산으로 몰고 있다
흰 계곡 점박이 돌이 비늘 돋쳐 놀고 있는

멈춰 선 강물일수록 출렁이면 멍이 든다
햇살의 잔뼈들이 가시처럼 꽂힌 물밑
명경 속 바라 본 하늘 물소리가 가득하다

(2004년 《열린시학》 봄호)

「비가·1」

항상 먹물이 뜨거워도 감히 찍지 못한 나의 땅
따스한 흙 한 줌을 어디 가서 찾을 거나
쓰러져, 뒹굴어도 잡을 끄나풀 하나 없는 하늘

흙에 서지 못한 뜻은 문자 밖에 울고 있다
오직 남은 것은 힘 없는 이 빈 주먹 뿐

슬픔은 절정을 달려 바람으로 길을 낸다

가난한 마음 밭에 사랑으로 피는 꽃을
나는야 입 맞추며 어느 날에 눈물 흘릴까
바램은 오늘을 사르고 내일 먼저 타는 불꽃

(시집 『과정』, 한국문학사, 1979)

■ **조병기(曺秉基, 1940~)** 는 호가 황산凰山이며 전남 장성에서 출생하여 광주고를 거쳐 성균관대 국어국문학과 졸업, 고려대 대학원에서 문학석사, 성균관대 대학원에서 문학박사 학위를 받았다. 동신대 국어국문학과 교수와 인문사회대학장을 역임하고, 중국광서사범대 한국어학과 외래교수를 역임했다. 1972년 《시조문학》 천료, 1981년 경향신문 신춘문예 시조 당선, 1981년 《현대문학》 시 천료로 등단했다. 시집으로 1986년 『가슴 속에 흐르는 강』, 1993년 『바람에게』가 있고, 시조집으로 1997년 『숲·일기』, 2007년 『산길을 걸으며』 등이 있다. 논저로 1975년 『이육사 연구』, 1983년 『한국 근대문학 형성 과정론 연구사』, 2002년 『현대 시조의 정체성 위상의 문제』 외 다수가 있다. 다음은 그의 대표작 「숲·일기」와 「동백섬」이다. 그는 순수 서정의 시학으로 일상의 삶을 투영하는 혜안적 자세를 견지하는 시풍을 보인다.

「숲·일기」

채이는 돌부리에서 빛들이 일어선다.
잠적의 어둠을 쪼아 부스스 눈뜨는 시간,
차거운 공간을 물고 비상하는 새 한 마리.

이슬밭 예감을 삭혀 털어내는 몸짓에서
고뇌는 빛이 되고 숲과 숲은 들먹인다.

꽃 속에 박힌 말들의 불을 켜는 손이여.

(시집 『숲·일기』 토방, 1997)

「동백섬」

얼마를 기다려야 그대는 올라는가
아찔한 벼랑 아래 파도마저 말이 없고
오늘도 석양은 내게 부질없다 이른다.

갈매기 칭얼이다 어느 배 따라갔나
맴도는 오솔길엔 각혈이 수북하다
한밤 내 잠 못드는 섬 해조음만 서럽다.

(시집 『산길을 걸으며』 동학사, 2007)

■ 김영재(金永在, 1948~)는 전남 순천 출생, 1974년 《현대시학》 시조 「낙관」 천료로 등단했다. 순천문학상, 고산문학대상, 월간문학동리상, 중앙시조대상, 한국작가상, 이호우시조문학상, 가람시조문학상, 유심작품상을 수상했으며 현재 '책만드는집' 대표, 계간 《좋은시조》 발행인으로 있다. 시집 1986년 『참나무는 내게 숯이 되라네』(평민사), 1986년 『다시 월산리에서』(청하), 1988년 시화집 『사랑이 사람에게』(청맥), 1995년 『절망하지 않기 위해 자살한 사내를 생각한다』(책만드는집), 1999년 『화엄동백』, 2002년 『겨울 별사』, 2005년 『오지에서 온 손님』, 2010년 『홍어』, 2014년 『녹피 경전』, 2014년 『화답』, 2016년 『히말라야 짐꾼』, 2019년 『목련꽃 벙그는 밤』, 2022년 『유목의 식사』, 2023년 『상처에게 말 걸기』 등이 있고, 시조선집 2006년 『참 맑은 어둠』(태학사), 2007년 『소금창고』(시선사), 여행산문집 2017년 『외로우면 걸어라』 등이 있다. 그의 시 세계는 광범위하고 또 현재 진행형이어서 집약하여 언급할 수 없는 깊고 유장한 스케일을 가지고 있다. 의고적인 그러나 일상적 삶에서 우러나와 자

연스러운 생동감[37]을 주는 것은 최근 시의 경향이다.

「월정사 달밤」

월정사 환한 달밤 고요가 잠을 깨웠다
절 마당 너무 밝아 외로움 잘 보인다
사람들 단풍 물 들어 한 잎 한 잎 지고 있다

부질없이 먼 길을 되물어 찾아왔다
길 잃고 갈 곳 없는 그리움 못 떠나고
한순간 나는 나라고 믿었던 나를 버린다

(2023년 《시와함께》 겨울호)

「모기를 잡았는데」

겨울밤에 찾아온/불청객 모기 한 마리
피를 빨고 달아나/신문지로 때려잡았다
돈뭉치/숨겨두었던/선량選良 얼굴에 피가 튀었다

(시집 『상처에게 말 걸기』 책만드는집, 2023)

■ **황몽산**(黃蒙山, 1941~2013)은 본명이 황일선黃―善으로 전남 담양에서 출생하여 조선대 법과대를 나와 법무부에 근무하다 상업에 종사했다. 1975년 한국일보 신춘문예 시조 「촛불」이 당선되어 문단에 나왔다. 대표작 「행상」이 있으며, 2012년 시집 『이 길 위에서』를 펴냈다. 그의 작품은 '몸은 낮게 뜻은 높게'를 평소 생활철학으로 삼았던 그의 말과 같이, 주로 서민 민중의 고뇌를 담아낸 작품을 썼다. 거기에 정한의 세계와 작은

---

37) 이경철, 「머리보단 생체험 발바닥에서 나와 공감대가 넓고 깊은 시」 (김영재 시집 『상처에게 말 걸기』 책만드는집, 2023) 표사 요약 참조.

생명체에 대한 존엄성을 연결해 표현하는 그 구원의식을 담아냈다. 다음 「당신」도 그런 상징을 담은 작품이며, 「촛불」 한국일보 신춘문예 당선작이다.

「당신」

날마다 첫새벽을 펼쳐놓은 아침 햇살
꿈인 듯 생시인 듯 흘리어 속삭이다
순금빛 나의 마음을 다독이는 그대여.

희뿌연 안개 속에 솟아오른 빛이 있어
내 가슴 깊은 호심湖心 쌍무지개 걸어 놓고
고독에 잠긴 내 영혼 뒤따르는 그대여.

「촛불」

스스로 聰明에 젖어/타오르는 목숨의 꽃
살맞아 깃을 치는/어둠들이 떨어지고
마지막 鮮血을 뿌린/領土이게 하소서.

당신은 들으시나이까/당신의 귓가로 번진
부딪쳐 흩어진 飛沫/낱낱이 꿰는 슬픔
불현 듯 목에 드리올/念珠이게 하소서.

나의 懇切한 소망/당신의 머리맡에
내려 앉은 銀나비 떼/그 無知한 投身이여
당신의 끝없는 海原으로/노를 젓게 하소서.
　(1975년 한국일보 신춘문예 당선작, 1979년《시조문학》제50호, 봄호)

■이정룡(李政龍, 1927~)은 호가 우신산인又新山人이며 전남 나주 금천에서 출생했다. 1945년 고창중학교 졸업, 1948년 동국대 전문부 문학과 2년 수료, 1952년 동국대 국문과 4년 졸업 후, 1945년 국민학교 훈도로 시작해 고등학교 교사, 교감을 거쳐 1965년 여수수산대학 교수, 1970년부터 1992년까지 중고교 교장 22년을 하고 1992년 관산중학교 교장으로 정년 퇴임을 했다. 1976년《시조문학》천료로 등단, 그 이전 1975년《월간문학》에 시「不眠夜曲」이 당선되었다. 1970년 한국문인협회 회원, 1976년 한국시조시인협회 회원, 1978년 한국현대시인협회 이사, 1970년 〈청탑시〉 동인, 1975년 〈녹명〉 동인, 참전시인협회 이사 및 전남지회장, 1976년 〈죽순구락부〉 동인, '赤壁藝術燕' 대회장(1회~9회), 1995년 한국문협 나주지부장, 1997년 민족시연구회 부회장, 1997년(제17차), 2004년(제24차) 세계시인대회 고문, 2013년 국제펜클럽 한국본부 자문위원 등을 역임했다. 시집으로는 1988년 『대숲에 달빛은 흐르고』(시문학사), 1992년 『산정수정山情水情』(한림출판사), 시와 시조선집 2004년 『生家의 뜨락』(홍영사) 등이 있다. 그의 시 정신은 인류와 자연을 바탕으로 한 시로, 시를 신앙처럼 삼으며 자아를 지속적으로 일깨워가는 서정성을 발양시키는 데 중심을 둔다. 다음은 그의 대표 연작시조「산정수정」 중에 한 장이고, 다른 한 편은 시와 시조선집에서 고른 작품이다.

「산정수정·5 옹성산 적벽송」

돌 돌 돌 돌아앉아 도사린 부푼 꿈이
하늘 안 무게 위에 송뢰松籟 소리 뒤안에서
해맑은 정기로 솟아 다가서서 되오네.

산 산 산 물빛 줄기 적벽뫼 구름밭의,
재 너머 산 머리에 바위 사린 바람 서리
해와 달 가슴 안으로 하늘 이고 오르오.

(시집 『산정수정山情水情』 현대문화사, 1992).

「화순 적벽송」

돌돌돌/돌아앉아/품어온 부푼 꿈
하늘 밖/무게 위에/송뢰松籟소리로 가득하다
해맑은/정기로 솟아/다가서다 되오네

산 산 산/물빛 줄기/옹성甕城 되 구름밭의
재 너머/산마루에/바위 서린 바람 서리
해와 달/가슴 안으로/하늘 이고 오르네

■박노경(朴魯慶, 1936~)은 호가 해봉海峰으로 담양 무정에서 출생, 고려대 교육대학원을 수료했다. 처음에 광주고등법원 및 지방법원에서 근무하다 교육계로 전직해 송원중고교, 수피아여중고 교사를 거쳐 화원중고교 교장을 역임했다. 1978년 《시조문학》에 「개펄 이야기」가 천료되어 등단, 이후 호남시조문학회의 《시조문예》 발간위원, 한국시조시인협회 전남지부 이사로 참여했다. 시집으로 1976년 『섬마을』(삼남교육출판사), 1983년 『머나먼 오솔길』, 1985년 『저 하늘 아래』(삼남교육출판사), 1987년 『노래하는 석간수』(삼남교육출판사), 1993년 『탈춤을 추는 세상』(삼남교육문화사) 등 많은 편이다. 그의 시조는 교육 현장에서 유로된 동심과 자연 환경적인 주제를 주로 다루었는데, 다음 그의 대표작 「목포」를 소개한다.

「목포」

옹기종기 모인 섬 굽어보는 유달산
굴러내릴 듯 기암괴석 천년 두고 한결같이
목포라 누가 말했던가 석포石浦라 하지

삼학도 변하여 무학도가 되었는데
옛 전설 간데 어디냐 대포잔이 물어보자
그래도 옛정 못잊어 불러보는 삼학도.

(시집 『노래하는 석간수』 삼남교육출판사, 1987)

■ **여지량**(余芝良, 1934~1987)은 본명이 여충길(余忠吉)로 전남 여수에서 출생하여 서라벌예술대학 문예창작과를 수업 후, 1952년 여수에서 '한파문학회' 활동을 주도했고, 1968년부터 1973년까지 한국문협 여수지부 부지부장을 역임했다. 1970년 《시조문학》에 초대 작품을 수록하고, 1975년 《시조문학》 봄호 「빼앗긴 마음」 외 3편으로 3회 천료로 등단했으며, 1983년부터 1987년까지 한국시조시인협회 회원으로 활동했다. 시조에 적극적인 창작 활동을 할 무렵 1976년 겨울에 시력을 잃고 노화도에서 요양하는 등의 투병을 하다 할아버지 고향인 경남 하동으로 이주, 문방구점을 운영하면서 어려움을 겪었다. 1983년부터 1987년까지 '섬진시조문학회'를 창립·결성·운영하며 동인들과 열정을 태우다 고혈압으로 타계하였다. 그는 시조 1,400여 편을 남겼고, 그중 270편을 골라 1986년 5월 선집이자 첫 시조집 『이 뜰에 태어나』(세진사)를 펴내었다.

다음 시조 작품은 1975년 《시조문학》 봄호에 실린 천료작으로 꽃의 마음을 빼앗는 강추위의 무자비함을 꽃술잔에 띄우며 자조하는 자신 입장을 비유·상징하고 있다.

「빼앗긴 마음」

언제 뉘게 숙연히/빼앗긴 마음이기
먼 하늘 지려 잡고/조이는 나날인가
점점이/물들인 그 얼/자랑겨운 꿈의 늪.

눈길 닿는 불볕 속에/연연한 물줄기로

밀쳐도 열리는 산하/여무는 신앙인데
하늘 뜻/저버린 품에/외로운 넋이여.

주홍빛 내음따라/밀리는 봄향기
얼얼한 마음 저리/나부끼는 홰바리
언 가슴/타듯 저만치/칭얼이는 요람아.

애잔한 마음속에/고이는 진달래빛
만고에 깃을 펴는/사나운 바람 앞에
이 눈빛/홀연히 녹아/꽃술잔에 떨어질레.
　　　　　-《시조문학》천료작(1975 봄호)

「두견杜鵑」

불러도 대답 없는/자랑스런 이름아.
웨쳐도 메아리 없는/사랑스런 형제여.
열려라 두드릴사록/닫혀지는 마음아.

꽃집 앞 지나노라면/너인가 서성거리고
책 가게 앞 다다르며/설레오는 가슴아.
찾아도 보이질 않는/핏줄의 아픔이여.

어느 숲속 개울가에/돌베개 끼고 있을까
바닷가 어느 기슭에/노래 엮고 있을까.
물 위에 모습 굽어 보며/웃고 울어 엘까.
　　　　(1979년 가을《시조문예》제9집「破定」과 함께 게재)

■ 허인무(許寅茂, 1934~)는 호가 인산仁山이다. 전남 진도에서 출생, 광주고를 거쳐 전남대 의대를 졸업하고 경북대 의대에서 박사학위를 받았다. 1973년부터 대전에서 소아과 원장으로 일하고 있다. 1975년《시조

문학》천료로 등단, 주로 자연과의 교감 과정과 애향 정신이 드러난 작품을 쓰고 있다. 그가 시조에 관심을 가진 것은 공직에 있을 때 경북 김천에서 만난 시조시인 백수白水 정완영을 만난 후부터 본격 창작수업을 받은 이후였다. 그 무렵 시조 창간 동인지 〈香木〉을 출간했고, 시조집 『백목련』 등을 내는 등 꾸준한 활동을 이어왔다. 현재 그는 시조시인, 수필가, 서예가, 문인화가 등 다방면에 뛰어난 작품 세계를 선보이고 있다. 2018년 시문선집 『의창醫窓에 비친 모정』(이든북)을 펴냈다. 한국문인협회, 가람문학회, 대전문인협회에서 활동하고 있다. 다음 시조는 화분에 심겨져 편 겨울꽃이 하나의 등불처럼 밝혀 있어서 적막한 화자의 마음에 감동을 일으키는 순간을 포착하여 형상화하고 있다.

「겨울꽃」

한 치 땅 분토盆土 위 하그리 외론 꽃잎
무거운 아 동천冬天에 뉘 보라 피었는가
마음 벌 적막한 길목 등불 하나 밝히고

■ **경철(景鐵, 1938~2022)**은 호가 녹봉鹿峰 또는 치옹痴翁, 본명은 경환철景桓鐵로 전북 부안에서 출생했다. 1968년 경기대 국어국문과 졸업, 고려대 교육대학원 한문교육과, 한국교원대 국어교육과 수료, 스리랑카 비디아나대학에서 명예철학박사 학위를 받았다. 제주 금륭사 주지를 역임했고, 이후 고등학교 교사를 거쳐 정광고등학교 교장으로 정년퇴임을 했으며, 불교대학에서 강론을 수년간 했다. 1976년 《시조문학》에 시조 천료, 1977년 《아동문예》에 동시 당선, 《아동문학평론》에 평론 당선, 1980년 《월간문학》에 시조 당선으로 등단했다. 1985년 동백문화예술상, 현산문화상, 1993년 황산시조문학상 외에 전라시조문학상, 광주예술문화상, 한국아동문학상, 소파문학상, 광주문학상 등을 수상했고, 광주시인협회회장, 한국동시조문학회 회장, 계간 《겨레시조》 주간, 호남시조문학회 회

장 등을 역임했다. 시조집으로 1976년 『산심山心의 노래』, 1977년 『백팔염주』, 1978년 『화엄삼매』, 1982년 『뿌리들의 소리』, 1982년 『조국연가』, 1983년 『낭암산가』, 1992년 『금남로 주변』, 1993년 『무등산가』 등이 있으며, 시론집으로 1992년 『동시조 개설』이 있다. 그의 시조는 고행극복의 의지와 구도적 정신세계를 추구하였으며 불교적 정심에 바탕을 두고 시조를 창작했다. 이와 함께 그는 타의 추종을 불허할 만큼의 언어적 열혈성을 가지고 광주와 연관된 역사의식을 수많은 작품에 반영했다. 그뿐만 아니라 다양한 시조문학지, 나아가 서구 즉 금당지역의 문학 등 광주지역의 대표 문학지를 창간하기도 했다. 예를 들면, 1980년 겨울호 《한국시조문학》, 1981년 9월 《동시조문학》, 1990년 12월 《광주시조》, 2010년 1월 《전라도시조단》, 2006년 11월 《금당문학》 등이 그것이다. 하지만 이 문예지들이 아쉽게도 대부분 창간호나 2~3호까지 내는 정도로 그치고 말았다. 이렇듯 시조지 창간을 기획·발간하는 중에도 그는 양장시조, 사장시조, 절장시조, 동시조 등 다양한 시조형식의 실험과 함께 시조의 보급 운동에도 앞장 서서 희생적으로 일했다. 평소 온정이 많은 시인으로 그가 쓰는 말에서부터 독특한 정감이 일어나게 하는 인물로 알려졌다.

다음은 그가 평생 시조 보급운동으로 바쁜 일상을 살아가면서 일견 자조적인 모습을 발견하는 작품으로 그 생애 중기에 창작된 것이다.

「거울 앞에서」

노을이 자지러져 땅거미 진 저녁 하늘
비낀 거울 앞에 벗은 채 내가 서다
어리는 그림자 속에 또 하나 나 있을 뿐.

꽃처럼 피던 얼굴 어느덧 저물었나
허전한 몸매 슬며시 뒤돌아 보는 자리
감기는 나이테 무게 고갤 젖는 뉘우침.

나달을 살다보면 너 걸린 줄 난 모르고
지나치면 어른어른 을씨년 얼비치는
초라히 지친 모습을 안고 다시 서 본다.

■ 허형만(許炯萬, 1945~)은 호가 남송南松, 전남 순천 조례동 출생, 중앙대 국어국문학과, 숭전대 대학원 석사과정, 성신여대 대학원에서 문학박사 학위를 받았다. 1973년《월간문학》신인상에「예맞이」당선, 〈원탁시〉〈목요시〉동인으로 활동했다. 1976년 호남시조백일장 장원, 1977년~1978년 민족시연구회(정소파 발행인, 경철 주간)의 사화집《민족시》에 시조「겨울에 내리는 비」,「바람 앞에서」,「한일閑日」등의 작품을 발표하면서 시조 창작의 길을 넓혀갔고, 1978년〈영산강〉의 후신인《시조문예》로 작품활동을 확대했다. 다음은 1978년 사화집《민족시》에 발표된 시조 중 한편을 소개한다.

「겨울에 나리는 비」

1
겨울에 나리는 비는/침묵으로 살라한다.
사랑이 깊어지면/말 수도 적어지듯
겨울에 나리는 비는/침묵으로 살라한다.

2
불혹을 바라보는/서른 넷 중턱에서
하곺은 말이야/얼마나 많을까만
겨울에 나리는 비는/가만 가만 살라한다.

3
겨울에 나리는 비는/웃음으로 살라한다.
죽음이 가까우면/차라리 웃어 보듯

겨울에 나리는 비는/웃음으로 살라한다.

(1978年刊 詞華集《民族詩》民族詩研究會 第2號)

■최정웅(崔政雄, 1939~)은 전남 여수 출생, 여수수산고를 거쳐 전남도청 수산과와 산하기관에서 오래 근무를 하다 정년퇴임을 했다. 1973년 전남일보 신춘문예 시 당선, 1976년 샘터시조상, 1989년 중앙일보 논픽션 당선으로 등단했다. 전남문인협회 부회장을 역임하고, 전남문학상, 전남시문학상, 여수해양문학상, 광주전남아동문학상을 수상했다. 우리 지역에서 70년대 중후반에 걸쳐 시조 작품활동을 왕성하게 했으며 주로 '민족시연구회'의《민족시》, '한국시조시인협회 전남지부'의《시조문예》등에 발표했다. 그의 시조는 바다, 갯벌, 어촌 등 해양문학적 소재로 한 작품이 대다수이다. 시집『억새의 노래』,『어부의 노래』, 제3시집 1994년『갈매기의 노래』(한림), 시·시조집으로 2021년『다도해의 아침·1』, 제5시집 2023년『다도해의 아침』(도서출판고향)을 펴냈다.

「노어부老漁夫」

거센 파도 안고서/고기 잡는 노어부
고목같이 마른 몸에/검은 얼굴 흰 머리칼
오늘도/잔잔한 미소/한 생애를/투망한다.

(1978년《민족시》제2호, 민족시연구회)

「횃불」

태풍 휩쓸고 간/캄캄한 바닷가에
어둠을 밝히는 어린 소년 하나
비바람 어둠을 헤쳐/아버지는 오시는가.

밤 깊도록/아버지는 돌아오시지 않고

거센 피도만/울며 울며 몰려온다.
갯바람/소년의 가슴을/아프게 때린다.

어둠을 사르며/어둠을 사르며
활활활 타오르는/소년의 몸뚱아리
머나먼/수평선 향해/어둠을 밝힌다.

(1979년《시조문예》제9집, 한국시조시인협회 전남지부)

■ **전원범(全元範, 1944~)**은 호가 우송友松이며, 전북 고창에서 출생, 고창고를 거쳐 광주교대를 졸업하고, 서울대 사범대 교육원 국어교육과, 고려대 교육대학원 한문교육과를 수료하고 세종대 대학원 국어국문학과에서 문학박사 학위를 받았다. 초등학교 교사, 중등학교 교사를 거쳐 동강대학 교수, 광주교육대학교 교수, 동 대학원장, 광주시교육위원회 의장을 역임했다. 1972년 전남일보 신춘문예 동시 당선, 1973년《월간문학》신인상 동시 당선, 1975년 중앙일보 중앙문예 동시 당선, 1975년 '통일생활' 신춘문예 시 당선, 1978년《시조문학》시조 천료, 1978년 전국민족시백일장 시조 장원, 1981년 한국일보 신춘문예 시조 당선,《시문학》에 시 천료 등으로 등단했다. 1992년 계간《겨레시조》상임편집위원 역임, 1992년부터 1999년가지《문학춘추》주간 등을 역임했다. 시집 1968년『젊은 현재완료』(전남대출판부), 동시집 1976년『빛이 내리는 소리』(아동문예사), 시조집으로 1979년『걸어가는 나무들』(현대문화사), 시집 1982년『달개비꽃』(교음사), 시집 1989년『밤을 건너며』(시간과공간사), 시조집 1990년『이 걸음으로 어디까지나』(5인공저, 시간과공간사), 시조집 1997년『맨몸으로 서는 나무』(동학사), 2000년『허공의 길을 걸어서 그대에게 간다』, 회갑기념문집 2004년『한 줄기 강물이 되어』(우송문학회)가 있다. 2023년 문학 인생을 정리하는『전원범 문학전집』전4권을 펴냈는데, 이 중 시조집은『선운사 동백꽃』이다. 수상은 1993년 한

국시조작품상, 2021년 박용철문학상 외에 다수의 아동문학상을 받았다. 광주문인협회 회장, 한국현대시인협회 부이사장, 광주원로예술인회 이사장, 광주예총 부회장 등을 역임했다. 다음 작품은 한국의 시조시인 100인 선집, 그리고 중앙일보 중앙시조 초대작에 발표한 작품인데, 이는 시인이 지나온 면면한 그 삶이 상징적으로 잘 나타난 시조로 보인다.

「삶」

들풀은 들풀끼리 서로가 어우르고
강물은 강물끼리 만나서 흐르듯
인연因緣의 연鳶실에 얽혀 살아가는 우리들.

생각 끝에 와 닿는 하나의 연서戀書처럼
언제나 깊이 모를 떨림으로 다가와
갈대로 흔들리면서 바장이는 우리의 삶.

너의 가슴께에 자리하는 꽃으로
이제 다시 호젓한 산길을 가다가
주름진 나이로 서서 잎 하나를 떨군다.

　　　　　(100인선집『허공의 길을 걸어서 그대에게 간다』, 태학사, 2000)

「램프」

가슴까지 차오르는 하루의 계단 끝
기척 없이 다가와/물빛 잠을 사루다가
기억의 가장자리로/짙어오는 생각들

넘치는 물살의/욕망은 가라앉고
하루를 살다가도 몇 번이나 지웠다 쓴
회한의 가지 끝에서/타오르는 빛이여.

돌아오는 사람과/돌아가는 사람들이
마지막 출항의 등불을 밝힐 때
맨살의 가슴 위에서/출렁이는 바닷물

떠밀리는 세월 속/창마다 걸리어
보이지 않는 손 그리움의 빛깔로
누구의 여원 가슴에/젖어 타고 있을까

(2017. 7. 중앙일보 초대작, 시조집 『선운사 동백꽃』, 타임기획)

■ **차의섭(車義燮, 1919~1995)**은 호가 미암美岩, 전남 곡성에서 출생하여 일본 니혼대학 법과를 나와 오랫동안 금융계에 근무하다 퇴직한 뒤 진도·곡성·고흥·광산·광주 임동 등지의 농협 전무를 역임했다. 1960년 농업은행기념 현상모집에 시 당선, 1961년《협동》지에 서정주로부터 시 3회 천료를 받았고, 1977년《현대문학》에 서정주로부터 시 천료, 《시조문학》에 이태극으로부터 시조가 각각 천료되어 등단했다. 〈원탁시〉 동인, 한국문인협회 회원, 한국시조시인협회 회원으로 참여했고, 시집으로 1977년에 낸 『어느 정적靜寂』(현대문학사)이 있으며 '호남시조문학회'의 시조문예상을 수상했다. 작품 세계는 물질 문명과 현대사회의 폐해로 오염된 인간성을 회복하고 정화하기 위한 기법으로 풍자·해학·위트 등이 조화롭게 융합된 시조, 자연을 소재로 한 불교적 심성을 작품에 담아내기도 했다. 그의 시론은 간단하면서도 깊게 새겨 볼만한 면이 많았는데, 평소 들려주던 이야기는 '포장만 번드레한 시보다는 내용이 꽉찬 시가 되어야 한다'는 게 그 주장이었다.[38] 다음은 그가 풍자적으로 읊은 사물시조의 한 전형으로 읽는 맛을 더한다.

---

38) 노창수, 「사물 속의 즐거움 캐기 차의섭 시 세계」, 《시조문예》 1995. 11. 제25호, 45쪽. 이 글은 1995년 76세로 타계한 차의섭 시인 특집의 요청에 따라 그의 시 세계 전반을 조명한 원고이다.

「연탄불」

두 구멍 막아 놓으면/가물가물 하다가도
한 구멍 더 터 놓으면/파릇파릇 갓 봄 온다
마침내 내 인생 깜박일 즘/꼭 한구멍 더 터다오.

(1988년《시조문예》제18호)

「달걀의 상像」

쓰린 소식 매운 눈물/헝큰 사랑 먹빛 한 올
돌돌 빚어 비로소/갓 익은 한 덩이 가을
거두자 이미 또 잉태한 고뇌/저 구름 속을 달이 가네.

태어날 여린 이승/얼비치는 창살 귀에
무지개 다릴 놓는/꼬리 까분 까치 부축
건져 낸 풀싹 하나가/촛불만큼 바람 타!

(1988년《시조문예》제18호)

■ 석가정(石佳亭, 1941~2011)은 본명 한승배韓昇培, 전남 진도군 진도읍 동외리에서 출생해 그곳에서 작고할 때까지 농사를 짓고 살았다. 1979년《시조문학》에「임진강가에서」가 천료되어 등단했다. 1991년 시조집 『이 地上에 산다는 것』(한림), 2010년 『詩緣일세! 봄꿩 스르로 울고』(한림)를 펴냈다. 진도〈섬문학〉창립 동인, 한국시조시인협회, 가람문학회 회원, 전남문인협회 회원, 호남시조문학회 회원, 진도문인협회 초대회장 역임했다. 1995년 전남시문학상, 1995년 시조문예상, 1997년 항제시조문학상, 2002년 전남문학상 등을 수상했으며, 2011년 10월 1일 오랜 병고에 시달리다 작고했다. 그는 "별빛에 잠을 깨어 새벽을 나서 어둠에 젖도록 땅을 일구는" 산촌의 일상을 지내며 시조를 썼다. 흙을 부비는 삶 속에서 시는 곧 자신을 일깨워 주는 동기가 됨을 말하기도 했다. "호구지책

을 곁에 두고 시를 쓰지만, 주책없고 부질없는 짓이라고 욕을 먹지 않기 위해서 쟁기질을 하다가 이랑에서 남몰래 시를 쓰며 그 희열로 여명을 팔 벌리고 믿음과 소망으로 살아간다"[39] 고도 말했다. 1970년대 초 필자는 해남과 진도에서 그와 주말에 만나 의기투합하며 문학의 열정담을 나누거나 서로 창작품을 교환해 읽으며 격려한 일이 많았다. 다음 시조「흙을 부비며」는 농부 시인으로써 그 진한 서정을 읽을 수 있다.

「흙을 부비며」

수밀도의 성장을 거슬러 나는 알게 되었네
삶의 시원을 따라/태초의 강물이듯
우리가/연연히 부벼온 흙/그 근원과 역사를.

금빛 성채의 문명/뜨락에 빛 부셔도
내 작은 동우리 강심 근처에 세우고
푸르른 어느 선을 긋고/고향길을 갈리라.

주접살의 속울음 엉겅퀴 뿌리 캐며
인연의 피 맑히는/친근한 목소리
내 울안/씨알들의 촉 트는/흐느낌을 들으리.

우리들 조상이듯/점지된 흙손으로
유연한 흐름이듯 골골마다 씨 뿌리며
한 생의/애오라지 멍에를/나는 알게 되었네.

(시조집『이 지상에 산다는 것』한림, 1991)

■ 이재창(李在昶, 1959~)은 1959년 광주 학동에서 출생, 광주진흥고

---

39) 석가정,『이 地上에 산다는 것』, 한림, 1991. '수박밭 원두막에서' 쓴 '自序'의 일부 인용.

를 거쳐 목포대 대학원 국어국문학과를 졸업했으며, 광주매일 편집부장을 역임하는 등 언론계에 종사했다. 고교시절 오종문, 김종섭 등과 '전남학생시조협회' 〈토풍시〉 동인으로 활동했다. 1979년 《시조문학》에 시조 천료, 1987년 중앙일보 신춘문예에 시조 「거울論」 당선, 1991년 《심상》 신인상에 시 당선 등으로 문단에 나왔다. 그 후 〈토풍시〉, 〈무·영문학〉, 〈홀수선〉, 〈풀잎〉, 〈5세대〉, 〈시조혁명〉, 〈시와시대〉 등의 문학동인 활동, 그리고 무크지 《문학과지역》 편집위원, 《열린시조》와 《시와사람》의 편집 동인을 역임했다. 사화집으로 1987년 『그리움이 터져 아픔이 터져』, 1989년 『노래로 노래해다오』 등이 있으며, 1999년 창작과비평사에서 출간한 6인 시조집 『갈잎 흔드는 여섯 악장 칸타타』, 2001년 우리시대 현대시조 100인선 『거울론』, 시집 2005년 『달빛 누드』, 평론집 1999년 『아름다운 고뇌 현대시조의 위의와 새 천년의 가능성』 등이 있고, '한국시조' 작품상을 수상했다. 그는 주로 삶의 현장에서 나타나는 모순을 불식시키려는 현실 인식과 역사의식을 지닌 작품을 썼다. 다음은 이재창 시조에 대하여 유제하 시인이 평한바, 시에서 비본질적 요소로 지적되고 있는 외재적 요소가, 시의 본질에 얼마나 크게 영향을 미치는가 하는 문제를 새삼 돌아보게 하는 예를 든 자료이다. 한 시인이 놓여있는 외재적 조건이 그 시인의 시에 얼마나 깊게 작용하는가를 발견할 수 있는 작품[40]이다.

「일몰 이후·I」

세상 사는 일이 차 마시듯 쉽다면
빈 자리의 너와 나는 다리 꼬고 살겠지만
세상의 환한 달빛만이/아아, 서럽도록 빛남이여.

---

[40] 이재창, 『아름다운 고뇌 현대시조의 위의와 새 천년의 가능성』, 시와사람, 1999. 274~277 참조. 여기 예로 든 이재창의 작품, 그리고 또다른 작품 「겨울 공사장에서·II」에 대하여 논평한 유제하의 글을 위의 평론집에서 길게 인용한 내용을 필자가 이를 요약하여 「일몰 이후·I」만을 소개한다.

만나는 사람마다 차 한 잔의 슬픈 상면,
더욱 상승하는 무더움의 기류 앞에
우리는 마지막 단죄하는/이 지상의 한 마리 새.
(이재창,『아름다운 고뇌』(평론집) '70년대 시인연구' 시와사람, 1999)

■ **김옥중(金玉中, 1944~)** 은 호가 청암靑岩, 전남 담양군 대전면 평장리에서 출생하여 1968년 광주숭일고를 거쳐 전남대 철학과를 나와 중등학교 교사로 오래 근무하다 우산중학교 교장으로 정년 퇴임했다. 1979년 전남매일신문 신춘문예 시조 당선, 1980년《시조문학》천료 등단했고, 한국문인협회 회원, 한국시조시인협회 회원, 가람문학회 회원이며, 호남시조문학회 회장을 역임했으며, 현재 광주전남시조시인협회 자문위원, 한국시조사랑시인협회 부회장을 맡고 있다. 시조집으로 2004년『세숫대야 물속 풍경』(미래문화사), 2005년『돌감나무』(고요아침), 2008년『매창시비 앞에서』(고요아침), 2014년『금강초롱꽃』(서석) 등이 있고, 수상은 1993년 시조문예대상, 2005년 광주문학상, 2012년 무등시조문학상 등을 받았다. 그는 전형적으로 단형시조를 쓰는 깔끔한 시인으로, 서정적 대상을 절제된 시어에 담아 압축적으로 표현하고, 거기 형식과 조화가 잘 이루어진 전통 정서를 담아 빚는 시인으로 평가 받는다. 나아가 자연의 아름다움과 생의 구원의식을 지향하는 바 그 간결미와 전통미를 함께 추구하는 시조[41]를 쓰고 있다.

「빈 그릇」

넘치는 그릇보다 빈 그릇이 아름다워
바람도 담아 보고 달빛도 담아 보고
청정한 저 하늘까지 담아 볼 수 있기에.

---

41) 노창수,「사물시조의 멋 그리고 단수의 맛」, 김옥중 시조집『세숫대야 물 속 풍경』, 미래문화사. 2004. 작품해설편, 173~174 참조.

(2016년 《시조사랑》)

「채석강 단애」

바위에 새긴 고전 층층이 쌓였구나
한 권쯤 슬쩍 뽑아 달빛에 읽어 보면
구운몽 팔선녀들이 까르르 나오실까.

(2015년 《시조문학》)

☐ 1980년대

1980년대는 1970년대에 활동한 시인들이 이어서 함께 참여한 시대이지만 동인지 발간이 많은 특별한 시대이기도 했다. 1970년대에 등장한 전남의 시조문학 단체 중 1980년 이후부터 오늘날까지 지속적인 활동을 한 것은 '호남시조문학회'이다. 이의 연간 동인지는 《시조문예》로 1980년대에 시조작품 발표의 중심 무대가 된다. 또한 《동시조문학》과 《겨레시조》가 새로 창간되어 시조 활동을 발전·심화시키는 데 일익을 한다. 최초의 시조 동인지 《영산강》을 펴냈던 '시조예술동인회'는 이미 1970년대 초에 중단했으며, '민족시연구회'도 1981년 《민족시》 제4집을 내면서 하차했다.

한편 1980년 겨울, 창간호로 발간된 '한국시조문학연구소'의 소장인 경철 주간의 《한국동시조문학》은 '동인연구지同人硏究誌'라는 성격을 표방하고 간행을 시작했으나 제1호로 막을 내렸다. 이 문예지는 "전통문학의 큰 산맥 가운데 대종을 이루는 '한국시조문학'이 미적인 공간을 확장하여 독자와 친화감을 유지해야 한다"는 논리로 접근했다. 그 창간의 닻은 이 지역 시조문학에 발전적 의미를 부여했을 뿐만 아니라 앞으로 지속적인 시조에 관한 연구 작업을 하겠다는 야심찬 포부를 읽을 수 있다. 제1집의 특집으로「현대시조의 위상 진단과 전망」을 다루고 있는데, 황희영, 김해성, 이상보, 이기반, 이상범, 박항식 등의 글을 대담 형식으로 게재하였다. 그리고 한춘섭, 경철의 논문과 평론을 실었으며, 수록 작품은 김지상, 윤선효, 전원범, 용진호, 민홍우, 정석주의 시조를 게재했다.

 1981년 가을호로 창간한 경철 주간의 《동시조문학》은 1992년까지 제10호를 발행하고 중단되었는데, 시조와 동시의 접목을 시도함에서 그 의의와 성과를 헤아릴 수 있다. 이 《동시조문학》의 창간호에는 권두언에 김두원, 축사에 이태극, 김어수, 정소파, 그리고 '나의 동시조문학관'에 박영교, 조규영, 민홍우, 유동삼의 글이 실렸고, 작품으로는 김시종, 오동춘, 정태모, 리정룡, 김영수, 용진호, 석가정, 김영수, 허성욱, 노창수, 김두원, 평론에 정봉래, 경철이 참여했다. 동심의 '시조 동산 순례'로는 수피아여고, 부산동평초등학교 편을 소개했다. 이 동인지는 1995년 4월 창간한 박석순 주간의 《한국동시조문학》의 출발 계기가 되기도 했다.

 1980년대에는 시조문학지는 물론 종합 문예지도 더 많아졌다. 전문적인 시조문학지에 발표하는 것만을 떠나 시조시인들의 활동 무대가 다른 문예지에까지 넓어진 것이다.

 1980년대 후반에 특기할 일은, 1988년 8월 13일부터 14일까지(1박2일) 한국시조시인협회(회장 이태극) 주최의 여름 세미나를,「시조와 현실의식」이란 주제를 걸고 광주에서 개최한 일이다. 이는 전국단위 최초 세미나 행사로 광주 '금수장 호텔'에서 가졌다. 당시 광주시청 건너편에 자리한 이 호텔은 광주를 상징하는 대표적 호텔이었다. 이 행사에는 김두원, 경철, 김종, 전원범, 정소파, 정덕채, 이준구 등이 추진위원 격으로 참여했다. 행사 후원은 한국문화예술진흥원, 한국동시조문학회, 중앙일보사, 광주직할시, 전라남도 등이 맡았다. 예산, 일정, 장소 등 양 행정기관에서 일사분란하게 처리했다. 행사 추진의 캠프 연락책은 광주전남지역에서 본회이사 경철, 서울본부에서 총무이사 김광수가 맡았다. 행사를 실질적으로 섭외하고 자금을 후원한 사람은 김두원 동시조문학 발행인이었고, 진행은 호남시조문학회가 주체였는데, 당시는 이 회가 광주전남시조시인협회의 기능과 임무를 함께 가지고 있었기 때문이다. 그때의 리플렛을 보면, 개회사 이태극(한국시조시인협 회장), 환영사 정소파, 축사 최인기(광주직할시장), 축사 김두원(동시조문학 발행인), 제1부 자작시 낭송은 권형하, 김광순, 김기철, 김동렬, 김영배, 김용, 문도채, 박달수, 박용삼, 서우승, 소재순, 여동구, 오승희, 오영호, 유동삼, 이승은, 이정룡, 권성신, 정병표, 차의섭, 하경민, 하오주, 황명륜 시인이었다. 그리고 주제발표는[42] 이근배, 박영교, 이준구, 토의진행자는 경철, 질의자는 류준형, 전원범, 민홍우 등이었다. 주제발표 후 축사는 일정 상 그때 참석한 문창수(전남지사)가 했다. 이튿날 현장 답사는 충장사-식영정-송강정-면앙정 순으로 이어졌고, 오찬은 김두원 발행인의 담양 봉산면 별장인 '현산정玄山亭'에서 있었다. 이때 경철 시인의 진행이 진가를 발휘했는데 유창한 언변과 재치로 전국 50여 명의 회원들을 압도하며 폭소를 자아내게 한 일도 있다.

　1980년대 이후 등단한 시인은 김옥중, 김두원, 용진호, 김오차, 윤삼현, 오재열, 이지엽, 요동구, 박녹담, 정병표, 김진혁, 김선희, 박석순, 천병태, 이희란, 문혜관, 이남수, 염광옥, 고규석, 강진형, 이국헌 등 20여 명이다.

■ **김두원**(金枓元, 1935~2021)은 호가 현산玄山으로 광주 계림동에서 출생했다. 1955년 광주고 졸업 후 1961년 전남대 의대를 거쳐 1963년 동 대학원을 졸업하고 1968년 의학박사 학위를 취득했으며, 1990년과 1994년에 대원불교대학과 해동불교대학을 졸업했다. 1971년부터 작고할 때까지 '김두원신경외과' 원장을 지냈다. 1980년부터 《시조문예》 동인에 참

---

42) 1988년 한국시조시인협회 여름광주세미나 대주제는 『시조와 현실의식』이며 〈주제·1〉은 이근배의 「시조는 민족의 삶을 담는 큰 그릇 그 주체성과 현실의식을 중심으로」, 〈주제·2〉는 박영교의 「열린 詩로서의 시조와 그 현상」, 〈주제·3〉은 이준구의 「시조와 현실의식」이었다. ('88한국시조시인협회 여름광주세미나 리플렛 참조)

여한 이후 1981년 국민동시조본부 이사장, 1983년 《한국시학》 발행인 등 시조보급 운동을 전개하고자 '현산문화재단'을 설립, 이의 이사장으로 일했다. 더불어 '현산문화상'을 제정·운영하는 등 지역문화 창달에 공헌했다. 시조 관련 단체 활동으로 1986년부터 1988년까지 호남시조문학회 부회장에 이어 명예회장, 한국시조시인협회 회원으로 활동했다. 특히 김두원 회장은 《겨레시조》 1992년 봄호 창간호부터 발행인을 역임했는데, 이에 대한 편집에 허일, 주간에 경철, 편집위원에 전원범·김종 등, 이른바 '오은시조문학회五隱時調文學會'가 운영했다. 시조집 『이 걸음으로 어디까지나』(공저)가 있고, 1995년에 낸 『화갑기념전집』에 51편의 시조와 18편의 칼럼이 수록되어 있다. 그는 2021년 1월 30일 작고했는바, 평소 쓰는 시조 유형은 주로 단수로써 자연의 소리와 인간 교류의 관계를 다루고 있고 특히 동시조 작품이 많다.

「모음母音」

밤새내 뒤척이다/못이룬 나의 갈증
맴도는 근심인 양/진통 겪다 깨는 아침
달가운/속삭임으로/달래주는 그 소리.

(김두원 『화갑기념전집』, 1995)

「임진각」

두 세겹 막혀 싸여/꺾이인 핏줄 숨결
얼어붙은 맥박마자/마주 서면 뛸 것 같아
문 열고/멍든 가슴을/쓰러보는 한(恨)이다

(1981년 《민족시》 제4집 여름호 민족시연구회)

■ 용진호(龍珍浩, 1933~2011)는 호가 계산溪山으로 해남군 송지면 미

야리 출생하여 후에 산정리로 이거했다. 1959년 전남대 농대 축산과 3년 수료 후, 1964년 송지상록수학원 중학과정 강사를 역임했으며, 1967년 《월간동백》에 논문 「달마산 미황사 사적고事蹟考」를 발표했고, 해남 '두륜문학회' 부회장을 역임했다. 1969년 〈독서신문〉과 잡지에 시조를 발표하기 시작했다. 1974년 고산윤선도시비건립추진위원회의 위원을 역임했으며, 1979년 《문학사상》에 발표된 오영수 작가의 「特質考」가 당시 문단에 시비를 몰고 오자, 「'特質考'에 대한 반론 시비」라는 비평문을 발표했다. 1980년 《시조문학》 여름호 천료를 받으며 본격적인 시조 창작을 했다. 1983년 「송지찬가」와 1999년 「땅끝찬가」를 작사했고 향토사학자로 중앙에 알려져 1991년 『동아세계원색대백과사전』 집필을 맡았다. 1995년 호남시조문학회 회장, 1996년 해남문화원 향토사연구소 소장, 1996년 《시조문학》 출신작가협회 부회장, 한국시조시인협회 이사 및 편집위원을 역임했다. 문학상으로는 1991년 소파문학상, 1992년 원주 치악문화제 시조 공모 강원도지사상, 1999년 전남문학상 등을 수상했다.[43] 오랜 동안 한듬문학회, 해남문학회, 섬문학회, 가람문학회, 전남동시조문학회, 전남문인협회, 호남시조문학회, 한국시조시인협회에서 활동했으며, 시집은 2001년 『계산시조시선집溪山時調詩選集』이 있는데, 제11부에 걸쳐 수록된 작품수가 243편이나 된다. 그는 필치의 세련된 멋은 물론 고고한 인품, 그리고 자상한 정이 많은 시인이었다. 한편, 그는 당시 모범 장서가藏書家와 애서가愛書家로 도서관협회, 장서협회 등으로부터 수차례 표창을 받았다. 그만큼 책과 자료를 관리하는 데 수범적이었다. 향토사를 연구하는 자세, 시조를 창작하는 몸가짐이 선비의 위상 바로 그것이었다. 청탁해온 시조 원고를 모두 모필로 써서 송고하고 그것을 다시 써 서책화하여 보관해 두는 일[44]을 멈추지 않은 시인이다.

---

43) 용진호, 『계산시조시선집溪山時調詩選集』, 한림, 2001. '저자 연보' 473쪽 참조.
44) 용진호 시인에 대해서는 노창수, 「선비정신, 지조 그리고 해학과 기지 용진호론, 시조집 '계산시조시선집'」 (졸저 『사물을 보는 시조의 눈』, 고요아침, 2011)에서

「목로주점」

세정이 빗겨가다/잘못 찾은 목로주점
애련한 눈빛들이/돛을 달고 치켜와도
세필細筆을 그은/은은함에 끌리어,

세상 일 잠이 들게/술잔 안에 꽂아두고
쪼개어 앉고 보니/땀이 흐른 땅바닥에
이 빠진/사발일망정/저도 함께 취했다.

(시조집『계산시조시선집』, 한림, 2001)

「수첩」

손바닥 크기 세상/심심찮게 사모치어
생각을 풀다 보면/우정으로 물든 이들
가나다 순서도 없이/비비새로 앉았네.

세월에 바랬어도/선명하게 떠올라서
흉터도 들어내며/추억 타고 다가오니
그 이름 바람 속으로/못 날리고 누웠네.

(시조집『계산시조시선집』, 한림, 2001)

■ **김오차(金五次, 1952~)**는 호가 밀작密爵이며, 전남 장성에서 출생하여 서라벌고를 졸업하고 경희대 교육대학원 국어교육과를 나와 안양대 대학원에서 교육학 박사를 받았으며, 인천시립전문대 교수를 역임, 서경대학교 교육대학원 겸임교수를 역임했고, 1993년 7월 세일학원을 설립했다. 1982년《시조문학》에 「임진각에서」, 「스승님」 등으로 천료 받아 등단했다.

자세히 썼다. 이 글 105~209쪽을 참조하거나 아니면《시사문단》2003년 7월호를 참고하면 될 것이다.

이후 한국시조시인협회 회원, 국제펜클럽 시분과 위원으로 참여했다. 1997년에 발표한 논문 「은항 이우재 시인의 작품 연구」와 「춘향전에 나타난 전라도 방언 연구」가 있고, 1998년 『낭옹 김현浪翁 金晛의 문학과 사상』(역주), 2020년 6월 김오차 외 10명 편저의 『은항 이우재 시인 평전』이 있다. 수상은 2006년 제13회 시인협회상, 2000년 일붕문학상, 1998년 허균문화상 교육문화부문 본상, 1997년 노산문학상 학술부문 본상 등을 받았다. 그의 작품은 애향 의식과 우애·효경의 정신을 담은 시조가 많다.

「임진각에서」

아득히/오천 년을/꽃동네 새동네로
다순 정/이어 설던/화려한 이 강산에
등 돌린/남북의 핏줄/이 봄 또한 우는가

생가지/찢어지듯/갈려진 과로움을
낙화로 헤매이다/노을 비껴 꿇어 앉아
헤졌단 만나리라고/원을 비는 이 자리

(1982년 《시조문학》 천료작)

■ 오재열(吳在烈, 1938~)은 호가 일송一松으로, 광산구 덕림동에서 출생하여 전남대 국어국문학과 동 대학원을 나왔고 중등학교 교사로 오래 근무하다 숭일고 교감으로 정년 퇴임했다. 1982년 《시조문학》에 초회 추천, 1984년 3회 천료로 등단했고, 시류문학회 회장, 광주문인협회 시조분과 회장, 호남시조문학회 회장, 광주시인협회 회장 등을 역임했다. 시조집 1991년 『어머니 당신의 고향』(교문출판사), 2021년 『사모곡』(오재열 시조전집)이 있으며, 논문으로 「김안서의 근대시사적 위상 연구」가 있다. 수상은 1995년 시조문예대상, 1997년 광산문학상, 2001년 광주문학상, 2013년 광주문화예술상(정소파문학상) 등을 받았다. 시인에 대한 특기

사항은, 1989년 4월 22일 광산 덕림동 을림촌乙林村 자택 뒷 선산에 '운계정雲溪亭'의 낙성식을 가진 일이다. 이때 많은 시조시인들을 초청해 시조 한 수씩 받아 정자에 편액扁額으로 걸던 행사가 있었다. '운계정'은 시인의 선친이 시유詩遊를 즐기시던 농막이었는데, 그 터에 새로 정자식亭子式 건물을 세운 것이었다. 여기에 정소파의 시와 서강 정덕채의 글씨로 된「雲溪亭記」가 세워져 있다. 그의 시조에는 우리 시대의 지조있는 선비적 자세를 견지하며, 어머니와 고향을 동의어로 앉힐[45] 만큼 사모곡에 대한 시조를 많이 쓰고 있다. 전통의 시조 형식에 충실하고 기본 율격을 중시할 뿐만 아니라 절제미와 완숙미를 동시에 보여주기도 한다. 나아가 시조 구간句間의 배치도 여유로운 호흡법으로 유연한 서정성을 보여주고 있다.

「옥비녀·1」

열 후궁 시샘 가두고/궁녀 삼천 가꾸던 임아
그 영화 사원 하늘에/구름 한 점 떠도는가
한 서린/옥비녀 빛깔만/설운 강의 물빛이다.

와조도 무너지면/천심도 돌아 앉아
열烈이다 충忠이다 하여/새긴 돌은 바이 없어도
고운 임/여린 숨결은/살아 상기 흘러라

(시조전집『사모곡』, 서석, 2021)

「네가 정녕 봄이렷다」

벗은 가지 가지 끝마다 울긋불긋 상처를 내고
뚝뚝 지는 그 선혈로 환쳐 놓은 꽃그늘 속에

---

45) 김종,「오재열의 고향과 어머니 해법」(일송 오재열 시조전집『사모곡』, 서석, 2021) 시집평설, 242쪽 참조.

온갖 새 울리는 그놈 네가 아마 봄이렷다.

'짝궁 짝궁 내 짝궁' '꽃 피면 곧장 진다'
들노랜지 산울음인지 꽃가지 흔드는 새소리
온 산천 설치는 저놈 네가 정녕 봄이렷다.

속아도 속아도 좋다/네가 날 속여도 좋다
꿈만 같던 젊은 날의/그 일 데불고 다시 올 듯
내 속을 뒤집는 이놈/네가 정작 봄이렷다.

(시조전집 『사모곡』, 서석, 2021)

■ **손동연(孫東然, 1955~)** 은 전남 해남 북일면 흥촌리 출생. 조선대 국어국문학과 졸업, 고등학교 졸업 무렵 1975년 전남일보 신춘문예 동시 당선, 1976년《아동문예》동시 천료, 1980년 서울신문 신춘문예 시 가작 입선, 1983년 동아일보 신춘문예 시조 「우리 선생 백결」 당선, 1985년 서울신문 신춘문예 시 당선, 1988년 경향신문 신춘문예 시조 「청학동 이야기」 당선을 거쳐 등단했다. 1981년 10월 이재창·김종섭·정병표·이한성 등과 함께 문학동인〈혁명〉을 창립했다. 광주여대 창작문학과와 조선대 문예창작과 강사를 역임했고, 1984년 제6회 대한민국문학상, 한국동시문학상, 1992년 제11회 계몽아동문학상, 세종아동문학상 등 굵직한 상을 수상했다. 시집『진달래꽃 속에는 경의선이 놓여 있다』, 동시집『그림엽서』, 1999년『뻐꾹리의 아이들(1~6)』(아동문예), 『참 좋은 짝』 등이 있다.

왕년의 그의 등단 시조인 「우리 선생 백결」은 시에 익숙한 동시에 시조 율律調律 기법을 활발하게 구사한 작품으로 흔한 삶의 이야기를 이끌어내고 이를 예스러운 말로 형상화한 작품이라는 평가(이근배)를 받았다. 또 「청학동 이야기」는 관조와 상상력의 세계가 돋보이도록 두류산, 그 지리산과 청학동을 시조 세계로 끌어와 유장하게 여는 작업을 했다는 평(김상옥·이상범)을 받은 바 있다. 다음에 두 작품을 소개한다.

「우리 선생 백결」

대처도 버리고 문하생도 다 끊고
이 땅의 무등빈자無等貧者로 그대 홀로 나앉아서
남루의 흥겨운 길도 먼저 알고 행하느니

덕지덕지 기운 옷이 어디 생生의 전부냐고
건강한 병 하나 얻어 뿌리 깊게 앓다 보면
보아라 거문고 한 채 저절로 울리는 걸.

쿵덕 쿵덕 방아소리 하늘을 울려, 이웃집은
높고 낮은 웃음소리 하늘을 울려, 이웃집은
그래도 훔치지 마라 내자內子여 네 옷고름.

절구통마다 가득 고인 배고픔도 덜어내고
울타리 친 세상의 눈도 잠시 뒤에 맡기로 하고
이제는 대악碓樂* 한 가락 통길밖에, 그밖에…….

속俗도 벗고 도道도 벗고 그저 무위無爲인 채로
죄 없어 서러운 거문고 한 채 뜯다 보면
가난도 빚 하나 없이 제 집 짓고 들앉으신.

* 대악碓樂 : 방아타령

(1983년 동아일보 신춘문예 당선작)

「청학동靑鶴洞 이야기」

두류산頭流山* 물소리가 사리숧리 몇 섬 부리시는
청학동 들어서야 뒷짐 진 세월 만나것다
천 년을 선 채로 흐르는 그걸 그냥 보것다.

바둑으로 친다 치면 넉 집 반半은 덤으로 받은
바위와 그보다 많은 연봉連峯들이 제 자리 놓인
포석布石도 저쯤은 돼야 구름 정도는 불러 앉히지.

안 그런가, 약초 캐고 제祭 지내는 거 말고라도
바람막이 산죽山竹으로 가풍家風을 두른 초가집들
무심한 저 선이 살아 두류산 능선 이루는 것을.

원시原始의 침묵 같은 고요의 그 수심水深 같은
섬진강물 밀어 올리는 단청丹靑 빛도 게워내고
돌 속에 누운 종소리 마저 깨워 울리는 것을.

산다화山茶花 한 잎 뚝 져도 경계境界가 달라지는
청학동 깊은 골에 와 하늘 인 듯 내 알것다
선 채로 천 년 흐른 듯 이제 죄다 알것다.

　　＊ 두류산頭流山 : 지리산

(1988년 경향신문 신춘문예 당선작)

■ 김종섭(金鍾燮, 1957~)은 전남 화순 출생으로, 1983년 조선일보 신춘문예 시조 당선, 1979년 전남매일 신춘문예 시 당선. 1981년 한국문학 신인상 시 당선으로 등단했다. 1975년 송선영의 지도를 받은 문학소년들 모임인 '전남학생시조협회'의 창립회장을 역임했으며, 한때 〈80년〉 동인으로 활동했다. 저서 『국어방송교재』(고려출판), 『고전논술』(고려출판) 등을 썼다. 현재는 과작으로 작품집이나 문예지 발표가 눈에 띄지 않아, 2021년에 발표한 《광주전남시조문학》 속의 한 작품을 소개한다.

「朴龍來 / 민음사 박용래 詩集 '강아지풀'을 읽고」

"요오요! 요오요오!/미쁜 저 강아지풀아"

아침께부터 술 몇 잔/山머루 그 두 눈 들어
입 맞춘 발목 흰 안개가/울며 강을 건너온다.

두 딸이랑 곡진히도/주고 받던 저 글월들을
앞 여울 목청 쉰 가을/매년 샛별 떼 뜨란 건지
즈믄 해 山과 들 너머/기억 초롱 켜 남겨 놓다.

섣달 저승 먼 눈발들/늦은 마늘밭 붐비다가
외양간 워낭 소리로/막내집 홀로 붐비다가
빈 西녘 무지개 뜨던 날/물빛 그리움만 두곤 갔다.

　　　　　(2021년《광주전남시조문학》제20집 '출향시인 초대시조')

■ **이지엽(李志葉, 1958~)** 은 본명이 이경영李景瑛으로, 전남 해남군 마산에서 출생, 경동고를 거쳐 성균관대 영어영문학과를 나와 동 대학원 국어국문학과에서 석사·박사학위를 받았다. 광주여대 문예창작학과 교수를 역임하고 경기대 국어국문학과 교수를 역임했다. 1982년《한국문학》백만원고료 현상모집에 시「촛불」이 당선했고, 1984년 경향신문 신춘문예에 시조「일어서는 바다」가 당선되어 등단했다. 시집으로 1979년 김동찬과 함께 낸 2인 시집『아리사의 눈물』, 1984년 시집『다섯 계단의 어둠』(청하), 1988년『샤갈의 마음』(청하), 1989년 시조집『떠도는 삼각형』(동학사), 2000년 시조집『해남에서 온 편지』(태학사), 시집 2001년『씨앗의 힘』(세계사), 2006년 시조집『북으로 가는 길』, 2010년『어느 종착역에 대한 생각』(고요아침), 2011년『사각형에 대하여』(고요아침), 2012년『그림에서 시를 묻다』(고요아침), 2013년『그릇에 관한 명상』(시인생각), 2015년『빨래 두레 밥상』(고요아침), 단시조집 2015년『내가 사랑한 여자』(책만드는집), 2016년『담양에서 시를 묻다』(고요아침), 시전집 2024년『이지엽 시전집1, 2』(고요아침), 시선집 2014년 이지엽·홍성란 공저『세계인이 놀라는 한국의 시』(고요아침) 등이 있다. 논저로 1994

년 이지엽·최한선 공저의 『한국 현대문학의 사적 이해』(시와사람), 논저 2007년 『현대시조 작가론1, 2, 3』(태학사), 2009년 『한국 전후시 연구』(태학사), 『21세기 한국의 시학』(책만드는집), 2014년 『현대시조 창작강의』(고요아침), 2015년 『글쓰기 지도론』(고요아침), 2016년 『우리말 우리글』(고요아침), 2019년 고형진·이지엽 공저 『전후 휴머니즘의 발견, 자존과 구원』(민음사), 2019년 『권갑하 시조연구』(고요아침), 2023년 현대시조작가론4』(고요아침) 등이 있다. 수상으로는 성균문학상, 평화문학상, 한국시조작품상, 중앙시조대상, 유심작품상 등을 받았고, 《열린시학》과 《시조시학》의 주간을 맡고 있다. 그는 오늘의시조시인회의 의장, 한국시조시인협회 이사장 등을 역임하며 한국 시조단에 큰 이정표를 세우는 작업을 추진한 바 있다. 현재 진도에서 한국시서화박물관을 꾸려 나가고 있다. 그의 시조는 자연 친화의 내용이 주를 이루지만 세상의 모순을 담아내는 비판성, 풍자성이 강한 작품도 많다.

「황토」

내 슬픔 으깨/네 붉은 적멸궁寂滅宮/가/닿으리
가슴 죄다 드러내고/무릎 꿇고/바보처럼
천千 날을 매맞고 서서/잘못했다, 잘못했다고……
　　　　　　　　(시조집 『해남에서 온 편지』, 태학사, 2000)

「사랑산조·1」

허깨비 같은 몸짓으로 그대에게 내리고 싶다
내 그리운 산천 딛고 아슬한 능선 넘고
내려서 녹아내려서 뿌리까지 젖고 싶다
　　　　　　　　(시조집 『해남에서 온 편지』, 태학사, 2000)

■ 여동구(呂東九, 1956~)는 호가 죽전竹田, 담양 무정면 정석리 태생으로 한국교원대 대학원 국어교육과를 졸업했고, 1984년 《시조문학》에 「삶」 외 1편의 천료로 등단했다. 중고교 교사를 거쳐 교장으로 정년 퇴임했으며, 한국문인협회, 써얼문학회, 한국시조시인협회, 광주문인협회, 담양문인협회, 불교문인협회 회원으로 활동하고 있다. 2019년 퇴임을 즈음한 시문집 『삶의 여적』을 펴냈다. 그의 작품은 인간의 근원적 문제와 사회 현실을 자연의 서정과 관련지어 형상화 시키는 시조 작품을 발표하고 있다. 그는 문학이 그 사회를 반영하고 문학가는 그 사회의 영향을 받는다는 말에 의해 말과 행동을 일치시키고자 노력하는 시인이다.

「꽃이 피네」

1
간밤에 꽃대가 수줍게 올라왔네
세차게 내린 비가 목줄기를 적셨나 봐
모두들/잠든 사이에/꽃대를 만들었나 봐

2
또 한밤 자고나니 꽃망울이 맺혀 있네
이슬로 얼굴 씻고 햇살로 닦고 나니
어느덧/바람이 불어와/꽃대를 흔들었나 봐

3
저것봐, 저것 좀 봐, 꽃 대궁이 열리는 걸
아무리 쳐다봐도 산고産苦의 고통 없었는데
나비가/꽃 위에 앉아/어루만져 주고 있잖아

(2012년 《광주전남시조문학》)

「운명, 후회 없는 삶이 어디 있으랴」

1
운명적인 만남 앞에 자신을 던져 놓고
때로는 멈칫거려 망설일 때 있었지만
뒤돌아 되돌아 보면 그 때가 좋았었다

2
저 멀리, 인생의 등불이 희미해져 가면
하늘의 별들을 하나 둘 세어 본다
조금 더 가까이 가면 저 별들을 딸 것만 같았었는데

3
작은 산들이 모여 산맥을 이루듯이
순간의 삶들이 모여 인생을 엮어 간다
오늘도 아무도 모를 나의 베가 짜여 간다

(2018년《불교문예》)

■**고규석**(高圭錫, 1962~)은 광주 광산구 덕림동 출생. 서석고를 거쳐 조선대 영문학과를 졸업했다. 1984~1987년《시조문학》과《현대시조》천료, 1990년 경향신문 신춘문예 시조「겨울 吾陰里」당선. 1992년 전남일보 신춘문예 시 당선으로 등단했다. 1983년 시집『恨』, 1992년「3학년 8반 교실」등으로 눈높이문학상, 2015년 백호임제문학상을 수상했다. 시집 1994년『우리 땅 우리 놀이』(신문예), 2008년『구두의 충고』(시와사람)가 있다. 목포시조문학회 회원으로 활동하고 있다.

「진달래 타는 오월에서 창포꽃 피는 오월까지」

깊고 긴 겨울 뒤에/오는 봄이 더 매섭다
죽어서 사는 그대/꽃다운 주검 앞에
눈물 다 흘릴 수 없는/우리들의 혁명이여.

역사의 채마밭에/풀냄새 어머니는
三冬에도 살아남은/갈잎을 솎아내며
꽃들이 무너진 이 땅/노을로 타오르네.

진달래 타는 사월도/창포꽃 피는 오월도
비 온 뒤 죽순처럼/돋아올 그대 위에
만상의 침묵을 깨워/두꺼비가 참회한다.
　　　　　(태학사 편, 『90년대 우리시 신춘문예 당선시집』 태학사, 1999)

「겨울 우음리牛陰里」

눈 내린 막장 저켠 세상은 낮아지고
고단한 年代를 앓는 영하의 기침소리
무심히/잠들 수 없는/이웃들이 일어선다.

날품에 굽은 등이 半生의 전부냐고
갱도의 굴뚝새가 객혈을 쏟는 겨울
구차한/목숨을 밝힐/아침 해도 비껴 간다.

어둠과 내통하는 암울한 지층마다
침묵을 찍어내는 解氷의 굴착소리
천리 밖/파묻힌 꿈이/불씨로 깨어난다.

햇빛을 쏟아서는 밝히지 못할 이 땅
불문율을 새기는 광부여 내리쳐라
끈질긴/어둠의 습성/뿌리까지 흔들린다.

몇 겹을 짓밟혀야 밤하늘 별로 뜨랴
화석처럼 파묻혀 간 시대를 다스리며
한 겨울/어둠을 사뤄/동배꽃을 피운다.

(1990년 경향신문 시춘문예 당선작)

■**박녹담(朴綠潭, 1957~)**은 본명이 박덕훈朴德焄, 전남 해남에서 출생, 조선대 공과대를 나와 고려대 자연자원대학원 식품공학과를 졸업했다. 세종대 강사를 역임하고, 한국전통주 연구소장을 맡고 있다. 1984년 광주일보 신춘문예 시 당선,《현대시조》,《월간문학》신인상에 시조가 당선되어 등단했다. 청호문학회 총무, 한국현대시조문학회 이사를 역임하였으며, '새솔문학회'를 창립하여 초대 회장을 지냈다. 한국문인협회, 한국시조시인협회, 현대불교문인협회, 광주일보신춘문학회 회원으로 활동하고 있다. 시조집 1991년『겸손한 사랑 그대 항시 나를 앞지르고』(산방)을 비롯하여 1992년『그대 속의 확실한 나』(자유지성사), 1996년『사는 동안 이 사랑이고만 싶다』(조선문학사) 등이 있고, 2015년 시와 시화를 모은 저서로 2015년『시주풍류詩酒風流』(바룸), 1999년『명가명주名家名酒』(효일문화사), 2006년『버선발로 디딘 전통누룩』(효일문화사) 등 많다. 그의 작풍은 자연의 이상향을 추구하거나 한국적 정한을 소재로 내면 사랑의 갈구를 사실적으로 나타내는 경향을 보인다.

「스물아홉 계단」

숨이 찬/절벽으로/그 하늘은 섬뜩했다.
인정도 금이 가는/불면의 달이 뜨면
산다는 시늉조차도/짐스러운 밤이 오고

흘려온 세월만큼/골이 지는 삶의 이랑
머리를 들고 싶어/절박해진 나이던가
깜깜한 무변의 둘레/유적幽寂조차 겨웁더라.

(1986년《시조문예》제16집)

「입춘일기立春日記」

새 봄을 길어올린/난무하는 햇살 속에
나는 나무였다, 창창한 잎 늘이고 선.
손 시린 가난도 피워/그 숨결로/길을 내는….

(1986년《시조문예》제16집)

■ **정병표(1949~)** 는 전남 무안에서 출생, 조선대 국어국문학과와 동대학원을 나와 중등학교 교직에 근무하다 교장으로 정년 퇴임했다. 1984년《시조문학》천료로 등단했으며, 이한성·이재창·김종섭 등과 〈혁명〉 동인으로 참여했다. 그의 작풍은 사회적 갈등과 변화에 대해 관심이 높고 관조적 자세로 사람들의 일상을 노래한다.

「삶의 형색」

우리네 삶이라도 맵시가 있다면
아무나 제멋대로 찌부러진 것일 거야
이제라/잡티나 없이/더불어 살으리.

우리네 삶이라도 무늬가 있다면
마구잡이 부러 갈겨 환칠한 것일 게야
늦으매/고운 빛깔로/어울러서 즐기리.

사랑이란 이름으로 내 삶을 돌아보자.
이웃에 건네주는 눈길조차 살가워라!
다복이/서로에 베풂/태깔 곱게 번지리.

■ **김진혁(金珍赫, 1947~)** 은 전남 곡성 출생으로, 살레시오고를 거쳐 조선대 공과대를 졸업하고 산업통상자원부 공무원으로 근무하다 정년

퇴임한 후 동신대 산업협력단에서 근무했다. 1984년 《시조문학》에 「학」, 「서천 강나루」 등이 이태극·정훈으로부터 천료되어 등단했다. 제3회 공무원 문예대전에 「청동하늘을 그리며」로 대상을 수상했으며, 맥시조문학회 회장을 역임하였고, 현재 한국시조시인협회와 한국문인협회에서 활동 중이다. 1988년 첫시조집 『바람으로 서서』을 비롯, 1993년 『술잔 속에 넘치는 바다』, 2000년 『청동하늘을 그리며』, 2006년 『내 마음은 작은 두레』(청솔), 2023년 『나무 날다』(시와사람) 등을 펴냈다. 2022년에는 100인선 가사시집 『돌 속에 핀 노래』(고요아침)로 제6회 가사문학공모에서 대상을 수상했다. 그의 시조는 자연의 순수함과 정직함을 정돈된 언어로 투과 시키는 맑은 시를 표방한다. 해서, 오랫동안 곰삭힌 그 자연을 경영하는 것[46]을 바탕으로 한다.

「노을 이미지」

하늘도 외로울 땐 솜털구름 엷게 띄워
만가지 생각들을 차곡차곡 쌓았다가
일제히 가슴을 열어 핏빛으로 지는 걸까.

오늘 내 눈썹 끝은 먹빛 장막인데
지나간 추억들은 주홍빛 먼 그리움
지천명 행간 사이로 날아간 파랑새여.

한평생 가슴 앓던 욕망의 비늘을 털고
잔잔한 저 수평에 찌든 때를 씻고 나면
속죄의 황홀한 순간 푸른 영혼이 보인다.

(1998년, 공무원문예대전 작품집)

---

46) 노창수, 「자연 경영, 그 순수의 서정 따기」 (김진혁 시조집 『내 마음은 작은 두레』, 청솔, 2006) 시조세계 해설, 99~109 참조.

「남도창南道唱」

끊일 듯 이어지는 저 질긴 명줄 같은
금속성 쩌렁한 떨림 온몸으로 뽑아내면
토한 피 목청이 트여 청산이 깨어난다.

못 다한 한이 터져 폭포로 쏟아지나.
막힌 가슴 허물어져 우레 같은 낙수소리
푸른 넋 산산이 부서져 피어나는 물보라여.

한도 이만쯤엔 심연 하나 이루어 내
못다한 정마저 낮은 음계로 내리는가
갑자기 적막해진 산하, 소리는 가고 노을만 붉네.

(1995년, 시조집 『청동하늘을 그리며』)

■ **차정미(車貞美, 1957~)**는 전남 보성 출생, 1982년 샘터시조상, 1983년 《시조문학》「종의 변신을 위한 서사시」천료로 등단했다. 제2회 동시조문학상, 제7회 적벽예술연 시조 우수상, 1982년《주부생활》문예 시 우수상을 수상했다. 전남시조시인협회 회원, 호남시조문학회 회원, 〈나래시조〉 동인으로 참여했고, 현재 한국작가회의에 참여한다. 1985년 무크지 《시인》에「고향사람들」을 연재했으며, 박완서, 강은교, 공지영, 이경자 등 여성 작가들과 함께 『울타리를 넘어서』, 『내가 알을 깨고 나온 순간』 등 공동 산문집을 펴냈다. 여성문제를 다룬 시집 1989년 『눈물의 옷고름 깃발 삼아』(동광출판사), 1993년 『딸에게 주는 사랑 노래』(눈출판사), 1994년 『빈들에 혼자인 사람일수록』(규장문화사), 1994년 『테트리스와 카멜레온』(푸른숲) 등이 있고, 2003년 『아름이와 함께 떠나는 일기 여행』(산하), 80년대 민주화에 힘쓴 민가협 어머니들의 구술집인 『오 어머니 당신의 눈물은』(동녘)을 펴냈다. 다음은 한국시조시인협회 전남지부의 회원

으로 활동할 때의 발표한 시조이다.

「설야雪夜」

지난 날 반추하는/새김의 일기장에
번뇌는 별빛인 양/마음의 빈 창에 어려
해빙의 눈물 없이는/잠들지 못합니다.

빛에 온통 어두움이/무너져 내리는 밤
수백만마리 해오라기 떼/하늘에서 날아와도
결빙의 눈물없이는 잠들지 못합니다.

(1983년《시조문예》제13호)

「사모곡思母曲」

탱자나무 울타리에 지난 추억 매어 두고
가리란 말도 없이 홀로 떠나버리신 이
피어나 보일 이 없는 탱자꽃은 슬픕니다.

(1981년《민족시》제4집, 민족시연구회)

■**오종문(吳鍾文, 1960~)**은 광주 광산구 남산동에서 출생, 1986년 경원대 졸업을 했고, 1986년 사화집『지금 그리고 여기』(혜진서관)을 통해 등단했다. 중앙시조대상, 가람시조문학상, 한국시조대상을 수상했으며, 한국시조시인협회 부이사장 역임, 현재 오늘의시조회의 의장, 〈열린시조〉 동인, 작가회의 회원으로 활동하고 있다. 시집 2006년『오월은 섹스를 한다』(태학사), 1999년 6인시집『갈잎 흔드는 여섯 악장 칸타타』(창작과비평사), 2017년『지상의 한 집에 들다』(이미지북), 2022년『아버지의 자전거』(이미지북), 2023년『봄 끝 길다』(이미지북)가 있다. 이외 저서 2005년『이야기 고사성어』(전3권, 현실과과학), 2016년『시조로 읽는 삶의

풍경들』(이미지북), 편저로 『현대시조자선대표작집』 등이 있다. 그는 현실에 대해 날카롭고 예리한 시선을 시에 담는다. 즉 생태계 위기에 비판의 날을 세우거나 정치현실을 날카롭게 풍자하며, 가난한 소시민의 일상을 파헤치는 시조도 쓴다.[47]

「한계령의 밤은 길다」

하루의 무거움, 혹은/절망에 공감하는 밤
가자, /눈가림의 세월/벌목하는/세상 속으로
인간이, 사람들만이/나를 살릴 것이다.
　　　　　　(우리시대현대시조100인선 『오월은 섹스를 한다』 태학사, 2000)

「쥘부채를 들고」

사랑할 때 너를 찾아 한 생을 몸 맡기고
미워할 때 너를 잊어 한 생을 버림받는
숱한 밤 혼자의 시간/모란꽃을 닮았다

여름 끝 남은 것은 처연한 가을의 말
겁 없이 배반하고 살 떨리게 배반당한
찬찬한 사람을 잃은/그리움을 지워갔다
　　　　　　(시집 『아버지의 자전거』 이미지북, 2022)

■ **김선희**(金善姬, 1952~)는 전남 여수 출생, 순천대 교육대학원 졸업, 1986년 《시조문학》에 「말씀」 외 2편이 당선되어 등단했다. 한국문협 순천지부장, 일산장학회 이사, 순천대 문예대학 강사를 역임했다. 1968년

---

47) 한국시조시인협화, 『한국현대시조대사전』, 고요아침, 2021. 1120쪽 참조. 이송희 평론가의 글을 요약 소개한다.

한국학생문학상, 1969년 국제유네스코문학상 등 수상했고, '서기 2000년을 빛낼 한국인 천명'에 선정되었다. 시집 1990년 『요즘 편지』(월간문학출판부)를 냈다. 시집 발간 이후 작품 활동을 접었다가 2012년 1월부터 블러그〈김선희의 '요즘편지'〉를 운영했다. 그는 곤궁한 삶의 파편을 이어가듯 지나온 고비마다 고뇌한 흔적들을 정성스럽게 꿰어가는 시조를 쓰고 있다.

「기도」

神이 없는 우리 집은/가슴끼리 엮어 산다
부싯돌 켜듯/서로를 불 밝힌 밤
정직한/세월 한 줄기/어둠을 밀어내고 있다.

우리끼리 무너지고/다시 서고 몸살난 날
맑은 피 조금씩 흘러/닦여지는 삶의 찌끼
사는 뜻/아프게 고와/시로 트인 기도다.

「슬픈 벅수」

주어진 죽음조차/내게는/멀고 먼 꿈이에요
꽃 지우는 풀 한 닢/부러워 슬플 때면
돌덩이/흙속에 뒹굴던/무심의 자유/그리워요

피안도 건너다 뵐/이승의 정점에서
필연인지/선택인지/한 생 섰다 말걸
어혈진 눈빛 거두고/이젠 눕고 싶어요

(시집『요즘 편지』월간문학출판부, 1990)

■ **윤삼현**(尹三鉉, 1953~)은 호가 동보童步, 전남 해남군 현산면 일평리

에서 출생, 광주고를 거쳐 목포교육대학을 졸업하고, 전남대 교육대학원 국어교육과에서 교육학석사, 조선대 대학원에서 문학박사 학위를 받았다. 1982년 광주일보 신춘문예 동시, 1983년 동아일보 신춘문예 동시 당선, 1986년 《시조문학》 천료, 1988년 광주일보 신춘문예 동화 당선을 통해 작품 영역을 넓혔다. 광주·전남아동문학인회 회장, 한국동시문학회 부회장, 광주문인협회 부회장을 역임하고, 현재 한국문인협회 회원, 〈겨울새〉 문학회 고문으로 참여하고 있다. 문학상은 한국아동문학상, 광주일보문학상, 대한아동문학상, 송순문학상, 무등시조문학상, 조연현문학상 등을 수상했다. 시집 『유채꽃 풍경』외 다수가 있으며, 시조집으로 2009년 『뻐꾹소리를 따라가다』(시와사람)가 있다. 그의 시조에서 시적 구조는 초장의 단정문斷定文, 중장의 연결문連結文, 종장의 조용한 반전문反轉文으로 살짝 도약을 꾀한다.[48] 그리고 현대인의 불안심리, 흙의 모성, 바다의 포용성 등을 표현하며 자아를 찾아가는 그 탐색적 생태 시학을 보여준다.

「자화상 앞에서」

숨소리 고르노라면 차근차근 열리는 하늘
육 척도 채 안 된 몸 안에 선뜻 우주 들여놓고
어둠을 베어 문 눈빛/세월 깊이 응시한다

긴 수염 가닥마다 천 마디 언어 꿈틀댄다
적멸의 시간 틈 사이 돋아나는 푸른 혈관
한 순간 치는 마른 번개/천공 와짝 깨운다

내 안 정히 다스리고 티끌일랑 죄 털어내고
지층을 뛰넘어 저 무량한 대아大我로

---

[48] 노창수, 「무너뜨리기 또는 살짝 넘는 비약」, 윤삼현 시조집 『뻐꾹소리를 따라가다』(2009, 시와사람) 해설, 112~113쪽 참조.

화면을 태워버릴 듯/쏘아붙이는 두 눈썹.

(시조집 『뻐꾹소리를 따라가다』, 시와사람, 2009)

「바닥」

바닥은 한없이 외면하고 싶은 것
고단한 삶의 수렁/철없이 맴돌다가
마침내/그곳이 놀라운/스승임을 깨닫습니다.

또다시 바닥은 포근하고 든든한 것
허방 짚을 이유도/허우적댈 일도 없는
느긋이/발걸음 받아 안는/회귀처가 거기였습니다

(2021년《나래시조》겨울호)

■**박석순**(朴錫順, 1936~2011)은 부산 초량동에서 출생하여 순천사범, 원광대 국문학과를 나와 순천여고, 목포고, 광주일고, 광주고 등 중등학교 국어교사로 오래 근무하다 광주고교 사서교사를 끝으로 정년 퇴임했다. 1986년《시조문학》천료로 등단했고,《한국동시조》를 1995년부터 발행하기 시작하여 2008년 제25호까지 펴냈다. 동시조집으로 1987년『아가와 꿈』(한림), 1994년『추억』(한림), 1996년『아가와 꽃』(한림), 1996년『새』(한림), 1997년『반딧불』, 2004년『아침이면 별들은 바쁘다』(드림), 2010년『처음으로 생각했다』(한국동시조사), 1997년 제5동시조집『반딧불』(한림) 등을 내었고, 1988년 연작시조집『가을엽서』(전일실업출판국), 2011년에 낸 2권의 절장시조집『벌집』(한국동시조사),『석공』(한국동시조사), 그리고 1999년 박석순 동시조선집『아가와 반딧불』(한솔에디피아)이 있고, 주요 동시조작품들로 엮어낸 동시조선집에는 2004년『아기별을 찾습니다』(한국동시조사), 2009년『한국동시조선집』(한국동시조사)을 꾸준히 펴냈다. 이처럼 시종여일 오롯 동시조운동을 위해 심혈을

기울였다. 1988년 현산문학상, 1997년 광주문학상, 1998년 광산문학상, 2000년 충헌문학상, 2000년 눈솔상 등을 수상했다. 경철 시인은 박석순의 모습을 가까이하니, "이게 바로 순수구나 이게 바로 자연이구나, 이게 바로 동심이구나 이게 바로 시심이구나 하는 정감이 나오고", 그러니 "박 시인이 생애를 걸고 가시밭길을 개척하는 선구자"라고 말한 바[49] 있다. 김종 시인은 "아동시조 진흥과 보급에 20년가까이 헌신해 온 그의 절장시조집은 언어의 쇠뭉덩이를 갈아서 바늘을 만든 결과물"이라고[50] 말한 적도 있다. 동시조의 바탕이 거의 없다시피한 이곳에서 일으킨 그의 평생에 걸친 동시조 창작과 보급운동은 광주전남의 문학사는 물론 한국동시조문학사에서도 획을 긋는 숨은 공헌자로 기록되리라 여긴다. 그의 시조세계는 사물의 신기성과 인간 세상의 휴머니티를 시의 기본으로 삼고 있다. 그는 늘 시가 새로워야 한다고 말하면서 세상의 꾸밈없는 쪽의 진선미에 관심을 보였다. 아무튼 좀 관념적이긴 하지만 동심을 캐려는 언어의 모색에 힘쓴 건 부인할 수 없겠다. 사실, 그는 광주 전남에서 내로라 하는 유명 인문계고등학교의 교사로 학생들의 입시를 위해 교직 전체를 바친 선생이었다. 한데, 참으로 우연히 경철 시인을 만나 오히려 그보다 더 헌신적으로 '동시조운동'을 각오하고 실천한 시인이다. 동시조를 쓰려고 그의 교직을 사서교사로 바꾸기까지, 또는 가족사의 애환을 이기며 가난한 봉급을 털어 '한국동시조' 발간을 끝까지 잇겠다던 그의 의지의 허스키한 목청이 아직도 생생히 들려온다. 그는 줄담배의 시간과 함께한 동시조 시집을 몽땅 들고 와 이야기하던 그 봄날의 데이트가 아직도 생생하다.

「아가·33」

아가의 눈에/넘친 건/파아란 가을 하늘

---

[49] 경철, 「하늘과 땅과 사람 그 숨결」 (박석순 제5동시조집 『반딧불』, 한림, 1997) 발문, 116~125쪽 참조.
[50] 김종, '박석순 절장시조집 『벌집』(한국동시조사, 2011)의 표사' 중에서 인용.

아가 눈에/담긴 건/하이얀 수평선
아가의/웃음 빛살은/어머님이 주셨지

(1999년 동시조선집『아가와 반딧불』, 한솔에디피아)

「추억 솔숲에서·2」

숲속에 앉아보면/솔내음/산새 소리
숲속에 누워보면/풀내음/바람 소리
솔숲서/하루를 살면/고향 소리 흙내음

(1994년 제4동시조집『추억』, 한림)

■ **박현덕(朴玹德, 1967~)** 은 전남 완도 출생, 광주대 문창과 및 동대학원을 졸업했다. 1987년《시조문학》천료, 1988년《월간문학》신인상 시조 당선, 1993년 경인일보 신춘문예 시 당선으로 등단했다. 중앙시조대상, 김만중문학상, 한국시조작품상, 오늘의시조문학상을 수상했다. 전남학생시조협회의〈토풍시〉회원으로 활동했고, 1995년 광주대 시동인〈시인〉창립을 했다. 〈역류〉〈율격〉동인으로 활동하고 있다. 시집 1993년『겨울 삽화』(시간과공간사), 2001년『밤길』(태학사), 2006년『주암댐, 수몰지구를 지나며』(고요아침), 2010년『스쿠터 언니』(문학들), 2012년『1번 국도』(고요아침),『겨울 등광리』, 2020년『밤 군산항』(문학들), 2023년『와온에 와 너를 만난다』(문학들)가 있다. 그는 이곳저곳을 도보여행으로 떠돌아다니며 풍경이나 상처를 만나며 시를 쓰다 그 길을 잃기도 하지만 사람들의 곁에서 쓰는[51] 시인이다.

「와온에 와 너를 만난다·1 -노을」

---

51) 한국시조시인협회 편,『한국현대시조대사전』, 고요아침, 2021. 816쪽 참조. 이에 실린 신덕룡 평론가의 글을 인용하여 필자가 재구성했다.

세상일 망했다고 무작정 차를 몰아
와온해변 민박집에 마음 내려 놓는다
나는 왜 춥게 지내며 덜컹덜컹 거렸지

해변을 걷다 문득 마파람 씹어보면
바람에 쓰릿해져 누군가 생 펼친다
제 몸의 상처가 터져 걸어온 길 적신다

잔파도에 쓸려간 철새들의 발자국
무릎 괴고 숨어서 눈 붉도록 울고 나면
하늘을 미친 바람처럼 물고 또 뜯고 있지

(시집 『와온에 와 너를 만난다』 문학들, 2024)

「저수지」

봄볕이 따사로워/둑에 앉아/봄 낚는다
물소리 결 짚어보면/사는 것/헛발이다
마음이/저만치 걸어가/저수지 새가 된다

(시집 『야사리 은행나무』 책만드는집, 2017)

■ **천병태(千昞泰, 1954~)**는 전남 진도에서 출생, 목포교육대학을 졸업하고 교직에 근무했다. 1987년 《시조문학》에 시조가 천료되고 《문학예술》 신인상에 시가 당선되어 문단에 나왔다. 그는 주로 진도에 거주하며 향토문학의 진흥에 힘써 왔으며, 전남문학상, 편운문학상, 전남문화상 등을 수상했다. 첫시집으로 『서른세 송이의 장미꽃』, 『십이월 여행』, 『나배도 소식』, 『통신두절』, 그리고 2017년에 낸 『바다를 떠난 섬』 등이 있다. 전남시인협회 회장, 진도문인협회 회장, 진도예총 회장을 역임했다. 그의 작품 세계는 인간이 지닌 근원적인 향수를 찾아가는 데에 그리움을 빌려 표출한 시가 많다.

「탱자 울에서」

비수같은 관능으로/가슴을 치던 너는
이제야 고백하노니/그렇다/사랑이었네
덧나는 회상을 어루며/쉰 눈물을 감춘다

은밀히 흘러내리던/그리움 씻어내고
꽃배암 무덤 위에/새소리 한 잎 벌면
상흔傷痕은 꽃으로 피어/가시 끝에 맺힌다.

(1989년《시조문예》제19호)

■ 이희란(李熙蘭, 1957~)은 전남 신안 비금도에서 출생, 광주보건대 임상병리학과를 졸업 후 방송통신대학 국문학과를 졸업했으며, 완도군 보건소, 무안군 보건소, 인천 관내 보건소에서 오래 근무했다. 1987년《시조문학》에 「그밤 샛강을 따라서」로 초회 추천, 1989년 「계단」으로 천료 등단했다. 현장문학·섬문학·새솔문학·호남시조문학회, 무안문인협회에서 활동했다. 1994년 시조집 『어깨 힘 좀 푸시게』(한림), 2017년 시집 『물의 들숨』(다인아트)을 펴냈다. 그의 시 세계는 내밀한 속삭임의 언어로 자기 성찰의 의지를 표출하며, 어떤 허무 의식 속에서도 부활을 꿈꾸는 그 강하고도 자의식적인 생명력을 표현한다. 해서, 상반된 내연적 세계와 외연적 세계에 대한 융화적 구조를 추구함[52]으로써 자신의 서정성을 깊게 유지 지탱해 간다. 현재 경기도에서 거주하며 시낭송가로도 활동하고 있다.

「그 밤 샛강을 따라서」

---

52) 노창수, 「속살 부비는 언어와 삶의 의지」 (이희란 시집 『어깨 힘 좀 푸시게』, 한림, 1994), 이희란 시세계, 116~118쪽 참조.

서로가 서로의 땅에 발 끝을 밀어 넣고
패인 가슴과 가슴에 속살을 부비면서
새벽이 눈뜰 때까지 어둠을 견뎌 냈다

그 밤은 질기디 질겨서 모질게 잡아떼도
끈덕지게 움켜쥐는 어귀찬 손이었다
나락의 벼랑 아래를 거역하던 절규였다

위태롭게 떠 있던 우리의 푸른 별은
아래로 아래로 이래로만 내려 와서
끝없이 흐르는 물살에 지친 몸을 실었다

첫 번째 닭의 울음 풀섶에 돋아나면
기다림의 정체 또한 무상의 구름이었음을
보리라 나 또한 헛된 바람의 시녀였음을.

(시조집 『어깨 힘 좀 푸시게』, 한림, 1994)

「계단」

네가 먼저 밟고 떠난/그 길을 뒤따른다
먼저 간 자 먼저 되고/나중 간 자 나중 되는
비장의 함무라비 법전/먼지 속에 묻힌 말씀

너를 딛고 서야만이/비로소 설 수 있다면
나를 딛고 가는 너를/원망해선 안 된다고
인고로 쌓아 올려진/삼백 육십 오 계단.

(시조집 『어깨 힘 좀 푸시게』, 한림, 1994)

■ **박정호(朴正虎, 1966~)**는 전남 곡성 출생, 1988년 《시조문학》 신인상으로 등단하여, 광주전남시조시인협회, 한국시조시인협회, 오늘의시조시인회의, 곡성문인협회, 〈역류〉, 〈율격〉 동인으로 활동하고 있다. 광주전

남시조시인협회 회장을 역임했고, 무등시조문학상, 한국시조시인협회상 본상을 수상했다. 2019년 시조집 『빛나는 부재』(고요아침)를 펴냈다. 그의 시조는 자연과 우주의 열림을 빌어 삶의 터전에 대한 자기탐구와 인간의 본질적 그리움에로 승화[53]시킨다. 또한 시에서 자연의 이치를 이야기하며 삶과 죽음의 문제를 자연스럽게 들어 앉히는 시적 전략[54]을 펼친다. 우리 고유의 리듬과 흥을 돋우며 장강처럼 흘러가기도 하고 서정적인 연희演戱로 지긋하게 한을 치유하는 듯한 시학을 전개한다.

「산다경山茶徑」

옥판봉玉板峯 능선을 굴러 돌처럼 꽃이 진다

유상곡수流觴曲水 아홉 굽이 마른 물길로 꽃이 져서 꽃이 떠서 흐른다. 쿵! 쿵! 쿵! 꽃 떨어지는 소리에 꽃이 진다. 첩첩 수심도 없이 꽃 지면 하늘과 땅은 멀어져 꽃 진 빈자리 꼭 그만큼 길이 열린다. 오너라 오너라 누구든지 와서 꽃 떨어지는 소리 들어보아라. 적막한 구곡간장에 꽃 떨어지는 소리 받아 가거라. 한 가지에서 난 것인 양 꽃 지니 마음 지더라

그 꽃을 밟지 않고는 별서에 닿을 수 없다.

　＊산다경: 별서정원에 들어가는 동백나무(별칭 山茶) 숲의 작은 길
　＊옥판봉, 유상곡수: 백운동 별서 정원의 12경 중의 하나.

(2020년 《발견》 가을호)

「어라, 별별別別」

꽃피면 어떻게 하나/어인 일로 꽃은 피나

---

53) 이재창, (박정호 시집 『빛나는 부재』 고요아침, 2019) 표사 참조.
54) 이송희, 「침묵과 공백으로부터 울려 퍼지는 슬픈 전언」 (박정호, 『빛나는 부재』 고요아침, 2019) 해설 인용.

천애절벽을 부여잡고/오고 있는, 오는 것을
여북한 이내 심사야/황망하거나 말거나.

내심 기다림이/곡두 같은 것이래도
떠나서 오지 않는/누구누구, 무엇인지
강 건너 산수유 마을/가 보기는 할까나.

(2022년《열린시학》여름호)

■ **문혜관(文慧觀, 1957~)** 은 호가 설촌雪村이고 전남 함평군 학교면 곡창리에서 출생했다, 광동고등학교를 거쳐 중앙승가대학을 졸업, 승려생활을 하고 있으며, 현재 불교문학포교원 원장으로 일하고 있다. 1986년《시조문학》초회천, 1989년 천료로 등단했으며, 불교문예출판부 대표, 현대불교문인협회 회장,《불교문예》발행인, 통일문학관 관장을 맡고 있으며, 대한불교청소년문화지도상, 제15회 환경문화대상을 수상했다. 1987년 시집『한듬』, 1996년『번뇌 그리고 꽃』(장안사출판부), 2015년『찻잔에 선운사 동백꽃 피어나고』(불교문예), 2015년『서울의 두타행자頭陀行者』, 2019년『난蘭』(불교문예) 등이 있다.[55] 그의 작품은 전통적인 불교 정신에 입각하면서 수행 과정에서 얻은 사상을 간결한 리듬과 단아한 시어로 구사함에서 선적禪寂 이미지가 선명함을 드러낸다. 또 세속 사회를 비판적·풍자적으로 보는 현실 참여 의식도 더러 나타나 있다.

「반야교 난간에 서서」

달빛은 저리 밝고/별빛 또한 총총한데
반야교 차가운 돌/자정의 하늘 바라보며
별빛에 잠 못 이루는/붉디붉은 동백꽃

---

55) 한국문인협회함평지부 편,『함평문학사』, 2022. 문혜관 편(640~643쪽) 참조.

시가 되기에는/너무나 빠알갛고
사랑이 되기에는/너무나 아픈 꽃
그러나 어쩌리, 인생/이 또한 아픈 것을.

■**이남수(李南秀, 1930~작고)**는 호가 춘성春城, 전남 나주 공산면 화성리에서 출생하여, 조선대 국어국문학과와 동 교육대학원을 졸업, 오랫동안 중등교사로 근무하다 정년 퇴임했다. 1979년《아동문예》동시 천료, 《월간문학》동시 당선으로 아동문학 부문 등단, 1987년《시조문학》천료로 시조단에 등단했으며, 1992년《수필문학》의 천료를 받기도 했다. 한국문협 중앙대의원, 한국시조시인협회 이사, 호남시조문학회 회장 등을 역임했다. 퇴임 후 동의당 한약방을 경영했다. 시조집으로 1990년『꽃비 내리는 별밭』(송정문화사), 2009년『꽃비 내리는 춘성정春城亭』(현대문예)이 있고, 동시집으로 1994년『고향 그 박꽃』(한림) 등이 있다. 황산문학상, 소파문학상, 광주문학상, 노산문학상을 수상했다. 시집에 나오는 공산면 '춘성정'은 그의 아호를 딴 정자와 서재로써 봄·가을에 시조시인들을 초청해 편액시조 게시, 시조낭송회, 시조토의 등을 가진 바 있다. 그의 시조는 한결같이 고향과 그의 서재 춘성정의 가까운 주변 사물에 대한 주제를 다루고 있으며, 생활과 문학이 일치된 삶[56]을 보여주고 있다. 또 동심주의에 바탕을 둔 향토미와 회고적 정감을 소박하고도 친근감 있는 노래형으로 작품을 썼다.

「흰 목련과 아기」

소담스레/피어나는/새보얀 목련꽃엔
이련한/어머니의/젖내음이 배어 있다
그 그늘/꽃 아래 서면/자장가가/들려온다.

---

56) 국효문,「기나긴 생의 관조와 여유로움」(이남수 시조집『꽃비 내리는 춘성정』, 현대문예, 2009) 작품해설, 204~205쪽 참조.

올해도/어김없이/새 봄이 다가와선…
아장걸음/배우는 햇살/뜰 위에 놀다 가고
돌맹이/아장 걸음마/목련 한송이 뚝 진다.

(시조집『꽃비 내리는 별밭』, 송정, 1990)

「메아리」

긴 사연 아스라이/후벼대는 가슴앓이
황토 땅 푸른 바람/흰 구름에 한을 풀어
뻑 뻑 꾹/너는 어이하여/낮달 잡고 우느냐
　＊화순 한천면에 있는 시비 동산에 최기영 독지가 건립

(시조집『꽃비 내리는 춘성정』, 현대문예, 2009)

■ **염광옥(廉光玉, 1936~2019)**은 호가 강정江亭이며 전남 화순 이양면 오류리에서 출생, 광주고를 졸업하고 1961년 동국대 경제학과를 나왔다. 한때 국립농산물검사소에서 근무했으며 이후 교직 정광중·정광고에서 오래 근무하다 교감으로 정년퇴임을 했다. 1988년《월간문학》동시,《시조문학》시조 천료로 등단했다. 한국문협 발전기획위원, 한국시조문학회 이사, 한국아동문학회 중앙위원, 한국농민문학회 이사, 시류문학회 회장, 호남시조문학회 회장, 광주문협시조분과 회장, 광주동백문학회 총무 등 문학단체에 소속해 주로 궂은일을 도맡아 봉사했다. 동시와 시조를 함께 쓰고 있으며, 동백문학상, 시조문예대상, 광주문학상 등을 수상했다. 시집으로 1956년『상흔傷痕』, 시조집으로 1987년『강정江亭의 노래』, 동시조집으로 2006년『양동시장』(서석)이 있고, 현대시조 시인들의 고향시조를 모은 편저로 2010년『향수』(서석)를 펴냈다. 그는 사물을 직접 표출하기보다는 심전深沺으로 여과시켜 이를 동심의 밝음에 비추어서 빚어내려는 경향을 보였다. 늘 따뜻한 가슴과 정을 인품 지닌 그대로 시조에서도 그런 풍미가 느껴지는 작품을 썼다.

「장터 정취」

촌장은/점심 때가 파장될 장이지만
손님이 올까마는 찬 겨울 장날에도
장꾼은/새벽바람 쎔서 너와 불을 지폈다.

쌈한께/빨리 와 들 하나 둘 모여든다
그나마 둘러앉아 노상의 점심상은
애호박/종이박스가 제격이 돼 있었다.

동상도/짐 싸 두고 숟가락 들고 오고
혼자서 뭔 맛이여 합자로 먹어야제
장터의/줄 동생네도 숟가락 들고 간다.

(시조 편저 『향수』, 서석, 2010)

「포도」

가족이 무엇이며/친구는 무엇인지
가슴 속 키워 영근/고운 정 미운 정이
깡마른 오척단구에/방울방울 맺혔다.

(동시조집 『양동시장』, 서석, 2006)

■ 강진형(姜振亨, 1945~2019)은 호가 한길이고 전남 나주에서 출생, 광주교대를 나와 40여 년간 교사로 근무하다 정년 퇴임했다. 교직 때에 글짓기를 31년간 지도해 아이들의 글을 모은 문집 38권을 펴낸 바 있다. 1984년 《한국시》 시 당선, 《아동문예》 동화 당선, 1989년 《시조문학》 천료로 등단했으며, 한국문인협회, 광주시인협회, 호남시조문학회 회원으로 활동했고, 무등문학회 회장을 역임했다. 시집으로 1991년 『시간의 초상화』(한림), 2001년 『눈뜬 시간의 부엉이』(전남대출판부), 2004년 『금남

지하도를 건너는 법』(전남대출판부), 2007년『새벽을 열고 간 소나무』(한림), 2015년『그림자도 가끔은 태양 편에 서고 싶다』(고요아침) 등을 펴냈다. 그의 시조는 기존 질서의 탈피와 사물의 진정한 의미를 찾는 일을 묘사·추구하는 경향이 많다.

「새벽 등산」

잠자는 혼을 걷어 내려 가로등 짚어 들면
아슴한 산자락이 가슴으로 걸어온다
큰 별빛 가슴에 묻으면/돋아나는 노란 얼굴

어둠에 잠든 길을 발 끝으로 더듬어서
달그림자 지는 밤을 산머리에 닿아 섰다
은실실 풀리는 자리/푸른 풀벌레 맴을 돈다

가자 내 발이 닳도록 마음이 허허로운 길을
가다가 새라도 만나면 한 그루 나무나 되어
그 바람 마음 그대로 둥지 틀어 얹을래.

(1995년《시조문예》제25호)

□ 1990년대

1990년 12월 15일에 창립한 광주시조시인협회는 경철 시인의 단독 주관으로 이루어졌다. 이 모임은 특별한 발대식 없이 1990년 12월 15일 《광주시조》를 창간호로 출범시키는 것으로 대신했다. 그는 "우리는 시조를 창작하는 일을 인연으로 하여 서로를 향하고 있다"고 창간사 첫머리를 이끌었다. 그리고 마지막 부분에 "곳곳에 서린 상서로움과 신령스러움 속에 저 반야심경의-무등등주無等等呪를-합창하듯, 광주에서 살아가는 몇몇 우리들의 시심詩心을 모아 여기 시전詩田을 일구려 하노라"는 말로 첫 '광주시조시인협회'의 지평을 열었다. 이에 참가한 시조시인은 경철, 허일, 김상훈, 김두원, 양동기, 이남수, 오기일, 염광옥, 박석순이었다. 그리고《광주시조》제2집은 2009년 12월 15일에 출간한 바, 제1집과 제2집 사이가 무려 19년이나 떨어져 있다. 제1집이 광주시조시인협회의 단체 이름으로 동인지 발간은 했지만 정식 총회를 거쳐 창립된 게 아니었다. 이는 경철 시인의 건강 문제, 시조단의 화합 문제 등 안타까운 우여곡절이 있었다. 그런 이유는 바로《광주시조》제2집이 '광주문인협회 시조분과위원회'의 기관지로 바뀌어 발간되는 결과를 가져왔다.

우리 지역에서 많은 시조시인들이 나오게 됨에 그 수가 40여 명이 넘는다. 1920년대부터 1980년대까지 등단 활동해온 시인과 맞먹는 숫자이다. 시조의 대중화 바람이 몰고온 것과 함께 시조의 매체가 증가한 데 그 이유가 있을 것이다. 1990년대 등단한 시조시인으로는, 유춘홍, 박태일, 이성관, 염창권, 오기일, 노창수, 김진택, 이병휘, 이해완, 전태봉, 조계철, 황하택, 임용운, 천병국, 차경섭, 임권신, 정춘자, 경희준, 양길섭, 최상환, 박재곤, 설상환, 양인용, 장정희, 박진남, 부일송, 진삼전, 강정삼, 김계룡, 김옥동, 최지형, 김철학, 서연정, 이전안, 장옥순, 신기호, 조재섭, 김산중, 최양숙, 정려성, 이민규, 장수현 등이다.

1990년대에서, 특기할 일은 박석순에 의해 1995년부터《한국동시조》가 창간, 전국규모로 2011년도 제29집까지 발간되어 최장수를 이어간 점이다. 당시 지역 동시조지로는《대전동시조》가 김창현 주간으로 발간되었고 이는 후에《현대동시조》로 바뀌었지만 같은 주간에 충청지역 동시조지라는 테두리 안에 있었다. 그러나 '한국 동시조문학의 진흥'을 표방한《한국동시조》는 동시조 작품의 장을 확대해 제공한 외에도 동시조의 이론 개발과 어린이 시조작품을 싣는 데까지도 힘쓴 점이다. 이《한국동시조》는 박석순 시인이 사재를 털어서 발간했지만 안타깝게도 그가 작고하자 곧 멈출 수밖에 없는 형편이었다. 이러한 경위는 오늘날 이지엽 발행인이 도서출판 '고요아침'에서 내는《한국동시조》의 모태가 되기도 했다.

■ 유춘홍(劉春弘, 1958~)은 호가 한듬이고, 전남 해남군 화산면 해창리에서 출생, 전남대 교육대학원 국어교육과를 나와 오랫동안 중등학교 국어교사를 역임했다. 1990년《시조문학》천료로 등단했으며, 제3회 남촌문학상, 2015년 제12회 무등시조문학상을 수상했다. 그는 사물을 따듯한 시선으로 보며 그것을 내면화에 비쳐 감각적인 시조로 형상화해내는 힘을 가지고 있다.

「낙일落日」

무성한 자맥질이/무게 얹어 되감긴다.
한여름 들풀들의/가위 눌린 숨결인가.
저 낙일/깊은 곳까지/혼을 불러 지핀다.

목숨의 재가 되어/묵시이듯 떠매온 세월
산고의 빗장 풀어/빈 들에 흩뿌리면
제각기/촉을 돋우며/정적에 가 꽂힌다.

속죄로 잠 깬 이승/선혈로 일어선다.
떠도는 햇살들이/골 깊이 앉은 자리
금이 간/상채기마다/넋들이 뛰어든다.

(1990년《시조문학》)

「겨울밤」

문풍지 틈새로/부엉이 우는 밤
할머니 무릎에 피는/'해님 달님' 이야기

꿈결에/눈 밟는 소리/호랑이 오는 소리.

소스라쳐 돌아눕는/맏손자 가슴에
토닥토닥 내려앉는/귀에 익은 자장가
잠결에/고인 볼우물/따뜻한 겨울밤.

(2017년《한국동시조》)

■박태일(朴泰一, 1940~2007)은 전남 보성 출생으로 동양통신대 한의학과를 수료 후, 국민은행 등 금융계에 오래 근무했으며, 1990년《시조문학》천료로 등단했다. 2008년 첫시조집이자 생애 마지막 시조집인『푸른 나무가 길을 묻거든』을 펴냈다. 그는 서정성에 서사적 풍자를 접목하면서도 거기 현실적 고뇌를 사회시 형식으로 발현하는 등 다소 비판적인 입장을 취했다. 일견 직선적이고 울분형이지만, 매사 근면하며 향토적 서정성이 강한 시인[57]으로 평가받았다.

「낙엽을 밟으며 골목길에서」

한 시절 펄럭여도 그 모두 허세인 것
폐허를 뒹구는 낙엽을 밟으면서
무명의 나그네 발길/무상의 길을 간다.

태고의 원시림도 덧없는 사 말해주고
벽계수 행궈낸 듯 산새들의 고운 노래
자욱한 황사 바람 속에서/억새풀만 슬피 운다.

(2008년 시조집『푸른나무가 길을 묻거든』)

■이성관(李成寬, 1948~)은 전남 장흥 출생, 광주교대 졸업, 전남대 교

---

57) 노창수,「풍자와 서정의 만남」(박태일 시조집『푸른나무가 길을 묻거든』, 2008, 작품해설). 또는 졸저『사물을 보는 시조의 눈』, 고요아침, 2011, 393~403쪽 참조.

육대학원 졸업, 초중고교에서 국어교사로 오래 근무하다 교장으로 정년 퇴임했다. 1991년《문예사조》신인상 시조 당선, 그 이전에 1983년《아동문학평론》동시 당선, 1984년《시와시론》시 천료, 1984년《월간문학》동시 당선 등으로 등단했다. 1987년 샛별문학상, 1995년 한정동아동문학상, 1997년 MBC 창작동요제 노랫말 「반딧불」 대상, 2002년 EBS 고운노래 발표회 노랫말 「그네뛰기」 대상, 2002년 전남문학상, 2000년 여수해양문학상 대상을 수상했다. 여수시문학회, 시류문학회 회장을 역임하고, 현재 한국아동문학회, 한국시조시인협회, 한국문인협회 회원, 〈시류〉〈깻돌〉〈동심의시〉 동인으로 활동하고 있다. 2008년 3월 '초록동요사랑회'를 창립하여 회장을 맡고 있다. 첫동시집 1984년 『새끼손가락』(보림), 동시조집 1992년 『초가지붕 하얀박꽃』(아동문예), 시집 1992년 『우리들 가슴에도 섬 하나씩 있다』(외길사), 1996년 『바다와 아버지』(아동문예), 민속시조집 2003년 『휘엉청 밝은 달이』(베드로서원), 시집 2006년 『즐거운 배움』(한림), 시집 2016년 『거미줄 소리』(소아), 시집 2020년 『저, 여기있어요 여기여기요』(아동문학평론사) 등이 있다. 그는 우리의 세시풍속과 민속놀이, 민화民畵. 民話 등을 소재로 오랫동안 시조를 써왔다. 이를 모아 동시조작품집을 낸 게 1992년인데 실제는 오래전부터 창작해 왔다. 그것은 〈시류〉〈깻돌〉〈동심의시〉 동인 활동을 통해 작품이 소개돼 왔기 때문이다. 그로부터 10년 뒤 2003년에 다시 '민속시조집'을 낸바, 이 작업이 30년을 넘긴 셈이다. 경철 시인이 낸《동시조문학》이 1981년, 박석순 시인이《한국동시조》를 창간한 게 1995년인데, 이성관 시인은 이미 1992년에 정식 동시조집을 발간했다. 백수 정완영 선생의 1979년 동시조집 『꽃가지를 흔들 듯이』, 그리고 1981년 『연蓮과 바람』과 견줄 때, 우리 지역에서 최초 동시조를 쓴 경철, 이성관, 박석순의 연계적 맥락을 짚어 볼 수 있을 것 같다. 그는 책의 머리말에서 "우리의 가슴에 잃었던 고향 의식을 되찾아 갈고 닦고 조율하여 세상에 민속동시조집을 내놓는다"고[58] 했다. 그는 이 분야의 창작 활동을 현재 계속하고 있다. 다음 시조는 두 권의 시조집에서 뽑은 것이다.

「수탉」

새벽을 부릅니다/해님을 부릅니다
구름처럼, 바람처럼, 마을에서 마을로
부르고/답하는소리/하늘이 열립니다

'꼬끼요!' 울어대면/산짐승들 도망가고
도깨비 귀신들도 줄행랑을 친다지
엄마는/정화수 길어/동녘하늘 손 모으고

(민속시조집 『휘엉청 밝은 달이』 베드로서원, 2003)

「뒤란」

마음이 울적할 때/꾸중 듣고 서러울 때
뒤란에 훌쩍이면/장독대 봉숭아꽃
누이의 눈길이런 듯/놀빛 미소 날렸네

산마루 흰구름이/목화련 듯 피어나고
들일 간 엄마 놀라/옷깃 여며 주시면
말이야 하지 않아도/아빠 마음 봄바람.

(동시조집 초가지붕 하얀 박꽃 아동문예, 1992)

■ **염창권(廉昌權, 1960~)** 은 전남 보성군 복내면에서 출생, 광주교

---

58) 이성관, 민속시조집 『휘엉청 밝은 달이』의 「책머리에」, 베드로서원 2003. 1쪽 인용.

대를 졸업하고 한국교원대 대학원에서 석사·박사학위를 받았으며, 광주교대 교수로 정년퇴임을 했다. 1990년 동아일보 신춘문예 시조 당선, 1992년《겨레시조》시조평론 당선, 1991년《소년중앙》문학상 동시 당선, 1996년 서울신문 신춘문예 시 당선으로 90년대 문학활동 장르를 확장하는데 선두 주자로 인정받았다. 현재 광주전남시조시인협회, 〈원탁〉, 〈율격〉, 〈반전〉, 한국시조시인협회, 오늘의시조시인회의, 한국시인협회, 한국작가회 회원으로 활동하고 있다. 시조집 2007년『햇살의 길』(고요아침), 2015년『숨』(동학사), 2016년『호두 껍질 속의 별』(고요아침), 2019년『마음의 음력』(발견), 2022년『오후의 시차』(책만드는집)가 있고, 시집 2001년『그리움이 때로 힘이 된다면』(시와시학사), 2011년『일상들』(나무아래서), 2020년『한밤의 우편 취급소』(한국문연) 등이 있고, 평론집 1990년『집 없는 시대의 길가기 : 일제 강점기 한국 현대시의 공간구조』(한국문화사), 2018년『존재의 기척』(고요아침) 등이 있다. 수상은 무등시조문학상, 한국시조시인협회상 본상, 중앙시조대상, 노산시조문학상 등을 받았다. 그의 시조는 이미지가 섬세하고 투명하든지, 아니면 애달프거나 적막하든지, 여러 시적 상황에 따라 다르게 형상화되는 특징을 지니는 데 그 변용 능력이 자유자재함을 보여주는 바, 다음은 이러한 시법을 보여주는 최근작이다.

「주유소 불빛 아래서」

한밤의 거리에는, 유령이 지나간 듯
미열의 별빛들이 우수수 떨고 있다
감정이 사라진 뒤에야/몸이 따라 죽는다

기억을 꺼내버린 유기체의 원소들이
연료통 속으로 천천히 흘러들 때,
조금씩 부스러지며 꺼져가는 감정선!

은하계 너머에서 몸을 잃은 여행자는
시간을 앓다가 잠시 먼 곳을 바라본다,
나, 라는 통속이 지워진, 영원이/또/다녀갔다.

(2021년《한국시인》여름호)

「담벼락에 물든 햇살같이」

면지(面紙)를 바른 얼굴 비춰 보네, 담벼락에
늦가을 햇살은 잠깐 있다, 일 나가네
조금씩 안 보이게 젖은 눈자위가 어둡네,

판독이 어려운 수술 자국 같은 하루가
가시광선 날아드는 스크린을 걸어올 때
담벼락 안쪽을 비껴든 눈시울이 설핏하네,

벽과 벽이 마주 선 그 사잇길을 걸으면서
줄 게 없어 미안하단 그 마음을 키워왔지
너 있다, /떠난 곳에는 네 온기가 남아 있어

벽에 기댄 얼굴에 피어 있는 햇살같이
올이 가는 봉합사로 꿰매놓은 햇살같이
그 아래, 그림자 옆에 떨구어진 햇살같이

(2023년《시산맥》가을호)

■ **오기일**(吳基一, 1940~)은 호가 학해學海로 전남 완도 출생, 전남대 법학과를 졸업하고 교직에 오래 근무하다 퇴임했다. 1985년 〈교원독서동호회보〉에 시와 시조와 산문을 발표하기 시작했다. 1986년《한국문학사상》시 당선, 1992년《문예사조》시 당선, 1990년《시조문학》과《현대시조》시조 천료, 1988년《동시조문학》동시조 당선 등으로 등단했으며, 한국청해문학회 회장을 역임했다. 시집『슬픈 연가』,『삶을 기도하며』를 펴

냈다. 그의 작품은 풍경을 관조하는 한편 이를 내면 의식에 확대해가며 그것의 원형적 탐구와 자신의 회복을 지향하는 경향이다.

「대숲」

마디마디 맺히인/뜻/굽히지 않은 의로운/넋
어쩌면 천년 너머/외곬길/걸을 절개
새 바람 휘몰아치면/찬 기운이/풀립니다.

대숲에 바람 오면/그대 따라 흔들리고
바람 가 멈춰 서면/죽은 듯 깊은 정적
그렇게 살다가는 것/또한/지혜 아니던가.

청댓잎 서걱이고/퉁소 불어/설운 밤은
샛강물 대 그림자/둥근 달 아로 새겨
미움에/지운 얼굴도/웃음으로 띄우소서.

(1993년 《시조문예》 제23호)

■ 김진택(金鎭宅, 1954~)은 경북 대구에서 출생, 동국대 철학과를 졸업 후, 광주에 주거를 옮기고 전남여상고를 비롯한 고등학교 교사로 오래 재직하다 퇴임했다. 1990년 《시조와비평》에 시조 「북소리」, 「종루」로 천료, 1991년 《시조문학》 천료, 1992년 《겨레시조》 신인상 당선, 제5회 《동백문학》 시조 신인상, 제9회 《동시조문학》 신인상을 받으며 오롯 시조로만 4곳의 시조 전문지를 통해 등단했다. 시조집으로 1989년 『은장도』, 1988년 『꽃이여 씨알로 남기까지는』, 1989년 『꽃이 좋아 춤추는 나빌레라』 등을 펴냈으며, 호남시조문학회, 동백문학회 회원으로 활동했다. 그의 시조는 현실 의식이 강하고 시상의 압축적 측면에서 독자에게 읽히는 시조시를 구현하고자 했다. 특기할 일은, 그가 전남여상고 교사로 근무할 때, 매년 30여 명의 여학생 시조창작부를 조직·지도하여 〈여고

생 주머니속의 시조시〉라는 문집을 사비로 제작·배부해왔는바, 1989년 제1집 『골무』, 1990년 전반기 제2집 『우리들은 성에꽃을 지웠다』, 1990년 하반기 제3집 『無等佛』(보림출판사) 등의 학생 시조집을 펴냈다. 이런 사례는 중앙의 시조시인협회 등에 알려져 큰 격려를 받은 바도 있는데, 한때 전남여상고의 〈여고생 주머니 속의 시조시〉 활동을 통하여 후에 등단한 시인은 박은선 등으로 현재 이들의 현재 나이가 40대이다. 70년대 전국 최초의 '전남학생시조협회'의 〈土風詩〉가 있었다면, 80년대 말부터 조직·운영한 전국 최초의 시조창작부 〈여고생 주머니속 시조시〉가 있었다는 사실 또한 '광주 전남 시조문학사'에서 기억해 두어야 할 편력사이다. 다음은 시인이 주로 발표 장이었던 《시조문예》에 나온 작품 두 편이다.

「보리밭」

우리는 푸르구나 보릿고개 넘으면서
이웃들은 하나 둘 도회로 떠나가고
물가도/덩달아 뛰어/버리씨만 썩었다.

싹 돋고 뿌리 내려 밟으면 밟을수록
저희들 끼리끼리 몸 부대껴 사랑한다
우리들/겨울 앞에서/한 모가지 빼물고

참대보다 강하게 일어서는 흥분으로
누렇게 익어가는 우리 삶도 그와 같이
깔깔한/보리 밭에서/깜부기나 뽑았으면

(1990년 《시조문예》 제20호)

「하일夏日」

장마비 떠난 날엔/강아지풀 웃자라서

햇살은 도래질로/하늘 저리 흔드는데
베두기/포르릉 날아/저녁노을 몰고 온다.

(1989년 《시조문예》 제19호)

■**노창수(魯昌洙, 1948~)**은 호가 상래相來, 전남 함평군 학교면 마산리에서 출생, 학다리고를 거쳐 목포교대, 한국방송통신대 국문과, 조선대 대학원에서 석사·박사학위를 받았다. 40년 교직에 있다 교육국장으로 정년 퇴임했다. 1969년 중앙일보 '독자시조단' 「별 아래」 발표를 시작으로 시조와 연을 맺었으며, 1973년 《현대시학》 시 추천, 1979년 광주일보 신춘문예 시 당선, 1984년 《문예교육》 시조 추천, 1989년 대학신문 논문공모 당선, 1991년 《시조문학》 천료, 1992년 《한글문학》 평론 당선을 거쳐 등단했다. 광주문인협회 회장, 광주전남시조시인협회 회장, 광일신춘문학회 회장, 한국시조시인협회 부이사장을 역임했고, 현재 오늘의시조회의 자문위원, 한국시인협회 회원, 한국문인협회 부이사장을 연임했다. 현대시문학상, 신세계가족애찬상(시조), 한국시비평문학상, 한글문학상, 박용철문학상, 한국문협작가상(시조), 아산문학상(시조평론), 한탄강문학상, 한국예총예술문화대상 등을 수상했다. 시조집으로 2003년 『슬픈 시를 읽는 밤』(미래문화사), 2014년 『조반권법朝飯拳法』(고요아침), 2017년 『탄피와 탱자』(고요아침)를 펴냈다. 이외 시집 1990년 『거울 기억제』(예원) 외 5권, 논저 2007년 『한국 현대시의 화자 연구』(푸른사상사) 외 5권, 시조평론집으로 2011년 『사물을 보는 시조의 눈』(고요아침), 2023년 『논증의 가면과 정신의 허구』(푸른사상사)를 펴냈다. 그의 시조는 현실풍자, 침잠과 명상, 그리고 전라도 토박이의 서정, 노동현장에 대한 비판성을 드러내는 작품도 있다.

「첫눈 오는 날」

누군가 눈을 가리며 눈 떠 보라 했다
왁자히 빠진 고통 아랫눈이 붉어졌다
강 건너 흰 동학군들 흩어지는 두건들

밤새던 어스름에 제 획책 몰래 감추고
누운 자들 소리 죽여서 죽창자루 바꿀 때
풀 풀 풀, 뼛가루 뿌리듯 황토밭이 울었다

(시조집『조반권법』고요아침, 2017)

「한 짝 마블링은 어디 갔을까」

이윽고 그대 흰 손 기름 결에 스친다
전율마저 흘리고 꽃무늬라도 기다리는
세기말 어둠 속으로 번져오는 노트들

눌러서 숨겨둘까 펼쳐서 내보일까
밑바닥 궁금증은 닳은 듯 붓 던져 긋고
오래 전 가져간 입술 그대 목을 휘감던

튕기고 사라지는 순간의 저 먹빛들
죽음의 찰나에 몸을 바꾼 그 언사들
그대의 클래식 독방 한쪽 귀가 슬프다

(시조선집『탄피와 탱자』고요아침, 2014)

■ **김차복(金車福 1948~)** 은 광주 북구 우산동 출생, 한국방송통신대 초등교육과와 국어국문과를 거쳐 한양대 행정대학원 졸업했고, 정보통신부 공무원, SK에서 근무하고 퇴임했다. 1981년 중앙일보문화센터 시조강좌에서 정완영 이태극으로부터 시조를 배웠다. 1982년 중앙시조백일장 차상, 1983년 한국방송통신대 방통문학상 공모에서 시조 당선, 1984년

우정청《체신》300호기념 문예공모 시조 당선, 1991년《시조문학》천료로 등단했다. 한국문인협회, 한국시조시인협회, 전라시조문학회 회원으로 활동하고 있다. 시집 1997년『일어서는 초록』(동학사), 2013년『부챗살을 펴들다』(국보사), 2022년『고요에 대하여』(명성서림)가 있다. 그는 자서에서 "내 시조의 뿌리는 고향이며 샘터이고 범두고개의 푸르른 언덕"이라고 말한 것처럼 작품들은 자기 기원을 향한 그리움, 그 연민의 미학이다.

「나목에게」

잎새는 물이 들어/저 갈 데로 날아갔고
키 작은 바람이 와/술래잡기 하자는데
적막을/흔드는 가지/겨울눈을 떠 보라

■ 이병휘(李秉暉, 1935~)는 호가 취담醉談이고, 전남 구례에서 출생, 순천사범과 조선대 문리대를 나와 오랫동안 초등학교에 근무하다 교장으로 정년 퇴임했다. 제1회《월간아동문학》신인상 동시 당선, 1993년《문학춘추》신인상 시조 당선, 1998년《시조문학》천료로 등단했다. 문학춘추작가회 회장, 광주시인협회 회장을 역임했다. 전남아동문학상, 동백예술문화상, 시조문예상을 수상했다. 그의 시 세계는 잠들지 않고 깨어있는 희망과 생기를 주는 시 정신으로 지연을 인식하고 이를 새롭게 표현하고자 했다.

「달」

저 달은 침침하고/서산은 적막하여
발걸음 들리지 못해/추억에 조으는데
외로이 서산 위에서/눈물만 글썽이네

(1993년《시조문예》제23호)

■이해완(李海完, 1962~)은 광주시 양3동에서 출생, 1981년 광주일고를 거쳐 목포대 국문과 입학했으나 중퇴하고 입대했다. 1984년 '전우신문'에 시를 발표, 이어 1985년《샘터》에 시조를 발표 시작, 1986년부터 1989년까지 중앙일보 시조 발표에 이어 중앙일보 시조백일장에 차상 입상, 1990년 한국방송통신대학 국문과 입학 후 〈미리내〉 동인 활동, 1990년 샘터시조상 가작 입상, 1992년《겨레시조》신인상 당선, 1995년《시조문학》천료로 등단했다. 〈미리내〉 동인회 회장, 호남시조문학회 사무국장, 백지문학회 회장을 역임했으며, 샘터시조상을 수상했다. 100인선 시조집으로 2000년에 나온『내 잠시 머무는 지상』이 있다. 그의 시 세계에 대하여 윤석산 시인은, 그의 정신적 초상화는 단아하면서도 눅눅하고 푸르스름한 빛살에 휩싸인 그리움의 냄새로 일렁거린다. 그래서 들길을 걷기도 하고 강물을 만나면 물수제비를 뜨며, 역사와 사회와 영원 같은 문제를 생각하며 떠돌다 돌아온 30대 중반의 사람으로 그려진다[59]고 말한다.

「밤에 쓴 편지」

아리도록 깨물어 보는/부재의 공간에서
백목련 그 보다 흰/백야白夜를 벗어나면
시연들 파지로 구겨져/별떨기로 지고 있다.

(1993년《시조문예》제23호)

「어떤 탁본」

저마다 눈빛 속에 말없이 새겨질 뿐

---

59) 윤석산,「분노와 절망과 용서와 평화의 여정」(이해완 시조선집『내 잠시 머무는 지상』, 태학사, 2000) 해설편, 103~104쪽 참조.

행간에도 못다 실린 아픔의 조각들을
연대의 가슴에 문질러 화선지에 받아든다.

칼날 세운 바람이 다스리던 그 영역엔
떨어져 나간 오월의 목젖 흔적조차 없어도
그 밤의 창백한 달이 비명처럼 떠올랐지.

실핏줄에 숨어사는 한 점 그리움이
핏발 선 눈빛으로 조선낫에 번득인다,
저 환한 대낮 어둠이 선명하게 찍혀오듯.

(100인선집 『내 잠시 머무는 지상』, 태학사, 2000)

■ **전태봉(全泰奉, 1939~2000)** 은 호가 홍천紅泉이고, 전북 부안에서 출생, 전봉준 녹두장군의 혈통을 이어받았다. 광주일고를 나와 교육행정직 공무원으로 오래 근무하다 사무관으로 정년퇴임했다. 시조 창작 외에도 낙관인落款印, 서각, 사군자, 서예, 가곡, 분재 등 다양한 특기를 발휘했다. 1991년 《시조문학》 시조 천료, 《한국시》 시 당선으로 문단에 나왔다. 한국문인협회, 광주문인협회, 한국시조시인협회, 광주시인협회, 호남시조문학회 회원으로 참여했고, 시조문예상, 광주문학상 등을 수상했다. 2008년에 낸 시집 『개도 뒷짐지다』(서석)가 있다. 그는 '시는 그 시대의 요구를 넘어선 질문이나 대답이 되지 않으면 안 된다'는 확실한 신념을 가진 시인이었다. 불교적 사상과 윤회론을 바탕으로 세상을 보는 그 시안이 높아 마치 세상을 굽어보는 듯한[60] 풍자적이고 비판적인 시조 표현을 추구했

---

60) 염광옥, 「'개도 뒷짐지다'에 부치는 글」(시집 『개도 뒷짐지다』 서석, 2008) '전태봉 시인의 인간과 문학', 175~176쪽 참조. 전태봉 시인과 관련한 기술 부분을 요약 소개해 본다. '그는 먹물 장삼 개량 한복을 즐겨 입고 다녔는데 전 시인은 어느 그림에 본 표주박 술병을 든 달마승 같은 모습이었다. 60년대 중앙문단에 술을 가까이 한 시인이 김수영, 천상병, 박봉우 3인이었다. 광주 문단에 그 3인을 들라

다. 매일 막걸리를 마시며 오롯 시조만을 썼는데 다음은 그가 생전에 유일하게 남긴 시조집에서 뽑은 두 편이다.

「복날에 죽어야 산다」

날개 쭉지 찝힌 닭들/끼욱끼욱 울며 가면
때마다 한 장탉이/목매여 길게 운다
죽는 날 슬퍼할 이 있는/자네들이 부럽네

(시집『개도 뒷짐지다』, 서석, 2008)

「위풍당당」

날개짓 저 오리들/쌍암제堤서 만족하나
노래하며 웃는 거드름/빡빡 빡빡 요란하다
날 보며 욕도 잘하네/입맛 없는 인간아

(시집『개도 뒷짐지다』, 서석, 2008)

■ 김삼환(金三煥, 1958~)은 전남 강진 출생, 세종대 영문학과 졸업, 중앙대 예술대학원 졸업, 한양대 대학원 문화콘텐츠학과 문학박사 학위를 받았다. 1992년《한국시조》신인상 시조 당선, 1994년《현대시학》시 추천으로 등단했다. 〈역류〉 동인으로 활동하고 있으며, 2005년 제5회 한국시조 작품상, 제37회 중앙시조대상을 수상했다. 시조집 1996년『적막을 줍는 새』(토방), 2004년『비등점』(고요아침), 2009년『왜가리 필법』(시선사), 2008년『풍경인의 무늬 여행』(전자책), 2013년『따뜻한 손』(시와문화사) 등이 있고, 초기 작품에 그는 불행했던 연대의 상황과 아픔을 체험

하면 한때 임삿갓이라 자처한 피부과 의사 임춘평과 얼마 전 작고한 박태일 시인, 그리고 바로 전태봉 시인일 것이다.'

한바 역사의식적인 경향을 보였으며[61] 현재는 사랑의 절대 순수[62]를 이야기하고 있다.

「잡초처럼 살았다」

독약에 입술이 트듯/모질게 살아왔다
순결한 꽃의 맥을/짚어주는 값진 황홀
그대는 내 흰 등을 밟아/무지개로 걸리었다.

그대, 아직 나를 몰라/나의 분노 나의 사랑
아무리 분장을 해도/숨겨지지 않은 진실
어느날 천둥과 폭우 속/성난 풀을 보았다.

(시집 『적막을 줍는 새』 토방, 1996)

「그리움의 동의어」

새벽 풍경 지켜보는 새라 해도 좋겠다
내 몸 안에 흐르는 강물이면 어떤가
산책로 비탈에 놓인 빈 의자도 좋겠다

버리기 전 세간 위에 지문으로 새겨진
눈물 흔적 비춰보는 달빛이면 또 어떤가
그날 밤 술잔 위에 뜬 별이라도 좋겠다

깨알같이 많은 어록 남겨 놓은 발자국에

---

61) 이상범, 「긴 터널을 빠지는 역사의 눈」 (김삼환 시집 『적막을 줍는 새』 토방, 1996) 작품해설, 85쪽 참조.
62) 손현숙, 「묵음으로 처리되는 그 남자의 푼크툼」 (김삼환 시집 『그대의 낯선 언어를 물고 오는 비둘기 떼』 시산맥, 2020) 해설, 128~129쪽 참조.

비포장 길 얼룩 같은 달그림자 지는 시간
빈 방을 돌고 나가는 바람이면 더 좋겠다
(시집 『그대의 낯선 언어를 물고 오는 비둘기 떼』 시산맥, 2020)

■ **조계철(趙啓喆, 1925~)** 은 호가 희산凞山이고 전남 순천에서 출생, 순천사범학교를 거쳐 전북대 법학과를 나왔다. 이후 대법원 산하기관의 과장, 등기소 소장 등으로 근무하다 정년 퇴임하고 광주 지산동에서 법무사로 일했다. 1991년 《문예사조》 신인상 수필 당선, 1992년 《시조문학》 천료로 등단했다. 시조집 2006년 『어울려 살고지고』(한림), 수필집 2004년 『밝쇠의 이야기』(한림)를 냈다. 남도수필문학회 회장, 호남시조문학회 부회장을 역임했고 시조문예상을 수상했다. 그는 우리 민족의 정통문화를 시조의 축으로 삼고 그 대상을 윤리적으로 풍자화하거나 서정화하는 시풍을 전개했다.

「탁정구리託政求利·3 -위장병」

밑천을 외로 빨린/기업체의 빈혈증에
구급약 공적 지금/받자마자 꿀꺽꿀꺽
회복을/바랬던 몸이/위장병에 걸렸다.
(시조집 『어울려 살고지고』 한림, 2006)

「愛弄思弄 1 -침상」

언제나 변함없이/내 엉덩이 받쳐주는
그대의 쿠션 속에/눈이 내린 기나긴 밤
무릉동/노닐다 깨니/해가 중천 솟았오.
(시조집 『어울려 살고지고』 한림, 2006)

■ **황하택(黃夏澤, 1939~)** 은 호가 벽송碧松 또는 월정月汀, 전남 여수에서 출생, 조선대 정치학과를 졸업, 동 대학원에서 정치학석사·박사와 문학박사학위를 받았다. 1954년부터 정소파 시인으로부터 사사로 창작 지도를 받아 전남매일 등에 작품 발표를 했고, 1992년《시조문학》에 리태극 추천으로 천료 등단했다. 현재《현대문예》발행인, 대한민국지역문학인협회 이사장으로 일하고 있다. 시집 1980년『그날의 전선』, 1987년『새벽네시』, 1988년『내 고향 여천골』, 1991년『더더 텅텅 비우라에유』등이 있고, 편저로 1997년『전남문학변천사』, 2001년『광주·전남문학통사』등이 있다. 수상으로는 전쟁문학회문학상, 전라남도문화상, 전남예총예술상, 한국예총특별공로상 등을 받았다. 그의 시풍은 자연과 향토성을 바탕으로 하는 시어 구사로 남도의 정서에 다가가는 친근감 있는 작품을 쓰고 있다.

「염향사念鄕詞·1」

남녘 먼 두메 마을/나무 숲 아늑하고
온갖 꽃 시새운 듯/흐드러져 피는 동네
흘러간 추억을 그려/호롱불이 노랗다

(편저『전남문학변천사』, 1997)

「끝나지 않은 세월호」

햇빛 없는 고독/소설보다 소설 같은
아직 끝나지 않은 세월호/팽목항에 멈춰버린
파도의 울음소리만, /끝나지 않는 세월호의 긴 밤

(2014년《시조문예》제44호)

■ **임용운(林龍雲, 1955~)** 은 호가 교봉校峰이고, 전남 영광에서 출생,

광주교대, 목포대 대학원을 나와 초등학교 교사를 거쳐 전라남도 교육청 교육전문직을 역임했다. 1992년《겨레시조》「고향의 소리」천료로 등단했으며, 시조집 2012년 『이별은 단풍처럼』, 시집 1998년 『비비적거리며 사는 거여』 등을 펴냈다. 전남시인협회, 전남문인협회에서 활동하고 있다. 후광문학상, 성옥출판문화상을 수상했다. 그의 시조 풍은 사회 참여와 역사의식을 기조로 그것을 내면화시킨 정서를 서정적으로 표출해내고 있다.

「귀뚜라미」

왼 밤 두고 못 잊을 게/무얼 그리 많은지
달빛 오선지/그려보는 팔분음표
뚜루루/굴려 굴려서/띄워 보낸 하얀 편지

■ **천병국(千炳局, 1934~2018)**은 호가 은산隱山, 전남 해남에서 출생, 공주사범대학 국어교육과를 졸업 중등학교에 재직하다 교감으로 퇴임했다. 전국시조백일장 입선, 1992년《한국시》시조 당선으로 등단했으며, 시조집 1995년 『귀로 맡는 향기』, 2005년 『북간도 민들레』, 수필집 『강강술래』 등이 있다. 2000년 해남문학상, 2003년 전남문학상을 수상했다. 그의 시조 작품은 외양의 변화를 실험·시도해 보이며, 변함없는 정형의 틀로 시조의 존재성을 잘 지켜나가고 있음을 볼 수 있다.

「우수 언저리」

햇살도/물이 올라/동백꽃에 고인 한낮
고양이도/야성 잃고/오수에 졸리는데
연두빛/수선화 잎이/한두 뼘만큼/자랐다

(시조집 『북간도 민들레』, 조선문학사, 2005)

「강강술래」

뛰어보세 뛰어보세/윽신윽신 뛰어보세
높은 마당 깊어지고/깊은 마당 낮아지게
어르면/부끄럼도 내외도 없이 신명뿐이다.

(시조집『북간도 민들레』, 조선문학사, 2005)

■ **임권신(林權信, 1937~)**은 호가 송당松堂, 전남 해남 출생으로 전남대 경영대학원을 수료하고 행정공무원으로 근무하다 여천시청 과장으로 퇴임했다. 1992년《시조문학》천료로 등단했다. 그의 시조는 인간의 문제와 시대 의식을 반영하는 경향을 띤 작품이 많다.

「지구 장터」

깃치며 일어서는 명가의 한 젊은 선산
미래의 과학 공원 오르며 내린 갑천甲川
그 세월 그린 내 형제 한빛탑에 타는 불.

자연의 생태 발육 태양열 뿜는 산소
초록 잎 꽃잎 풀잎 벌나비 지구 장터
꽃가루 전전 번식에 초록 약속 세 장비.

(1995년《시조문예》제25호)

■ **차경섭(車敬燮, 1937~)**은 호가 옥천玉泉으로 전남 곡성에서 출생, 문학 공부를 독학했다. 1993년《시조문학》천료, 이 외《문예사조》동시 당선,《한국시》시 당선,《순수문학》수필 당선으로 등단했다. 제25회 통일문예상, 충현문화예술상, 전라시조문학상 등을 수상했다. 제10시조집 2004년『시조의 향기』, 2010년 제18시조집『아리랑』외 다수의 시조집이

있다. 『시대의 연가』 등을 펴냈다. 그의 시조관은 실존의 본질, 종교적 초월의 세계를 바라보며 인생의 완숙경을 추구하고자 하는[63] 경향이다.

「아리랑·12」

소인배 눈먼 야욕/말해 무엇하리오만
참으로 천문학적/건설비요 혈세련만
이 강산/넓고 넓은데/둥지없는 로숙자여

(시조집『아리랑-제3권』, 엠아이지)

■ **경희준(景喜濬, 1972~)** 은 광주에서 출생, 광주대를 졸업했으며, 1994년《겨레시조》신인상 당선, 이후《예술광주》와《문학춘추》시조 신인상을 받고 등단했다. 그의 작풍은 대상을 감각적 언어로 형상화하는 솜씨와 주제의식을 강하게 투사하는 특징을 보인다.

■ **양길섭(梁吉燮, 1952~2000)** 은 호가 후송後松, 전남 보성 겸백에서 출생, 한국방송통신대 행정학과 졸업, 전남도청 공무원으로 근무하다 퇴임했다. 1993년《문학춘추》신인상 시조 「동백」 외 4편 당선, 1993년《시조문학》「소야」 초회천, 1994년 「보길도」가 이근배·김준·리태극의 천료를 받아 등단했다. 광주문인협회 회원으로 참여했다. 시조에 대한 열정이 많았으나 안타깝게도 작품집을 남기지 않고 타계했다.

「그리움」

물봉숭아 꽃대공에/가을 끝이 대롱대롱
붉게 머금은 채/홀연히 뜬 내 아우야/

---

63) 김봉군, 「사회·역사적 상상력과 윤리의식」 (차경섭 시조집『아리랑』, 엠아이지, 2010) 시조집평설, 114~118쪽 참조.

갈수록/산을 닮아가는/네 모습을 보는구나
(전남문학추진위,《전남문학변천사》1997)

「빈 집」

꽃 떠난 살구나무 가지마다 풋살구
버려진 살림살이 함께 가지 못했어도
뒤뜰에 돌아온 감꽃 한 여름이 열리겠다
(1998년 제23회 샘터시조상 가작 수상작)

■ **최상환(崔尙煥, 1939~)** 은 호가 우당宇堂, 광주 광산에서 출생, 목포 사범, 한국방송통신대 초등교육과를 나와 오래 초등학교 교직에 근무하다 퇴임했다. 1994년《문예사조》에「비보悲報」외 3편이 당선되고, 1993년《겨레시조》에「어촌」외 4편이 당선되어 등단했으며, 1993년《수필과 비평》에도 당선되었다. 전남교원글짓기회 이사, 호남시조문학회 사무국장 등을 역임했고, 시조문예상을 수상했다. 그는 최일환 시조시인을 형으로 둔 영향으로 일찍부터 시조문학을 하게 되었다고 전했다. 그의 시 세계는 자연에 순응하면서 서정이 담뿍 담긴 정경을 묘사하는 시풍이지만 일견 사회의 모순과 비리를 비판·고발하는 경향도 있다.

「설중매雪中梅」

오신다 오신다는 봄/소식만 무성한데
엄동 설한 사립 밖에/발자국 소리만 듣고
행여나 임인가 하고/고개 내민 꽃봉오리.
(1994년《시조문예》제24호)

■ **이복현(李福炫, 1953~)** 은 전남 순천 별량면 대룡리에서 출생, 서울에서 성장했고, 현재는 예산에 거주하고 있다. 1994년 중앙일보 제14회

중앙시조백일장 장원, 1995년 《시조시학》 신인상 당선, 1999년 《문학과의식》 시 당선으로 등단했다. 한국시조시인협회, 오늘의시조시인회의, 한국시인협회, 한국작가회의 회원으로 활동하고 있으며, 2012년 제11회 시조시학상, 아산문학상을 수상하고, 대산창작기금, 서울문화재단, 충남문화재단 지원금을 받았다. 시조집 2023년 『눈물이 타오르는 기도』(시산맥), 2000년 100인선집 『슬픔도 꽃이 되어 저 환한 햇빛 속에』(태학사)가 있고, 시집 2023년 『사라진 것들의 주소』(천년의시학)를 펴냈다. 그의 시는 희망의 지평 위에 있으며, 그곳을 향하는 그 힘은 희망의 반대 편에 있는 절망, 기쁨의 반대 편에 있는 슬픔, 웃음의 반대 편에 있는 울음에서 나오는 일이 그것을 가능하게 하는 바[64]를 추구하고 있다.

「겨울 판화」

죄 많은 세상을 어찌할 수 없어서
백설이 난 분분, 온갖 죄를 덮은 후
미완성 세한도 위에/낙관을 치는 동백!

백골로 내리꽂은 직필의 붓 한 자루
못다 쓴 격문을 다 완성한 결미에
길 잃은/새 한 마리가/마침표를 찍는다.

「눈물이 타오르는 기도」

마음 빈 곳 한자리에 촛대를 들이고
고요의 심지에 촛불을 켜 올린다
눈물이/기름이 되어/타오르는 성화聖火!

---

[64] 오민석, 「참 힘든 희망의 노래」 (시집 『사라진 것들의 주소』 천년의시작, 2023) 해설 참조.

고요가 번지는 건/비어있다는 것
고요가 스미는 건/넉넉하다는 것
바라는 마음보다는/나눔으로 채워진 빛!

(시집 『눈물이 타오르는 기도』 시산맥, 2023)

■ **박재곤(朴在坤, 1933~2018)**은 호가 학전鶴田, 전남 진도 출생, 진도서중을 졸업했다. 1981년 《여성동아》 시조 발표, 1991년 중앙일보 지상시조백일장 「국화에게」 입선, 1994년 《문학춘추》 시조 「수석의 노래」로 당선, 《시조문학》 천료, 《한국시학》 시 신인상 당선으로 등단했다. 한국일보 진도지국장, 한국신체장애인복지회 진도지회장을 역임했고, '섬문학' 발기인 회장, 전남문인협회시조분과 회장 등을 역임했다. 전남예총 문학예술상을 수상했다. 특히 장애인문학지인 《당산문학》을 1996년 창간호부터 20년간 발행해 왔다. 시조집 2000년 『당산골 달빛을 타고』가 있다. 그는 멀리 진도에 거주했지만 광주 또는 인근 지역에서 시조 모임을 할 때마다 개근을 한 시인이었다. 평생 장애인으로 살았으나 밝고 활달한 품성 그대로 늘 의욕에 찬 걸음으로 모임 때마다 동인들이 화람할 작품까지 꼭 챙겨오는 성실하고도 순박한, 그래서 진도의 명물 시인이란 이름이 잊혀지지 않고 남아있다. 그의 시조는 서투른 듯하면서도 간결하게 인간과 사물을 배려하는 화자의 태도가 심저에 깔려 있다.

「열망의 침묵 오늘 공룡은」

층층이 쌓인 무념/얽히설키 휘감긴
창세기 눈망울이/초롱초롱 밝히고
우황리/상서로움이/자국자국 살아난다.

까마득 잊은 옛날/은하계로 흐르면서
자존을 지킨 공룡/중시기 백악 층에
숨소리/억겁을 넘겨/기암으로 굳어있다

(2009년《당산문학》제14집)

■ 설상환(薛相煥, 1954~)은 전북 순창에서 출생, 1994년《문학춘추》시조 당선, 1994년《문예사조》시 당선,《자유문학》민조시 천료 등으로 등단했다. 시집 1996년『부모사곡父母思曲』, 2014년『붕어빵이 행복한 이유』등이 있다. 등단 처음에 잠깐 시조를 썼으나 현재는 민조시를 많이 쓰고 있다.

■ 양인용(梁仁容, 1937~)은 호가 무명당無名堂, 전남 담양에서 출생, 어려서 한학을 배웠으며 광주공고를 졸업하고 조선대 법과대를 중퇴했다. 1994년《시조문학》천료로 등단했다. 담양가사문학관 옆 지곡리에 살면서 담양군 관광해설사를 맡고 있다.

「성산 일출봉」

성산의 일출봉에/해돋이 하련마는
오늘도 먹구름에/비바람 몰아친다
억만년 세월 속에서/파도만이 울부짖는다.

(1999년《시조문예》제29호)

■ 장민하(張珉河, 1966~2020)는 호가 석불산石佛山, 본명은 장정희張正熙로 전남 무안에서 출생, 광주석산고와 원광대 국문과를 졸업하고 광명산업에 회사원으로 근무했다. 1994년《월간문학》시조 당선,《오늘의 문학》시 신인상을 받으며 등단했다. 1992년 첫시집『아프게 울고 아프게 웃고 아프게 사랑하고』, 2004년 제5시집『완행열차의 미학』, 2016년 제6시집『무담시 목어를 울린 것이 아니랑께유』등을 펴냈다. 제17회 시조문예상, 광주문협백일장 일반부 대상, 보훈처 호국문예공모 우수상, 전태일

평전 감상문 대상 수상을 했다. 광주문인협회와 광주시인협회 회원, 호남 시조시인협회 사무국장으로 5년간 활동하다 지병으로 작고했다. 그의 시 세계는, 믿었던 시인들조차 타락하고, 자기변명감으로 여기는 시를 거부하던 초기로 돌아가자고 호소하는 자학의 형식을 보인다. 특히 자신 뇌출혈로 투병하며, 아버지와 사별하고부터 인생과 시의 깊이를 깨달은 바를 피력한 작품들을 썼다. 그는 문인협회의 연말 시상식 모임 때면 늘 한쪽에 조용히 앉아 파장 될 때까지 술잔을 기울이던, 다소 기행적인 모습이 그의 긴 시조 속에 어려 있다. 다음은 평소 그가 술을 좋아했듯 취기와 율조가 넘치듯하는 흐르는 시조이다.

「잔칫날」

우리 두리 아라리요 산접동새 스리랑
아이들도 사과 한 알/어르신도 보릿대춤
노총각 장가 보내놓고/막걸리에 홍어 회

스리 살짝 쿵더쿵 도동동당동 스리아리랑
들썩춤에 장고가락/마을 넘는 좌진 흐허굿
두껍아! 널 쏙 빼닮은/동자 하나 보내다오

동당에디에 아리랑 수월래 스리랑아!
진달래인 양 금슬 좋게/강물 되어 있고 없고
두 손이 원앙이 되어/'잘 살거라 한마당'

(2014년《시조문예》제42호)

■**강무강**은 본명이 강성금, 전남 해남 출생, 조선대와 성균관대 대학원 졸업, 1994년《현대시조》신인상으로 등단했고, 이외 2016년《수필문학》에 수필이 당선되었다. 2005년 현대시조문학상 좋은작품상을 수상했

다. 시집 2002년 『얼음새 꽃』을 펴냈다. 수원화성 예다교육원장 역임, 현재 안산시행복예절관 관장으로 일하고 있다. 저서로 2001년 『생활다례』(민속원) 등과 논문 다수가 있다.

■**박종대(朴鍾大, 1932~)** 는 전남 영광 법성포 출생, 광주농고를 거쳐 서울대 사범대 국어교육과 졸업, 중등학교 교직 및 교육부 교육전문직, 교장 등을 역임했으며, 주일대사관 교육관, 주후쿠오카 영사관 영사, 한국종합교육원 초대원장을 역임했다. 1995년 《시조문학》 천료로 등단한 이래, 한국시조문학상, 올해의시조문학작품상, 월하시조문학상, 정형시학작품상 등을 수상했고, 2019년 아르코문학나눔에 선정되었다. 현재 한국시조시인협회, 한국문인협회 회원으로 참여하고 있다. 시조집 1997년 『태산 오르기』(동학사), 2006년 『눈맞추기놀이』(책만드는집), 2010년 『개떡』(시조문학사), 2012년 『왕눈이의 메시지 49』(시조문학사), 2013년 『칠칠 동산』(제로하우스), 2015년 『풀잎 끝 파란 하늘이』(고요아침), 2017년 『동백 아래』(책만드는집), 2019년 『그러던 어느 날 -알츠하이머 간병일기 초(抄)』(책만드는집), 2020년 『노모老母』(책만드는집), 2021년 『손맛』(책만드는집), 2023~2024년 『아흔 이후』(1~3권, 책만드는집) 등 많으며, 말년에도 꾸준히 시조창작에 열정을 쏟고 있다. 그의 시는 단시조의 절경, 시조의 진경산수, 사람살이의 진정성이 돋보이게 하는 작품[65]을 구현한다.

「DMZ 가는 길」

DMZ 가까워질수록/야, 이게/진짜 초록이다
초록 끝의 그리움에/눈망울이 주렁주렁

---

65) 김영재, 「비 오는 날 검정 우산 속에서 울던 시인」 (박종대 시조선집 『노모』, 책만드는집, 2020) 발문, 162~163쪽 참조.

갈수록 더욱 초롱초롱/없는 것도 보이겠다

(시조집『왕눈이의 메시지 49』시조문학사, 2012)

「먼지 통신」

동산에 올랐다가/태산까지 왔습니다
시내 따라 내려갈까/구름 따라 올라갈까
그러다/이상한 바람을 만나/가고 있는 중입니다

(시조집『노모』책만드는집, 2020)

■ **나관주(羅寬珠, 1937~)**는 전남 해남 출생으로 1995년《문학공간》시조 당선으로 등단했다. 심호이동주문학상, 시대문학상, 해남예술상, 해남문학상을 수상했으며, 광주전남시조시인협회, 한국문인협회, 전남문인협회, 전남수필가협회, 해남문인협회, 강진문인협회 회원으로 활동하고 있다.

「무정 -지리산에서」

천왕봉 줄기 쫓아 비켜 앉은 청학 유곡
묻혀진 사연들을 켜켜이 품어 안고
대양에/하소연하러/저리 꽝꽝 뛰는가

철없는 수목들은 치장에 여염 없고
아름드리 바윗돌은 연만하여 절경인데
철들은/텃새 한 마리/목메이게 흐느낀다

오는 듯 가는 세상 떠나버린 저 반세기
얼룩진 자국들은 바람 따라 흔들리며
은은한/목탁소리로/빈 가슴 채워본다.

(제14회 무등시조문학상 수상작. 2017년《광주전남시조문학》제16집)

「벽촌 이발사」

훤칠한 풍모에 반짝이는 조약돌
날렵한 열 손가락 열 손도 한나절에
손으로/손 다루는 멋/웅변보다 미쁘다

부인인 듯 중년 여인 빗자루 들고 서서
이따금 허공만 가픈 이 눈빛과 저 손짓
방긋이/터질 듯 닫힌/무공해 저 입술들.

(2017년《광주전남시조문학》제16집)

■**박진남**(朴振男, 1945~)은 1945년 전남 무안에서 출생, 광주교대를 나와 오래 교직에 근무했고 교장으로 정년퇴임을 했다. 1995년《문학춘추》시조 당선으로 등단했다. 그의 작품은 해량과 순후의 마음을 실어 대상과 사물에게 베풀 듯 건네며, 교훈적 의미도 담겨있는 시풍이다.

「한마음」

걸어 온/두 발길은/우리 서로 다르지만
살아오면서/그대와 나는/그 무엇을 깨쳤는가요
이 세상/어디에 있어도/우리 마음이 하나라는 것

(2022년《문학춘추》겨울호)

「마음꽃」

오르는 길 가팔라도
이 빛깔이 곱습니다

손끝에 와 닿는 잎새

향기마저 짜릿한데

주지승 화두 한마디
녹차꽃을 깨웁니다

선사는 어디로 가고
옛 자취만 홀로 남아

밭길 걷는 낯선 객들
미소로써 반깁니다

한 생각 늦추고 보니
이들 모두가 꽃입니다

(2022년 한국문인협회 시조분과위원회 공저
『교과서에 실어도 좋을 연시조』 수록)

■**부일송(夫一松, 1954~)**은 본명이 부의환夫儀煥이며, 전남 신안에서 출생했다. 목포대 관리자과정을 수료하였으며, 1995년《문학춘추》에 시조「낙엽」외 2편 당선, 1996년《문학공간》에 시「바람꽃」외 3편이 당선되어 등단했다.

■**진삼전(陳森田, 1947~)**은 전남 진도에서 출생, 광주교대를 나와 초등학교 교직에 오래 근무하다 교장으로 정년퇴임을 했다. 1996년《문학춘추》시조 당선, 2000년 공무원 문예대전 시조 최우수상으로 등단했다. 그 이전 1972년《교육자료》시 천료, 1995년《한국아동문학》동시 신인상, 1996년《한국시》시 신인상, 1996년《교단문학》수필 당선, 1996년《소년문학》동시 당선, 1996년《한글문학》동시 당선, 1999년 민족통일

문예 시 최우수상 등으로 타 장르에서 등단, 주로 동시와 동시조를 함께 쓰고 있다. 길문학회 회장, 한국아동문학회 기획이사, 문학춘추작가회 이사, 전남시조시인협회 이사를 역임했고, 광주전남아동문학회, 광주시인협회, 광주문인협회, 국제펜한국본부, 공무원문학회 회원으로 참여하고 있다. 시집 『목련화』, 동시집 『무지개』, 2008년 『고추잠자리』(골드라인) 등이 있다.

「설날의 추억」

색동옷 차려 입고 꼬까신 즈려 신어
어릴 적 뛰어놀던 할아버지 고향 동산
지금도 눈앞에 보이시는가 그리움에 휩싸인다

댕기머리 곱게 따고 쪽빛치마 치렁대며
하늘 높이 펄쩍뛰던 널뛰기 신명가락
지금도 귓가에 들리시는가 소녀 같은 우리 할머니

(동시집 『고추잠자리』 골드라인, 2008)

■**최말식**(崔末植, 1940~)은 전남 해남 북평 출생, 1995년 《시·시조와비평》 신인상 시조 당선으로 등단했고, 동백문화상, 황산시조문학상을 수상했다. 해남문인협회, 가람문학회, 한국시조시인협회, 산다촌문인협회, 현대불교문인협회 회원으로 참여하고 있으며, 한의학 연구에도 조예가 있다. 시조집 2010년 『노도』를 펴냈다. 그의 시조에는 자연에 대한 애정과 그 자연을 배우고자하는 뜻이 함축되어 있다. 나아가 자연과 인간의 조응과 조화의 시학[66]을 전개한다.

---

[66] 노창수, 「자연과 인간, 그 조응의 시학」 (시조집 『노도』 한림, 2010) 해설, 320~322쪽 참조.

「임진강 언덕에서」

참호 속 잘린 허리/반 백년을 앓고 누워
방문객 없는 문헌/신음 소리 애처러워
구름도 기웃거리다/남북으로 날아오네.

외로운 나루터/뱃사공을 불렀더니
메아리 물결 타고/울먹이며 흐를 적에
내 넋은 물새 업혀/고향 산천을 따른다.

(시조집『노도』한림, 2010)

■ **강정삼(姜精三, 1940~)** 은 호가 광탄, 전남 나주에서 출생하여 목포고, 광주사범, 한국방송통신대를 나와 교직에 근무하다 퇴임했다. 1995년 《한국시》시조 당선으로 등단했다. 전남시문학상, 나주문화상, 나주예술상 등을 수상했다. 광주문인협회 아동분과 회장과 나주문협 회장을 역임했다. 시와 동시를 주로 쓰고 있다.

■ **김계룡(金啓龍, 1921~2014)** 은 호가 인암印嵓으로 전남 장흥군 용산면에서 출생, 1944년 교원시험 3종에 합격하여 1945년부터 교직 근무를 오래하다 초등교장으로 정년 퇴임했다. 1996년《시조문학》시조「모닥불」로 천료,《문학세계》시「시계」외 2편 당선으로 등단했다. 광주전남시조시인협회 초대 회장, 광주무등문학회 회장, 호남시조문학회 부회장을 역임했다. 2000년 광주무등문학상, 전남예총상을 수상했다. 시와 시조집으로 1997년『지는 해는 더욱 붉어라』(한림), 1997년『푸르른 날의 엽서』(한림), 2000년『그리움의 날개짓』(한림), 2001년『그날까지 부를 노래』(드림), 2001년『빈 뜨락의 달빛』(드림), 2004년『저물녘의 노래』(드림), 2005년『본대로 느낀대로』(무등문화사), 2006년『산자락에 서는 마음 제1차 조국순례 고봉(일천미터 이상)을 차자 3만리-』(무등문화사), 2007년

『산이 좋아 임이런가 제2차 조국순례 백두대간 종주길-』(OZ출판사) 등이 있고, 타계하기 직전 2012년에 시와 시조집을 합본으로 엮은『김계룡시조전집』이 있다. 이 외에 현직 때부터 펴낸 교단 수필집도 1985년『스승의 길을 간다』등 5권이 있다. 특기할 일은 그가 만년 때까지 시조 짓기 운동을 끈질기게 편 시인이란 점이다. 그는 '애국하는 마음이 곧 시조짓기'라는 논리를 가지고 각급학교를 일일이 걸어서 방문해 시조 보급운동을 전개했는바, 당시 필자의 소개로 방문학교를 50여 개교를 배정했던 기억이 있다. 놀라운 것은, 그가 광주전남시조시인협회를 창립하기 3년 전부터 답사해 온 고봉준령 3만리와 백두대간과 그 기맥을 거의 맨손으로 오르면서부터 기획한 일이었다는 고백을 했다. 그가 손수 제작한 리플렛식 소책자는 '시조사랑 민족정기 선양회'〈광주·전남시조교실〉이란 소속으로 펴낸(실제는 시인 혼자 조직한 단체)『국민시조로 자리 잡아야 한다』,『시조는 겨레시, 너도 나도 쓰잔다 어떻게 써야 하나』,『시조를 써야 한다 어떻게 쓸 것인가 초보자의 지름길』등인데, 그는 이 자료를 들고 근 5년 동안 광주·전남의 각급학교를 도보로 순회하며 작문 또는 국어 담당 교직원에게 무료로 배포하고 그 취지를 역설하며 시조 운동을 폈던 것이다. 참고로 이 자료집에 앞에 나와 있는「시조의 외침」가운데 핵심은 3, 4항이라는 게 그의 설명이었다. 그것은 "3. 우리는 시조 나라에서 태어 났으니 누구나 쓸 줄 알고 그 위에 자기 전공을 세우는 것이 일등 국민의 위상을 높이는 애국심이요 국민정신의 기본이다. 4. 우리말 우리글 우리시조는 우리 겨레를 지탱하는 민족 정기다. 우리는 뼈대 있는 자각으로 시조사랑 나라사랑의 애국심을 승화사켜야 한다."[67]

이처럼 그의 시조보급 운동은 '천석고황으로써의 조국애'[68]가 깃들은

---

67) 김계룡,『시조는 겨레시, 너도나도 쓰잔다 어떻게 써야 하나』, 시조사랑민족정기 선양회, 2006. 11쪽 참조.
68) 김종,「천석고황으로써의 조국애」(『김계룡시조전집』, 현대문예, 2012) 평설·3, 1095~1108쪽 참조.

그 결심이라 할 수 있다. 지칠 줄 모르는 투철한 그의 시조 보급에 대한 열망과 힘이란, 그가 70대부터 80을 훨씬 넘어서까지도 아무런 장비 없이 백두대간과 전국의 동굴, 계곡까지 모조리 종주·탐사한[69] 그 강철력 같은 완력에 있었다고 할 수 있다. 광주에 사는 동안 우리집과 그의 매곡동의 공간아파트 집에서 함께 시조를 걱정하며 의기투합한 일이 오래 기억에 남았으되, 앞으로 누가 그런 시조운동을 할 것인가 괴괴한 분노가 일어나는 지금이다. 그의 이런 공과와는 반대로 말년 시집 출간 때문에 그를 절망하게 한 사람들도 있다. 그의 작품은 줄기차게 산을 오르며 창작된 것들이 많다.

「소금강 계곡」

흐르는 맑은 물/내리짓는 구룡폭포
만물상 기암절벽/경관의 절경에
이끌린 절찬의 포옹/당신만 못해요.

(시조집 『빈 뜨락의 달빛』 드림, 2006)

「모닥불」

내 마음 한 모퉁이/스쳐 지난 긴 긴 세월
타다 못 이글이글/불씨 남아 몰래 잔다.
꺼질 듯/이어온 나날/영원 도곤 길구나!

한때는 모여 앉아/도란대며 지난 밤도
얼붙은 살갗 녹여/서로 안고 흐느꼈다.

---

69) 이 종주에 대한 시는 전집 '제9부 산이 좋아 임이런가'에 별곡인 장시조로 편제되어 있으며, 각 기맥氣脈과 동굴 및 호수에 대한 탐사의 시조는 '제8부 산자락에 서는 마음'에 편제되어 있다. 이는 저자가 밝히고 있듯 고봉 일천 미터 이상 도보 3만리를 정복 답사한 조국순례 그 1차분이다.

먼 갈길/칠흑 어둠에/헤매기도 했거니-

장대비 내리던 날/행여나 꺼질세라
불기둥 치솟도록/새 숯 돋귀 세우노니
차라리/이 불씨 거둬/질화로에 옮기리.

(1996년《시조문학》통권121호 겨울호, 천료작)

■ **김옥동(金玉童, 1935~)** 은 호가 죽정竹亭, 전남 나주에서 출생했다. 전남대 법학과 졸업 후 광주시청 공무원으로 근무하다 서울 남부보훈청장으로 퇴임했다. 1996년《시조문학》천료,《한국시》시조 당선으로 등단했으며, 시집『가슴으로 쓴 편지』, 1996년 시조집『한강 백조의 꿈』(한국시사), 1998년『세월의 여울 타고』(한국시사) 등을 펴냈다.

그는 대상에 대한 평범하고도 온전한 서정과 모나지 않은 방법과 기술을 통해 농촌에서 흔히 보는 소재들을 일상적인 화법으로 형상화하고 이를 전달하는[70] 시인이다.

「봄에 쓰는 편지」

봄에 쓴 편지 속/파란 하늘/물감 삼아
밀려온/U.R바람/토담 밑에 묻어 두고
'흙' 생각/어버이 마음/또박또박 쓰련다.

논두렁/밭두렁에/뉘여 두고 못쓴 사연
조상님 숨결 섞여/신토불이 연필 삼아
힘주어/농자대본農者大本을/고딕체로 쓰련다.

(1996년 시집『한강 백조의 꿈』, 한국시사)

---

70) 노창수,「함축어로 나누는 신토불이의 사랑」(김옥동 시집『한강 백조의 꿈』, 한국시사, 1996) 시조편 해설, 135쪽 참조.

■ **최지형(崔之馨, 1936~2023)**은 본명이 최점순崔点順이며, 일본 와카야마에서 출생, 광주 수피아여학교를 졸업하고 1996년 《시조문학》 천료로 등단했다. 늘푸레문학회 회장, 광주전남시조시인협회 부회장, 호남시조문학회 부회장을 역임했으며, 초창기 광주전남시조시인협회 조직 구성에 많은 정성을 바쳤다. 시조문예상, 제1회 광주전남시조시인협회 공로상, 광주펜문학상 등을 수상했다. 첫 시조집 1999년 『동양의 뜨락』(도서출판 다다), 2007년 『밀서 한 장의 강』(한국문학도서관), 2001년 『꽃잎 속에 하늘 한 쪽』(드림), 동시조집 2002년 『하늘을 닮아서 마음이 고운가봐』(드림), 2004년 『풀포기가 아들을 낳았어요』(드림), 제6시조집 2008년 『궁창 너머 풍경』(드림) 등이 있다. 그는 인품이 넉넉하고 자상하며 따뜻한 어머니 같은 미소로 상징되는 시인이었다. 호남시조문학회, 그리고 초기 광주전남시조시인협회의 일을 함께할 때, 지극한 희생과 봉사의 조력은 참으로 컸다는 걸 회고해 본다. 시조협회의 사무실 마련과 거기 사용할 각종 가구 및 집기 등을 사비로 구입해 회장이 마음 놓고 시조운동을 펼 수 있도록 배려했다. 그는 그 동안 저축한 돈을 헐어 협회 운영에 보태기도 했는바 정성어린 지원을 아끼지 않았다. 회원들의 좋은 일엔 자기 일보다 더 즐거워하며 축하 화분이나 선물을 건네던 시인이다. 그가 오늘날과 같이 번성한 광주전남시조협회를 보지 못하고 눈감은 바, 후배들이 그 공적을 알고는 있어야 할 일이기에 짧게 언급해 둔다. 그의 시조는 문체의 자연스러움이 장점이며, 나아가 시조적 메시지에 어울리는 표현의 적절성, 또한 이것들을 특유의 인정과 사랑으로 융화시키는 맛, 그리고 내용과 형식을 조화롭게 빚는 동시조에서[71] 찾을 수 있다. 자기 감정을 꾸미지 않는 그 억지의 비유가 적은 편이다. 다음에 초기의 시조 한 편, 그리고 평소 동시조를 즐겨 썼기에 그 한 편을 싣는다.

---

71) 김준,「어머니를 따르는 명정明淨의 추구」(최지형 시조집『동양의 뜨락』, 도서출판 다다, 1999) 시 세계 해설, 153쪽 참조.

「6월 취우驟雨」

물 머금/잿빛 구름/들꽃 머릴 맴돌다
햇빛 담긴/우레 소리/금싸라기 몰아다
땡볕에/달군 들녘에다/쏟고 가는 풍년가.

(시조집『동양의 뜨락』, 도서출판 다다)

「언니 옷」

언니 옷 그 예쁜 옷/입고만 싶어요
저 예쁜 꽃나무가/언니처럼 쓰윽쓰윽 커서
꽃피고 향기가 날면/언니 옷이 작아질까요?

(동시조집『하늘을 닮아서 좋은 꿈만 꾸나봐요』드림, 2002)

■ **김철학**(金哲學, 1936~)은 호가 인산仁山, 일본 대판에서 출생했고 전남대 행정대학원을 수료했다. 행정공무원으로 근무하다 정년퇴임했다. 1996년《시조문학》「무등보無等譜」외2편 천료로 등단했다. 전국문화원연합회전남지회 전문위원, 호남시조문학회 이사 역임, 전남문인협회, 한국시조시인협회 등 회원이며, 시집『시골길의 그 향내』, 『새 천년의 골목』등을 펴냈다. 그의 시풍은 주로 행사 후의 감상을 시조화하는 경향, 또는 일상에 마주하는 대상에게 서정의 감정을 입히기도 한다.

「신록」

숫처녀 넋이던가/눈만 내민 반초록
숫총각 혼이런가/새싹들의 반 웃음
반기는 창공을 매울/늘푸른 사랑의 협주곡

(1998년《시조문예》제28호)

■ **서연정(徐演禎, 1959~)** 은 1959년 광주 출생으로, 한국방송통신대와 전남대 대학원 국어국문학과(석사)를 나왔다. 1997년 중앙일보 지상시조 백일장 연말장원, 1998년 서울신문 신춘문예 시조 당선으로 등단했다. 광주전남시조시인협회, 한국시조시인협회, 오늘의시조시인회의, 한국문인협회, 광주광역시문인협회, 국제PEN광주지역위원회, 우송문학회, 90년대 시조동인 '반전' 회원으로 활동하고 있다. 2023년 가람시조문학상, 2023년 광주시문화예술상 문학부문 정소파문학상, 2018년 한국시조시인협회상 본상, 2018년 한국문인협회 조연현문학상, 2017년 국제PEN광주문학상, 2010년 광주문학상 등을 수상했고, 2000년 대산창작기금을 받았다. 2014년부터 2016년까지 광주문인협회 시조분과위원장을 역임했고, 현재 광주전남시조시인협회 회장을 맡고 있다. 그의 작품 경향은, 그 동안 시조를 갈고 닦아온 그 연륜 그대로 물 흐르듯이 진행되는 가락과 절묘한 이미지 조형에서 대가의 풍모를[72] 짐작하게 한다. 역동적이면서도 서정적이며, 주체에 대한 생명성을 추구하면서 사물의 현존성에 대한 발랄한 이미지로 그 시형과 의망을 넓혀가고 있다.

「미로의 다른 이름」

우아하게 얽힌 덩굴 향그런 살냄새란 미로랑 딸 미로랑 그 자손의 거주지다 뒤섞인 사람 냄새로 길은 본래 시금털털하다

대낮의 숲속에서 일상은 정박이다 바닥에 주저앉아 차오른 숨 고른다 끌고 온 삶의 꼬리를 잘라버린 도마뱀

수많은 길을 삼켜 통통히 살이 올라 꿈틀꿈틀 뭉클뭉클 미로의 흰 배때기 만삭인 옆구리 찢어 피 묻은 땅 받든다

---

[72] 황치복, 「인생, 그 오묘하고 그윽한 아름다움」 (서연정 시조집 『인생』 고요아침, 2020) 해설, 106~107쪽 참조.

삼동을 난 도토리들 오보록 새순 올려 이정표를 세우듯 푸른 손을 흔든다 발냄새 땀냄새 먹여 길 내기 좋은 그곳

(2010년《시조시학》가을호, 2010년 시조집『동행』)

「시 쓰는 챗봇」

김소월의 연보를 순식간에 외운다
즈려밟힌 '진달래꽃' '개여울'에 뿌리고
홀연히 쇠의 가슴에 자라나는 꽃나무

존재를 상상하며 시를 읽고 시를 쓴다
리필할 수 없는 생生을 쉬지 않고 대필하며
한없이 사람의 일상을 연습하는 중이다

새하얀 종이 위에 배열되는 낱말들
낯선 쇠의 흉금을 멍하니 바라볼 때
누구의 그리움일까 꽃송이가 흐른다

＊챗봇 : 문자 또는 음성으로 대화하는 기능이 있는 컴퓨터 프로그램 또는 인공 지능. 주제를 제시하면 시, 에세이를 단숨에 써낸다.

(2023년《좋은시조》봄호. 2023년 제43회 가람시조문학상 수상작)

■ 김동찬(金東贊, 1958~)은 전남 목포 출생. 1999년《열린시조》신인상. 1993년《미주한국일보》시 당선, 2002년《현대시》시 신인상 당선으로 등단했다. 현재 목포시조문학회 회원으로 참여하고 있다. 시조집 2006년 현대시조100인선집『신문 읽어주는 예수』(태학사), 시집 2004년『봄날의 텃밭』(고요아침). 산문집『LA에서 온 편지 심심한 당신에게』. 시해설집『시스토리』등이 있다.

「어머니의 편지는」

서울로, 군대로, /미국으로, /멀리 날아와
사랑하는 우리 동찬이에게, 로 시작했다
시였다/흔해 보여서/아무나 쓰지 않는

어디서도/누구도/들려주지 않았다
사랑하는/우리 동찬이/사랑하는/우리 동찬이
엄마만/내게 불러주신/사랑 노래/사랑 시

(2024년《정형시학》봄호)

「팽목항 파도」

교통사고로 세상 뜬/서른여섯 동원이 형,
자식을 먼저 보낸/어머니가 떠올랐다.
일주기, /겨우 참으시고/뇌졸중으로 쓰러지고 만

울 어머니/시커먼 가슴을 생각한다.
울지도 못하고/말도 못하고/주먹으로 치셨듯이
오늘도/파도는 쳐서/쉬지 않고/파도는 쳐서.

(2024년《시조시학》봄호)

■ 정춘자(鄭春子, 1940~)는 호가 목영당木影堂, 전남 보성에서 출생하여 장성 사거리 약방에서 시조시인 리인성과 평생부부로 살고 있다. 1999년《시조문학》천료로 등단했다. 한국예총장성지부장, 장성문인협회 회장, 호남시조문학회 회장, 백양사불교 대학장 등을 역임했다. 한국미술협회 초대작가, 전남문학상, 시조문예상, 2006년 '시조문학' 올해의 작품상을 수상했다. 부부가 장성 백양사역 앞에 50여 년 동안 '사거리한약방'을 운영해 왔는데, 약방 옆에 '정춘자·리인성 부부문학관'인 〈비오리문

학관)을 2020년 6월 개관하여 정춘자 시인이 관장으로 있다. 문학관 1층은 부부의 시·서화 작품 전시, 그리고 2층은 장성 출신의 이름난 문인(오영재, 김우진, 박흡, 김일로, 김병효 등)들의 작품과 생애를 전시하는데 할애하였다. 시조집으로 2003년 부부 제1시조집 『비오리의 노래 지아비편·지어미편』, 2009년 부부 제2시조집 『비오리의 합창』 등이 있다. 그의 작품은 자연에 대한 관심과 인생에 대한 긍정적 사유가 융합된 맑은 시심을 표출하며 특히 부부 생활의 미담을 시조화하고 있다.

「가시방석」

정당하게/돈 벌어요/부정하게 벌지 말아요
착한 일로/부자 되면/칭송 받고 평안해도
사악한/행위로/졸부 되면/가시방석입니다.

(2012년 《시조문예》 제42호)

■ **장옥순**(張玉順, 1956~)은 전남 장성에서 출생, 한국방송통신대와 동신대 교육대학원을 졸업하고 교직에서 퇴임했다. 1997년 《문예사조》 시조 당선으로 등단했으며, 전남시문학상을 수상했다. 시집 2023년 『나무는 시인이다』(한림)를 펴냈다.

■ **조재섭**(曺在燮, 1925~작고)은 호가 우송愚松으로 전남 화순에서 출생, 광주사범 강습과를 나와 초등학교 교장으로 퇴임했다. 1998년 《문학세계》 시조 당선으로 등단했다.

■ **정혜정**(鄭惠貞, 1971~)은 광주 출생. 1998년 세계일보 신춘문예 시조 당선으로 등단했다. 공저 1990년 『90년대 우리시 신춘문예 당선시집』(태학사)을 펴냈다.

■ 김정래(金井來, 1942~)는 전남 순천 출생, 1960년 순천사범학교 졸업 후 교직에 근무하다 초등학교 교장으로 정년 퇴임했다. 1998년《시조문학》천료와 제29회《자유문학》신인상 시조 당선으로 등단했고, 한국시조시인협회, 〈천궁시〉 동인, '우리시를 사랑하는 모임' 회원으로 활동하고 있다. 시집 2004년 『화포花浦에는 사랑이 있다』(고요아침), 2012년 『바람 세월』(고요아침), 2019년 『허공에다 그린 그림』(정문사)을 펴냈다. 그의 시는 가족과 주변의 사연, 일상의 체험으로부터 우러나오는 서정의 건강한 시 정신 넘쳐 난다. 그 서정이 넓게는, 조국에 대한 사랑, 작게는 가족사의 보살핌, 자연과 자신에의 안분지족과 겸양의 자리에 있다.[73]

「천년송千年松」

즈믄 세월 의연하게/하늘을 우러르며
하고 많은 모진 풍상風霜/어떻게 견뎠을까
애초의/그냥 그 자리/한결같은 푸르름

어둠 속 학鶴의 잠결/행여 깰까 숨죽이며
어스름 여명黎明까지/참아내는 그 인자함
고고한/당신의 품 속/어진 기품 어머니

(시집『바람의 세월』고요아침, 2012)

「쐐기」

싸한 모깃불 냉갈 집안에 가득한 밤

방학 혀서 핵교 안 가제 잠도 안 오냐
동생이랑 앞집 석근이 몰래 데리고

---

[73] 이지엽, 「바람 세월, 사랑의 서정과 겸손의 미학」 (김정래 시집 『바람 세월』 고요아침, 2012) 해설 표사 참조.

나는 망보고 니는 나 발 받체
돌담 넘어 단감나무, 살찐 감 하나, 둘
팔목이 띄앗하더니 온 팔목이 쑤셔와

그날 밤 끙끙 밤새껏 어둔 밤만 원망했다.
(시집『화포에는 사랑이 있다』고요아침, 2004)

■ **정려성(程麗成, 1939~)** 은 호가 율천栗川, 전남 화순 출생, 호남신학대학을 졸업, 군종장교를 거쳐 목사를 역임했다. 1990년 전남일보 신춘문예 시 당선, 1999년《시조문학》천료로 등단했다. 노산문학상, 화순문학상, 목양문학상, 광나루문학상을 수상했으며, 시조집『묘향산 여름날』이 있다. 그의 문학 세계는 밝음과 사랑의 정신을 조화시켜 인간의 소망과 기도의 세계를 드러내고 있다.

「봄날 서정」

꽃밭에 불이나서/산으로 번집니다
풀밭에 들꽃들도/시새워 서둡니다
꽃인지 불인지 몰라/어쩔 줄을 모릅니다.

벌들은 닝닝대고/나비는 나풀나풀,
종달새는 높이 떠서/성가시게 지저귀면
바람은 바람이나서/몸둘바를 모릅니다

■ **김강호(金剛虎, 1961~)** 는 전북 진안 출생. 1999년 동아일보 신춘문예 시조「명경대」당선으로 등단했다. 광주전남시조시인협회 회장 역임, 현재 한국시조시인협회 부이사장, 오늘의시조시인회의, 〈율격〉 동인, 광주문학아카데미, 전북시조시인협회, 90년대 시조동인〈반전〉등에 참여

하고 있다. 서울문화재단 지원, 아르코문학창작기금 지원 등을 받았으며, 고등학교 1학년 교과서에 「초생달」이 수록되어 있다. 시조집 2008년 『아버지』(동학사), 2013년 『귀가 부끄러운 날』(고요아침), 2014년 『팽목항 편지』(시산맥), 2016년 『참 좋은 대통령』(동학사), 2016년 『군함도』(고요아침), 2024년 『당신 생각 소나기로 쏟아지는 날』(다인숲), 가사시집 2021년 『무주구천동 33경』(고요아침)을 펴냈다. 그의 작품은 사물에 대한 묘사가 압권, 또한 이는 작품마다 다양한 특징을 보이고 있는데, 시조의 각 장이 가지는 전개의 속성과 연결되어 시적 긴장감을 동반하기에 읽는 재미 또한 동반되고 있다.[74]

「시 굽는 마을」

반딧불이 빗금 긋는 강변마을 시인의 집
사무치게 서러운 소쩍새 울음 받아
시인은 시 한 덩이를 이슥도록 굽고 있다

설익어서 더 구우면 숯덩이가 되곤 하는
드센 시와 씨름하다 지쳐버린 행간엔
상상의 완행열차가 덜컹이며 지나갔다

깊은 잠 호리병으로 시인이 빠져들자
처마 끝 별들이 와서 시 굽는 시늉 하더니
원고지 칸칸마다에 애벌레처럼 들었다

(2021년 《서정과현실》 하반기호)

「녹슨 문고리」

---

74) 이지엽, 「눈부신 시적 상상력과 순수 지향의 치열한 시 정신」 (김강호 시집 『아버지』 동학사, 2008) 작품 해설, 113~114쪽 참조.

어둠이 굴려내는 보름날의 굴렁쇠가
지상으로 굴러와 문에 턱, 박힐 때쯤
뎅그렁 종소리 내며 내간체로 울었다

원형의 기다림은 이미 붉게 녹슬었다
윤기 나던 고리 안에 갇혀 있던 소리들이
키 낮은 섬돌에 내려 별빛으로 피고 졌다

까마득한 날들이 줄지어 둥글어져
알 수 없는 형상으로 굳어 있는 커다란 굴레
어머니 거친 손길이 다시 오길 기다렸다

(2021년 《열린시학》 가을호)

■ **문주환(文柱煥, 1948~)**은 전남 해남에서 출생, 대불대 경영·행정대학원을 수료했다. 1998년 《시조세계》, 《문학춘추》 시조 당선, 1999년 《월간문학》 시조 당선, 공무원문예대전 시조 최우수상으로 등단했다. 해남문인협회 회장 역임, 광주전남시조시인협회, 한국문인협회, 한국시조시인협회, 열린시조학회, '시대시조' 회원으로 참여하고 있다. 시조집 『땅끝 귀거래사』, 『전라도, 전라도여』 등이 있다. 그의 시조는 대상으로부터 서정성을 깊은 맛으로 우려내며 정격으로서의 시조 본태를 지키려 하기에 읽은 후에도 여진(餘震)처럼 감동의 울림[75]에 흔들리게 된다.

「담쟁이 넝쿨에게」

비탈지고 구불텅한 머나먼 길을 간다.
균열의 어둠 선을 점자처럼 만져가며
목 줄기 가는 넝쿨이 바람 타는 형벌로

---

75) 노창수, 「압축과 상징 그리고 토속적 시학의 변주」(문주환 시조집 『땅끝 귀거래사』, 한림, 2005) 작품해설, 116~117쪽 참조.

흙 담을 후벼 파다 등피 굳은 그 세월을
더듬다 일어서며 펼쳐보는 야윈 손금
벼랑 끝 한 땀 한 땀이 피 말리는 행진이다

누대로 간직한 꿈 짙푸르게 피어나서
뉘엿뉘엿 해거름에 노을빛 물들이다
남루로 날려 보내도 나는 다시 길을 간다.

(1999년《월간문학》, 제6회 공무원문예대전 최우수작)

「찔레꽃」

봄 익은/외진 강둑/물안개로 피어나사
한 마리 백로새가 물비늘을 쪼아대면
물빛 속/가시 덤풀은/애환으로 눕는다.

어머니 옷섶 같은/삶에 찌든 언저리
영롱한 이슬보다/더 하얀 숨결 담아
절절이/풀어내린 정/강물 딛고 서 있는.

(2005년 시조집『땅끝 귀거래사』, 한림)

■ 송광룡(1957~)은 전남 고흥 출생, 전남대 국어문학과 졸업, 1999년 중앙일보 신춘문예 당선 등단했다. 2005년 창간한 종합문예지《문학들》 발행인을 맡고 있다. 다음 시조는 신춘문예 당선작이다.

「돌곶이 마을에서의 꿈 석화리」

1
돌꽃 피는 것 보러
돌곶이 마을 갔었다.

길은 굽이 돌면 또 한 굽이 숨어들고 산은 올라서면 또 첩첩 산이었다.
지칠대로 지쳐 돌아서려 했을 때 눈앞에 나타난 가랑잎 같은 마을들,
무엇이 이 먼 곳까지 사람들을 불러냈나. 살며시 내려가 보니 무덤처럼 고요했다.
가끔 바람이 옥수수 붉은 수염을 흔들 뿐, 아무리 들여다보아도 사람의 자취 묘연했다.

여러 날 헤매이다가
텅 빈 집처럼 허물어졌다.

2
화르르 타오르는 내 몸엔 열꽃이 돋고
세상은 천길 쑥구렁 나락으로 떨어지는데
누군가 눈 좀 뜨라고 내 이마를 짚었다.

나, 그 서늘함에 화들짝 깨어났다
눈 뜬 돌들이 지천으로 가득했다
온전히 제 안을 향한 환한 꽃밭이었다.

(1999년 신춘중앙문예 신춘문예 당선작)

■ 김산중(金山中, 1936~)은 본명이 김준호, 전남 함평 출생, 1954년 학다리고 졸업, 1960년 서울문리사대 영어과를 졸업하고, 함평동중학교 근무를 시작으로 교직에 오래 있다가 중등교장으로 정년 퇴임했다. 1999년 《문학춘추》 신인상 시조 당선으로 등단했고, 광주전남시조시인협회 이사, 한국지역문학인협회 운영위원, 호남시조문학회 회장, 동천문학회 회장을 역임했다. 1999년 시조집 『회자정리』, 2002년 시조집 『속 회자정리』가 있으며, 한국지역문학인협회 특별공로상을 수상했다. 그는 자연 풍광이나 명승지에 대한 관조형의 시조를 쓰는 경향이다.

「무릉반석」

왼쪽은 두타산 오른쪽은 청옥산
그 틈새 무릉 계곡 구비친 찬 물줄기
몇 겁을 흐르고 썻어 무릉반석 지으니

고래로 시인 묵객 이 자리 찾아와서
풍광을 감탄하여 글 한 수 흘러 내니
반석 위 절경을 새겨 무궁토록 남았다.

「옹기구경」

절마당 가장자리/옹기 장독 즐비하다
이 절에 식구들이/그 얼마나 되길래
가득찬 간장 항아리 비울 날이 있을까?

속없는 놈 얼빠진 놈/비아냥거림을 받지만
차버린 종지에다는/채울 자리 없다보니
빈 자리 넉넉해야만 채울 것을 채우지

(제3시조집 『무돌길 따라』 고요아침, 2013)

■ **임성규(任晟圭, 1968~)** 는 전남 해남 출생으로 1999년 《금호문화》 시조상으로 등단했으며 현재 광주전남시조시인협회 사무국장으로 활동하고 있다. 2018년 무등일보 신춘문예 동화 당선 후 동화집 『형은 고슴도치』를 냈고, 2024년 오늘의시조문학상을 수상했다. 시조집 『배접』, 『나무를 쓰다』, 2023년 『바늘이 쏟아진다』를 펴냈다. 그는 다양한 시적 장치와 모호성을 바탕으로 한 해석의 다양성을 열어두는 시조[76]를 쓰고 있다.

---

76) 정지윤, 「임성규 시인의 세 번째 시집」 보도기사 〈미디어시IN〉 (2024. 1. 4.)

「배접」

나, 그대에게/들키고 싶지 않았다
비밀한 울음을 속지로 깔아놓고
얇지만 속살을 가릴/화선지를 덮었다
울음을 참으면서 나는 풀을 발랐다
삼킨 눈물이/푸르스름 번지면서
그대의 환한 미소가/방울방울 떠올랐다

(1999년《금호문화》시조상 수상작)

「냄비」

그을음이라 써놓고/그리움으로 읽는다
오래된 바닥에 눌어붙은 불의 기억
닦는다 속살 보일 때/붉어지는 네 낯빛
들썩이는 뚜껑을 슬며시 들추면
일어서는 거품 속에서/소리가 흘러내려
불현듯 나도 모르게/닦아낸 말의 무늬
기울어진 길 위로 타닥타닥 피는 어둠
까맣게 타버린 냄비 속 감자 같은
더 이상 씻을 수 없는/하루를 벗겨낸다

(2023년 계간《가히》창간호)

■**장수현(張守鉉, 1973~)** 은 전남 강진 출생, 1999년 조선일보 신춘문예 시조 당선으로 등단했고, 광주전남시조시인협회, 한국시조시인협회, 오늘의시조시인회의 회원으로 참여하고 있다. 시조집 2004년『기억의 모서리에 푸른빛이 스며 있다』, 2017년『석탑은 최초의 우주로켓』을 펴냈다. 다음 시조는 일상에서의 사물과 장면이 시선이 깊이와 넓이에 따라 변용됨을 보여주고 있다.

「빈자일등貧者一燈」

박물관 옥외전시장/목이 잘린 석불들
국보도 보물도 아닌/내 이웃의 모습으로
오롯이/견뎌 내고 있다/가부좌를 풀지 않은 채

(2022년《시조미학》겨울호)

「균형의 법칙」

층층이 쌓아올린/밥그릇 머리에 이고
수직의 인파 속을/사선으로 걷는 여인
촬영한/뒷모습의 균형이/AI 기술로도 맞지 않는다

한 장의 사진 속에서/보정을 거부한 채
수평의 무게를/비스듬히 떠받든 몸
수십 년/시장통 누비며/터득한 삶의 감각이다

(2024년《정형시학》여름호)

■ **최양숙(崔羊淑, 1961~)** 은 광주 출생으로, 1999년《열린시학》신인상 시조로 등단했고〈율격〉동인, 90년대 시조동인〈반전〉, 광주문학아카데미,〈사래시〉동인, 한국여성시조문학회, 오늘의 시조시인회의, 한국시조시인협회,〈후조〉열린시학회 회원으로 참여하고 있다. 무등문학상, 열린시학상, 시조시학상을 수상했으며 2023년 아르코 발표지원에 선정되었다. 시조집『활짝, 피었습니다만』,『새, 허공을 뚫다』를 펴냈다. 그는 일상속에서 기미의 미학을 시조에 결합, 심리적 섬세함을 음보 상에 구어체로살려내는 시인이다.

「나랑 놀았다」

불 끄고 밝아진 방/누가 나를 들여다본다
만지고 부수다가/구석으로 밀기도 하고
암호를 기억하느라/발끝까지 뒤적인다

잊어가는 방식에 대해/불 켜고 어두워진 방
아무도 보이지 않아/이름만 불러본다
어떻게 그림자들을/놓을까요, 서로를

(초대시조 중앙일보 2023년 11월 30일)

「곧 올게」

대숲이 낮게 울던 산자락 오래된 집
겸상을 할 때마다 고개를 외로 틀던
아버지 잔기침 소리 거미줄에 걸려 있다

보랏빛 꽃잎 몇 장 손안에 쥐어주며
'곧 올게' 하고 떠난 아버지 캐리커처
고양이 꼬리 내리고 우두커니 앉았다

뒤꼍에 홀로 남은 깃 빠진 오동나무
괜찮다 괜찮다고 노을이 손잡아주자
가슴이 뛰기 시작한다/눈부시게 잔잔히

(2023년 《시조미학》 겨울호)

■ **이민규(李玟奎, 1927~2022)**는 호가 무송茂松, 전남 장성 북이면 오월리에서 출생, 장성 동신상업학교를 졸업하고 고등학교 교사 자격검정에 합격, 중등학교 교사로 오래 근무하다 교장으로 정년퇴임했다. 1999년 《문학춘추》 신인상 시조 당선으로 등단했으며, 시조문예상, 문학춘추작가회상, 장성문학상 등을 수상했다. 호남시조문학회 이사, 문학춘추작가회

시조분과위원장, 장성문인협회 부회장, 한국시조시인협회 회원, 광주전남 시조시인협회 회원으로 활동했다. 그의 작품 세계는 자연의 아름다움을 추구하며 혼돈과 갈등 속에 끼어들지 않고 오롯 그 자연을 벗삼은 바의 서정적 서경적 세계상을 그려냈다.

「봄 향기에 취하다」

수줍은 처녀 같은 연노란 산수유꽃
봄 내음 가득하다 맨 먼저 찾았구나
눈 녹은 맑은 계곡이 시립도록 부시다

산수유 나무마다 꽃망을 터뜨리고
햇볕이 비친 밭에 노란 물 짙게 베어
사이로 비친 논에는 초록 풀들 싱글다

섬진강 매화나무 화사한 옷을 입고
연보라 이룬 벌판 길 옆에 머무르니
한켠에 봄나물 파는 노파 봄 향기에 취한다.

(2007년《광주전남시조》제6집)

□ 2000년대와 그 이후

2000년대에 들어와서 광주 전남 시조단은 부쩍 조급해진다. 그것은 우리 지역에만 '시조시인협회'가 없다는 안타까움을 김계룡 시인이 각 문단 단체에 호소하고 협회 조직의 필요성을 주장하고 나선 때문이었다. 그는 호남시조문학회,《영산강》동인회, 광주문협 시조분과위원회,《겨레시조》 편집위원회를 비롯한 이 지역 시조단의 원로·중진·소장 문인 등과 단체 등에 이 협회의 설립을 주장했다. 그 운동은 50여 명의 연대 서명을 받아 한국시조시인협회와 관계부처에 제출한 것으로부터 실체화되었다. 요컨대 '한국시조시인협회 광주전남지부'를 결성하자는 취지였다. 그러나 한국시조시인협회 정관으로 보아 과거 80년대와는 달리 지부 성격의 단체를 두는 게 성립할 수 없다는 의견이 있었다. 해서, 단독으로 '광주전남시조시인협회'를 조직하자며 뜻을 모으기 시작했다. 그러나 일부 단체에서는 광주전남시조시인협회라는 명칭이 아니더라도 그와 비슷한 일을 하고 있지 않으냐고 반문하기도 했다. 하지만 대체로 시조시인협회 조직을 새로 하는 게 옳다고 의견이 모아졌다. 이 때 함께한 시조시인이 경철, 김종, 전원범, 최지형, 노창수, 이한성, 최지형 등이었고, 2002년 10월 19일 창립총회를 개최하고 이어 곧바로 정식 인준을 완료했다. 초대 회장에 김계룡, 부회장 경철, 오재열, 이한성, 최지형, 김강호, 감사 이구학, 서연정, 사무국장 김용철(후에 요양으로 사임), 사무간사 이보영, 그리고 12명의 이사를 구성하는 등의 결실을 보게 되었다. 그리고 당시 협회 사무실을 제공하는 출판사가 있었고, 이의 마련에 최지형 시인의 공로가 컸다. 바로 이 사무실에서 편집회의를 거쳐 2002년 12월 협회 연간집《광주전남시조》창간호를 내었다.

2004년 6월 14일은 김계룡 회장과 순천대 총장 최덕원 교수가 '시조보급운동'을 위해 특별연수를 가지기로 했는데, 협회로서는 처음 '시조쓰기 순회 강습회'를 마련한 일이 그것이다. 당초 연수회를 순천대학교에서 개최할 계획을 세웠지만, 다수 학생을 대상으로 하려면 전파력이 강한 고등학교가 적당하다는 총장의 의견을 바탕으로 순천 금당고등학교 대강당에서 실시했다. 이에 많은 학생들이 참가해 열띤 학습이 이루어졌는 바, 강사는 김종, 노창수, 염창권이었고, 그 이전 광주에서 사전 '시조쓰기 국민운동 순회 강연회'를 가졌는바, 이에는 문병란 교수가 강의를 맡았다.

광주전남시조시인협회 주관의 세미나 중 중요한 일은, 우선 현대시조 100주년을 기념한 행사로 2006년 8월 26일~27일(1박2일) 동안 장흥문화예술회관에서 시조문학 강좌와 여름 세미나를 개최한 일이었다. 첫째 날은 장흥군수 김인규의 격려사, 이한성 회장 인사말, 주제발표 김종, 그리고 교과서 시조 반영에 대한 토의문제로 노창수, 최동일, 조연탁이 참가했다. 둘째날은 당시 '현대시조 포럼' 의장인 김제현의 격려사, 장흥문화원장 윤수옥의 축사, 주제발표 경철, 토의토론은 현대시조 100년의 의의와 성과에 대하여 이보영, 김강호, 염광옥, 김옥중이 토론자로 참가했다. 이 행사에 시조 낭송은 서연정, 이송희가 했고 오후에는 장흥 관내 유적지를 탐방하는 것[77]으로 마쳤다.

2015년 10월 4일 아시아문화전당 개관기념 및 전국학생시조공모 백일장 시상식을·광주시청자미디어센타에서 규모있게 가진 것 또한 특기할 일이다. 우선 시상식에 앞서 시조강좌를 실시해 학생들에게 시조쓰기를 고취했는데, 이는 앞으로의 시조공모 백일장에 응모하고자 하는 학생들에게 도움을 주기 위한 시조창작 활성화의 한 방책이었다.

광주전남시조시인협회는, 이처럼 시조의 일반화를 도모하기 위해 노력해 온바, '전국학생시조공모백일장' 운영이 매년 실시되어 2023년 현재 21회째를 맞고 있음이 그것이다. 창립 초기에는 광주, 순천, 화순 등지를 돌면서 시조쓰기 강좌, 고시조 암송대회, 시조문학 세미나, 시조화전, 시조낭송회 등을 시기에 따라 개최했다. 또 협회가 꾸준히 시행하는 '무등시조문학상'도 2024년 현재 제21회째를 맞고 있다. 이는 오늘날 타 지역에서도 부러워하는 상으로 자리매김되었다.

2000년대에 등단해 야심차게 작품 발표를 이어가고 있는 시인이 많다. 이구학, 강대규, 김병효, 이인성, 조연탁, 문주환, 이인우, 권현영, 서영애, 오성수, 임문자, 채홍련, 김진우, 최인성, 김용철, 이명순, 박순주, 전학춘, 김임태, 강성남, 신순균, 마명복, 기우표, 조성문, 김창현, 박래홍 등이다. 또 젊은 시인들이 대거 등단했는바, 강경화, 강대선, 강성희, 강원산, 고경

---

[77] 광주전남시조시인협회 리플렛, 「현대시조 100주년 기념 제5회 시조문학 강좌 및 여름 세미나」 참조.

자, 고정선, 곽호연, 김승재, 김수형, 김진수, 김화정, 남신, 노종상, 노태연, 노하숲, 문제완, 박금희, 박성민, 정경화 등이다.

또 기존에 등단해 최근 작품 발표를 늘려가거나 한국시조문단에 주류로 떠오르는 시인으로 서연정, 김강호, 박정호, 박현덕, 배서진, 선안영, 이보영, 문주환, 유헌, 용창선, 이광호, 이명희, 이송희, 이수윤, 임성규, 정문규, 정혜숙, 조민희, 조태엽, 최미선, 최문광, 최양숙, 홍준경, 김미진 등 많다.

2000년대 특기할 일은 한국 시조시인에게 주는 굵직한 작품상을 우리 지역 시조시인들이 계속 수상하고 있다는 점이다. 예컨대, 고산문학대상 송선영, 가람시조문학상 이한성, 오늘의시조시인상·고산문학대상 이송희, 고산문학대상 선안영, 노산문학상 염창권, 조연현문학상·가람시조문학상 서연정, 한국시조시인협회상 박정호, 중앙시조대상·김만중문학상·백수문학상·송순문학상·오늘의시조문학상 박현덕, 중앙시조대상 정혜숙, 백호문학상 김종, 월간문학상 유헌, 아산문학상(평론) 노창수, 한국동시조문학상 박성애, 오늘의시조시인상 임성규 등이다. 나아가 한국문화예술위원회 아르코 지원, 경기문화재단, 서울문화재단, 광주문화재단으로부터 500~1000만원 지원금으로 시조집이나 평론집을 발간하는 사례는 대저 20여 명이 넘는다. 2000년대 한국시조학회에 주요 논문을 발표하고 시조평론집을 낸 사람은 염창권, 노창수, 이송희, 최한선 등이다.

연간집 회지 《광주전남시조문학》은 2023년 현재 22호를 기록하고 있다. 협회의 회원 등록수가 매년 증가하여 2023년 현재 95명이 참여하고 있다. 이로써 광주전남시조협회가 탄생된 후 바야흐로 백화난만의 시대를 맞고 있는 참이다.

■ **이전안**(李全安, 1939~)은 1939년 전남 영광 출생으로, 호남대 경영대학원을 수료했다. 2000년 《시조문학》 천료, 2010년 경상일보 신춘문예 시조 「오월 누에고치」 당선, 1998년 《문예연구》 신인상 수필 「내 유년의

무지개 언덕」 등으로 등단했다. 한국문인협회 대외협력위원, 광주문인협회, 한국시조시인협회, 광주펜문학회 회원으로 활동하고 있다. 광주문인협회 부회장, 광주시인협회 수석부회장, '문예연구'문학회 회장, '별'문학회 회장, '시조문학' 운영위원, 전남문인협회 이사, 무진주문학인협회 회장, 호수문학회 회장, 한국사이버문학인협회 회장, 호남시조문학회 부회장, 서남일보 신춘문예 심사위원장, 도민일보 신춘문예 심사위원장 등을 두루 역임했다. 수상으로는 광주문학상, 시조문학상, 소파문학상, 광주시문학상, 문예연구작가상, 연합방송 문학대상 등을 수상했다. 시조집 2002년 『달 돋는 산이라서』(신아출판사), 2010년 『환속하는 물레새』(신아출판사), 2014년 『신개지의 아침』(시조문학사), 2018년 『어느 기분 좋은 동행』(현대문예), 2018년 『일출 만나러 가는 물고기』(현대문예), 2023년 『바람의 강』(신아출판사), 2023년 『능파각 소곡』(신아출판사), 2023년 제8시조집 『달 그리운』(신아출판사) 등을 펴냈다. 다음은 그의 시조 근작 2편이다. 그는 단시조보다 긴 호흡으로 긴장을 유지해가는 연시조 형태를 선호하는 시인이다. 그는 매사 조심스럽게 절제하며 경솔한 몸짓을 삼가고 나직한 음성으로 자기만의 세계를 펼쳐나가는[78] 시인으로 평가 받고 있다.

「황금누에 절식絶食」

고요 젖은 방안에서 얼굴 살짝 내밀다가
시렁 위 채반에 올라 실크를 잉태하여
만삭된 황금누에의 어머니 손맛 되새기며.

지는 꽃의 뒷등 같은 적요한 잠실에서

---

78) 김준, 「숭고한 열정과 화려한 수사」 (이전안 시조집 『환속하는 물레새』 신아출판사, 2010) 작품해설, 118~119쪽 요약 인용.

폭폭한 제 속울음도 다 펴내지 못한 채
할머니 지문이 찍힌 뽕잎마저 물리친다.

마분지 빛 흐린 날의 적막 한 겹 걷어내고
길을 버린 황금누에 곡기마저 끊을 때
귀뚜리 토방마루에 앉아 반짝반짝 울고 있다.

바람이 귓전에서 꿀벌처럼 잉잉거린 날
가느스름 눈을 뜬 채 장엄 열반 꽃 둥지 엮는,
한살이 터 억 매조지한 그믐달 뒤태 같다.

(2023년 광주매일신문 문학마당)

「법어法語로 오시는 눈」

은세계의 가풀막에 눈가루가 흩날릴 때
묵상에 잠긴 왕조처럼 영봉을 넘어온 태양
켜켜이/눈 쌓인 그날/지친 낮달 타전한다.

먼 길 떠난 큰스님 돌아올 시간인데,
평생 가꾼 절 위에 법어法語 같은 눈이 내려
바람이/풍경을 쳐서/유마경을 읊고 간다.

(2022년《광주문학》봄호)

■ **이구학**(李九鶴, 1945~)은 호가 운장雲長, 전북 순창에서 출생, 조선대를 졸업하고, 호남대 대학원에서 박사학위를 받았다. 2000년 제25회 샘터시조상 장원, 2000년《열린시학》의 '제2회 전국우리시현상공모'에「유년의 강」등 6편이 당선되어 등단하였고, 이후 광주전남시조시인협회 지도위원. 서은문학연구소 감사. 한국시조시인협회 상임자문위원으로 일하고 있으며, 광주전남시조시인협회 부회장을 역임했다. 오늘의시조시

인회의, 열린시조학회, 문학춘추작가회, 한국문인협회, 광주문인협회 등의 회원으로도 참여하고 있다. 무등시조문학상, 샘터시조상 등을 수상했으며, 현재 동명회계법인 대표이사, 호남대 겸임교수로 있다. 시조집으로 2005년 『가면의 나라』(고요아침), 2022년 『나 지금 여기 있기에』(한림) 등이 있고, 수필집 2015년 『좀 게으른 자의 반미친 야그』(한림)가 있다. 그의 시조는 서정성을 바탕으로 한 튼실한 비틀기의 기법으로 창작하며, 특히 단수에서 축약과 절제의 묘가 잘 구사되는[79] 장점을 가지고 있다.

「꽃은-」

꽃은-/피는 게 아냐/그리움이 터진 거지…
내 온몸의 피가 피가/열꽃 되어 터진 게야…
꽃비로/당신 적시려/혼을 활활 태운 게야…

(2000년 《샘터》)

「운주사雲住寺」

- 와불臥佛 근처
화순和順땅 구름 절에 두 부처 바람났네
사내부처 계집부처 나란히 누워서는
천년千年을 사랑하고서도 일어나기 싫다하니…

감실龕室속 두 부처는 먼 산만 바라보고
북두칠성들 깜짝 놀라 왕방울 눈 부려려도
자목련 피는 봄날 오면 깨우라며 다시 감네.

- 천불 천탑

---

[79] 박시교,「서정을 바탕으로 한 튼실한 비틀기」(이구학 시조집 『가면의 나라』, 고요아침, 2005) 작품해설, 107~109쪽 참조.

그 소문 전해들은 중장터 미륵불들
황망히 돌아왔는지 차림새 엉망진창
얼굴을 일그러트리고 여기저기 숨어있네.

옥동자 낳아달라 손 모으던 중생들은
오월의 거리로 가 풀잎 되어 누웠던가
그 발원 보름달望月 품에 우뚝 우뚝 솟아있네.

(2000년《열린시학》)

■**강대규**(姜大奎, 1938~)는 호가 동곡東谷, 전남 진도 출생으로 성화대학 사회복지과를 졸업했고, 오랫동안 공직 생활을 하다 진도보건소에서 정년 퇴임했다. 2000년《문학춘추》봄호 시조「한탄강을 지나면서」외 2편 신인상으로 등단했다. 한국문인협회, 전남문인협회 회원으로 참여했으며, 시집『꽃대궐 열린 마당』을 펴냈다.

「낮에 나온 반달 -장애우에게」

고운 얼굴 어데 두고/새하얀 꽃잎인가
적시울 하늘 자락/낮과 밤이 다르던가
어두운/밤 하늘에는/별빛이 찬란하다

(2002년《당산문학》제7집)

■**김병효**(金炳孝, 1922~2014)는 호가 동암東岩, 전남 장성 북이면 사거리 묘동에서 출생, 대전공과고등학교를 졸업 후 교직에 있다가 1988년 초등학교 교감으로 퇴임했다. 2000년《시조문학》천료, 1991년《아동문학》동시 당선으로 등단했고, 호남시조문학회 이사, 전남문인협회 이사, 전남아동문학회 부회장 등을 역임했다. 한국아동문학공로상, 전남아동문학상, 전남문학상, 시조문예상, 장성문학상, 장성군민의상 등을 수상했다. 1989년 변시연 · 리인성과 함께 장성문학회를 창립하고 장성문학회 초대

회장부터 2001년까지 회장을 맡았다. 말년까지 '한국시조생활' 동호회 장성지부장으로써 장성에 초창기 시조 보급 운동을 전개했다. 특히 그는 14세 때부터 작고할 때까지 하루도 빠짐없이 80여 년간 일기를 썼는데, 이 일기는 '장성 북이면 도서관'에 기증, 현재 전시되고 있다. 그의 시조와 아동문학 관련 작품집을 비롯한 소장 자료는 장성 사거리 리인성·정춘자가 운영하는 〈비오리 갤러리 부부문학관〉에 비치되어 있다. 장성문인협회 창립 발기인으로 노력했고, 그 기관지격인 1990년 6월《노령산》창간호(장성문학회, 도서출판보림)를 내는데 심혈을 기울였다. 이 창간호에는 광주전남의 시조시인들을 초대작가로, 장성 문인들 중 시조작가로 활동하는 시인들의 작품을 다수 수록하고 있다. 예를 들면 정소파, 차의섭, 이성관, 이남수, 천병태, 최일환, 송선영, 김진택, 김동호, 김병효, 이민규, 리인성 등[80])의 작품이다. 시집 1992년『겨레의 탑』, 1997년『노령산 검은 바위』, 동시집 2000년『달이 따라와요』, 2003년『꽃잎 손가락』(한림) 등이 있는 데, 주로 동시조 작품을 수록하고 있다. 다음 작품도 동시조이다.

「아기가 웃는다」

아기가 웃는다 손뼉치며 크게 웃는다
보행기 밀며밀며 나비되어 날은다
온 식구 모두 손뼉치며 한 방 가득 웃는다.

아기가 웃긴구나 시원하게 옹골차게
달려가 끌어안고파 용알인들 이러하랴
온 식구 웃음꽃 피우며 이리 오라 팔 벌린다.

(1991년《시조문예》제21호)

「할아버지 호박」

---

80) 1990년 6월《노령산》창간호, 장성문학회, 도서출판보림, 참조.

대롱대롱 매달린/풋호박이 아니라
윗목에 터주대감/누렁이 호박이다
오늘도/부처님인양/내 행실 지켜 본다.

반들반들 동글동글/아기호박이 아니라
푸담스런 골무늬/할아버지 호박이다
오늘도/공자님인양/물어보라 가르친다.

(1990년《장성문학》창간호)

■ 리인성(李麟星, 1934~)은 호가 청암靑庵, 전북 군산에서 출생, 군산 중앙상업학교를 나와 오랫동안 한약 업계에서 일했으며, 현재 장성 백양사역 부근 '사거리 한약방'을 운영하고 있다. 2000년《시조문학》천료로 등단했으며, 부인 정춘자 시조시인과 함께 부부시조집 2009년『비오리의 노래』(한림),『비오리의 합창』(한림), 2020년『비오리의 사랑 노래』(한림)를 펴냈다. 한약방 옆에는 지자체 지원 없이 부부가 단독으로 〈비오리 갤러리 부부문학관〉을 설립·개관, 장성의 대표 문인들의 자료와 작품, 그리고 부부의 시·서화 작품을 전시·운영 중이다.

「큰 세상 작은 세상」

저 개미 어쩌자고 죽살이 싸움인고
지경을 늘리런가 양식을 뺏으런가
사람이 싹쓸이 하면 꼼짝없이 당할 것을.

인간들 어쩌자고 끝도 없는 싸움인가
영토를 늘리런가 보화를 뺏으런가
하늘이 한 움큼 쥐면 영락없이 당할 것을.

(시조집『비오리의 노래』시조문학사, 2017)

■ **김숙자(金淑子, 1932~2022)**는 호가 우암牛岩, 전남 강진읍 동성리 출생, 2001년《한맥문학》신인상 시조 당선, 김영랑탄생100주년기념 전국백일장 대상(문화관광부장관상) 수상으로 등단했다. 그는 시문학파 김영랑 시인의 사촌 누이동생으로 시 「오메 단풍 들것네」에 등장하는 그 '누이'라 한 일이 있다. 또 시조시인협회 초대 회장 김계룡 시인과 「산이 좋아 임이런가 – 백두대간 별곡을 읽고」라는 화답시조 외 여러 편을 짓고 교우했다. 강진문인협회, 온누리문학회, 광주전남시조시인협회 회원으로 활동했고, 시조집 2004년『백련사의 동백』(서석), 2007년『죽도귀범』(서석), 2007년『황혼이 가장 아름답다』(서석), 2010년『길』(해동), 2012년『여백』(반도), 2008년『채송화』(해동) 등 늦깎이 등단을 했지만 6권의 시조집을 펴낼 만큼 필력이 왕성했다. 그의 시조는 자연 사물을 세월에 흘러가는 대상에다 비유하며, 압축, 비약, 풍자 등으로 표현하여 정서의 섬세함을 짙게 표출하는 특징[81]을 가지고 있다.

「건널목」

엇갈리는/신호등/찰나의 특권이다
현대판/수레에서/시계바늘이 멈춘다
완성은/숙제로 남고/영구차도 지나간다

(시조집『황혼이 가장 아름답다』서석, 2007)

「국악」

높은 산/낮은 물은/발림으로 뻐치고
천년의/한이 서려/단장의 아픈 구비
고장도/목이 메여서/엣 산에 가 떨어진다

---

81) 노창수, 「대상의 대응과 풍자의 시학」(김숙자 시조집『황혼이 가장 아름답다』서석, 2007) 시조집 해설, 127쪽 참조.

■ 배서진(裵瑞眞, 1947~)은 전남 장흥 출생으로, 광주여대 평생교육원 문예창작과를 수료했다. 2001년 호남신문 지상백일장 「목욕탕 광경」으로 은상, 2002년 호남신문 지상백일장 「홀로서기」로 은상, 2002년 지상백일장 「눈이 내린 밤」으로 금상을 수상하며 등단했고, 광주전남시조시인협회 회원으로 활동하고 있다. 시집 2007년 『목욕탕 광경』(전남대출판부)을 펴냈다.

「시 때문에」

쏟아진 봇물처럼 감당하지 못한 채로
신줏대를 대신하여 볼펜자루 쥐어들고
끝없는 환상 속에서 뜬눈 밤을 지샌다

가슴앓이 사십년에 응어리진 한을 풀어
노래하는 시조들과 너울너울 춤을 추며
이 밤도 홀로 앉아서 땡굿하는 여자 된다

(시집 『목욕탕 광경』 전남대출판부, 2007)

■ 장경례(張敬禮, 1943~)는 전남 담양 출생, 전남여고를 졸업했다. 2000년 《현대문예》 시조 당선, 2003년 《시조문학》 시조 당선, 2000년 체신청 인터넷백일장 장원 등으로 등단했다. 한국시조시인협회, 광주문인협회, 광주시인협회, 광주수필문학회 회원으로 참여하고 있다. 시와 시조집으로 20008년 『담장 밑 석류꽃』, 2009년 『嶺을 넘어서』(전남대출판문화원), 2012년 『세월이 저만치서』(한림) 등을 펴냈다.

「초가을 밤」

가는 줄도 모르고/추분은 지났는데

귀뚜리 울며 샌 밤/중천에 달덩이만 환하고
연주자/없는 멜로디/별을 불러 박수 청한다.

(제3시집『세월이 저만치서』, 한림, 2012)

「영월 땅을 등뒤로」

억새는 머리 풀어/백발로 도리질인데
물가에 갈대 춤사위/허리 굽혀 건들어지네
천등산 박달재 고개/살풀이 구름 너울거린다.

(2007년《광주전남시조》제6집)

■ **이인우**(李仁雨, 1935~)는 호가 설원雪園, 광주에서 출생, 서울문리사대 영문과를 나와 중등학교 교직에 근무했으며, 담양교육장, 목포시교육장을 거쳐 전남교육과학원장으로 정년 퇴임했다. 2001년《시조문학》시조 당선, 2000년《문학21》시 당선으로 등단했다. 광주문인협회, 전남문인협회, 광주전남시조시인협회, 광주시인협회, 전남원로예술인회, 한국문인협회, 한국사진작가협회 회원으로 참여하고 있으며, 담양문학회, 광주예술인협회 고문을 맡고 있다. 시조문예대상, 광주문학상, 광주사진문화상 등을 수상했고, 2004년 시조집『나무처럼 풀처럼』, 2015년『세월이 켜는 빛』, 시·사진집『무등의 숨결』등이 있다. 그의 작품 세계는 과거와 현재, 그 시제에 따른 이미지의 시각적 변환, 그리고 일상을 경험한 실상을 차례화하며, 그 스스로 사진작가이듯 원접과 근접을 이동시키며[82] 노래하는 시인이다.

「꽃눈」

---

82) 노창수,「귀의歸依의 소재에서 유발된 현상적 정서」(이인우 시집『세월이 켜는 빛』, 한림, 2015) 작품해설, 126~127쪽 참조.

설한풍 견디면서/눈빛으로 내통했나
생살이 기척도 없이/앞다투어 돋아난다
색색의 빛깔들끼리/편을 갈라 놀이한다

(2023년《광주전남시조문학》제22호)

「무등산·3」

무등의 어깨가 되어/의연히 서 있는 고개
이름 모를 풀꽃들을/밤낮으로 기르면서
이따금 떠도는 구름도/재웠다가 보낸다.

희게 바랜 억새들이/머리 풀어 흔들리면
나 또한 흔들리다가/장불재에 와 선다
저 멀리 노고단에서/떠돌다 온 구름처럼.

(2023년《광주전남시조문학》제22호)

■ **오성수(吳成洙, 1957~)**는 전남 신안 지도에서 출생, 교직에 오래 근무하다 정년 퇴임했다. 2001년《문학춘추》시조 당선으로 등단했다.

■ **조연탁(趙淵卓, 1933~2023)**은 호가 운강雲江, 전남 순천 주암면 구산리에서 출생, 1953년 순천사범학교 졸업 후 교직에 오래 근무하다 1999년 초등교장으로 정년 퇴임을 했다. 1995년《한맥문학》시 당선, 2002년《문학춘추》시조 당선으로 등단했다. 한국시조협회, 광주시인협회, 전남시인협회, 전남문인협회, 한국문인협회 회원으로 참여했으며, 보성문인협회 회장, 광주동구문화원 원장, 광주전남시조시인협회 회장을 역임했다. 시집 1998년『노래로 엮은 역사의 큰별』(문예연구사), 2003년『홀로 부르는 노래』(한림)가 있고, 시조집으로 2010년『내 마음의 거문고』(한림), 2013년『구름아 강물아』(한림), 2019년『긴 듯 짧은 여정』(한림), 2020년

증보판 『긴 듯 짧은 여정』(한림)이 있다. 그의 시조는 우선 전하는 메시가 분명하고, 형식을 고수하며 내용에 교훈주의를 표방하고 있다. 그러면서 보법이 여유로와 읽기에 편하다는 장점이 있다.

「작은 다짐·7」

거침없이 살련다/사심 없는 생각들이
자랑은 금물이야/좋은 일 한다 해도
겉치레 할 것도 없다/달라지지 않으니

(2020년 시조집 『긴 듯 짧은 여정』, 한림)

「석류」

상판때기/꺼끄러워도/신난 일 배꼽 빠져
입 째지게/웃다 보니/이빨 빠져 빨갛다요
삶 통째/들뜬 이 품바/또 있을까 나 말고

(2023년 《계간시조》 제27호 겨울호)

■ 권현영(權賢瑛, 1954~)은 전남 화순에서 출생, 2001년 《문학춘추》 시조 당선으로 등단했다. 광주전남시조시인협회, 광주문인협회, 전남여고문인회 회원으로 참여하고 있으며, 2023년 시집 『생각의 모자를 쓴 영혼』(시와사람)을 펴냈다. 그는 인간 삶의 흐름과 자연의 이치가 기·승·전·결로 완성되듯, 그의 삶에서 만나는 희로애락의 과정이 작품 속에 녹이고자 하는 시[83]를 쓰고 있다.

「록크라이밍」

---

83) 강경호, 「춘하추동, 또는 기승전결의 미학」(권현영 시집 『생각의 모자를 쓴 영혼』, 시와사람, 2023) 작품론, 155쪽 참조.

세월이 벽을 세워 따라 오라 꼬드긴다
바위옷 벗기면서 숨차게 오른 바윗등
가파른 벼랑에 매달려 쇠 볼트를 내려친다.

바윗장에 몸 붙이고 돌 틈 실금 찾아내어
손가락 끝을 세워 전류를 흘려 넣고
살아온 생의 전부를 로프에 걸어 본다.

까맣게 타는 욕망 바위벽에 실어 놓고
가누지 못한 날들이여, 칼바람 맞서는가?
흙 없는 암장 틈에서 손을 뻗는 소나무.
(2023년 《광주전남시조문학》 제22호)

「소나기」

여름 한낮 물보라/잿빛 노을 기억들
오솔길 풀섶에서 소리 없는 몸부림
마음의 속살 보이도록 껍질을 벗겨 낸다.

바다는 벌거숭이 하늘을 얼싸안고
꽃망울 닮아가는 너와 나 뛰는 가슴
소나기 핥고 간 거리 위선을 벗는다.
(2023년 《광주전남시조문학》 제22호)

■**이보영(李甫煐, 1953~)**은 본명이 이현숙, 전남 해남 황산 출생, 한국방송통신대 국어국문학과 졸업, 2002년 《시조세계》 신인상 당선으로 등단했다. 한국시조시인협회 중앙위원, 국제펜광주 시조분과위원장, 열린시조학회 이사, 전남문인협회 여성분과위원장, 일곡도서관 시조창작반 동아리회장 등을 맡고 있다. 국제펜 광주문학상, 전남예술상, 전남문

학상, 무등시조문학상, 시조문예상, 이동주문학상 등을 수상했다. 시조집 2009년 『물소리가 길을 낼 때』(고요아침), 2016년 『나직한 목소리』(고요아침), 100인선집 2019년 『따뜻한 유산』(고요아침) 등이 있다. 그의 시는 물소리가 도란거리듯 옛 기억을 불러 모으고 꽃을 피워나감에 이때 시인의 자세는 간절한 기도만큼 순수하고 아늑하고 아름다운 자세이다.

「가을 편지·9 -소리없이 오시는 이」

소리없이/오시는 이/겨울 강물 소리였나
배틀 하나/걸어놓고/뒤척이며 지새는 밤
담장을/넘어온 달빛/씨줄 날줄 베를 짠다
　　　　　　　　　(2009년 시집 『물소리가 길을 낼 때』, 고요아침)

「어머니의 손」

창가에 외로 누워 아무에게나 흔드는 손
저 손엔 가뭄 뒤의 단비가 들어 있다
단비엔 어린 풀잎들의/숨소리가 들린다

시간도 때도 없이 아무에게나 흔드는 손
저 손엔 겨울에도 꽃을 피울 햇살이 있다
삼남매 약손이 되었던/뼈만 남은 내 어머니 손
　　　　　　　　　(2016년 시집 『나직한 목소리』, 고요아침)

■ 강경화(姜京花, 1968~)는 광주 출생으로 2002년 《시조시학》 신인상으로 등단했다. 광주전남시조시인협회, 오늘의시조시인협회, 광주문인협회, 〈율격〉 동인, 광주아카데미 회원으로 활동하며, 광주전남시조시인협회 작품상, 무등시조문학상, 열린시학상을 수상했다. 시조집 2014년 『사람이 사람을 견디게 한다』(고요아침). 2017년 『메타세콰이어 길에서』(고

요아침), 2022년 『나무의 걸음』(아꿈) 등이 있다. 그의 시조는 사물의 생태적 정신을 지향하며, 시적 대상에게 생명성을 불어넣어 재기발랄한 모습으로 변화시키는[84] 시학을 전개한다.

「나무의 걸음」

어둠을 삼키며/나무가 걸어온다
온전히 묻히지 못해/뿌리는 항상 까치발
차가워 온기 한 줌 찾아/더듬더듬 길을 간다

생의 줄기 밀어내어 한 발씩 내딛는 일은
앞서 내린 뿌리를 독하게 끊어내는 일
제 상처 덧나지 않게/제 잎 떨궈 덮는다

맘과 달리 뻣뻣해진 몸/가면 갈수록 푸석거려
닦지 못한 눈물이/하얗게 흩날린다
뿌리는 상처를 끌고/발맘발맘/내게 온다

(2022년 시집 『나무의 걸음』, 아꿈)

「사람이 사람을 견디게 한다」

길을 걷는다 사람이 그리운 날엔
수많은 이들이 내 곁을 스쳐 지나도
그 뒤엔 늘 그리움 채우는 바람이 머문다

한참을 서 있는 우체국 앞 계단은
기다렸다 떠나보냄에 익숙해진 모습이다

---

84) 노창수, 「생태적 의식이 수렴된 의지의 시학」(강경화 시집 『나무의 걸음』, 2022. 아꿈) 작품해설, 109~110 참조.

어쩌다 나 그대에게 길들어진 길처럼……

닮은 얼굴 하나 둘 우체통에 밀어 넣고
휘청이는 걸음 떼어 올라 서서 본 거리는
줄에서 빗나간 글씨처럼 눈빛들이 살아있다

매양 담담히 스쳐가는 이들이지만
때로는 사람이 사람을 견디게 한다
오늘도/거리를 나선다/참 푸른 바람 인다
     (2014년 시집『사람이 사람을 견디게 한다』, 고요아침)

■ **임문자**(林文子, 1941~)는 호가 아영雅暎, 전남 목포에서 출생, 수도사범대학 국문과를 수료했다. 2002년《시조문학》시조 당선, 2000년《문학전남》시 당선으로 등단했다. 광주시인협회 부회장을 역임했고, 현대문예작가회 회장, 소파문학기념사업회 회장으로 일하며, 한국시조시인협회, 한국공무원문학회, 한국문인협회 회원으로 참여하고 있다. 광주시인협회 작품상, 광주시문학상, 현대문예작가상, 한국지역문학인협회 특별공로상 등을 수상했다. 시집『가랑잎』,『가을 햇살에 사랑을』, 2009년『햇살 머무는 민들레』(현대문예) 등이 있다. 그의 시는 생의 무상의 마음에 한 줄기 빛을 주는 그 기원의 뜻을 담아낸다.

    「분실 신고」

무심한 바람결이/내 창을 스쳐갈 때
머리카락 흩날리는 바람의 손을 잡고
까르르/웃음 날리던 내 감정 어디 갔을까

벚꽃이 눈꽃 되어/꽃상여 따라가던

그 4월의 이별 앞에 가슴 저려 잃어버린
내 걱정/무채색 풀 그늘에 밑동만 남아 있을까

알량한 자존심이/나를 대변하고
인성의 높낮이나 사랑의 밀도도 모른 채
동요를/마다하지 않던 나를 찾을 수 있을까

(2014년《시조문예》제44호)

■ **채홍련**(蔡紅蓮, 1957~)은 전남 보성에서 출생, 한국방송통신대학을 졸업했고, 2002년《시조문학》천료, 전국시조백일장 차상 수상으로 등단했다. 누리문학회 회원, 순천문단 회원, 달가람문학회 회원으로 활동했다. 그의 시는 자연의 소재 또는 자신이 경험한 바를 내면에 조사照射하듯 간절한 어조로 노래하는 경향이 많다.

「밤바다 조약돌」

파도가 쏟아내는 먼 바다 이야기를
백만필 발굽소리로 밤새워 외쳐대도
별들은 귀가 없는지 반 눈 뜨고 졸기만.

때묻어 아린 가슴 해파에 씻으려다
졸아든 모래알로 바위에 올라서니
서로의 돌팔매질은 양철 지붕 소낙비.

새침해 돌아서나 우글우글 발끝 잡고
서로를 다독여서 모양새 일궜다며
조약돌 기립 박수에 귀만 얼얼 있었네.

(2000년《시조문예》제30호)

■ 김진우(金鎭瑀, 1956~)는 호가 남은南誾, 전남 보성에서 출생하여 전남대 영문학과와 동 대학원을 졸업했다. 2002년《문학춘추》시조 당선으로 등단했다. 시조집 『바보마을 밥하는 마을』(한림)을 펴냈다.

■ 김용철(金龍喆, 1947~2009)은 전남 장성 출생으로 부산동아대를 졸업하고 농업협동조합 전무이사를 역임했으며, 전남대학교 사회교육원 문예창작과를 수료했다. 2002년《시조세계》시조 당선으로 등단했다. 광주전남시조시인협회 초대 김계룡 회장을 도와 사무국장으로 창립과 결성에 이바지했다. 오랜 투병 생활 때문에 최후의 희망이던 시조집 발간을 못하고 아쉽게 작고했다.

「여름날에 비」

꽃잎도 잦은 비에 오만상을 찌푸린다
그 모습 나를 본 듯 가슴이 아리는데
빗소리 아랑곳없이 줄기차게 내리고

들녘엔 넋이 나간 잎사귀만 절로 큰다
애타는 청개구리 소리 빗물에 씻겨가는데
마음 속 괴로운 사연 앙금처럼 쌓인다.

(한국문인협회 장성지부 편 『장성문학대관』 2014)

■ 이수윤(李受潤, 1961~)은 전남 진도 출생, 광주대학교 및 동대학원 희곡전공으로 석사과정을 수료했다. 2002년《열린시조》시조 당선, 2009년 전남일보 신춘문예 시 당선, 2019년 불교신문 신춘문예 동화 당선 등으로 등단했다. 광주문인협회, 한국시조시인협회 회원으로 활동하고 있다. 시조집 2004년 『은행이 익어갈 때』(고요아침)가 있으며, 그의 시조는 날카로운 예지와 따뜻한 감성을 조화롭게 연결시켜 사물의 내면 모습을

절도있게 형상화해 내고 있다. 시조 형태를 강하게 의식할 때, 그는 전통적 단형의 형태를 취하며, 그 안에 서정과 서경을 응축시키는 형식[85]을 따르고 있다.

「다섯 번째 계절」

첫눈 되어 닿은 곳에/어린 봄이 얼어있다
패딩 꺼내 입은 바다/하얀 입김 불어대고
추억을 엮는 사람들 시간의 틈 길을 낸다

바다 건너 하늘 날아/여기까지 오기까지
저마다의 뾰족한 별/알약처럼 삼키다가
게우고 침묵한 삶들 유채꽃으로 피워냈다

산다는 건 멀미하듯/울렁이며 흐르는 것
포토존에 브이 그린/창백했던 손가락들
각자의 별자리를 향해 귤빛 가슴 시동 건다

(2021년 1.28 광주매일신문 '문학마당')

「동백꽃 편지」

말 없어도 안다/그대 마음 붉다는 것
시선이 꽂히는 문간/두고 간 꽃 두 송이로
뿌리를 박차고 달려온/너의 먼 길 보인다

(2004년 시집『은행이 익어갈 때』, 고요아침)

■ **조선희(趙善希, 1952~)** 는 호가 수암水菴, 전남 장성군 장성읍에서

---

85) 문혜원, 「정형시의 새로운 모델, 넘침과 걸러냄」(이수윤 시집『은행이 익어갈 때』고요아침, 2004) 115~116쪽 참조.

출생, 1996년 《문학춘추》 시 당선, 2002년 《시조문학》 시조 당선으로 등단했고, 장성문인협회 회장, 전남시인협회 부회장, 호남시조문학회 부회장을 역임했다. 전남문학상, 전남시문학상, 장성문학상 등을 수상했다. 2006년 제1시조집 2006년 『가랑잎 소리』(한림), 2012년 제2시조집 2012년 『한 박자 쉬어가는 이유』(한림), 2021년 『황룡강 연가』(한림) 등이 있으며, 시집 2003년 『토방이 그리웁고』(한림), 2009년 『내가 당신을 슬프게 했나요』(한림), 2012년 『가슴으로 품어 꽃을 피우고』(한림) 등을 펴냈다. 그는 옛 우리말을 살려 시를 쓰는 작업을 꾸준히 하고 있으며, 장성에 관한 향토적 생활시를 즐겨 창작하는 경향이다.

「저녁 노을 경치」

어둑밭 논틀밭틀 풀숲에 노랫소리
풀꽃도 한들한들 모작별 마중 오나
살여울 휘돌아가는 세월 닮은 시냇물

해 저문 강언덕에 개망초 흐드러져
흰 눈이 내린 듯이 달맞이꽃 무색함이
숨은 듯 보인 듯 만 듯 어둠 속에 꽃빛살.

(2012년 『한 박자 쉬어가는 이유』, 한림)

「강가를 걷다가」

강가에 홀로 앉아 앞산을 바라보니
아버지 그리워져 눈물이 핑 도는데
저 멀리 백로 한 마리 이 맘 안 듯 다가오네

바람이 산들산들 아버지 보이시나요
언제나 다니시던 그 길에 서 있네요

스치는 바람결에 옛 추억만 찹니다

(2021년 시조집 『황룡강 연가』 한림)

■ 정혜숙(鄭惠淑, 1957~)은 전남 화순 출생, 한국방송통신대 국어국문학과 졸업, 가사문학관 개관 기념 전국시조공모전 최우수상, 2003년 중앙일보 신인문학상 시조로 당선하여 등단했다. 한국시조시인협회, 오늘의시조시인회의, 광주전남시조시인협회 회원으로 활동하고 있다. 오늘의시조시인상, 중앙시조대상신인상, 중앙시조대상 등을 수상했다. 시조집으로 2007년 『앵남리의 삽화』(고요아침), 2016년 『그 말을 추려 읽다』(고요아침), 2022년 『거긴 여기서 멀다』(책만드는집) 등을 펴냈다. 그의 시는 주로 자신의 내면과 일상을 다루고 있다. 그 대상을 성실하게 탐색한 후 그 면면을 깊이 그려내고자 하는 치밀성을 보이는데, 어딘가 두고 온 것들에 대한 호명, 그리고 그것에 대한 위무를[86] 표출한다.

「룽의 후원을 걸었다」

무의탁 구름 사이로 밀랍 같은 낮달이다
방금 닿은 전언처럼 가지 끝 붉은 열매
나무의 쓸쓸한 화법/그 너머를 더듬는다

흰피톨의 햇살이 가락국에 내리고
시간이 겹겹 쌓인 룽의 후원은 고요했다
바람이 다정했으며/새들의 악보 산뜻했다

아주 멀리 다녀왔으나 글을 이룰 수 없으니
여백으로 남겨둔다, 잠시 펜을 놓는다

---

86) 정수자, 「비망록의 시간과 성찰」 (정혜숙 시집 『앵남리의 삽화』, 고요아침, 2007) 해설표사 인용.

아무 일 없다는 듯이/천 년이 또 흘러간다

(2022년 《상상인》 1월호)

「은사리, 봄」

우체부의 행낭이 제법 불룩해졌다
소문이 번지고 아랫녘이 소란하다
자가웃 툇마루에도/햇살 한 줌 앉았다

어디선가 숨어우는 멧비둘기 울음과
다투어 피어나는 나무의 말, 꽃의 말
느리게 하품을 하며/네가 온다, 옛날처럼

(2023년 《시조21》 봄호)

■ 선안영(宣安英, 1966~)은 전남 보성 출생, 조선대 사범대 국어교육과를 졸업했다. 2003년 경향신문 신춘문예 시조 당선으로 등단했다. 광주전남시조시인협회, 광주전남작가회의, '율격' 동인, 오늘의시조시인회의, 한국시조시인협회 회원으로 참여하고 있다. 무등문학상, 중앙시조대상 신인상, 발견 작품상, 고산문학 대상을 수상했으며, 2011년, 2016년, 2021년 서울문화재단 창작지원금과 한국문화예술위원회 창작지원금을 받았다. 시조집 2008년 『초록몽유』(고요아침), 2012년 『목이 긴 꽃병』(작가), 100인선집 2016년 『말랑말랑한 방』(고요아침), 2021년 『저리 어여쁜 아홉 꼬리나 주시지』(문학들) 등이 있다. 그가 마주하는 시적 대상이란 자신과 현실로부터 멀어지려 하지만 그러면 현실의 눈을 버려야 한다고 여긴다. 그래서 외재성으로 가는 자신의 유한함을 알고 초월 너머에 있는 그 근원[87]을 찾아가는 시학을 전개한다.

---

87) 김남규, 「초월적 아름다움을 향하는 시, 당(신)을 닮아가는 시」 (선안영 시집 『저리 어여쁜 아홉 꼬리나 주시지』, 2021. 문학들) 작품해설, 101~124쪽 참조.

「그러니까 해피엔딩」

어릴 적 발등 위로 독사가 지나갔다
대낮의 능금 몇 알 붉은빛 불이 들 때
얼음 든 칠흑을 봤다, 비명 없는 천둥으로

거두절미한 한 획으로 꾸역꾸역 배를 밀며
미문에 밑줄 긋듯, 옻칠에 피를 섞듯
긴 터널 허물을 둘러쓴 기차가 지나갔다

서녘들이, 그믐들이, 공포들이 지나갔다
흰 발목 휘감았던 독 오른 똬리를 풀듯
어둠이 칭칭 동여맨 아침 달을 놓아주듯
(2020년 웹진《공정한시인의사회》10월호)

「모녀의 모월 모일」

여덟 개의 불어터진 어미 개의 젖통마다
살이 오른 새끼들은 악착으로 매달려
어미를 노란 물감 짜듯 쥐어짜서 삼킨다

젖배 곯은 니를 저리 후북이 멕였어야 했는디
목이 세서 울어 싸도 점방에서 일만 했니라
엄마는 봄볕의 어미 말로 내게 수유하시고

조팝나무 긴 울타리 꽃가지들 흔들린다
엄마야, 저리 어여쁜 아홉 꼬리나 주시지
세상을 꼬리쳐 후릴 꼬리 하나 없는 봄날
(시조집『저리 어여쁜 아홉 꼬리나 주시지』, 문학들, 2021)

■ 이송희(李誦禧, 1976~)는 광주에서 출생, 전남대 대학원 석사·박사 학위를 받았으며, 현재 전남대·조선대 등에 출강 중이다. 2003년 조선일보 신춘문예 시조「봄의 계단」당선으로 등단했다. 한국시조시인협회 이사, 오늘의시조시인회의 연구특위 위원장, 광주전남시조시인협회 이사, 21세기시조동인 회원으로 참여하고 있으며, 2020년 제20회 고산문학대상, 2010년 제2회 가람시조문학상 신인상, 2009년 제3회 오늘의시조시인상 등을 수상했다. 시조집으로 2009년『환절기의 판화』(고요아침), 2011년『아포리아숲』(책만드는집), 2015년『이름의 고고학』(책만드는집), 2020년『수많은 당신들 앞에 또 다른 당신이 되어』(시인동네), 사설시조집으로 2024년『대명사들』(다인숲) 등을 펴냈다. 그는 일상의 소소한 경험이나 소재로부터 철학적 깊이를 헤아리는 시안詩眼과 밑바탕에 자리한 시심詩心을 끌어내 보이는 등 다양한 필력을 지니고 있다. 그의 시는 점차 상황에 대한 직접적인 대결의식 보다는 생로병사와 희로애락 등 보다 근원적인 문제에 천착해[88] 가고 있다.

「외눈」

한쪽 눈을 잃고서야/양쪽 눈을 얻었다
한쪽만 바라보며/한쪽으로만 걸었던
외골수 외길의 시간, /외롭고도 더딘 길들

흑백의 담장 앞에서 밀고 당기며 새던 밤
앞에서 달려오는 그의 말을 자르던
편견의 깊은 동굴 속/뼈아픈 밤의 소리

이제 나는 외눈으로 내 깊숙한 곳을 본다

---

88) 이승하,「현실 사회의 아픔을 보듬는 시인의 따뜻한 눈길」(이송희 시집『아포리아숲』, 책만드는집, 2011) 해설, 124~124쪽 참조.

한쪽 눈에 담겨지는 더 넓은 들판을
너와 나, 우리 사이를/가로지르는 말의 세계
   (시조집『수많은 당신들 앞에 또 다른 당신이 되어』, 시인동네, 2020)

「배꼽의 둘레」

내 울음의 뿌리가 어디인지 알았지
지하방은 좁고 깊어 무엇도 닿지 않아
그림 속 낡은 둘레가/깃발처럼 펄럭인다

색이 번진 표정은 도무지 알 수 없어
맨 먼저 닿은 단어를 빵 속에 섞는다
거울엔/조각난 내가/맞춰지는 중이야

중심이 된다는 건 외로운 일이지
왜 나는 흩어지면서 내면을 겉도는 걸까
모르는 울음의 거처를/내게 다시 묻는다

                        (2022년 월간《에세이》9월호)

■ **전학춘(全鶴春, 1942~)** 은 전북 전주에서 출생, 2003년《현대시조》신인상으로 등단했다. 한국문인협회, 한국시조시인협회, 광주문인협회, 광주전남시조시인협회 회원으로 활동하고 있으며, 광주문학상을 수상했다. 시조집으로 2005년『화려한 침묵』(시와사람), 2011년『동백의 해로』(시와사람), 2015년『직선적 발자국』(시와사람), 2017년『겨울 그리고 연』(시와사람), 2022년『떨리면 그냥 떠세요』(시와사람) 등이 있다. 그의 시조는 사물에 대한 의인화법을 구사하여 생명성을 고조[89]시키고

---

89) 강경호,「사물의 인격화와 생명성 탐구」(전학춘 시조집『직선적 발자국』, 시와사람, 2015) 시조집 해설 107~109쪽 참조

있다.

「고향」

서울 모퉁이에 노점상 하는 친구를 보네
옛날 사대과부 은장도보다 맵다는 텃세
십칠 년, 누구와 소주 한잔/참으며 살았다는…,

■이젠 엉덩이 붙일 가게 하나 장만 하게나?
곳간 그러믄 우리 부부/미친 새 되어 날아가야지
떠나온 휘슬소리 아닌/해조음 들리는 섬.
　　(《열린시학》주최 2007년 2월7일·13일 세종문화회관 전시회 작품)

「'앨버트로스'에게」

큰 입 벌인 새끼에게 사랑 부어 넣어준다
트림처럼 목 높이 뽑아 게워낸 어미의 먹이
긴 부리 사이에서 나와 새끼 혀에 들어간다

바닷가 숲 거처에서 일부일처 부부 살며
한해 하나 알을 낳아 지극정성 부화 해
평생에 40여 새낄 기르는 분주하고 고단한 삶

그들 앨버트로스에게 밀려오는 푸른색 재앙
지옥처럼 미드웨이 섬을 덮쳐온 비극의 혼돈
바다에 의탁해 사는 생명, 죄 없이 받는 천벌이다

페트병 뚜껑 빨대 비닐봉투 일회라이터
그런 폐 부스러기 먹도록 유인하는

인간들 퍼붓는 원죄, 생을 사지로 내모는데

성장해도 날지 못해 배 뒤뚱거리다 죽는
순진무구한 어미 새, 바다에서 사냥하여
새끼들 먹여 기르는 그것이/독극물임을 알지 못한 채….

5조 넘는 플라스틱 조각들 바다 떠돌고
북태평양, 한반도 일곱 배의 쓰레기 섬 있고
인류들 벼락이라도 당해야/니들, 살 수 있겠구나.

(2019년《시와사람》여름호)

■최한선(1958~)은 필명이 어산語山 또는 경산敬山, 전남 강진 칠량 송로리 출생. 성균관대 대학원에서 문학박사 학위를 받았고 동신대와 전남도립대 교수를 역임했다. 2004년《시조시학》시조 신인상, 2001년《21세기문학》시 신인상으로 등단했고. 광주문인협회, 백련문학회, 전남문인협회, 한국문인협회 회원으로 활동하고 있다. 논문「시조 전곡어의 기대지평과 상상의 미학」,「정형의 기품과 입상의 풍격- 정완영 작품론」등이 있으며, 2021년 한국시조시학회 평론상, 열린시학상, 성균문학상, 박용철문학상, 전라남도문화상 등을 수상했다. 시집 2006년『화사한 고독』(고요아침), 2008년『백제를 꿈꾸며』(중국 신생활사), 2009년『사랑 그리고 남도』(태학사), 2012년『비상대책위원회』(고요아침), 2015년『전라동도 전라서도』(고요아침), 시조집 2016년『여의도 갈 배추』(고요아침), 2019년『우리말 임종 앞에서』(고요아침), 가사시집 2017년『죽녹원 연가』(고요아침), 산문집 2012년『생각 그리고 여백』(태학사), 번역서 중국대나무 명품시집『대숲에 부는 맑은 바람』(태학사) 등을 냈다.

「문자 너머」

고요한 찻잔 속에서/거대한 기운을 보고
미풍의 근육에서/봄꽃 피어내는 힘을 보다가
행간의 한량限量도 없는/색성향미촉법 우주에 그만

(한국시조시인협회 편, 『한국현대시조대사전』 고요아침, 2021)

「운명 밖」

붙잡아 매어두고/보려고 애쓴다고
잡혀질 것이며/속보일 나인가
고철은 쇳물 되어/영생을 얻고
잡어는 젓갈 되어/부활을 한다는데
생즉사生卽死 무상도 하지/타고난 단명短命 줄
운명을 거스르는 말들의/공허한 질주 시대

(시조집 『여의도 갈 배추』 고요아침, 2016)

■ 홍준경(1954~)은 전남 구례 산동 출생하여 섬진강과 지리산에서 유년시절을 보냈다. 한국외대 무역대학원 국제경영학과 졸업, 2005년 강원일보 신춘문예 시조 당선으로 등단하여, 시조시학상을 수상했다. 산수유 고장 구례 산동에 '홍준경 시화벽화마을'이 있으며, 산수유 꽃과 나무를 주제로 네 권의 시집을 내어 '산수유 시인'으로 알려졌다. 시조집 2007년 『섬진강 은유』(고요아침), 2024년 『섬진강 은유·2』(고요아침), 2011년 『산수유 꽃담』(책만드는집), 2016년 『산수유꽃 어머니』(고요아침), 2017년 『산수유꽃 은유』(고요아침), 2020년 『지상의 마지막 선물』(책만드는집)을 펴냈다. 특히 다섯 번째 『지상의 마지막 선물』에서는 아내에게 자신의 신장을 내주어 자칭 '이란성 쌍둥이 부부'라고 말한다. 그러나 엎친 데 덮친 격으로 아내가 대장암 수술까지 하면서 5분 대기조처럼 신발끈을 동이고 산다는 사연을 전한다. 시집에는 영원히 아름다운 그러나 잃어

버린 시간을 찾아가는 애절한 사연이 녹아들어 있다.[90]

「구절초」

피고 지고, 피고지고/아홉 마디/꺾은 음절
첫눈 얼음 얼때까지/세상을/들었다 놓는
판소리/중모리 장단/풀고 있는/구절초

(2024년《좋은시조》봄호)

「혼밥」

아내를/먼저 보내고/방랑하듯/외식만 했어
밥솥이/녹슬 무렵에/집밥에/불을 댕겼지
혼밥이/꼭 나쁜 것 아냐/그리움이/때론 친하니까

(2024년《좋은시조》봄호)

■**이명희**(李明姬, 1952~)는 호가 청원, 전남 장성 출생, 2005년《시조세계》신인상 시조 당선,《문학춘추》신인상 시 당선으로 등단했다. 한국시조시인협회, 한국문인협회, 광주문인협회, 한국여성시조문학회, 광주전남시조시인협회 회원으로 활동하고 있으며, 한국여성시조문학상, 광주문학상, 장성문학상, 소파문학상, 시조문예상 등을 수상했다. 시조집으로 2006년『느낌표로 웃고 싶다』(동방기획), 2012년『주머니 속 그리움』(한림), 2021년『바람의 랩소디』(한림)를 펴냈다. 그의 시는 객관적 상관물인 시각적 · 청각적 · 공감각적 이미지를 사용하며 시의 간결함에 바탕한 절제 · 압축 · 응축미[91]를 보여준다.

---

90) 김남규, 홍준경 시집『지상의 마지막 선물』책만드는집 2020, 해설 참조
91) 김우연,「성숙한 사랑의 노래」(이명희 제3시조집『바람의 랩소디』, 한림, 2021) 해설, 139쪽 참고 요약.

「바람의 노래」

슬픔으로 저물었던 기억을 닦는 자리
열리는 영혼靈魂의 창窓 뜨거운 기도 소리
올곧게 비우지 못한 마음을 적십니다.

보이지 않는 상처가 더 깊고 아프다는 걸
알고나 있는 듯이 부드러운 햇살은
애틋함 도르르 말아 꽃을 피워 놓습니다.

자리를 못 찾은 삶 속살 저려 놓아도
끊임없이 요동치는 사랑으로 살라며
바람은 들꽃 언덕에서 휘파람을 붑니다.

(2017년 제5회 한국여성시조문학상 수상작).

「물수제비」

세월 속 벌어진 틈/그리움에 사무친 날.
마지막 파문 하나 고요를 건너뛴다.
마침표/차마 못 찍고/말없음표 찍으며.

(시조집『바람의 랩소디』, 한림, 2021. -2023년 광주문학상 수상작)

■ **김창현(金昌鉉, 1936~)** 은 호는 유재裕齋, 전남 장성 진원면에서 출생하여 한학을 공부했다. 2006년《문학춘추》시조 당선,《한국문화예술》수필 당선으로 등단했으며, 농민신문 영농수기 공모 당선, 동아일보 · 정보진흥문화원 주최 인터넷 생활수기 공모에 입상했다. 시조집으로 2008년『불태산 가실마당』(서석), 2010년『깊은 밤, 부부사이 끼어든 반월』(한림), 시집으로 2006년『고향을 향해 부르는 노래』(한림) 등이 있다.

「차 한 잔」

겨울 햇살 창가 원탁에/살포시 내려앉아
시 귀를 더듬어 간/돋보기 쓴 영감 옆에
빛바랜/반백의 여인/살짝 내민 차 한 잔

잔 속에 힘 겨웁게/실안개 맴을 돌아
세상 밖에 나왔다가/코끝에 스친 향기
그 향기/정이 묻어서/한결 찐한 차 한 잔.

■ **박래홍(朴來興, 1949~)**은 광주에서 출생, 조선대 국문과를 졸업, 교직에 오래 근무한 후 정년 퇴임했으며, 2006년《월간모던포엠》시조 당선으로 등단했다. 광주전남시조시인협회, 서은문학회에 참여하고 있으며, 광주문학인산악회 부회장, 한국문학예술가협회 광주지회장, 호남시조시인협회 회장, 청하문학회 이사, 광주문인협회 부회장을 맡고 있다. 소파문학상, 호남시조문학상, 광주문학상, 박용철문학상을 수상했다. 시집으로 2008년『시를 쓰는 꽃』(문학예술), 2017년『미움, 넘어 그리움』, 2021년『봄꽃 따라 임에게』(한강) 등이 있고, 시조집 2023년『철조망에 걸린 반달』(시와사람), 수필집으로 2023년『시공을 떠돌다간 바람』(현대문예) 등을 펴내기도 했다. 그는 젊은 시절의 순수를 회복하고자 하는 삶에다 자연의 생태성을 결합하는[92] 시조를 쓰고 있다.

「홍매화」

홍매화를 닮았던 옛 임이 그리워서
지리산 품에 안고 꽃향기 입 맞추며
화엄사 홍매화 보러 갔더니 피지 않아

땡그랑 풍경소리 발걸음 재촉하여

---

92) 강경호,「존재방식 탐구와 장소성, 그리고 통일지향의 미학」(박래홍 시조시집『철조망에 걸린 반달』, 시와사람, 2023) 작품론, 159~160쪽 참조.

운조루雲鳥樓에 갔더니/뒤안길 산수유 홍매
희희희흐흠흠/어우러져서 혼자인 날 비웃네

벌 나비 홍매화 젖가슴을 더듬으니
빙그레 웃는 건지 꽃 마음 알 수 없네
성희롱 없는 꽃과 벌 세계가 그리워라

(2024년《문학예술》봄호)

「하얀 꽃」

색깔 모양 향기로 아름다운 삶이다
소박한 나는 박꽃 순수한 넌 난초꽃
난초꽃/얼굴은 그림 박꽃의 마음은 시

그림은 말 없는 시/시는 말하는 그림
하얀 꽃 우린 서로 거룩한 그리움
영원히 잊을 수 없는 영혼의 사랑이다

(2024년《문학秀》봄호)

■ **조성문**(趙成文, 1965~)은 전남 함평읍에서 출생, 한국외국어대 한국어교육과를 졸업했다. 2006년 조선일보 신춘문예 시조 「주산지의 물빛」 당선으로 등단했다. 민족시사관학교 회원, 〈21세기〉 시조 동인으로 활동하고 있으며, 2014년 중앙시조대상 신인상을 수상했다. 시조집 2016년 『점등 무렵』(고요아침)을 펴냈다. 그의 시는 풍부한 상상력과 예술적 감수성, 그리고 섬세한 에스프리를 추구하는바 시의 첨예한 현대성을 보여준다. 다음 시조도 그런 현대성에다 비판과 풍자를 적소에 배치한 작품이다.

「로켓 배송」

허우룩 끼니 거른 한증막 물류 창고 끝
숱한 로켓 띠에 태워 빈 우주로 발사하고
까대기 소금꽃이 핀다/빠를수록 쌔빠진다

짐짝 하나 하루 1분꼴/휙 휙 휙 날려 보낸다
얼추잡아 3만 걸음쯤, 20km 넘는 달음박질
탑차 위 으스름달 뜬다/손갓 멀리 달래는지

(2017년 《시작》 겨울호)

「점등 무렵」

매운바람 키를 높인 빌딩 벽 상가 골목
뒤태가 영 허전한 들먹이는 어깨 위로
속 훤히 들여다보이는/알 전등 눈을 뜨네

보행기 밀고 가는 구붓이 휜 마른 등에
무어라 토닥거리듯 불빛 또한 따스하다
기우뚱 골판지 가득/발등 부은 저문 하루

하루치 모서리에 일구다 다친 마음밭
고개 숙인 외눈박이 불 만종처럼 퍼질까
막소금 눈 설치는 길/탁탁 튀는 겻불 쬐네

(2016년 현대시조100인선 『점등 무렵』, 고요아침)

■박금희(朴琴姬, 1938~)은 전남 나주에서 출생, 2006년 《아시아서석문학》 가을·겨울호 신인상 시조로 등단했다. 서석문학작가회 초대 회장을 역임했고, 광주문인협회, 광주시인협회, 호남시조문학회 회원, 〈자미원〉〈산울림〉 동인으로 활동하고 있다. 시조시집 2009년 『천상의 새』(서석)가 있다. 그는 꽃을 비롯한 자연을 주제로 한 서정적 시조를 즐겨 다루

며 그 안에 다사로운 인간미를 불어넣는다.[93]

「나팔꽃」

탱자나무 울타리에/찔린 성처 감싸 쥐고
어쩌지 못한 한 생각 파란 하늘 춤 사위로
눈부신 아침햇살에/너를 향한 마음 하나

(시조시집『천상의 새』서석, 2009)

■ 박청길(朴淸吉, 1940~)은 전남 진도군 임회면 남선동 출생. 2008년 《문학춘추》 신인상 시조 당선,《월간문학》 신인상 시조 당선으로 등단했다. 문학춘추작가회 이사, 호남시조시인협회 부회장, 한국시조협회 이사, 전남문인협회 이사, 진도문인협회 이사를 맡고 있다. 시조집 2013년『저녁노을』(한림), 2015년『화롯가의 인생』(한림), 제3시조집 2019년『임께서 떠나시고』(한림), 2021년『행복을 사다』(한림)을 펴냈다. 그는 진도에 대해 남다른 관심과 애정으로 향토의 시조를 쓰는 시인[94]이다.

「식탁 앞에서」

겨울 눈/헤쳐가며/푸성귀 찾아다가
메좁쌀/섞어 넣고/희멀건 죽 드린 추억
풍성한/식탁을 보면/마음 깊이 저며 온다

(제4시조집『행복을 사다』한림, 2021)

■ 강성남(姜聲男, 1952~)은 호가 남곡南谷, 전남 담양에서 출생하여 전

---

93) 경철,「청초한 이미지 그 미감(美感)」(시조시집『천상의 새』서석, 2009) 해설, 113~114쪽 참조.
94) 조영남,「발문」(시조집『저녁노을』한림, 2013) 해설, 118~120쪽 참조.

남대 행정대학원 졸업, 공직생활을 오래하고 담양군에서 부이사관으로 정년 퇴임했다. 2007년《시조시학》시조 당선으로 등단했고,《아동문학세상》동시 당선,《현대수필》수필 당선, 제10회 공무원문예대전 동시 부문 장관상 등 아동문학과 수필 장르에도 활동한다. 담양문인협회 회장, 담양군대나무축제위원회 이사장을 역임하고 현재 담양문화원 원장, 담양군복지재단 이사장으로 일하고 있다. 광주전남시조시인협회, 호남시조시인협회, 열린시조시학회, 한국문인협회, 전남문인협회, 가교문학회, 동천문학회, 길문학회 회원으로 참여하고 있다. 정소파문학상, 월간문학상, 호남시조문학상 등을 수상했다. 시조집으로 2021년『흑백사진』(고요아침), 동시집 2008년『하얀 미소』(아동문학세상), 동요집에 2009년『새싹』(무진), 시집 2010년『그리운 사람들』등을 펴냈다. 그의 시조는 오랫동안 거두어져 왔던 흑백사진을 위해 마음의 셔터를 누른 고향의 얘기들이[95] 담겨져 있다.

「흑백사진·1」

오얏꽃 피고 지던 열 살 때 머금은 꿈
꼭 오지, 꼭 온다고 손가락 걸어주던
시집간 누나 얼굴이 자두 꽃으로 미소 짓네

해당화 피고 지던 고향의 추억사진
잘 있소 잘 가거라 석별의 정 주고받던
정겹던 친구 얼굴들 해당화로 다가왔네

호박꽃 넝쿨 짓던 엄마 호박 할메 호박
담장 길 주렁주렁 누런 웃음 웃어주는
한여름 호박 웃음이 서쪽 능선 넘나든다

---

95) 이지엽, 강성남의 시조집『흑백사진』의 표사에서 인용.

열두 폭 치맛자락 감싸고 둘러앉아
환하게 웃어주던 한 장의 흑백 세상
고장 난 수도꼭지처럼 지난날을 쏟아낸다

(2021년 시조집『흑백사진』, 2013년《동천문학》)

「선로에 남긴 이야기」

호남선 비둘기호 신발 끈을 고쳐 맨다
칸칸마다 가득 메운 그믐달 같은 이야기
구수한 전라도 사투리 바퀴마다 감긴다

그리운 얼굴들 뒤집어쓴 채 여물어가던
반질반질한 사투리로 파닥이던 눈빛들
뜨겁던 이야기 깔고 앉아 수런수런 바라봤지

마음까지 흔들려서 서울역에 다다르면
불빛 아래 흔적을 지워내며 드러눕던
연녹색 담쟁이 닮은 고향마을 여린 여운

(2021년 시조집『흑백사진』, 2015년《동천문학》)

■ **박성애(朴性愛, 1958~)** 는 전남 신안 출생, 광주대 대학원 문예창작과 졸업, 1998년《문예사조》시 당선, 2021년《한국동시조》당선, 2007년《시조시학》신인상으로 등단했다. 광주전남아동문학인회 회원, 전남여류문학회 이사, 전남문인협회 이사로 활동하며, 담양문인협회 회장, 재능시사랑회 광주지회장, 송순문학상 운영위원을 역임했다. 현재 예당다례원 원장, 담양시사랑회 회장, 한국예총담양지회 회장을 맡고 있다. 1999년 향토무등시낭송대회 대상, 대한민국예술공로상, 2018년 전남도지사공로표창, 우송문학상, 광주전남아동문학상, 한국동시조상, 담양문학상 등을

수상했다. 시조집 2007년 『새 백악기의 꿈』(고요아침), 2019년 『마음 첩첩 꽃비』(고요아침), 동시조집 2021년 『풍선껌』(에세이스트사) 등이 있다. 그의 동시조는 대상에 대해 화사한 꿈을 입히듯 화자가 보는 꽃과 관련지어 미래지향적인 동심을 애찬하는 시조가 많다. 그의 시적 특성은 일상사에 대한 애정과 감사가 잘 형상화되어 있고 사물에 대한 순수한 생각을 펼치는 작품[96]을 쓴다.

「붓꽃」

1
고향집 마당가/어우러진 붓꽃
뾰족한 붓 끝/예쁜 꽃봉오리
하늘이 화선지구나/붓꽃이 쓴 첫 여름 편지

2
생각난다 고향 집 마당 가/자주색 꽃봉오리
꽃봉오리가 먹을 묻힌/붓과 같아 얻은 이름
펼쳐논 화선지 마당/아버지 붓끝 피던 붓꽃

(2023년 《열린시학》 겨울호)

「풍선껌」

풍성껌을 씹다가/잠이 든/태준이
오물오물/꿈 속에서도/풍선놀이 한창이다
내가 커!/크게 불다 빵/콧등에 범벅이다

태준이가 분/풍선껌은/숲길을 날아다니다가

---

[96] 이지엽, 「생과 자연에 대한 겸손과 경외의 시적 형상화」 (박성애 시집 『마음 첩첩 꽃비』 고요아침, 2019) 해설, 103쪽 참조

나뭇가지 사이를/기웃 기웃거리다가
어느덧/콧속으로 쏙/숨이 막혀/캑캑거린다

(시집『마음 첩첩 꽃비』고요아침, 2019)

■ **이상호**(李相昊, 1960~)는 전남 장성 출생, 2008년《시조시학》시조 신인상으로 등단했으며, 전남광주시조시인협회, 동천문학회, 열린시학회, 한국불교문인협회, 열린시학회 회원으로 활동하며,《동천문학》발행인을 맡아 통권1~18권까지 펴냈다. 시조집으로 2014년『자벌레 부처님』(고요아침), 2019년『흔들리면서 우는 것들』(고요아침), 2021년『풍경』(고요아침) 등이 있다.

「풍경」

호수 속 그림자가/몸 쪽으로 기운다
제본된 보풀들이/제 몸을 받쳐 들고
둑방을 추켜세우며 안간힘을 쏟고 있다

하늘과 물, 물과 그림자/경계에서 묻어나는
파문의 쓴 울음을/오랫동안 쓰다듬고
온몸의 혼곤히 적시도록 어린별로 돋는 동안

주린 울름 귀퉁이에/밤하늘이 지나간다
둥글 달빛 한 움큼에/정수리가 뜨겁다
어둠속 기대어 사는 사내하나 걷고 있다.

(시조집『흔들리면서 우는 것들』고요아침, 2019)

「통풍」

화암사 청다실에서 벽면을 마주하고

지우지 못한 화두를 붙들고 들어선 길
한 벌씩 벗어놓은 적삼이 바스락거리는 소리

엎드려 울고 있는 흐릿한 당신 모습
뜨겁지도 차갑지도 않게 달궈진 찻잔에
입술이 겹쳐지는 걸 바라보며 묵언에 젖어든다

밤부터 내리는 비, 소리 없이 잠잠하다
귓전에 쌓여 가던 마른 찻잎 게워내는
끓는 물 식히는 대접 숙우를 기울인다

한 잔의 긴 번뇌를 우려내고 있자니
빗소리 쌓여가고 풍경소리 떠돌고
다기의 쌉쌀하던 생각이 씻겨지고 있었다.

(시조집 『풍경』 고요아침, 2021)

■ 양기수(梁基洙, 1952~)는 전남 장흥 출생, 2008년 《현대문예》 신인상 시조 당선으로 등단했다. 광주전남시조시인협회 회원, 별곡문학동인회 회장, 한국문인협회 장흥지부 감사로 활동하고 있다.

「문인화를 그리는 시간」

백지 한 장 펼쳐두고 정좌하여 앉은 자리
마음을 다잡는다 면벽한 수좌처럼
내게만 꿈틀거리는 밝은 빛을 찾는 시간

활시위 당기는 듯 팽팽한 긴장 속에
용맹한 무사처럼 붓자루 휘두르면
흑과 백, 선과 선들이 나의 뜻을 감싸 안고

조근조근 풀어가는 여백과 여백 사이
농담의 먹물 빛이 타협하는 시간 속
나만의 흉중성죽이 익어가는 시간이다.

(2023년《별곡문학》게재)

「배롱꽃」

울 넘어 손 흔들어 자랑하고 유혹하고
타오른 열정만큼 웃음꽃 만발하는
그렇다!/젊음의 혈기 아름다운 때이다.

뜨거운 열기에도 당당한 자신감에
부풀어 오른 열정 하늘을 불태운다.
그렇지!/내게도 한때 저런 날이 있었지.

긴 세월 땀 흘려 에돌아가는 지친 몸
불타는 젊음의 혈기 푸르름을 싣는다.
그랬어!/희망을 주는 뜨거움이 있었어.

(2022년《별곡문학》게재)

■ **박성민**(朴誠玟, 1965~)은 전남 목포 출생, 중앙대 대학원 문예창작과 졸업, 2002년 전남일보 신춘문예 시 당선, 2009년 서울신문 신춘문예 시조 당선으로 등단했다. 2011년 한국문화예술위원회 창작기금, 2012년 서울문화재단 창작기금을 지원 받았고, 가람시조문학 신인상, 오늘의시조시인상을 수상했다. 한국시조시인협회, 오늘의시조회의, 〈21세기 시조〉 동인으로 활동하며, 시집 2011년『쌍봉낙타의 꿈』(고요아침), 2016년『숲을 金으로 읽다』(고요아침), 2020년『어쩌자고 그대는 먼곳에 떠 있는가』(시인동네)를 펴냈다. 그는 시조의 현대화를 위해 앞장 서고 있으며, 현실

에 대한 비판의식 혹은 풍자정신이 돋보이는 작품[97]을 쓰고 있는 시인이다.

「당신이라는 접속사」

그래도, /당신 곁을 맴돌았던 것 같은데
그러므로, /단 한 번 내 사랑은 다녀갔다
하지만, /고인 기억이/떨어질 듯 맺히는

(시집『어쩌자고 그대는 먼 곳에 떠 있는가』시인동네, 2020)

「9월」

초점 풀린 눈으로/태양은 앓아누웠다
시퍼런 입술들이/약봉지를 찾는 저녁
혼자서 우는 법을 배운/매미들이 죽는다

계절은 늘 옆모습만/보여주고 떠나기에
슬퍼할 준비가 된/연인들은 바스락대고
구름이 다녀간 자리/우물은 더 깊어진다

(2021년《서정과현실》하반기호)

■ **안천순(安阡淳, 1950~)** 은 전남 보성 출생, 2009년《서석문학》시조 등단과 광주시인협회, 광주문인협회, 영호남문인협회 회원으로 활동하고 있다. 2016년 광주시인협회 작품상, 2000년 보성문학상, 2022년 영호남문학상을 수상했고, 2008년 시집『금남로에서 탈출을 꿈꾸다』를 발간했다.

---

97) 이승하,「시와 시조 사이, 웃음과 눈물 사이」(박성민 시집『쌍봉 낙타의 꿈』고요아침, 2011) 해설 109쪽 참조.

「광주천에서 2」

실꾸리 훔처다가 연줄 감아 얼레 잡고
까마득히 날아가 버린 꿈을 좇아 발만 동동
바람은 여전하다만 어찌하랴 한 세월

물소린 예 같으나 마당바윈 흔적 없다
벌거벗고 고함치던 그 동무들 어디 갔나
둥 둥 둥 해원解冤의 북소리 저승까지 들릴까?

어머니 빨래감 풀어 강물처럼 흐르던 길
언덕바지 낮아지고 황새 다린 길어졌다
그림자 머물던 자리 하릴없이 헤맨다
  ＊ 2008.5. 5.18 행사장에 갔다 오는 길

(2008년《광주시문학》제19호)

「광주천에서 3」

원앙이 몰려오니 왜가리가 요란하다
제 밥그릇 뺏길까 봐 살벌히도 설쳐댄가.
시퍼런 서슬에 놀란 빈 하늘만 요란ㅎ다

철천의 원수인가 죽기 살기 작정하고
불길 속 아비규환 보이는 듯 들리는 듯
어디쯤 수초 우거진 웅덩이가 있을까?

음울한 울음소리 허공에 흩어지고
야차들 웃음소리 광장에 가득하다
저녁놀 서녘 하늘에 피빛으로 검붉다

쌓인 눈 걷어내니 땅마저도 몸서릴 친다.

활활 타는 기름 지옥 귀신들이 춤을 추고.
상두꾼 한 맺힌 소리 만장들도 숙였다.

  *2009.12. 용산참사 현장(2010.01.09. 용산에서 불타 죽은 시신들이 묻혔다)

(2010년《광주시문학》제21호)

■ **구애영(具愛英, 1947~)** 은 전남 목포 죽교동 출생, 명지전문대 문예창작과, 경기대 예술대학원 문화콘텐츠학과를 졸업했다. 2010년《시조시학》당선, 2014년 서울신문 신춘문예 시조 당선, 2016년 강원일보 신춘문예 시 당선으로 등단했다. 열린시학상, 김상옥백자예술상 신인상, 백수신인문학상, 한국여성시조문학상, 한국해양문학상 대상을 수상했고, 2020년 인천문화재단 문학창작지원(시), 2022년 한국문화예술위원회 문학창작지원(시조)에 선정되었다. 〈시와길〉동인, 오늘의시조시인회의, 열린시학회, 한국시조시인협회 회원으로 참여하고 있다. 시조집으로, 정형시집 2012년 『모서리 이미지』(고요아침), 시조선집 2017년 『호루라기 둥근 소리』(고요아침), 시조집 2020년 『종이는 꽃을 피우고』(고요아침), 시조집 2022년 『한밤의 네모상자』(고요아침)를 펴냈으며, 첫시집으로 2020년 『나의 첫 사과나무에 대한 사과』(고요아침)을 펴냈다. 그의 시는 삶에서부터 죽음에 이르기까지 따뜻한 서정성과 상승적 이미지('호루라기 둥근 소리', '모서리 이미지')가 깃들어 있고, 자연에 대한 에코이즘의 현현과 죽음에 대한 초월의지적 자세를 갖고 있다.[98]

「껍데기의 시 -울란바토르에서」

무엇을 남겨놓고 야크는 사라졌을까
울음소리 선연한 에튀겐*의 밤을 본다
질주도 내려놓은 몸피 환부인 듯 따갑다

---

98) 한국시조시인협회 편저, 『한국현대시조대사전』, 고요아침, 2021. 109쪽. 저자의 시집의 해설에서 옮겨온 글로 이지엽의 평설을 인용했다.

핏자국도 기포되어 사유마저 스러진 자리
밟혀오는 실루엣이 힘겹게 생생하다
제 속살 내어준 초원, 솜다리꽃 눈이 아려

영웅처럼 살고 싶었던 야성을 지워보아도
돌아보는 눈동자와 흔들리는 어깨가 있다
떠나온 시간만큼이나 슬관절은 닳고 닳아

뭇별에 기대어 선 얇은 백야 걷혀지겠지
후렴은 늘 절정을 향한 서슬 퍼런 떨림이었나
마침내 그 별빛 뒤에서 이슬적실 내 겉옷 한 벌

*몽골대지의 신

(2018년 제4회 김상옥백자예술상 신인상 수상작)

「책 읽어주는 곡비」

너의 이마 위에 생각을 읽어준다
긴 겨울 지우지 못한 행간의 붓 꽃잎
가지들 잔기침소리/뒤척이는 도돌이표

어깨에서 빛이 노래할 때 갈필을 따라
곁에서 책 읽어주다 또 다른 얼굴이 되어
호명을 기다리는가/떨고 있는 종이 속에서

지켜보지 않으면 어디까지 가버릴지
때때로 까닭 모를 이런 봄날 빗소리 되어
뼛속에 감도는 울음/이 밤 온통 붉다

(시집 『종이는 꽃을 피우고』 고요아침, 2020)

■ 조민희(曺敏姬, 1940~)는 전남 영광 출생, 광주여고를 나와 2010

년 조선일보 신춘문예 시조 당선 등단했다. 오늘의시조시인회 회원을 거쳐 2010년부터 2023년까지 열린시조학회 이사 및 부회장을 맡고 있으며, 현재 한국시조시인협회, 광주문인협회, 영광문인협회 회원으로 활동하고 있다. 송강 관동별곡 시조백일장 대상, 조운문학상 신인상, 광주문학상, 무등시조문학상 등을 수상했다. 시조집으로 2013년 『은행잎 발라드』(책만드는집), 2019년 『나비날개 무늬를 읽다』(고요아침), 2019년 『복숭아밭에 내리는 봄비』(고요아침) 등을 펴냈다. 그의 시는 아름다운 선율과 호흡을 가득 담고있는 그 심미적 음악에 비유된다는 평[99]을 받고 있다.

「물억새, 물그림자 들여다보다」

섬기라, 섬기라는 아버지 말씀 되뇌며
가는 허리 휘청대고 비질하는 아낙네
하늘에 쑥! 내민 목을 그러안아 받든다

날 밝자 스러져도 누군가 발목 적시고
하얀 눈 숨결이 밴 첫사랑 그 울렁거림
잦아진 기압골 따라 마디가 불거진다

벚나무 가로수가 산호섬인 듯 헛보이고
흰머리 풀어헤친 마른 몸 얼비칠 때
개개비 맑은 음절이 연서처럼 파문 인다
　　　(2019년 제1회 조운 수상기념 작품집 『나비날개 무늬를 읽다』에서)

「복숭아밭에 내리는 봄비」

---

[99] 유성호, 「아름다운 음악을 품은 기억의 깊이 조민희의 시 세계」 (시집 『은행잎 발라드』 책만드는집, 2013) 해설, 114~115쪽 참조.

나
한때
즐겨 입던
물방울무늬 옷처럼
점점이… 찍고 가는
가랑비에 섞인 복사꽃
진 자리 물집 부푼다
아, 달달한
애무

(2016년 《시조미학》 봄호)

■ **김화정**(金和楨, 1957~)은 전남 화순에서 출생해 광주대학교 대학원 문예창작과 석사과정을 수료했다. 2008년 《시와상상》 시 당선, 2010년 영주일보 신춘문예 시조 당선으로 등단했다. 오늘의시조시인회의, 광주전남시조시인협회, 광주문학아카데미, 보성문학회 회원으로 활동하고 있다. 시집으로 2012년 『맨드라미 꽃눈』(푸른사상), 2020년 『물에서 크는 나무』(천년의시학) 등이 있고, 시조집으로 2022년 『그 말 이후』(아꿈)를 펴냈다. 그는 자연과 인간이 조응하는 삶의 풍경을 주목하며 사람살이의 도리와 이치를 찾아가듯[100] 시법을 구사한다.

「내 안의 하피첩」

햇차가 그리운 날 여유당에 들어선다
뜰의 매화 피지 않은 골 패인 마루 끝
햇살이 불을 지피며 자리를 권한다

뒤꼍에 참솔나무 그의 서책 펼치는데

---

100) 임채성, 시집 『그말 이후』(아꿈, 2022) 표사 참조.

입을 연 활자들 새떼처럼 날아간다
끝없이 잡으려 해도 닿을 수 없는 그곳

노을 진 내 치마에 핏빛 시를 쓰리라
발부리 촛불 들고 더듬어간 나의 초당
흙벽에 닿은 촉수로 실금 긋는 매화가지

(2017년 《시조시학》 겨울호)

「경계에서」

배꽃 핀 나무가 산역 마친 일꾼 같다
하늘 닿는 길 사이로 나비가 날아갔다
4월의 능선 위에는/노루귀꽃 환한 길

언덕바지 수풀더미 숨겨 놓은 틈 사이로
길 있다고 그 길 따라 걸어가신 아버지
한식날 다녀온 뒤로/옅은 잠 속 꽃 진다

흐르던 물소리가 무논에서 출렁일 때
못자리엔 햇살이 수직으로 일어선다
무형의 선 넘어서듯/사월 밖에 서 있다

(2022년 《오늘의시조》 연간집 제16호)

■ **이순권**(李淳權, 1944~)은 광주 광산구 출생, 서울대 사범대 졸업, 2010년 《월간문학》 신인문학상 당선으로 등단했다. 한국시조시인협회, 오늘의시조시인회의 회원으로 참여하고 있으며, 시조집 2017년 『수막새의 달』(동학사)이 있다.

「벼 그루터기」

머물 곳 찾던 바람/빈 들녘 헤매 돈다
한 무리 무심한 새떼/틈새를 헤집다가
날이 선/밑동에 놀라/부리나케 날아간다.

논배미 달구던 입김/풀죽은 듯 누워있다
포기마다 맺은 햇귀/쓸모대로 내어주고
흙으로/되돌아가며/흔적 덮는 적멸의 길.

(2017년 시조집『수막새의 달』, 동학사)

■**백학근**(白學根, 1947~)은 전남 장흥 출생으로, 2011년《문학춘추》 신인상 시조 당선으로 등단했다. 한국시조시인협회, 한국문인협회, 전남문인협회, 전남시인협회, 여수문인협회, 장흥문인협회, 문학춘추작가회 회원,〈여문돌〉동인에 참여하고 있으며, 광주전남시조시인협회 회장을 역임했다. 전남예술인상, 무등시조문학상, 전남문학상을 수상했다. 시조집으로 첫시조집 2012년『너도 섬 하나』(한림), 2019년『두루뭉수리』(한림), 제3시조집 2022년『가을 그리고 겨울』(한림)을 펴냈다. 그의 시조는 한국적 미의식을 기반으로 전통 서정을 담아내고 있으며 한국적 정서의 해학, 풍자, 풍류의 경계를 넘나들고 있다.[101]

「오르간 등대」

오동도 앞에 두고 돌아보면 엑스포역
20여 분 방파제 길 혼자 가면 외로운 곳
애잔한 오르간 소리에/발걸음이 취한다

바닷말 헤쳐가며 숭어 떼 하늘 날고
푸른 하늘 꿈을 꾸며 갈매기 떼 노대는 목

---

101) 윤삼현, 백학근 시조집『가을그리고 겨울』(한림, 2022)의 표사에서.

어느새 소문이 돌았을까/강태공들 즐비하다.

(2020년《시조미학》가을호)

「아줌마 당신」

울안에 달맞이꽃 사각사각 벌어지면
자기 별 바라보며 시 한 수 읊조리네
언제나 꽃이고 싶은 가슴으로 사는 당신

아침엔 우유배달 저녁땐 음식배달
발굽이 다 닳도록 하루가 저문다네
그래도 해맑은 미소 언제나 참한 당신

금목서 떠도는 향 창문을 두드려도
올해도 단풍놀이 내년으로 미룬다네
잔 하나 채워놓고서 훌훌 털고 넘는 당신

한 줄기 색바람에 젖어드는 가을밤
감나무 잎 굴러다니듯 온방을 뒤척이네
때로는 가버린 사랑 곱씹으며 사는 당신.

(2023년 문학춘추작가회 연간집 제28호)

■ **유헌(劉憲, 1957~)**은 전남 장흥 출생으로 2011년 국제신문 신춘문예 시조 당선, 월간문학 신인상 시조 당선으로 등단했다. 광주전남시조시인협회 회장 역임했고, 한국문인협회 이사, 한국시조시인협회 이사, 오늘의시조시인회의 이사, 〈율격〉 동인으로 참여하고 있다. 시조집 2015년 『받침 없는 편지』(고요아침), 2019년 『노을치마』(책만드는집), 2023년 『온금동의 달』(고요아침)이 있고, 수필집 2020년 『문득 새떼가 되어』(해드림출판사, 아르코문학나눔도서)을 펴냈다. 그의 시는 정형 속에서도 자

유롭고 활달한 시상으로 인간 실존의 다양한 역사, 나아가 사물의 근원적 이법을 추구하는[102] 시학을 견지한다.

「말 그리고 말」

말이라는 이 놈, 때론 천방지축이라
입술이라는 울타리를 한번 벗어나면
어디로 튈지 모르는 야생의 말이 된다

(2019년《좋은시조》겨울호)

「삐비꽃 봉분」

애써 몸 세우려고 기대서지 않았다
단물 다 내어주고 심지까지 다 뽑히고
밟히고 베이면서도 산기슭 지켜왔다

바람에 맞서지도 피하지도 아니하고
찬 이슬로 꽃을 피워 윤슬처럼 반짝이며
은발로 다녀가시는 울 어머니, 하얀 꽃

(2015년《열린시학》여름호)

■ 윤갑현(尹甲鉉, 1954~)은 전남 강진 출생으로 2011년《시조시학》신인상 당선으로 등단했다. 강진문학회, 모란촌문학회, 전남문인협회, 광주전남시조시인협회, 한국문인협회 회원으로 참여하고 있다.

「하늘 그물」

성묘하고 지나는 금정들판 추석 무렵

---

102) 유성호, 「삶의 역리와 시원을 노래하는 서정의 원형」 (유헌 시집 『노을치마』 책만드는집, 2019) 해설, 119~120쪽 참조.

침묵조차 촘촘한 그물막에 걸려있다
지그시 눈감아 보면 목덜미를 휘감는 능선

예인망曳引網을 쉼 없이 빠져나간 바람들이
자분자분 건너와 길을 내는 저물녘을
한 무리 점점한 새떼 새빨갛게 타오르고

고향을 떠나가는 수많은 차량들과
썰물과 민물처럼 교차되는 마음도
한번쯤 흔들리고 나면 출렁이는 섬이 될까

한 모금 취기에도 가슴속 스며든 정情
세월의 뒷모습도 통발 속에 걸려든다
하늘가 못 빠져나가는 몽글몽글한 사랑이여

(2011년《시조시학》가을호)

「해오라기 난초」

하늘로 날아갈 듯/날지 못한 난초꽃
짓눌려 뭉개져도/침묵하는 해오라기
눈물로/지새우는 밤/학처럼/살고 싶다.

(2019년『시조 꽃피다, 한국현대시조선집』, 한국문협시조분과)

■ 이형남(李炯男, 1945~)은 전남 영암 출생, 중앙대 예술대학원 문예창작전문가과정을 이수했다. 2011년《시조시학》신인상과 2011년 중앙시조 월 장원으로 등단했다. 2005년《문학저널》수필 당선을 했고, 2019년 중량문학상, 2018년 열린시학상 시조부문을 수상했다. 시집 2018년『쉼표, 또 하나의 하늘이다』(고요아침), 동시조집 2018년『나무 이발사』, 2019년 시집『꽃, 광장을 눙치다』(고요아침)를 펴냈다.

「저글링」

별과 별 사이에/또 다른 별 반짝인다
해와 달 지구가 돌아/나도 따라 빙그르르
손 안에 우주가 빙빙/하루 또 하루가 간다

■ **문제완**(文濟完, 1953~)은 전남 순천 출생으로, 한국방송통신대 국어국문학과와 전남대 행정대학원을 졸업했으며, 공무원으로 오래 일하다 퇴임했다. 2012년 영주일보 신춘문예 시조 당선, 2009년 제12회 공무원 문예대전 시조부분 최우수상, 2012년 시조시학 신인상, 2011년 역동문학 신인상 등으로 등단했다. 한국시조시인협회, 광주전남시조시인협회 회원으로 활동하며, 시조집으로 2013년 『꽃샘 강론』(고요아침)을 펴냈다. 그는 자연의 아름다움을 화자 내부로 옮겨와 자성自省의 소리와 형식의 미학으로 시각화하는 시 작업을 하는 중이다.

「꽃샘 강론」

바람이 들썩인다 설핏 기운 이마쯤에
들락날락 숨결마다 모아지는 힘찬 기운
내 안에 통로를 따라 꽃봉오리 맺는다

지상의 씨앗들이 제몫의 숨 쉬느라
파도가 높이는 키 바람이 흩는 구름
신에게 올리는 기도문, 봄꽃이 울고 있다

울다 그만, 하르르 지고 마는 꽃 그림자
돌아보면 젊은 날은 엎지른 물병처럼
말갛게 텅 빈 가슴에 바람 가득 고여 든다

그러다 들끓어서 무서리로 날던 하늘
그 마음 생채기는 도숨 쉬듯 건너볼까
한지에 먹물 번지듯 꽃자리에 드는 봄날

        (2012년 영주일보 신춘문예 당선작)

「문척 이모」

오산 아래 구성리 이모댁 찾을 때면
오냐 와라 어서와 미소 가득 반기던
사립문 너머 한 생은 가물가물 저물었다

섬진강 강변 따라 벚꽃길 환해지면
윤슬에 강바람도 하늘하늘 노닐고
강물은 물안개 피어 눈물처럼 흘러라

지리산에 구름 한 점 헤실헤실 흘러간다
노란 향기 참외밭이 누렇게 익어갈 때
가는 숨, 몰아 쉬면서 작아진 몸 그립다

        (2022년 광주매일신문 '문학마당')

■**강성희**(姜聲熙, 1957~)는 전남 무안 출생, 오랫동안 경찰공무원으로 일했다. 2012년 《시조시학》 신인상으로 등단했으며, 광주전남시조시인협회, 열린시조시학회, 오늘의시조시인회의, 목포시문학회, 목포시조문학회, 〈율격〉 동인으로 활동하고 있다. 젊은시인상, 열린시학상, 역동문학상, 목포문학상을 수상했다. 2016년에 낸 시조집 『바다에 묻은 영혼』(고요아침)은 중국어선을 나포하다 순직한 한 경위에 대한 헌정시를 비롯해, 바다 현장에서 근무한 경험을 시조로 써 모은 것이다. 2021년 시조집 『소리, 그 정겨운 울림』(황금알)을 펴냈다.

「바다에 묻은 영혼」

-불법 외국어선을 나포하다 순직한 목포해양경찰서
고, 박경조 경위와 인천해양경찰서 고 이청호 경사를 보내고

허공에 바람 소리 흩어지듯 날리면
밀려오는 파도가 오선五線을 그리는 날
바다는 슬픈 악보만 수평선에 연주한다.

해변을 떠도는 세이렌*의 노랫소리
그대들 켠 하프는 안개 속에 떠돌고
한 올의 물방울에도 밀려드는 서러움.

은비늘이 순은처럼 빛나는 바다 속에
그대들 젊은 꿈을 송두리째 바친 이곳
조국은 기억하리라, 뜨거운 이 눈물을.

(목포 노을공원에 '고 박경조 경위 흉상' 헌시 제작)

「소리, 그 정겨운 울림 1」

바람을 갈라버린 山寺의 새벽종이
먼 길을 돌아들어 어두움 걸러내는
해 오름 기운이 서린 신비로운 그 소리

여명의 빛 움틔우는 노승의 새벽예불
자비로움 두드리며 산자락 휘감을 때
숨죽인 다람쥐 한 쌍 합장하는 그 소리

처마 끝에 걸려있는 풍경의 흔들림에
단잠에 젖어있는 나뭇잎이 깨어나면

바람이 자지러지게 수다 떠는 그 소리

(시조집 『바다에 묻은 영혼』 고요아침, 2016)

■ **손예화(孫譽化, 1946~)**는 전남 목포 출생, 1970년 숙명여대 약학과 졸업, 2012년《시조시학》신인상과 2012년 가람시조백일장 장원으로 등단했고, 2011년 전국가사시조 우수상, 2015년 약사문학대상, 2016년 열린시학상 등을 수상했다. 한국여성시조시인협회 이사, 오늘의시조시인회의, 열린시학회 등에 참여하고 있다. 시집 2012년『꽃차를 마시며』(고요아침), 100인선집 2019년『귀를 여는 시간들』(고요아침)이 있다.

「물이 키우는 슬픔」

검은 샤 보자기로 싱싱한 물바람 소리
혼밥에 익숙해진 조각달로 떠 있다가
어룽진 흔적을 따라 물그림자 다독이죠

마알간 뼈들이 떠다니는 새벽녘
비좁은 사이를 머리 숙인 채 웃자라
빔 가슴 물먹는 혼신, 졸음 겨우 밀어내요

허구한 날 물바가지 설움도 품다 보면
마침내 저 수많은 구멍 자코메타를 위하여
그 속내 달래어 주는 콩나물국 가쁜하죠

(2019년 『귀를 여는 시간들』, 고요아침)

■ **김승재(金承載, 1952~)**는 전남 진도 출생, 2013년《시조시학》신인상으로 등단했다. 광주전남시조시인협회, 한국시조시인협회, 한국문인협회, 오늘의시조회의 열린시학회, 울산시조시인협회 회원으로 참여하

고 있다. '시조시학' 젊은시인상, 2024년 조운문학상을 수상했으며, 울산 해석회 회장, 대한민국수석명품대전 부대회장 등 수석수집가로도 명성을 쌓았다. 시조집 2014년 『돌에서 길을 보다』(고요아침), 『돌과 함께 가는 길』(신일출판사), 2018년 『허수아비』(고요아침), 2020년 『대왕암 억새』(책만드는집), 2022년 절장시조집 『돌의 울음』(고요아침), 2023년 『돌을 보는 일곱 가지 방법』(고요아침) 등이 있는바 그의 작품은 수석에 관한 시조가 많으나 돌의 내면세계, 돌의 철학적 면을 추적하고 있다.

「민들레」

240mm 박격포도/뚫지 못한 위용 앞에
콘크리트 옹벽쯤은 우습게 뚫고 왔다
햇볕도/못 찾는 골목/독거노인 웃음처럼

(2023년 《좋은시조》 봄호)

「양귀비꽃」

꽃무리 벗어나서 홀로 핀 양귀비는
말동무 잃어버린 외딴집 노모 같다
누구를 기다리는지 두 손 모은 천사처럼

(시조집 『돌을 보는 일곱 가지 방법』 고요아침, 2023)

■ 이성구(李聖龜, 1968~)는 전남 강진 출생, 2013년 《시조시학》 신인상으로 등단했다. 광주전남시조시인협회, 한국시조시인협회, 〈율격〉 동인, 온누리문학회 회원으로 활동하고 있다. 시조집 2016년 『뜨거운 첫눈』(고요아침)을 펴냈다.

「천일각」

북으로/천 오백리/멀고도 머언 햇살
하늘가 모퉁이에 까치발 부르터도
상사화/스무 번쯤 져/더디오는/저 햇살

(시조집 『뜨거운 첫눈』 고요아침, 2016)

「뜨거운 첫눈」

가만히/에돌아 날리는/고운 것들
살갗에서/사라지는 눈/하나같이 그리움들
뜨겁고 설레는 첫눈/닿는 곳마다/마다 뜨겁다

(시조집 『뜨거운 첫눈』 고요아침, 2016)

■ 허승자(許承子, 1954~)는 전남 구례 출생, 2013년 《시조시학》 신인상 시조 당선, 2006년 《옥로문학》 신인상 시 당선으로 등단했다. 광주전남시조시인협회, 한국문인협회, 시조시학회, 공무원문학회 회원으로 참여하고 있다. 시집 『아름다운 동행』을 펴냈다.

「안테나 에러」

할머니 안테는 때도 없이 오리무중
콩이라고 말하면 뭐시여 퐃이라고?
말마다/엇박자 치면서도/의기양양 큰소리다

(2023년 《광주전남시조문학》 제22호)

「그 길 걸으려면」

1
넘어간 페이지는 되돌리기 어려워도
후회하는 지난 일 다시 그 길 걷지마

넘기는 순간순간마다 새로운 꽃길이라

2
너를 찾는 그 길이 너를 위해 왔으니
심호흡 가다듬고 지나간 일 생각해 봐
무엇이 엇갈리었기에 후회가 남았는지

3
다독이듯 내려놓은 빈 마음 다시 챙겨
이듬해 떨군 씨앗 새싹으로 피듯이
또 한해 낯선 마음 챙겨 꽃길로 만들어 봐

(2023년 《광주전남시조문학》 제22호)

■ **마명복(馬明福, 1939~)** 은 전남 강진 작천 태생, 2014년 《시조문학》 작가상, 2007년 전남여성백일장 시조 장원, 현대문예 신인상으로 등단했다. 현재 호남시조시인협회 회원으로 활동하고 있고, 2017년 '시조문학' 작품집상을 수상했다. 시조집 2014년 『별들의 고향』(한림)이 있다.

「갈잎의 노래」

세월이 굽이쳐간/추억을 닦는 자리
뜨거운 기도문이/열리는 슬픈 영혼
갈잎은/들꽃 언덕에서/휘파람을 붑니다.

(2017년 『시조문학 100인 단시조 선총』, 시조문학사)

■ **김영순(金榮順, 1947~)** 은 광주 출생, 초등학교 교사를 역임하고, 사회복지학 석사과정을 수료했다. 2014년 《문학공간》 신인상 시조 당선으로 등단했으며, 2021년 《문학세계》 시조공모 본상, 2024년 호남시조문학

상 등을 수상했다. 현재 호남시조문학회 회원, 한실문예창작회 회원으로 참여하며, 시조화집 2022년 『삶의 물 그림자』(서영), 시화집 2013년 『풀꽃향 당신』(서영)을 펴냈다.

■ **강경구**(姜庚求, 1950~)는 전남 영광 백수 출생. 2015년 《문학춘추》 신인상 시조 당선으로 등단했다. 〈여문돌〉 동인, 광주전남시조시인협회 회원으로 활동하고 있다. 시조집 2019년 『꽃대의 기다림』(동학사)을 펴냈다.

「보말칼국수」

저 멀리 한라산 잿빛 구름 하늘 아래
은빛 갈치 퍼덕이고 다금바리 춤추는 곳
물건은 깎아야 제맛 밀당 모습 정겹다

샛노란 한라봉 따고 먹고 한나절
재개 재개 좇는 걸음 마음은 칼국숫집
문턱도 못 넘어 보고 오는 눈만 탓하네

이쪽이 먼저예요 손짓하는 중년 남자
이분들이 먼저라우 꽃 할머니 미소에
모슬포 보말 칼국수 싱글벙글 맛있다.

(2015년 《문학춘추》 여름호)

「현장학습 가는 날」

친구야 기쁘구나 드디어 가는구나
얼마나 기다렸나 우리들 현장학습
애들아 이렇게 좋은 걸/어른들은 모를걸

도우미 할아버지 건널목 안전하게
선생님도 흥이 나서 덩달아 어깨춤을
나들이 가는 곳마다/하하 호호 신난다.

(2022년 《광주전남시조문학》 제21호)

■ **용창선(龍昌善, 1964~)** 은 전남 완도 출생, 고교 교사 역임하고, 2015년 서울신문 신춘문예 시조로 등단했으며, 광주전남시조시인협회, 목포시조문학회, 〈율격〉 동인 활동을 하며, '시조시학' 젊은시인상을 수상했다. 저서로 2004년 『윤선도의 한시 연구』 등 주로 윤선도 관련 저서 3권이 있다. 시조집 2019년 『세한도를 읽다』(고요아침)를 펴냈다. 그는 고전에 대한 현대적 의미 부여, 그리고 상징하는 바의 확대, 재생산을 통해 시적 완숙도를 높이고자 하는 시인이다.

「께나」*

한 사람을 잊는 데에 한 평생이 걸렸다
뜨거웠던 몸과 다리 싸늘히 식고나면
연인의 정강이뼈로 만들어서 부는 피리
그대가 오신다는 바람결에 꽃은 핀다
외롭게 걸어왔던 이번 생의 부은 발등
그리운 이름 부르며 무릎 꿇고 앉은 밤
온 생을 기다려온 다리뼈에 구멍 내어
절뚝이며 걷듯이 외로움을 채우면
쓸쓸한 입술 속에서 다시 피는 당신 이름

*께나 : 죽은 연인의 정강이뼈로 만들어서 분다는 안데스 인디언들의 피리

(2020년 《오늘의시조》 제14호)

「에곤 실레의 빨간 꽃」

창가를 기웃대던 햇빛이 눈 뜨는 아침
몸에 걸친 것들이 삭정이로 바스러진다
삶이란 바느질 자국이 보이지 않는 속옷

호수의 윤슬에서 배워온 드로잉은
매독에 죽은 아비와 발레리*가 주고 떠났지
박제된 캔버스에 그린 나르시시즘 초상화

크고도 퀭한 눈이 고흐와 뭉크를 만나
꿈틀대는 심장으로 상처를 껴안은 날들
죽음이 거울을 열고 강마른 얼굴 바라본다

검은 스타킹을 입은 여자** 가랑이로
바람결에 흔들리는 늘보리가 자라나고
외설과 예술의 숲길에 뱀 한 마리 울고 있다

  *발레리 노이칠 : 누드모델로 에곤 실레의 연인.
  **에곤 실레의 누드 작품.

(2023년 《가히》 가을호)

■ **이광호(李廣浩, 1949~)** 는 전남 고흥 출생, 2015년 《창작21》 시와 시조가 신인상 당선으로 등단했다. 광주전남시조시인협회, 〈시인의집〉 동인, 고흥작가회 회원으로 활동하고 있으며, 30여년 동안 한글모양에 관한 연구와 창작 활동, 그리고 농사를 병행해 왔다. 《시조문학》 작품상, 《춘하추동》 대상을 수상했다. 시집 2009년 『ㄱ에 대하여』, 2017년 『담아두고 싶어서』, 2020년 『모양 닿소리』(들꽃), 2023년 『옳다는 말 궁금하여』(들꽃), 2023년 『발』(들꽃) 등을 펴냈다. 그는 농촌에 대한 서정과 서사, 특히 농업노동자로써 농경 체험에 바탕한 농기구에 대한 시적 고찰, 그리고 한글 모양의 유래 등을 시조를 통해 밝히는 독특한 작업을 하고 있다. 그래서 그는 전통적으로 우리 삶의 근간인 농경문화의 상징적 문학언어로

말하는 작품을 쓴다[103]. 트랙터를 끌고 논과 밭을 갈면서도 시적 관련을 확대해 간다.

「소리에 뜻을 담아서」

앙앙 울던 아이가 엉금엉금 기어가다
영에서 이제 막 출발한 손자 손녀
소리에 뜻을 담아서 글을 쓰고 있구나
(시조집 『모양글 닿소리』 들꽃, 2020)

「비움과 채움」

벼 베고 보리 갈면 가을일 다 끝낸 줄로
흐린 날 희망하던 하늘 일만 남았더니
빈 들녘 비가 내리는 보리움을 틉니다

빛이란 꽃말처럼 치읓을 받쳐 쓰니
비 치읓 비가 내린 그 다음 빛이라야
겨우내 얼었다 풀린 봄보리밭 채웁니다
(시조집 『옳다는 말 궁금하여』 들꽃, 2023)

■ 서문기(徐文基, 1968~)는 전남 광양 출생, 2015년 《미래시학》 시조 당선, 2018년 《좋은시조》 시조 당선으로 등단했다. 광주전남시조시인협회 회원으로 활동하고 있으며, '현대시조 좋은시조작품상'을 수상했다.

「채석강을 읽다」

---

103) 문창길, 「시인의 글」 (이광호 시집 『모양글 닿소리』 들꽃, 2000) 표사 요약 참조

오래도록 읽었던 흔적들이 보인다
책장 넘어가는 소리가 철썩거리고
너덜한 금 틈새마다 전설들이 읽힌다

빼곡히 쓰여졌던 고랑고랑 이름들이
세월을 만들어내는 주름진 잔상이다
자갈돌 쌓여가는 소원 수많은 이의 독경소리

저마다 사연들을 한 가지씩 가져와서
단상에 올려놓고 묵념하듯 숙여간다
수만 겹 바람을 가르고 페이지를 넘긴다

한 많은 얘기들을 쏟아놓은 골골함이
모래알 고사목처럼 파도를 읽어가고
암반층 절벽 절벽마다 용왕인 듯 앉았다.

(2018년《좋은시조》여름호)

「재봉틀 돌리는 여자」

중년의 막바지를 재봉틀이 깁고 있다
벌창한 구멍마다 밑실을 채 올려서
저 일격 떨어질 때마다 오금저린 길을 낸다

가끔씩 뚝 끊어진 고삐 같은 실거리는
박았다 뜯어내도 아귀가 맞지 않아
내 생의 불행은 없다/북도리를 만지면서

한 벌의 촛대 세워 탈바꿈 하기까지
자로 재고 모로 재고 그만큼만 잘라서
버성긴 숨소리마저 손사래를 흔든다

못 볼 것 다 보았다 괜찮다 괜찮다고
바늘귀에 딸려오는 실 같은 버거운 길
자미원 북두칠성도 우주 밖을 깁는다.

(2018년《좋은시조》여름호)

■ **고정선(高正善, 1951~)** 은 전남 신안 출생으로, 2017년《좋은시조》 신인상으로 등단했다. 이 전에《아동문예》,《문예사조》,《시세계》등에 동시와 시가 당선되어 문단 활동했다. 광주전남시조시인협회, 한국시조시인협회, 오늘의시조시인회의, 목포시조문학회 회원으로 참여하고 있으며, 〈율격〉동인으로 활동하고 있다. 특히 '목포시조문학회'의 기틀을 잡고 조직·구성하는데 힘썼다. 목포문학상, 남도작가상, 한국가사문학대상 장려상, 무등시조작품상을 수상했으며, 그리고 서울문화재단 창작지원, 한국장애인문화예술 창작지원을 받았다. 시조집 2019년『눈물이 꽃잎입니다』(책만드는집), 동시조집 2020년『개구리 단톡방』(책만드는집)을 펴냈다. 그는 자신과 대상이 한몸이 되어 세상사 마음을 순리대로 풀어가는[104] 자연스러운 시를 쓰고 있다.

「용접鎔接」

우린 녹아서 하나 되어 단단해지고
그렇게 이어지니 피돌기도 힘차고
둘이서 하나 되는 것/뜨겁지 않음 못할 일

(2019년《시조미학》봄호)

「반어법反語法」

---

[104] 이경철,「동양 정통사상과 시학에 기초한 올곧고 지극한 서정」(고정선 시집『눈물이 꽃잎입니다』, 책만드는집, 2019) 해설, 122쪽과 표사 글 참조.

생신 축하 제라늄꽃 묘비 옆에 심었더니
좋으면서 부끄런갑다 꽃잎 더 붉어진다
아직도 청춘이요 잉/엄니 얼굴 참 곱소

술이 덜 깨 왔다고 잔소리가 한 바가지
밉지는 않으신지 바람결이 부드럽다
바쁜디 안 와도 돼야/네, /자주 올게요

(2020년 《시인정신》 가을호)

■ **곽호연(郭鎬年, 1967~)** 은 전남 영암 출생, 2017년 《시조시학》 신인상 시조로 등단했다. 광주전남시조시인협회, 오늘의시조시인회의, 해남문인협회 회원으로 참여하고 있으며, 이동주문학상 작품상을 수상했다.

「덜 익은 가을」

연화리 가는 길에/홍 갓은 허리 펴고
미사보 쓴 은목서/노을 길을 축복한다
전어는 전설이 되고/대하가 폴짝폴짝

표절시가 넘어져 상을 물어 토해 내고
발로 그린 도장이 수상 경력 부풀리면
가을은 교란종에 몸살!/앓거나/더 여물거나

(2023년 《열린시학》 가을호)

「보이는 정글」

비밀까지 소멸될 숲이라 착각하고
수 십 년의 관념을 깨지 않는 고목나무
공감을 읽을 수 없어 필터 없이 뱉는다

누군가 날숨 후에 정적 같은 정전은
싸늘하게 굳어서 해동되지 않는 마음
아랑이 아집을 덮어 하루를 잠재운다

(2021년《좋은시조》봄호)

■ **고경자(高慶子, 1970~)** 는 광주 출생으로, 광주대 문예창작과 대학원 졸업, 2011년《시와사람》신인상 시 당선, 2018년《나래시조》신인상 시조 당선으로 등단했다. 광주전남시조시인협회, 한국작가회의, 오늘의시조시인회의, 나래시조시인협회, 시산맥시회, 시와사람시학회 등의 회원으로 참여하고 있다. 시조집 2024년『고요를 저울질하다』(고요아침), 시집 2015년『하이에나의 식사법』(시와사람), 2018년『고독한 뒷걸음』(시산맥), 2020년『사랑의 또 다른 이름』(시산맥), 2024년『날개는 붉은 심장으로 만들어졌다』(현대시학) 등이 있다.

「집중치료실」

좌판에 누워 있는 맛깔 난 굴비 한 마리
해풍에 잘 마른 냄새가 코끝을 찌르고
손님들 가격흥정에 짠 내음이 풍겨온다

힘들었던 방사선 치료도 이겨내고
완치 판정 받은 지도 십 년이 지났지만
갑자기 드러난 후유증 덜컥 겁부터 난다

심전도 리듬은 순한 파도를 타고 있지만
여러 번의 고비로 내려앉은 심장 소리
인생의 마지막 고비 힘겹게 넘고 있다

(2022년《나래시조》)

「가로등」

밤의 갈피 껴입고 벙그는 북새바람
어둠이 그려놓은 눈동자 선연하고
골목길 긴 그림자를 풍등으로 날린다

밤의 뿌리 위에서 아래로 퍼질 동안
바짝 물어 치켜든 새벽의 뒤꿈치
형광색 조끼를 입은 청소부들 분주하다

술로 못 푼 시간을 나무에 걸어두고
가지런한 옷가지에 곱게 벗어둔 신발 두 개
지키는 모든 것들이 아침을 기다린다

(2023년 《나래시조》)

■ **차상영(車相英, 1950~)** 은 광주 출생, 호남대 대학원 졸업, 2018년 《시조시학》 신인상으로 등단했다. 한국시조시인협회, 열린시학, 오늘의시조시인회의, 광주전남시조시인협회, 담양문인협회 회원으로 참여하며, 시낭송가로도 활동하고 있다. 시조집 2022년 『시와 동백』(고요아침)을 펴냈다. 2024년 제3회 한국동시조문학상을 수상했고, 2024년 동시조집 『노랑나비 우체통』(고요아침)을 냈다. 그는 현실을 바라보는 인식에 어떤 활력을 불어넣는 그 부활의 시학을 전개하면서, 시인으로서 통과의례 그 진지한 탐색[105]을 거쳐 시로 변환시킨다.

「시와 동백」

---

105) 이지엽, 「에코이즘과 소통과 가락의 시학」 (차상영 시조집 『시와 동백』 고요아침, 2022) 해설, 93쪽 참조.

시를 쓴다는 건/두려움이 가득하여
감히 넘볼 수도/다가갈 수가 없었는데
어느새/내 곁에 왔다/겨울 눈 속 동백처럼

시는 동백 같은 것/추울수록 빛나는 햇살
또록한 눈빛으로/어둠 속 나를 위로하는
뚝, 땅에/떨어져 내려도/또다시 피는 꽃, 시詩

(2018년 《시조시학》)

「굵어진 손」

저고리 옷깃 여미던 곱다란 새색시 손
굵어진 마디마디 쉬고 싶은 하루의 끝에
손잔등/불룩한 핏줄/부채의 대오리다

도마질 뚝딱뚝딱 잔주름 늘어난 소리
새끼들 응석받이 다솜 같은 장단인가
어슬녘/녹슨 고단함/손끝에서 배어낸다

(시집 『시와 동백』 고요아침, 2022)

■ **이홍남**(李洪南, 1954~)은 전남 무안 출생, 2018년 《문학춘추》 시조 신인상으로 등단했다. 광주전남시조시인협회 회원으로 참여하고 있으며, 2022년 서울지하철 시민공모작 「어머니의 고무신」이 선정·게시되었다.

「당산나무」

당산나무 가지 끝에 골바람이 걸려 있다
갈개꾼 외통 훈수에 장기판이 엎어지고
시원한 막걸리 한잔 술술 잘도 넘어간다

풀이 죽은 매미 소리 여름이 가고 있다
평상 위에 나뒹구는 땀이 밴 까막 목침
어르신 헛기침 소리에 노을이 일어선다

(2018년 《문학춘추》)

「어머니의 고무신」

일로 장날 아침에 우리 엄마 신고 갈
고무신이 걸려 있다 검둥이 주둥이에
봄 햇살 사뿐히 앉은 말표 하얀 고무신

화들짝 내가 놀라 지팡이 높이 들자
꼬리 살살 흔들며 능청을 떨고 있다
울 엄마 일로장 가는 길 앞장서는 검둥이

(2022년 서울지하철 시민공모작)

■**송행숙**(宋幸淑, 1964~)은 전남 강진 출생, 2018년 《시조시학》 신인상으로 등단했다. 광주전남시조시인협회, 열린시학회, 강진문학회, 해남문학회 회원으로 참여하고 있다.

「초승달」

거미가 줄을 탄다/곡예사처럼 줄을 밟고
잔별로 수 놓은 밤/팽팽한 생명줄 위
달을 콱/움켜잡았는지/한쪽이 움푹 패었다

(2022년 《시조미학》 겨울호)

「코끼리」

사내는 오백 년쯤 뿌리내린 소나무였다

어렴풋한 전생 어디쯤 솔잎으로 돋은 사랑
이제는 주름진 몸으로/그 옛날을 추억하고

눈물이 꽃무늬로 가슴을 수놓은 날
강물에 빠진 달을 코로 당겨 마셨지
세월이 아버지 콧등에/흘러내렸다 주르륵

(2023년 《시조미학》 겨울호)

■**최미선**(崔美仙, 1967~)은 충북 제천 출생, 2018년 《시조시학》 신인상 당선, 호남시조지상백일장 장원, 2018년 한국문협전국시조공모전 대상으로 등단했다. 광주전남시조시인협회, 해남문인협회 회원으로 활동하고 있으며, 시조집 『이슬』을 발간하였다.

「이슬」

멈추지 못한/그날에 묵념하고
피울 수 없었던/꽃들의 밤을 애도하며
새벽의/가슴에 맺힌/눈물방울의 음표들

(2023년 《광주전남시조문학》 제22호)

「꽃의 비밀」

꽃망울/빨갛게 물드는 봄날에
유혹하는/바람의 숨결 터지는 꽃송이
아, 향기/메아리 되어/꽃잎으로 떨어진 죄

(2023년 《광주전남시조문학》 제22호)

■**백숙아**(1962~)는 전남 광양 출생. 2014년 순천대 대학원 문학박사학위를 받았고, 2019년 《좋은시조》 신인상으로 등단했다. 〈율격〉 동인으

로 활동하고 있다. 공저로 2019년 『한국명품가사 100선』(태학사), 2018년 『독서와 표현』(태학사), 2017년 『광양, 사람의 향기』(북셀프) 등이 있고, 논문 「16세기 남도 풍류와 송순 시조의 표현미학」이 있다. 현재 한국가사문학위원회 연구교수로 활동 중이며, 시집 2021년 『시간의 첫 선물』(고요아침)을 펴냈다. 그의 작품은 현실에서의 일탈과 공간의 한계에 대한 극복을 추구하면서도(「일탈」), 시적 여운이 주는 여백의 울림이 오래도록 남으며(「개천절」), 지난 기억들을 아픈 현실로 끌고 와서 잊어서는 안되는 역사(「기억」)를 시조로[106] 구현해 낸다.

「이순耳順」

해넘이를/향해/힘껏/활을 당겼다
과녁에/꽂힌 화살이/파르르 떠는 순간
틈새에/숨죽인 노을/다시 붉게/피어나고

(2021년 시집 『시간의 첫 선물』 고요아침)

「꽃샘추위」

검푸른/강물 아래 똬리 튼 살얼음
늦겨울 거센 눈발 강어귀를 후리는데
바람은/봄의 연초록 겨웃/곁눈질에 바쁘다

(2022년 《시조미학》 봄호)

■ **강대선(姜大善, 1971~)**은 전남 나주 출생, 전남대 인문대 졸업, 중등학교에 근무하고 있다. 2019년 동아일보 신춘문예 시조 당선, 광주일보 신춘문예 시 당선으로 등단했으며, 시조 등단 이전부터 시, 소설, 수필, 가

---

106) 한국시조시인협회, 『한국현대시조대사전』, 고요아침, 2022 851쪽 최한선의 글 재인용.

사 등 다양한 장르에서 굵직한 대상을 수상하는 등 문학적 보폭을 넓혀가고 있다. 광주전남시조시인협회, 오늘의시조시인회의, 광주전남작가회의 회원, 〈율격〉 동인으로 활동하고 있다. 시조집 2024년 『가시는 푸름을 기워』(상상인)가 있고 다수의 시집이 있다.

「마당 깊은 집」

바랭이 강아지풀 숨죽이는 저물녘에
장독대 틈 사이로 구렁이 지나간다
고요는 툇마루에서 먼지로 층을 쌓는다.

우체통은 주인 없는 고지서를 받아놓고
별들은 감나무 가지에 오종종 앉아 있다
처마는 구부러지고 기와 물결 끊어진다.

바람이 들락거리는 양주댁 방안으로
손주들 웃는 모습 흙벽에 즐비한데
흩어진 근황을 묻는 달빛만 수심 깊다.

(2019년 동아일보 신춘문예 당선작)

「어청도에서」

이 섬에서 보았지, 어머니 빨래판
방망이로 때려 대듯 바람의 거친 손
칼칼칼 땟물이 빠진/파도가 밀려왔지

그 섬에서 보았지, 아버지의 숫돌
일 나가기 하루 전 무딘 날 가시는 듯
철철철 녹물이 빠진/노을이 밀려왔지

(시조집 『가시는 푸름을 키워』, 2024)

■ **최문광(崔文廣, 1955~)**은 전남 진도 출생, 2019년 《시조시학》 신인상으로 등단했다. 한국시조시인협회, 광주전남시조시인협회, 열린시학회, 목포시조문학회, 목포문인협회 회원으로 활동하고 있다. 시조집 2023년 『꽃신 띄운 자리』(고요아침)를 펴냈다. 그의 시 세계는 주변에 있는 소재에서 아름다움이 앞서는 자연 그대로의 설명보다는 거기 몸담고 있는 인생이 어려움으로 살아가는 것이기에 그 시선을 느끼게 하는 시[107]가 많음을 볼 수 있다.

「꽃신 띄운 자리」

보고 싶다, 눈물 빠진/칠산 바다 만져본다
잿빛 속 붉은 노을 바라본 만큼 더 아프고
그리움 지우러 왔다가/지운 만큼 더 아프다

한쪽 잃은 낮달은 서녘 보고 슬퍼한다
가슴에 박힌 못 자국 잔물결처럼 수도 없다
꽃신을 띄운 자리에/눈물 훔친 그림자만

(시조집 『꽃신 띄운 자리』)

「절제節制의 미美」

붓끝이/시어 골라/정형시를 그려놨어
바늘잎 겨우내 뚫고 그 봄날 내다보는
축소의 넓이를 보내/관계가 더운/세한도歲寒圖

---

[107] 고정선, 「시조는 시인의 품성을 닮는다」 (최문광 시조집 『꽃신 띄운 자리』 고요아침, 2023) 해설, 127~128쪽 참조.

■ **전서현**(全瑞賢, 1960~)은 전남 강진 출생, 2019년《시조미학》신인상 시조,《발견》신인상 시로 등단했다. 광주전남시조시인협회원, 한국시조시인협회, 목포시문학회,〈시아문학〉동인으로 활동하고 있다.

「비안개」

퍼붓듯/쏟아진/소나기도 그쳤는데
오르지/못하고/산기슭 맴을 도나
새하얀/옷자락마다/솔기가 터져있다

터진/앞섶 사이로/바람이 지나가고
는개처럼/시야가/시나브로 흐려져도
보내지/못하는 마음/떠나지/못한 마음

(2020년《광주전남시조문학》제19집)

「사문진斯門津 나루터에서」

잠든 돌도 두드리면/노래를 하는 걸까
낙동강 굽이굽이/물소리 그 너머로
저물녘 강바람 타고/들려오는 목탁소리

안으로 깊이깊이/새겨놓은 음표 하나
바람이 탄주하는/오래된 노래들이
돌에서 맨발로 나와/나루를 건너간다

(2020년《광주전남시조문학》제19집)

■ **김수진**(金守珍, 1955~)은 전남 신안 출생, 2019년《시조시학》신인상 시조, 2022년《열린시학》신인상 시로 등단했다. 광주전남시조시인협회, 한국시조시인협회, 목포시조문학회 회원으로 참여하고 있다.

「요양원에서」

희뿌연 창밖에서 파닥이는 새 한 마리
잔가지에 앉으려다 헛발을 딛었을까
아득한 세상 너머로/곤두박질치고 있다

깃털처럼 우아하게 우듬지에 내려앉아
세상을 굽어보던 그 기억 간데없고
풀 죽은 날갯죽지를/홀로 덮고 드는 쪽잠

긴 밤이 지나가면 밤이 또 찾아오고
날개가 있어도 날아갈 수 없는 그곳
길 건너 수풀 속으로/새떼가 날아간다

(2019년《시조시학》가을호)

「외줄 거미」

절벽 끝에 밧줄 묶어 허공에 매달린다
거미줄로 제 몸 감아 구름을 닦는 아침
오늘도 고층 빌딩의 유리창이 반사된다

유리의 안과 밖은 생사의 경계인데
실족한 가족사진 후드득 떨어지는
사내의 호적초본은 허공에서 떼야 했다

녹슨 대문 틈 사이 끼어있는 독촉장
말랑해진 마음은 침묵의 젖줄 뽑아
공중에 걸어둔 불안을 팽팽하게 당긴다

끈적이는 슬픔으로 더듬는 허기진 삶

음 소거된 창에 비친 풍경들을 당겨보면
유리에 비친 햇살이 사내를 닦고 있다

(2023년《시조미학》가을호)

■ **오미순(吳美順, 1961~)**은 전남 담양 출생, 2019년《시조시학》신인상 당선, 2019년 해남문인협회 전국시조백일장 장원 등으로 등단했다. 일곡도서관 이루미 글쓰기 회원으로 참여하며, 시조집 2022년『꽃의 기도』(고요아침)를 냈다.

「12월」

납작한 발걸음에 꼭대기 나뭇잎이
불타다 떨어진다/고요한 한 순간
낮달의 하품 소리가/바람을 잡아당긴다

관절이 꺾이는 듯 앙상한 숲에는
새들도 떠나갔다/흩어진 울음들
은밀한 깊은 호흡에/쉼표 하나 덧붙인다

(2023년《광주전남시조문학》제22호)

「빈집」

잎 떨어진 당산나무 가지 끝 벌집 한 채
덩그러니 매달려 흔들리는 지난여름을
까마귀 저녁놀 등에 지고 달짝지근하게 쪼아댄다

바람이 흥건하게 쏟아지는 대나무 숲에
멈춰버린 외할머니 거친 숨 익어가는 소리
노숙한 구름이 마셨는지 빈 항아리만 고요하다

(2022년 시조집 『꽃의 기도』, 고요아침)

■ 김미진(金美眞, 1963~)은 전남 해남읍 고도리 출생. 경기대 한류문화대학원 수료, 2020년 《월간문학》 신인상 시조로 등단했다. 한국문인협회 강진지부, 오늘의시조시인회의, 〈율격〉〈모란촌〉 동인으로 활동하며 백련문학회 회장을 역임했다, 현재 《디카문학》 편집장을 맡고 있다. 2023년 '시조시학' 젊은시인상, 제12회 한국 꽃문학상, 제6회 송암문학상을 수상했고, 2023년 전라남도교육청 〈이음갤러리〉 초대전을 개최했다. 시집 2024년 『빵의 전개도』(고요아침)를 펴냈다. 그의 시 세계는 '내용과 구성이 새롭고, 파사드facade, 모로코, 페르소나, 코르타솔 등 다양한 소재가 등장하며, 이를 새로운 상상력과 버전으로 형상화한다. 즉 시조가 가지고 있는 형식에 최대한 양식적 실험을 하려고 노력한다. 밋밋하거나 평범한 것 보다는 살아있는 실체를 담아내려는 열정이 강하다'는[108] 평을 받고 있는 젊은 시인이다.

「호수를 닮다」

고요한 침묵 속에 세상을 지탱하듯
묵묵히 걸어 나온 시련의 가시밭길
맨발로 버텨온 날들 물빛을 닮아있다

갈망의 눈동자에 멋대로 뛰는 혈관
한 생을 끌어올려 물 위에 그려본다
잔잔한 호수를 닮은 사색의 긴 그림자

태양의 강렬함이 시간을 낚아채고

---

108) 이지엽, 「섬세한 유연성과 초월하는 시적 상상력」 (김미진 시집 『빵의 전개도』 고요아침, 2024) 해설, 101쪽 참조.

수면 위 낮게 깔린 한낮의 여유로움
한잔의 믹스커피에 낮달이 딸려온다

호수 속 새로운 길 찾아낸 기억의 단초
심장을 할퀴고 달아나는 물의 촉수
그것은 역사의 불꽃, 먼 미래의 자화상

(2023년《시조시학》가을호)

「빵의 전개도」

오븐에 빵을 넣고 네 입술을 생각한다
파이 한 입 베어 문 3.141592… 무한한 맛
점선과 실선 사이 먼, 밀밭에서 오고 있는

널 향해 달리느라 내 발은 숯덩이처럼
뜨겁다, 화덕피자처럼 바싹 구워진 들판
그을음 밑변이 되어 부풀 대로 부푸는

영화 속 연인들 한 모금의 키스처럼
꿈결일까, 자울자울 흘러드는 사과 향
달콤한 모서리 접어 아침 식탁을 완성한다

(2023년《시조시학》가을호)

■ **조윤제(趙閏濟, 1952~)**은 호는 벽송碧松, 전남 강진 출생, 2020년《시조시학》신인상 시조 당선, 이에 앞서 2017년《문예사조》신인상 시로 등단했다. 광주전남시조시인협회 회원으로 활동하며, 시조집 2021년『댓잎에 이는 바람소리』(사의재)가 있고, 시집 2015년『아름다운 강진만』, 2016년『모란이 지고 나면』, 2021년『없는 듯이 어느 틈새에』를 펴냈다. 그의 시에는 농사를 지으면서 틈틈이 쓴 시로 50년 넘게 고향을 지킨 현

학적인 그 먹물 냄새가 사라진 흙에 살아온 순수 감성 자체의 고백[109]이 소박하게 담겨 있다

「봄길」

봄 찾아 길 가다가/잔디에 앉아있는
노부부에게 봄이어디쯤 왔는가
물으니 강기슭 건너에 홍매화를 가리키네

(2023년《광주전남시조문학》제22호)

「쑥」

시기를 기다리고 기다리다 바라던
햇볕이 양지쪽 토담 밑을 파고드니
선잠 깬 잔설 밀치고 슬며시 내다보다

아슬아슬 아가씨 나물 칼 피하고
쑥국새 울음 따라 계절이 다가오면
그날이 나만의 세상 쑥대밭이 뭔 말인가

(시조집 『댓잎에 이는 바람소리』 사의재, 2021)

■ **김기평**(金基平, 1954~)은 전남 진도 군내 출생, 진도중학교를 나와 목포제일고, 목포과학대 토목조경학과를 졸업했다. 2020년《한강문학》신인상 시조 당선으로 등단했다. 광주전남시조시인협회, 한국문인협회 회원, 진도문인협회 부회장, 당산문학회 이사, 진도예총 이사를 맡고 있다. 시조집 2022년 『소를 수리하는 男子』, 시집 2022년 『하루의 먼지를 털며』를 펴냈다.

---

109) 손융근, 「聞, 竹風友聲 -서걱거리는 소리 듣고 있는가?」 (조윤제 시조집 『댓잎에 이는 바람소리』 사의재, 2021) 해설, 101쪽 참조.

「소를 수리하다」

긴 잠을 훌훌 털고/일어서는 텅 빈 들녘
뾰족뾰족 새 움이/기지개를 켜는 사이
통통통 농기계 수리/소우리된 공업사

(2022년《나래시조》가을호)

「숙명宿命 -볼트 너트의 삶」

돌리고 돌리다가/이상한 무도회에
그 자리 멈춘 채로/부둥켜 포옹하고
둘이서/하는 일이라/기계 속에/함께 산다

(2024년《월간문학》1월호)

■ 임순희(林順姬, 1950~)는 전남 고흥 출생, 2020년《시조시학》신인상 시조로 등단했고, 그 이전 1999년《시와사람》백일장 입선, 2000년《문학춘추》신인상 시가 당선되어 시와 시조를 함께 쓰고 있다. 〈명금문학〉동인, 우송문학회 회원으로 참여, 우송문학상을 수상했다. 시조집『눈이 닳아 꽃이 되다』(고요아침)가 있고, 시집 2013년『그대 아침』이 있다.

「가을 작품」

11월 바람 불고 비가 몹시 내리던 날
서울 예술의전당/야외 공연장에는
부러진 나뭇가지에 낙엽이 모여 든다

실내는 발도 못 딛고 귀동냥 눈요기로
가락과 춤 스며들어/어깨가 들썩일 때
금난새 지휘봉처럼 흔드는 바람 앞에

젖은 땅 잔가지에 의지한 단풍잎
정연히 엎드린 겸손/비바람이 멈췄다
멀리서 마지막 잎새 붉은 노래가 흘러온다

「못 박는 날」

상기둥에 못 박는/망치 소리 잊어라
뼈와 살에 닿아/구멍이 나도 벼르지 마
지금껏 지나온 날들/매끄럽게 잘 살았었지

(2024년《영호남시조》작품집)

■ **고미선(高美善, 1962~)** 은 전남 완도 출생, 2021년《시조시학》신인상 시조로 등단했다. 광주전남시조시인협회, 전남문인협회, 전남시인협회, 해남문인협회, 완도문인협회, 초록동요사랑회, 한국동요문화협회 회원으로 활동하고 있다. 이동주문학상, 전남문학상을 수상했다.

「노송」

송호리 바닷가에 모닥불이 타오르면
늙은 어부 그물망도 한잔 술에 취한 듯
붉으레, 붉으레 죽죽 지난 기억 낚는다

평상에 길게 누워 별들을 쳐다보는
아버지 눈동자를 만지는 젖은 달빛이
못다 한 사랑까지를 문진하는 여름밤

가슴을 간질이던 청솔모도 바람도
눈물을 베고 가던 새하얀 물꽃처럼
잠시간 스쳐 지나는 구름 같은 연緣인 걸

(2021년 《시조시학》 신인상 작품)

「COVID-19」

베테랑 바이러스가 일상을 기습했다
마스크 거리두기 난장굿을 벌이며
신천지 세우려는 듯 장송곡을 부른다

털퍼덕 나뒹굴던 담장 위 늙은 호박
불현 듯 파고드는 요양병원 약냄새
홀린 듯 흔들어대는 바람 따라 나선다

(2021년 《시조시학》 신인상 작품)

■ **노태연(盧太連, 1965~)** 은 서울 출생, 2021년 《시조시학》 신인상 시조로 등단했다. 광주전남시조시인협회, 목포문인협회, 열린시학회 회원으로 활동하고 있다.

「커피와 빨대」

베트남 혹은 브라질 어느 산지
태양 닮은 아낙들의 손끝에서 흘러왔을
뜨거운 아메리카노 코끝으로 만난다

혀끝에 착, 감기는 그 커피향 곁에는
오백년 동안 썩지 않고 납빛으로 살아남아
어느 날 부메랑 되어 날 공격할 빨대 있다

「구름의 이력」

저 멀리 날아가네/내 꿈 싣고 날아가네

가다가 서있다가/흩어졌다 하나 됐다가
일순간 꽃구름 되어/솜사탕 물고 있네

■ 박정희(朴釘熹, 1951~)은 전남 목포 출생. 2021년 《시조시학》 신인상으로 등단했다. 광주전남시조시인협회, 한국시조시인협회, 광주전남시조시인협회, 목포시조문학회 회원으로 참여하고 있다.

「중년 애愛」

침묵으로 솟아오르는/붉디붉은 연연戀戀
석양의 까보다로까/저 세상 끝 절벽에
아직도 머물러있는/하얀 잔영 질긴 연緣

(2023년 《광주전남시조문학》 제22호)

「역逆한 가을」

구름 몇 조각, 볕 한 움큼을/파란 하늘에 휘저어
허허한 주린 배에 들이키는/가을 한 모금
한여름 매얼음 세상/지쳐가는 계절 들

(2023년 《광주전남시조문학》 제22호)

■ 김상수(金相守, 1950~)은 전남 무안 출생. 2021년 《시아문학》 시조 당선으로 등단했다. 광주전남시조시인협회, 시아문학회 회원으로 활동하고 있다.

「목련꽃 지다」

신부의 수줍음 같은/하얀 너울을 쓰고
봄바람에 흩날리는/처연한 꽃잎이여

불현듯 가슴이 뛴다, /그대의 춤사위에

(2021년 《시아문학》 제9호)

「봄이 서럽다」

올해도 봄바람이/달려서 오고 있다
시린 파도를 타고/만덕산 능선을 넘어
동백숲 꽃그늘에서/서성이는 저 봄빛

꽃바람에 붉은 꽃잎/옷깃을 여미고
동박새 발자국이/잔설에 선명하다
재 너머 초당 가는 길/주춤주춤하는 봄

(2022년 《시아문학》 제10호)

■ **김현장**(金炫璋, 1963~)은 전남 강진 출생으로 전남대 수의학과 졸업, 현재 수의사로 일하며, 경기대 한류문화대학원 시조학과를 졸업했다. 2022년 중앙일보 신춘문예 시조 당선으로 등단했다. 목포문학상, 남도작가상, 청풍명월백일장 장원 등을 수상했으며, 〈모란촌〉 〈율격〉 동인, 현재 《디카문학》 발행인을 맡고 있다. 2023년 시조집 『느루』(고요아침)를 펴냈다. 다음은, 중앙일보 신춘문예 당선작 「마리오네트」, 그리고 중앙시조 백일장에 월말 장원을 한 작품으로 시집 표제작이 된 「느루」이다.

「마리오네트」

실 하나 당겨보면 등 돌리는 사람 있다
마스크로 가려봐도 휑한 눈빛 흔들리고
비대면 차가운 거리 회전문은 돌아간다

백동백 무릎 꿇고 저 홀로 피어나

꽁꽁 언 유리창 너머 하얗게 뜬 얼음 얼굴
툰드라 이끼 파먹는 순록처럼 불안하다

관절마다 매달린 끈 조여오는 겨울 아침
숨죽인 채 늪 속으로 도시는 빠져들고
사람이 사라진 길에 빈 줄만 흔들린다
　　　　　　　　(2022년 중앙일보 신춘문예 시조 당선작)

「느루」

노을빛 짙은 갈대숲 지나는 바람 무리
그대 종종걸음 서둘지 마세요
갯벌 속 계절의 향기가 숨어들고 있어요
꽃구름 슈크림처럼 넌출 거리며 오고 있네요
우리가 누군가를 사랑할 수 있다면
강바닥 느린 유속으로 가없이 흐르기로 해요
거꾸로 매달린 종유석이 자라나고
갓 베인 시간들은 논바닥에 쓰러져
늦가을 햇살 바람을 온몸으로 즐기네요
　　　　　　　　(2019년 중앙시조 백일장 11월 장원작)

■**강원산**(姜元山, 1967~)은 전남 신안 출생, 2022년 《시조미학》 신인상 시조 당선 등단, 광주전남시조시인협회, 한국시조시인협회, '춘하추동' 문학회, 목포문인협회, 목포시조문학회 회원으로 활동하고 있다.

「병아리 학교」

봄빛도 좋은 날에/넓디넓은 앞마당에
꼬꼬꼬 선생님이 부르는 봄빛 소리

처음 본 새 동무들이/반갑다고/인사해요

노오란 배움터에/봄 수업을 시작해요
엄마 선생 좇아가는 분주한 병아리 떼
종종종 반달음박질/봄빛들이/따라와요

애들아 어서 모여 호루라기 소리 따라
노란 부리 입 맞추고 엇둘엇둘 삐약삐약
얼굴을 말갛게 씻고/세상 구경 나갑니다

「팔베개」

팔베개 베고 잠든/귀염둥이 막냇동생
무슨 꿈 꾸며 잘까/옹알이를 하며 자네
살포시/번지는 미소가/볼우물에 담겨 있네

내가 벴던 팔베개도/저리 따듯하였을까
엄마 아빠 품 안에서/들었던 심장소리
내 동생/잠이 든 모습/내 어릴 적 꿈을 꿀까

■ 정경화(鄭耿和, 1963~)년 전남 담양 출생, 2022년 매일신문과 경상일보 신춘문예 시조 당선으로 등단했다. 광주전남시조시인협회, 열린시조학회, 〈율격〉 동인, 오늘의시조시조시인회의, 담양문인협회 회원으로 활동하고 있다.

「재활병원」

바장이던 시간들이 마침내 몸 부린다
한 평 남짓 시계방에 분해되는 작은 우주

숨 가삐 걸어온 길이/하나둘씩 드러난다

시작과 끝 어디인지 알 수 없는 하늘처럼
종종걸음 맞물리는 톱니바퀴 세월 따라
녹슬과 닳아진 관절/그 앙금을 닦는다

조이고 또 기름치면 녹슨 날도 빛이 날까
눈금 위 도돌이표 삐걱거리는 시간 위로
목 붉은 초침소리를 째깍째깍 토해낸다
　　　　　　　　　(2022년 매일신문 신춘문예 당선작)

「오래된 꽃밭」

이른 가을 강쇠바람 시린 상처 들쑤신다
움켜쥔 시간만큼 안으로만 말라 가다
까맣게 옹이가 되어 불길 적막 견디는 날

핏기 없는 손톱 끝에 긴 침묵 묻어나고
비 젖은 목소리로 귓바퀴가 울려올 때
선홍빛 흉터 하나가 겹무늬로 남는다

벼룻길 하나 없는 삶이 어디 있겠는가
끝물 동백 지는 해를 잡았다 놓은 바위 난간
아찔한 순간순간이 모두 다 꽃밭이다
　　　　　　　　　(2022년 경상일보 신춘문예 당선작)

■ 이문평(李文平, 1959~)은 본명이 이종창李鍾昌으로, 전남 나주 출생, 2022년 《월간문학》 신인상 시조 당선으로 등단했다. 한국문인협회, 광주문인협회, 광주시인협회, 광주전남시조시인협회, 아시아서석문학회 회원

으로 참여하고 있다.

「고스란히」

소라가 대단하다 바다는 극찬일세
굽이굽이 나선으로 소리의 길을 내어
태곳적/천둥소리를/원형으로 간직했네

백사장의 교향곡 합주회 들어보소
갈매기 파도 합창 배음으로 깔아놓고
소라 각殼/귀에 대보니/은은하다 뇌성이

(2022년《월간문학》9월호)

「시나브로」

춘몽이 갈마들던 무지갯빛 인생길
앞만 보고 달렸지만 하늘 명 준엄했다
새 짓는 맑은 여운에/순해지는 마른 귀

종심으로 치닫는 길 예전보다 가파른데
기력은 쇠잔해져 허망함이 앞서지만
설한풍 마른가지로/여백을 그려낸다

홍하紅霞의 굽은 등을 서산에 걸쳐놓고
뉘엿뉘엿 넘는 해를 고요가 안아 준다
소실점 향해 내딛는 길/거푸집도 내려놓고

(2023년《성파시조문학》6집 창간호)

■ 이금성(李錦成, 1952~)은 전북 진안 출생. 2023년《시조시학》신인

상으로 등단했다. 광주전남시조시인협회, 한국시조시인협회, 열린시학회 회원으로 활동하고 있다.

「시급 948원」*

새벽달 이고 나가/저녁달 안고 들어온다
새벽이슬 밟고 나가/달그림자 업고 온다
하루에 11시간 20분, /걷는 거리 13km

옆 동네 박씨 영감/뒷동네 오씨 할매
기웃기웃 허리 굽혀/종일 수집한 폐지
손에 쥔, 시급 948원/땀에 전 지폐 한 장

＊2022년 한국노인개발원에서 목걸이형 GPS 추적 장치 이용 폐지 줍는 노인의 노동 실태 파악(중앙일보, 2022년 10. 05)

(2023년《시조시학》여름호)

「달의 기슭을 걷다」

1. 경포대
구정봉 베틀굴 속 여인들의 눈물인가
천년을 굽이치는 그 폭포수 가락 골라
물레에 달빛을 걸어 무명베 짜고 있다

2. 백운동 원림
옥판봉 동박새가 물고 온 찻잎인가
한 잎 두 잎 떠가는 유상곡수 물길에서
또르르, 찻물 따르는 그 소리가 들린다

(2023년《시조시학》여름호)

■ 최정애(崔貞愛, 1969~)는 전남 무안 출생, 2023년《시조시학》신인

상 당선으로 등단했다. 광주전남시조시인협회, 강진문인협회 회원으로 활동하고 있다.

「홍어」

초췌한 썰물이면 선창엔 살 삭는 냄새
칼금 많은 도마는 아버지 가슴이었다
선득한 애간장까지 한꺼번에 썰리는 밤

알싸한 골목길에 곰삭은 생애 하나
폐선처럼 삐걱이며 흔들리던 아버지
사남매 키우던 등이 볏집에서 썩어간다

이녁은 개미진 맛 알랑가 모르겠네
얼큰한 애국 속에 눈물 콧물 다 삼키면
초저녁 뜨는 별마다/돋아난 기침 소리

(2023년《시조시학》)

「갯메꽃」

한 번도 어둠 속에서/꺼진 적 없는 향기
수천 년 파도에 깊어진 눈망울마다
모래알 구르는 소리, 물새 울음 키운다

울기 좋은 밤이야/색色을 자꾸 흘리는 해변
눈시울 붉히다 주름 잡힌 미간 위로
불면의 마음이 모여 밀물져 들어온다

눈물은 캄캄하게 뿌리로 뻗어가고
이 다음 생에도 연분홍빛 기다림일까

딸카닥 문 닫는 소리로/수평선이 잠긴다

(2023년《시조시학》)

■ 이소영(李炤怜, 1960~)은 서울 출생, 2023년《시조시학》신인상 당선으로 등단했다. 광주전남시조시인협회 회원으로 활동하고 있다.

「백암산을 넘어가다」

도량석 목탁소리 산정이 밝아 올 때
달빛이 남긴 발자국 염불 소리 따라가면
솔 향기 운무에 쌓여/떠돌다 따라가네

대웅전 풍경소리 해종일 칭얼대고
낭랑한 쇠 북소리 도량에 풀어놓아
백암산 병풍바위에/향랑 퍼는 꽃무리

서산을 넘어가는 약사암 바위 보살
긴긴 해 타올랐던 황금빛 노을 물에
해 질 녘 어둠을 적셔/종소리 지고 간다.

「삼매에 들다」

잔물결 적요하여 호수에 잠긴 달빛
솔바람 대숲에서 염불 삼매 들 때에
환희의 푸른 향기는/삼라만상 대우주다

적막의 시간으로 마음을 걸어 놓고
선정의 길을 묻는 들숨과 날숨 사이
갈대의 바람을 따라/번뇌 망상 여의고

누구나 홀로 가는 덧없음을 일깨워서
한 생각 걸림 없이 미련들은 버려두고
부처님 자비의 품속/깨달음의 수행이다

■ **김미진(金美辰, 1961~)** 광주 출생. 필명 김민하. 2023년 경상일보 신춘문예 시조 당선, 2023년 한라일보 신춘문예 시조 당선, 2023년 오륙도 신문 신춘문예 시조 당선. 문예연구 편집위원. 목포시조문학회 회원, 율격 동인.

「고드름 군단」

백색의 창검으로
굳어가던 눈발들이
결의의 눈빛으로 처마 밑에 모여섰다

차디찬 바다를 향해
겨누는 창끝들

추위와 한데 잠은 견딜 수 있습니다
분노로 얼어붙은
강산이 문젭니다

자, 함께
낙하합시다

부서져야
오는 봄

(2024년《시조시학》봄호 수록)

「선인장」

모래를 부어주면 눈물이 마를거야
네 뿌리는 얕으니 결심이 필요해
초록을 질겅 씹어먹는 충고가 날아들 때

자꾸만 흘러내렸죠, 뾰쪽한 신경질
변덕쟁이 사막은 등고선을 바꿔가며
구름 속 비를 후벼대 발진이 돋는 날

발톱 긴 땡볕에 희망은 할퀴고
곁 한 번 주지 못해 피 흘리는 사랑이라
어머닌,
어떤 방식으로 젊은 날을 꿈꿨나요

펼치지 못한 꿈같은 잎사귀는 삭였어요
슬픈 데를 만지다가 바람을 색칠하여
먼 숲속 노래로 피어날
음표 하나 던집니다

(2024년 《시조시학》 봄호 수록)

■ 김교은(金嬌銀, 1964~)은 전남 광양 출생, 2023년 《시조시학》 신인상, 2023년 제15회 전국가람시조백일장 장원으로 등단했다. 광주전남시조시인협회 회원으로 활동하고 있으며 2024년 시조집 『툭툭 터지는』(고요아침)을 펴냈다.

「어머니의 장마」

장마가 시작된 우중충한 날씨에
한 달째 호우는 쉼 없이 쏟아지고
포트홀 곰팡이 급습,

밖도 안도 불쾌한 나날

곳곳에 장맛비로 숲과 산이 무너진다
매일 밤 매미는 자지러지게 울어대고
가슴이 자디잔 빙렬로
갈라지듯 괴롭다

대변이 장마 닮아 계속 줄줄 새 나오는
팔순 노모 直腸癌에 마음이 스산하다
손에도 황톳물 묻어
악취에 안쓰럽다

중심 잃은 대장 끄트머리 농익은 뾰루지
노랗게 쏟아져 세상 밖 사라졌으면
어머니, 가만히 부른다.
달포만 와 햇살이다

(시조집 『툭툭 터지는』 고요아침, 2024)

「툭툭 터지는」

보고 싶다, 잡고 싶다
물안개 오르는 날

지리산 세석평전
철쭉꽃 타는 소리

마침내 햇볕 숨 멈추니
동백꽃도 툭툭 터진다

(시조집 『툭툭 터지는』 고요아침, 2024)

■ **손형섭(孫炯燮, 1944~)** 은 전남 화순 출생, 전남대에서 경제학박사,

목포대 교수, 동 대학원장을 역임했다. 2023년 9월호《월간문학》신인상에 시조 당선, 2017년《문학예술》봄호에 신인상 시 당선으로 등단했다. 한국문학예술가협회 광주전남지회장 역임, 광주문인협회 이사 역임 후, 현재 광주전남시조시인협회 회원으로 참여하며, 한국문인협회 이사, 광주시인협회 부회장을 맡고 있다. 시조집 2024년 『눈 내리는 저녁』(월간문학출판부), 이 외에 시집 2018년 『별빛』(문학예술사), 2019년 『파도』(문학예술사), 2021년 『만추』(문학예술사), 제4시집 2022년 『겨울 나그네』(문학예술사) 등을 펴냈으며, 수필집 『삶의 흔적』, 『추억』, 제3수필집 2024년 『아무려면 어떠랴』(서석)가 있다.

「겨울 나그네」

어릴 적 찬란하던 봄날의 푸른 꿈도
뙤약볕 그 여름과 잃음의 가을날들
덧없는/세월은 가고/추억만이 저문다

엄동설한 앞마당에도 축복의 눈은 내려
하염없이 덧쌓이는 근심의 허허벌판
하얗게/여든세 개의/발자국이 보인다

만남은 떠나는 것, 또 다른 시작이니
그대여, 작별이랑 서러워 마시게나
슬픈 것/눈 속에 묻고/나그네로 사는 거다
　　　　　　(시조집 『눈 내리는 저녁』 월간문학출판부, 2024)

「눈 내리는 저녁」

누군가 기다리다 창문을 열어 보니
낯익은 손님인 양 흰 눈이 내리시고

산 아래/개 짖는 소리/지구가 돌고 있다

어둠을 털어내며 밭둑을 걸어가니
설빙의 이불로도 발을 묻은 새싹들이
꽁꽁 언/겨울 가슴에/먼저 와서 앉았다

포근히 감싸주는 새파란 보리밭에
머리에 흰 꽃 덮고 외로움 털어내며
밤마다/초록 꿈속에/나를 던져 넣는다

(시조집『눈 내리는 저녁』, 월간문학출판부, 2024)

■ 김선일(金宣逸, 1959~)은 전남 강진 출생, 2023년《부산문학》신인상 시조 당선으로 등단했다. 광주전남시조시인협회 회원으로 활동하고 있다.

「꽃길」

우아한 청정 기품 의로운 뭉게구름
하해의 낙조 아래 새촘히 경이로워
바람길 훈풍이 되어 그대와 나 새롭다

산야에 어우러져 향기에 취하려니
숨소리 바람 소리 길 위에 둥둥 뜬다
색색이 청음에 겨워 마음눈이 향긋해

「봄」

별들의 은은한 빛 천지에 자장가요
실려 온 안개 노래 바람이 환호한다
오늘의 고단함마저 환희 부른 연둣빛

도도한 물결 따라 생동감 일으키고
지자智者의 눈빛 속엔 향기로 춤을 추고
인자仁者의 부드러움에 뭉게구름 잠든다.

■ **김현경**(金昡炅, 1966~)은 광주 출생, 2023년《시조시학》신인상 당선으로 등단했다. 이외《열린시학》시 신인상과《아동문학》신인상을 수상했으며, 광주전남시조시인협회, 광주문인협회, 광주전남아동문학인회, 동천문학 회원으로 참여하고 있다.

「통영」

비에 젖은 포구가 흔들리는 저녁 무렵
비스듬한 어선에 납작하게 엎드려서
파고를 만지작거리며 여린 사내 떠올리는

김 냄새 물큰하게 풍기던 덕장의 깃이
노을빛 쏟아지는 저문 바다 보듬고서
늦은 밤 기타 소리 하나 야금야금 먹어 간다

어장아비 간데없이 선술집 젊은 아낙
곰삭은 갈치젓을 던지듯 들이밀며
지워도 지워지지 않은 젖은 말을 쏟아놓고

소리 없이 사라진 시간 속을 뒤적이며
어둠의 가장자리에 눈썹 푸른 민얼굴을
해거름 수평선에다 수묵화로 그려낸다

(2023년《시조시학》여름호)

「푸른 탱자」

속울음이 멍들었나 낯빛이 파리하다
회색빛 담장 너머로 고개를 쑥 내밀던
탱글한 푸른빛 탱자가 가시 끝에 매달렸다

칠월 한낮 햇빛 아래 드러난 둥근 모습
고요했던 마음들이 상처처럼 아려오고
민낯의 가난한 영혼을 말없이 비워냈지

괄호처럼 가두었던 꽃송이가 피어나고
마음속 경계마다 분계점처럼 찔러대던
뾰족한 푸른 슬픔들 가시 되어 날카롭다

(2023년 《동천문학》 제17집)

■ **강성재(姜聲宰, 1961~)**는 전남 여수 출생, 광주대 경찰법행정학과 졸업 후, 광주대 대학원 문예창작과 박사과정을 수료했다. 2024년 서울신문 신춘문예 시조 당선, 2017년 지용신인문학상 시 당선으로 등단했다. 현재 광주전남시조시인협회 회원으로 시집 2020년 『그 어디에도 살지 않는다는 말』(문학의전당)을 펴냈다.

「어시장을 펼치다」

초승달 어둑새벽 선잠 깬 종소리에
경매사 손짓 따라 어시장이 춤을 추고
모닥불 지핀 계절은/동백꽃을 피운다

항구엔 수유하는 어선들의 배냇잠
활어판 퍼덕이는 무지갯빛 물보라
물메기 앉은자리 곁/삼식이도 웃는다

눈뜨는 붉은 해 동녘 하늘 헤엄치고
활강하는 갈매기 떼 생사의 먹이 다툼
금비늘 남해 바다엔/파도가 물결친다

자자자, 떨이를 외치는 어시장 안
손수레 바퀴가 풀고 가는 길을 따라
햇살도 날개 펼치며/오금 무릎 세운다
                    (2024년 서울신문 신춘문예 당선작)

「마스크」

문이었나 입 가리자 나오는 말이 없다
어떤 이 웃고 오고 어떤 이 울고 가면
손으로 그리운 얼굴 만져볼 수도 없다

유래 없는 팬데믹 울리는 경보 속에
더 이상 재고 없다 약국 문도 입을 닫고
요양원 들어간 엄마 눈물 강이 흐른다

물결치는 인파 속을 빠르게 걷는 걸음
2m 떨어진 간극은 만리로 멀어져 가
보고파 찍은 사진을 카톡으로 보낸다

경극인가 수시로 바꿔 쓰는 마스크
낯익은 얼굴조차 사라진 무대 위에
주연의 눈빛을 담아 새 날을 열어본다
              (2024년 『신춘문예 당선시집』, 문학마을, 2024)

■ 조우리(趙우리, 1983~)는 전남 여수 출생, 2024년 조선일보 신춘문예 시조 당선으로 등단했으며, 이외 2008년 전남일보 신춘문예 시로도

당선되었다. 광주문학아카데미 회원으로 활동하고 있다.

「스마일 점퍼」

눈꺼풀 위로 쌓인 생애의 나지막이
그림자 당기면서 저 혼자 저무는 때
대머리 독수리처럼 감독만이 너머였다

녹말가루 풀어지듯 온몸을 치울 때까지
일 년에 쓰는 시가 몇 편이 되겠는가
평생을 바치는 것은 무엇쯤이 되던가

제 높이 확인하고 저려오는 가슴처럼
꽃봉오리 깊은 곳에 진심이 울었겠지
끝없이 닿는 중인데 그 끝 간 데 넘는 사람

죽었던 문장마저 혀끝으로 몰고 가서
흥건히 마른 허공 핥아 보던 나무의 피
돌이켜 떨어지는 순간 칸타빌레 붉디붉다

＊스마일 점퍼 : 육상 높이뛰기 우상혁 선수

「살」

조금씩의 형편을 덜거나 부쳐보는
가만히 몰고 가는 패러디가 시작됐다
은연의 농을 치듯이 지름 받치 벼꾸의 살

네 입술 눈두덩이 버금갈 버릇으로
파도의 실핏줄을 거느리고 가는 버둥
한 촉의 난을 뽑듯이 만적의 난 발음 같다

지어서 부려놓은 가난한 뼈대 위에
말숭강이 굴레에서 꽃봉오리 물이 오를
살수의 세월 앞에서 때론 곤히 굳힌 어름

피가 돌지 않는 고가 뱃멀미하고 있는
볼살의 네댓쯤을 꽃살이라 부르지만
자성을 잃어버린 날 싸늘한 쓴맛 같은 격

소금처럼 녹아서 사랑은 짜지마는
나라말 모셔놓고 등을 기댄 등잔걸이
시간의 능금나무를 베어 무는 아홉 자식

□ 2000년대 동인지

우리 지역 시조단에서의 2000년대 동인지는 먼저 일시 간행을 하다가 멈춘 '광주시조시인협회'에서는 경철 주관으로 1990년 12월《광주시조》제1집이 나온 것으로 시작한다. 그러나 2009년 12월 제2집까지 내고 접게 되었다. 제1집의 필진으로는 경철, 허일, 김상훈, 김두원, 양동기, 이남수, 오기일, 염광옥, 박석순 등이었다. 제2집은, 제1집을 '광주시조시인협회'에서 냈던 것과는 달리 '광주문인협회 시조분과위원회'에 귀속시켜 발행했는바, 필진으로는 김두원, 김삼진, 김옥중, 김진우, 노창수, 박금희, 박석순, 서연정, 송선영, 여동구, 오재열, 이구학, 이보영, 이전안, 장경례, 전태봉, 전학춘, 정소파, 최지형 등이었다.

또 창간은 했지만 2010년 1월 제1집만 내고 멈춘 경철 주관의《전라도시조단》에는 정소파, 송선영, 경철, 깅중석, 김산중, 김삼진, 김승규, 김창현, 노창수, 리인성, 박금규, 박금희, 박부산, 박석순, 박재곤, 박지연, 서연정, 신길수, 안천순, 여동구, 염광옥, 염창권, 오석주, 오재열, 윤만용, 이구학, 이기반, 이명희, 이병휘, 이보영, 이송희, 이인우, 이전안, 이준섭, 임문자, 장경례, 전태봉, 전학춘, 정금렬, 정순량, 정춘자, 조선희, 조연탁, 조준환, 차경섭, 채규판, 최승범, 최정숙, 최지형 등 당시 시조시인이 거의 망라했다.

2023년 11월 시조 동인지 《시대시조》를 '아시아서석문학회' 주관으로 창간했다. 광주 《아시아서석문학》과 아시아서석문학회에서 시조쓰기를 공부하는 수강생들의 작품을 모아 간행한 무크지 형태의 문집이 《시대시조》이다. 이 모임을 이어가던 '도서출판 서석'은 2024년 6월 25일 시조전문지 《時脈》(주간 문주환)을 창간하였고, 그 축하모임 및 세미나를 2024년 7월 13일 해남유스호텔에서 가진 바 있다.

□ 맺는 말

강이 유장히 흐르는 것은 그 속에 많은 생명체가 있어 쉼없이 유동하기 때문이다. '시조문학사'라는 강도 시인들이 배태한 작품의 유동에 의해 흘러간다. 광주전남지역의 현대시조문학의 발전사를 살피는 문제는 작지만 큰일이다. 실체를 들여다보니 그냥 단순하지 않기 때문이다. 지금 기술하는 순간에도 시조문학이란 강은 생명적 궤적과 함께 흘러가고 있다.

어쨌든 광주 전남 시조문학사를 한번 꿰어보고자고 나섰다. 그러나 주요 시기별 특징, 시조단체의 발전사, 시조동인의 부침, 나아가 시인과 그 작품의 이력이 여러 시대에 겹치거나 혼재되어 있어 그 윤곽을 파악하기란 쉽지 않았다.

그럼에도 불구하고, 그 흐름을 박용철, 조운, 조남령, 조종현, 고정흠, 정소파 등으로부터 시작하여 10년 단위로 구분, 1920년대부터 시작해

2020년대까지 기술을 감행했다. 물론 이렇게 구분된 시대로 인해 시인의 작품 경향이 사뭇 달라지거나 크게 변화되는 것은 아니었다. 한 시인의 활동이 대저 30~50년으로 여러 세대에 걸쳐 있었기 때문이다. 그렇게 드러난 시대상을 10년 단위 가시적 구분에 따라 소장 자료를 찾아 기술하고, 필자가 접하거나 목격한 일들을 역필했으며, 전화인터뷰 또한 많이 했다. 아울러 그 시기에 활동한 시인들 면모를, 태생약력, 소속단체, 문학상수상, 에피소드, 작품경향, 그리고 작품 1~2편 게재 순으로 할애하여 소개했다. 시조장르는 물론 타 장르의 저술, 수상, 참여단체 등도 가급적 상세히 밝혔다. 이는 후일 문학을 공부하는 사람들에게 우리 지역의 시조시인들의 면모를 일러주자는 생각에서였으며, 대체로 한 시인이 여러 장르에 걸쳐 작품을 발표하고 있는 현실을 감안한 때문이었다. 물론 자료들에는 오류도 있을 것이다. 그것은 필자 검증력의 한계 때문이거나, 기존 자료의 불비한 점이 그 원인이겠다. 그런 점은 널리 양해를 구하며, 후속 집필자가 이를 수정해 올리라 믿는다.

현대문학의 접근 시기에 이미 광주전남에서는 품격 높은 시조문학을 창작했음이 박용철, 조운, 조남령, 조종현, 고정흠, 정소파, 송선영 등의 작품으로부터 일별해 볼 수 있었다. 우리 지역 현대시조를 한발짝 앞당긴 동인《영산강》과 그로부터 이어져온 민족시연구회의《민족시》와 후속된 전남시조시인협회의 연간집, 그리고 나중에 호남시조문학회로 개칭되어 발간한《시조문예》는 광주 전남 시조문학사에 큰 역할해 온바도 밝혔다. 또 조종현·이태극이 창간한《시조문학》에서 배출한 추천시인들이 당시는 물론 오늘날까지도 작품 활동을 주도한 일도 다루었다. 이 문예지는 1960년대 이래 2000년대까지 광주전남시조시인들의 태생과 성장의 요람지가 되었다.

전국 최초의 '전남학생시조협회'인 〈토풍시〉, 그리고 〈여고생 주머니

속의 시조시〉 그룹은 후학들이 기억해야 할 동인이란 일 또한 해당 시인들의 항에서 밝혀 놓았다.

우리 지역 동시조문학은 외부에 크게 자랑해도 될 업적들을 쌓았다. 동인지로서 〈동시조문학〉이 바탕이 되어 한국 최초 《한국동시조》를 창간해 근 40년간 지속한 일 또한 한국시조문학사에 획을 긋는 일이라 여긴다. 이에 터하여, '한국동시조' 보다 앞선 시기부터 이미 '동시조'를 창작해온 선각 또한 차제에 새로 인식해야 할 일이다.

이후 획기적인 일은, 광주 전남 시조문학사를 질적으로 성장시키는 동력을 얻게 한 것이 바로 《열린시조》였음을 기술했다. 이 문예지에 게재된 시조논문과 작품이 시조연구학계와 한국시조시인협회, 그리고 열린시조학회에 소개되거나 문제작으로 평가받은 일이 많았고 지금도 영향을 끼치고 있다. 현재 우리 지역에 중진으로 활동하는 시인들이 대부분 열린시조와 열린시학회에서 공부한 사람들로 각 신춘문예를 석권하며 등단한 제3세대 주자들이다.

이후 '오은시조문학회'가 주체가 된 《겨레시조》 또한 우리 지역의 시조문학에 큰 견인차 역할을 했음을 밝혔다. 그러나 문예지 수명이 짧아 신인을 많이 배출하지 못한 게 아쉬운 점이다. 아무튼 우리 지역의 시조문학사를 빛나게 한 업적들은 많았다. 이러한 실적은 해당시기 펼쳐진 각 시인의 약력과 수상, 작품 경향, 사안과 관련된 에피소드, 작품 소개를 바탕으로 용해하여 기술했음을 밝힌다.

앞으로 '광주 전남 시조문학사'는 큰 걸음으로 나아갈 전망이다. 그만큼 역동적으로 창작하는 젊은 시인들이 많아지고 있음에서이다. 매년 신춘문예 발표 때마다 우리 지역 예비문사들이 꼭 끼어있다.

그래, 차제에 제언 삼아 언급해 본다. 우리 지역 신문사에서도 타시도처럼 시조 장르의 신춘문예공모를 실시해 주시기를 바란다. 그것은 광주 전남지역에서 시조가 최초 '민족시'임을 천명한 게 60년 전 선배들의 그

《민족시》 동인지여서만은 아니다. 정철, 윤선도, 김인후, 박용철, 조운 등 우리 지역에서는 옛 선각들이 오랜 동안 시조의 향토를 가꿔왔다. 한국인으로서 한국인이 만든 신문에 한국의 전통시를 공모함이 너무도 당연한 일이지 않은가.

〈참고 문헌〉

강경호, 「사물의 인격화와 생명성 탐구」 (전학춘 시조집 『직선적 발자국』, 시와사람, 2015) 시조해설.
──, 「춘하추동, 또는 기승전결의 미학」 (권현영 시집 『생각의 모자를 쓴 영혼』, 시와사람, 2023) 작품론
광주문인협회시조분과위원회, 《광주시조》 제2집, 2009.12.15.
광주시조시인협회, 《광주시조》 제1집, 1990.12.5.
경 철, 「광주의 시조 연원과 맥락」, 광주문협 편, 『광주문학사』 한림, 1994.
──, 「동시조 창작과 동심주의 발현」 《한국시조문학》 제2호, 1981.
──, 「동시조에 관한 관견」 (경철, 『동심의 시조』, 대한불교연구원, 1996)
──, 「동시조의 현대적 수용」 《아동문학평론》 1976.6.30.
──, 「하늘과 땅과 사람 그 숨결」 (박석순 제5동시조집 『반딧불』, 한림, 1997) 발문.
──, 「동시조 가능성」 《동시조문학》 창간호, 1981.
──, 『동심의 시조』 대한불교연구원, 1996.
고경식·김제현, 『시조·가사론』, 예전사, 1988.
광주문인협회 편, 『광주문학사』, 한림, 1994.
광주전남시조시인협회, 《광주전남시조문학》 제1~22호 2003~2023.
국효문, 「기나긴 생의 관조와 여유로움」 (이남수 시조집 『꽃비 내리는 춘성정』, 현대문예, 2009) 작품해설.
김계룡, 『시조는 겨레시, 너도나도 쓰잔다 -어떻게 써야 하나』, 시조사랑민족정기선양회, 2006.
김남규, 「초월적 아름다움을 향하는 시, 당(신)을 닮아가는 시」 (선안영 시집 『저리 어여쁜 아홉 꼬리나 주시지』, 2021. 문학들) 작품해설.
김봉군, 「사회·역사적 상상력과 윤리의식」 (차경섭 시조집 『아리랑』, 엠아이지, 2010) 시조평설.
김선태, 『목포문학사와 전남시단사』, 태학사, 2019.
김신중, 「가사 및 시조문학 변천사」, 전남문학백년사업추진위원회 편, 『전남문학 변천사』, 1997.
김영재, 「비 오는 날 검정 우산 속에서 울던 시인」 (박종대 시조선집 『노모』, 책만드는집, 2020) 발문.
김 종, 「오재열의 고향과 어머니 해법」 (일송 오재열 시조전집 『사모곡』 서석, 2021) 시집 평설.

―――,「천석고황으로써의 조국애」(『김계룡 시조전집』, 현대문예, 2012) 평설.
김주석,「조남령 시조론」,《대학시조》제2호, 1991. 3. 31.
김 준,「어머니를 따르는 명정(明淨)의 추구」(최지형 시조집『동양의 뜨락』, 도서출판 다다, 1999) 해설.
김준태,「문학과 생명 중시의 길」(김만옥 유고시집,『오늘 죽지 않고 오늘 살아 있다』청사, 1985) 해설.
김진택 엮음,『무등불』〈여고생주머니속의 시조시·3〉, 보림출판사, 1990.
김해성,『한국시론』, 진명문화사, 1975.
―――, 시조선집『백제금관』, 만현사, 1976.
노창수,『사물을 보는 시조의 눈』, 고요아침, 2011.
―――,『논증의 가면과 정신의 허구』, 푸른사상사, 2023.
―――,『한국 현대시의 화자 연구』, 푸른사상사, 2007.
―――,「귀의(歸依)의 소재에서 유발된 현상적 정서」(이인우 시집『세월이 켜는 빛』, 한림, 2015) 작품해설.
―――,「대상의 대응과 풍자의 시학」(김숙자 시조집『황혼이 가장 아름답다』서석, 2007) 시조 해설.
―――,「무너뜨리기 또는 살짝 넘는 비약」(윤삼현 시조집『뻐꾹소리를 따라가다』, 시와사람, 2020) 해설.
―――,「사물 속의 즐거움 캐기 -차의섭 시 세계」,《시조문예》제25호, 1995. 11.
―――,「사물시조의 멋 그리고 단수의 맛」(김옥중 시조집『세숫대야 물속 풍경』, 미래문화사, 2004) 작품해설.
―――,「상처난 땅으로부터 읽는 부활의 생태, 그 지존을 다시 읽다 -송선영론」,《광주전남시조문학》제19집, 2020.
―――,「생태적 의식이 수렴된 의지의 시학」(강경화 시집『나무의 걸음』아꿈, 2022) 해설.
―――,「속살 부비는 언어와 삶의 의지」(이희란 시집『어깨 힘 좀 푸시게』, 한림, 1994), 시세계 해설.
―――,「순수와 지조의 이중율 -정소파 시조 세계」,《현대시조》1991년 가을호.
―――,「시문학파 시의 남도적 정한과 언어 그 의미적 교호성 -김영랑·박용철·김현구를 중심으로」,『제20회 영랑 문학제 학술 심포지엄』, 시문학파기념관, 2023. 4. 14.
―――,「압축과 상징 그리고 토속적 시학의 변주」(문주환 시조집『땅끝 귀거래사』, 한림, 2005) 해설.
―――,「자연 경영, 그 순수의 서정 따기」(김진혁 시조집『내 마음은 작은 두레』, 청

솔, 2006) 시조해설.
———, 「장성문인들의 문단 활동과 지역문학의 발전」(『장성문학대관』, 장성문인협회, 2014)
———, 「전통 지향의 정서적 보법」(김숙자 제2시조집 『죽도귀범』 서석, 2007) 해설.
———, 「풍자와 서정의 만남」(박태일 시조집 『푸른 나무가 길을 묻거든』, 드림, 2008.
당산문학회, 《堂山文學》 제5호~제14호, 2000~2009.
동국시조시인회, 《東國時調》 창간호, 1985.5.8. (발행인 이우종)
동시조문학편집실, 《동시조문학》 1981.가을 창간호, 1981.9.20.
두륜문학회, 《두륜문학》 동인작품집, 제26집 1979.
민족시연구회, 《민족시》 제2호~제4호, 1978~1981.
박석순 엮음, 《한국동시조》 창간호 1995.4.8. 한국동시조문학사.
박시교, 「서정을 바탕으로 한 튼실한 비틀기」(이구학 시조집 『가면의 나라』 고요아침, 2005) 작품해설
박철희, 「전통과 개인의 결합」(김제현 『우물 안 개구리』, 고요아침, 2010) 발문.
빛고을금당문학회, 《금당문학》 제3호, 도서출판 서석, 2008.11.5.
석가정, 『이 地上에 산다는 것』, 한림, 1991. 자서 '수박밭 원두막에서'
손융근, 「聞, 竹風友聲 -서걱거리는 소리 듣고 있는가?」(조윤제 시조집 『댓잎에 이는 바람소리』 사의재, 2021)
손현숙, 「묵음으로 처리되는 그 남자의 푼크툼」(김삼환 시집 『그대의 낯선 언어를 물고 오는 비둘기 떼』 시산맥, 2020) 해설.
시조문학사, 《시조문학》 제11, 21, 50, 51, 107, 116, 117, 119, 120, 121, 124호 (1977~1997).
시조예술동인회, 《영산강》 제4호 1976.
염광옥, 「'개도 뒷짐지다'에 부치는 글」(전태봉 시집 『개도 뒷짐지다』 서석, 2008) '전태봉 시인의 인간과 문학'.
오기일, 「만취 최일환선생의 인간 문학」(최일환 유고집 『靑松賦』 을지출판공사, 1992) 발문
오승희, 「동시조의 수용론」(경철, 『동심의 시조』, 대한불교연구원, 1996)
용진호, 『계산시조시선집(溪山時調詩選集)』 저자연보, 한림, 2001.
원탁시회, 《원탁문학》 제1호~제10호(1967~1969) 영인본, 시와사람, 2020.
유성호, 「'돌을무늬가 되는 사람'의 속 깊은 서정」(김종 육필시조시집 『물의 나라에서 보낸 하루』, 책만드는집, 2022) 해설.
———, 「근원적 삶을 탐색하는 은은한 은빛 서정」(송선영 시집, 『다시 서는 나무』,

고요아침, 2017) 해설.

──, 「삶의 역리와 시원을 노래하는 서정의 원형」 (유헌 시집 『노을치마』 책만드는집, 2019) 해설

──, 「오래도록 치열하게 다져온 그만의 정형미학」 (윤금초 시집 『큰기러기 필법』, 동학사, 2017) 작품해설.

윤석산, 「분노와 절망과 용서와 평화의 여정」 (이해완 시조선집 『내 잠시 머무는 지상』, 태학사, 2000) 작품해설.

이경철, 「동양 정통사상과 시학에 기초한 올곧고 지극한 서정」 (고정선 시집 『눈물이 꽃잎입니다』 책만드는집, 2019) 시세계 해설,

──, 「머리보단 생체험 발바닥에서 나와 공감대가 넓고 깊은 시」 (김영재 시집 『상처에게 말 걸기』 책만드는집, 2023) 해설.

이구조, 「아동시조의 제창」 동아일보, 1940. 5. 20

이국헌, 「그리운 벗에게 띄우는 편지」 (이국헌 문학선 Ⅱ, 홍익문화사, 2008) 「함평문림' 발간 연보」.

이동순, 『조남령문학전집』, 소명출판, 2018.

──, 『조운 문학전집』, 소명출판, 2018.

──, 『광주문학 100년』, 심미안, 2016.

이상범, 「긴 터널을 빠지는 역사의 눈」 (김삼환 시집 『적막을 줍는 새』 토방, 1996) 작품해설.

이승하, 「시와 시조 사이, 웃음과 눈물 사이」 (박성민 시집 『쌍봉 낙타의 꿈』 고요아침, 2011)

──, 「현실 사회의 아픔을 보듬는 시인의 따뜻한 눈길」 (이송희 시집 『아포리아 숲』, 책만드는집, 2011) 해설.

이우연, 「성숙한 사랑의 노래」 (이명희 제3시조집 『바람의 랩소디』, 한림, 2021) 해설.

이재창, 『아름다운 고뇌 - 현대시조의 위의와 새 천년의 가능성』, 시와사람, 1999.

이지엽, 「바람 세월, 사랑의 서정과 겸손의 미학」 (김정래 시집 『바람 세월』, 고요아침, 2012)

──, 「섬세한 유연성과 초월하는 시적 상상력」 (김미진 시집 『빵의 전개도』 고요아침, 2024.

이태범, 「조운 시(시조)의 로컬리티 연구」, 블로그 〈청개구리시험지〉, 2017.

임선묵, 『시조 동인지의 양상』, 단국대학교출판부, 1979.

장성문인협회 편, 『장성문학대관』, 한국문인협회 장성지부, 2014.

전남학생시조협회·송선영 편, 사화집 『다시, 화양연화』 이미지북, 2023. 4. 10.

정혜정 외, 『신춘문예 당선시집 1990~1999』, 태학사, 1999.
장성문학회, 《노령산》 창간호, 1990년 6월, 도서출판보림.
장흥문화원, 『장흥문학인 인명록』, 2020.
전남문학백년사업추진위원회 편, 『전남문학변천사』, 전남문인협회, 1997.
전라도시조단 편, 《전라도시조단》 창간호, 2010. 1. 10.
정수자, 「비망록의 시간과 성찰」 (정혜숙 시집 『앵남리의 삽화』, 고요아침, 2007) 해설
정지윤, 「임성규 시인의 세 번째 시집」 보도기사 〈미디어시IN〉 2024. 1. 4.
정청일, 「꽃씨를 뿌리는 마음처럼」 (정덕채 시조집 『꽃씨 뿌리는 마음』 서구출판공사. 1975) 작품 해설.
토풍시 사화집 편집부, 『다시, 화양연화 - '토풍시' 47년 만의 약속-전남학생시조협회 사화집』, 이미지북, 2023.
한국문인협회 해남지부, 《한듬문학》 제9집, 1994.
한국시사편, 『한국현대시인사전』, 한국시사, 2004.
한국시조문학연구소, 《한국시조문학》 동인연구지, 其一, 1980. 창간호
한국시조시인협회 편, 『한국현대시조대사전』, 고요아침, 2021.
한국지역문학인협회 편, 『광주·전남문학통사』, 2011.
한림 편, 『광주·전남 문학인 인명사전 -'문학춘추' 창간10주년 기념-』, 한림, 2003.
한춘섭, 「남명 조영은의 시조시 진단」, 《시조생활》 1998. 제3호.
———, 「정소파 시조시인론」 『정소파 전집』, 송정문화사, 1988.
한춘섭·박병순·리태극 공저, 『한국시조큰사전』, 을지출판사, 1985.
함평문인협회 편, 『함평문학사』, 한국문인협회 함평지부, 2022.
함평문림회, 《함평문림》 제2호~제12호 (1990~2000)
허형만 주해, 《시문학》 제1호, 제2호, 제3호(1930. 3. 5.~1931. 10. 10.), 문학사상사 간행.
현산문화재단 병설 한국동시조문학회, 《동시조문학》 제12호, 1988년 겨울
호남시조문학회, 《시조문예》 제9호~제44호, 1979~2014.
황치복, 「인생, 그 오묘하고 그윽한 아름다움」 (서연정 시조집 『인생』 고요아침, 2020) 해설.

광주 전남 시조문학사
PART + 03

광주전남시조시인협회 연혁

1. 광주전남시조시인협회 조직과 운영

정리 : **정경화**(본회 이사)

□ 제10대 광주전남시조시인협회 조직표

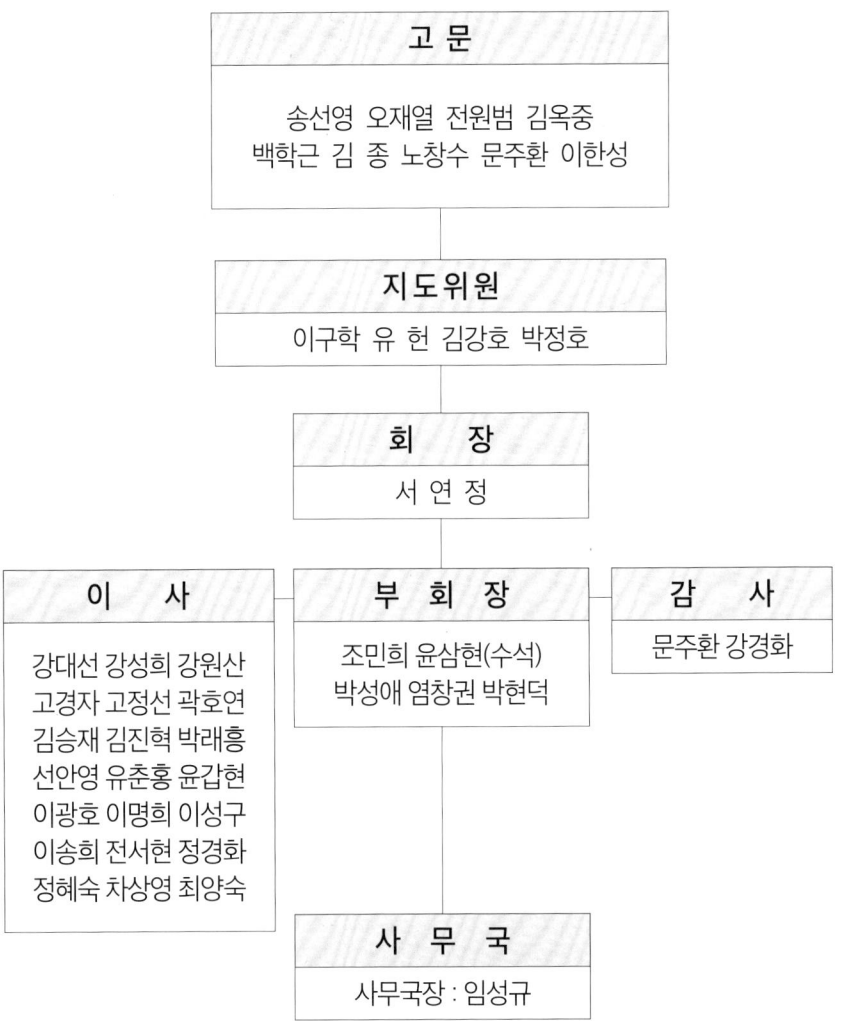

□ 역대 협회 임원 현황

순위 (재임기간)	취임일	임원 현황	기타
1 (2002~2004)	2002. 10. 19.	초대회장: 김계룡 부회장: 경철, 오재열, 이한성, 최지형, 김강호 이사: 이인우, 김신중, 조연탁, 박재곤, 임문자, 문주환, 박석순, 최종일, 천병국, 이재창, 박현덕, 이수윤, 최양숙 감사: 이구학, 서연정 사무국장: 김용철(요양차 사임) 사무간사: 이보영(사무국장 대행)	협회 임원 임기는 2년 단임으로 하며, 직접 선출을 원칙으로 하나 총회 시 전형위원 5명을 선출하여 회장 선출을 위임함.
2 (2005~2006)		회장: 이한성 부회장: 경철, 오재열, 최동일, 이구학, 김강호 감사: 문주환, 이보영 사무국장: 박현덕	
3 (2007~2008)	2009. 1. 12	회장: 노창수 부회장: 경철, 김강호, 문주환, 오재열, 이구학, 최지형 이사: 김옥중, 나관주, 박현덕, 여동구, 윤삼현, 이재창, 임문자, 장경례, 전원범, 전학춘, 조연탁, 진삼전 감사: 이보영, 정혜숙 사무국장: 서연정	

4 (2009~2010)	2009.	회장: 김강호 부회장: 경철, 문주환, 염창권, 최종일, 최지형, 이구학, 박현덕 이사: 김옥중, 김진혁, 류중영, 여동구, 이보영, 이재창, 임문자, 장경례, 전원범, 전학춘, 조연탁, 진삼전 감사: 서연정, 정혜숙 사무국장: 선안영
5 (2011~2012)	2011.	지도위원: 김종, 김옥중, 오재열, 전원범 회장: 조연탁 부회장: 이구학, 염창권, 문주환, 박현덕, 경철 이사: 김진혁, 강성남, 류중영, 박재곤, 여동구, 유춘홍, 윤삼현, 이송희, 이인우, 이재창, 정혜숙, 조재섭, 최지형, 김산중, 이성관, 정문규 감사: 선안영, 이수윤 사무국장: 이보영 사무차장: 안천순
6 (2013~2014)	2013.	지도위원: 김종, 김옥중, 노창수, 오재열, 전원범, 이구학, 최지형, 김강호 회장: 문주환 부회장: 염창권, 윤삼현, 서연정, 이보영 이사: 유춘홍, 여종수, 이승희, 이인우, 김신중, 강성남, 이성관, 백학근, 선안영 감사: 김진혁, 류중영
7 (2015~2016)	2015.	지도위원: 김종, 김옥중, 노창수, 오재열, 최지형 회장: 백학근 부회장: 염창권, 윤삼현, 박현덕 이사: 선안영, 이보영, 이송희, 이구학 감사: 김진혁, 류중영 사무국장: 임성규

8 (2017~2019)	2017.	지도위원: 김종, 김옥중, 노창수, 오재열, 최지형, 이구학 회장: 박정호 부회장: 염창권, 윤삼현, 박현덕 이사: 선안영, 이보영, 이송희, 임성규 감사: 김진혁, 류중영 사무국장: 강경화 사무차장: 최양숙	임원 임기를 2년에서 3년으로 연장 확정 (연임 가능)
9 (2020~2022)	2020.	고문: 송선영, 조연탁, 박양배 지도위원: 노창수, 김강화, 김옥중, 김종, 문주환, 박정호, 백학근, 오재열, 이구학, 이한성, 전원범, 최지형 회장: 유헌 부회장: 박성애, 박현덕, 염창권, 윤삼현, 이보영 이사: 강대선, 강성희, 고정자, 고정선, 노하숲, 김진혁, 박래홍, 서연정, 선안영, 유춘홍, 이광호, 이성구, 이송희, 이수윤, 정혜숙, 조민희, 최양숙 감사: 강경화, 임성규 사무국장: 곽호연 사무차장: 최미선	
10 (2023~2025)	2023.01.01.	고문: 김옥중, 김종, 노창수, 문주환, 백학근, 송선영, 오재열, 이구학, 이한성, 전원범 지도위원: 김강호, 박정호, 유헌 회장: 서연정 부회장: 박성애, 박현덕, 염창권, 윤삼현, 조민희 이사: 강대선, 강성희, 강원산, 고경자, 고정선, 곽호연, 김승재, 김진혁, 박래홍, 선안영, 유춘홍, 윤갑현, 이광호, 이명희, 이성구, 이송희, 전서현, 정경화, 정혜숙, 차상영, 최양숙 감사: 강경화, 문주환 사무국장: 임성규	

2. 협회 주요사업

□ 시조전문지 발간:《광주전남시조문학》

연도(호수)	연간집 제목	발행일(인쇄일)	편집	출판사
2002 (창간호)	광주전남시조	2003. 01. 20. (2002. 12. 20.)	서연정, 권현영	드림디자인
2003(2호)	광주전남시조	2003. 12. 23. (2003. 12. 20.)	서연정, 이수윤	드림디자인
2004(3호)	광주전남시조	2004. 12. 23. (2004. 12. 20.)	서연정, 이수윤, 이보영	드림디자인
2005(4호)	광주전남시조문학	2005. 12. 27. (2005. 12. 22.)	한림	한림
2006(5호)	광주전남시조문학	2006. 12. 27. (2006. 12. 22.)	데코디자인그룹	데코디자인그룹
2007(6호)	광주전남시조	2007. 12. 15. (2007. 12. 15.)	시와사람	시와사람
2008(7호)	광주전남시조	2008. 12. 18. (2008. 12. 13.)	시와사람	시와사람
2009(8호)	광주전남시조	2009. 12. 31. (2009. 12. 27.)	-	심미안
2010(9호)	광주전남시조	2010. 12. 94. (2010. 1. 01.)	-	심미안
2011(10호)	광주전남시조문학	2011. 12. 10. (2011. 12. 05.)	-	한림
2012(11호)	광주전남시조문학	2012. 12. 10. (2012. 12. 05.)	-	한림
2013(12호)	광주전남시조문학	2013. 12. 30. (2013. 12. 23.)	-	한림
2014(13호)	광주전남시조문학	2014. 12. 18. (2014. 12. 15.)	-	한림
2015(14호)	광주전남시조문학	2015. 12. 28. (2015. 12. 22.)	-	한림
2016(15호)	광주전남시조문학	2016. 12. 28. (2016. 12. 22.)	-	한림
2017(16호)	광주전남시조문학	2017. 12. 20. (2017. 12. 15.)	-	이미지북
2018(17호)	광주전남시조문학	2018. 12. 10. (2018. 12. 01.)	-	이미지북
2019(18호)	광주전남시조문학	2019. 10. 25. (2019. 10. 20.)	-	이미지북

2020(19호)	광주전남시조문학	2020. 11. 06. (2020. 11. 02.)	-	이미지북
2021(20호)	광주전남시조문학	2021. 10. 20. (2021. 10. 11.)	-	이미지북
2022(21호)	광주전남시조문학	2022. 10. 20. (2022. 10. 11.)	-	이미지북
2023(22호)	광주전남시조문학	2023. 12. 05. (2023. 11. 23.)	고경자, 이송희	다인숲 출판사
2024(23호)	광주전남시조문학	2024. 10. (2024. 10. 예정)	고경자, 이송희	다인숲 출판사

□ 포상: 공로상, 무등시조문학상 및 무등시조작품상

시상일	시상명	수상자	장소
2004. 02. 28.	제1회 광주전남시조 공로상	최지형	남도예술회관
2005. 10. 02.	제2회 무등시조문학상	노창수	남도예술회관
2006. 08. 26.	제3회 무등시조문학상	박현덕	장흥군
2007. 12. 27.	제4회 무등시조문학상	경철	화순초등학교도서실
2008. 12. 18.	제5회 무등시조문학상	서연정	광주운남고등학교시청각실
2010. 01. 23.	제6회 무등시조문학상	선안영, 이송희	첨단종합사회복지관
2010. 12. 04.	제7회 무등시조문학상	염창권	첨단종합사회복지관
2011. 12. 27.	제8회 무등시조문학상	이보영	첨단종합사회복지관
2012. 12. 06.	제9회 무등시조문학상	김옥중, 문주완	광주시청자미디어센터
2013. 12. 31.	제10회 무등시조문학상	윤삼현	광주시청자미디어센터
	제1회 무등시조작품상	강경화	
2014. 12. 20.	제11회 무등시조문학상	김진혁, 이구학	광주시청자미디어센터
	제2회 무등시조작품상	임성규	
2015. 12. 20.	제12회 무등시조문학상	유춘홍	춘추관
	제3회 무등시조작품상	최양숙	

날짜	상	수상자	장소
2017.02.	제13회 무등시조문학상	임성규	광주시청자미디어센터
	제4회 무등시조작품상	강진형	
2017.10.28.	제14회 무등시조문학상	나관주	남구장애인복지관
	제5회 무등시조작품상	유헌	
2018.10.13.	제15회 무등시조문학상	백학근	남도향토음식박물관
	제6회 무등시조작품상	이수윤	
2019.09.21.	제16회 무등시조문학상	강경화	남도향토음식박물관
2020.11.14.	제17회 무등시조문학상	정혜숙	남도향토음식박물관
2021.11.12	제18회 무등시조문학상	최양숙	남도향토음식박물관
2022.10.29(토).	제19회 무등시조문학상	조민희	강진 시문학파기념관
	제7회 무등시조작품상	박성애	
2023.12.09(토).	제20회 무등시조문학상	박정호	광주시청자미디어센터
	제8회 무등시조작품상	고정선	
2024.10.13(일) (예정)	제21회 무등시조문학상	유 헌	(미정)
	제9회 무등시조작품상	곽호연, 고경자	

□ **학생시조 공모전: 전국학생시조백일장과 전국빛고을학생시조문학제**

  협회 창립 초기에는 일반인을 포함하는 '전국시조백일장'을 운영하다가 학생들을 대상으로 하는 '전국학생시조백일장'으로 변경하였으며, 2023년부터 시대의 다변화를 받아들여 백일장의 형태를 '전국빛고을학생시조문학제'로 확장을 시도함.

연도	횟수	시상 내용	개최장소	기타
2003.10.09.	1		광주교육대학교 다목적회관 앞	
2004.10.03.	2		광주교육대학교 다목적회관 앞	
2005.10.02.	3		광주여고 교정 및 시청각실	
2006.10.01.	4		광주여고 교정	
2007.10.20.	5	총 42명(장원 4명, 차상 4명, 차하 10명, 참방 24명)	화순초등학교 도서실	
2008.10.19.	6	총 67명(학생 66명, 지도교사 1명)	광주운남고등학교 시청각실	전국학생시조 작품 공모'로 변경
2009.05.30.	7	총 60명(학생 57명, 지도교사 3명)	광주운남고등학교 시청각실	전국학생시조 공모전
2010.08.28.	8		첨단종합사회복지관	
2011.08.09.	9	총 32명(학생 30명, 지도교사 2명)	첨단종합사회복지관	
2012.08.11.	10	총 57명(학생 56명, 지도교사 1명)	광주고등학교 음악당	
2013.12.01.	11	총 29명(학생 27명, 지도교사 2명)	광주시청자미디어센터	
2014.12.01.	12	총 30명(학생 28명, 지도교사 2명)	광주시청자미디어센터	

2016. 10. 22.	13	총 57명(학생 53명, 지도교사 4명)	광주시청자미디어센터	
2017. 11. 04.	14	총 55명(학생 53명, 지도교사 2명)	남구 장애인복지관 2층	
2018. 11. 03.	15		남도향토음식박물관 세미나실	
2019. 10. 05.	16		남도향토음식박물관 세미나실	
2020. 11. 14.	17 18	총 32명	상장 및 부상, 자료집 발송	코로나팬데믹 공개행사 불가
2021. 11.	19	총 32명	상장 및 부상, 자료집 발송	코로나팬데믹 공개행사 불가
2022. 10.	20	총 44명	상장 및 부상, 자료집 발송	코로나팬데믹 공개행사 불가
2023. 10. 21.	21	총 40명 (광주광역시 교육감상 3명, 전라남도 교육감상 3명, 최우수상 3명, 우수상 6명, 장려상 25명)	광주시청자미디어센터	전국빛고을학생 시조문학제
2024. 9. 28. (예정)	22	총 37명 (광주광역시교육감상 3명, 전라남도교육감상 3명, 최우수상 3명, 우수상 3명, 장려상 25명)	광주시청자미디어센터	전국빛고을학생 시조문학제(디카 시조 공모 포함)

□ 시조인구 저변 확대: 시화전, 시조낭송회, 시조창작강좌, 문학행사 참관

＊시화전 및 시조 낭송회 개최

연도	행사 내용	장소
2003. 05. 14	시화전 및 시조 낭송회	(광주)
2003. 05. 21	시화전 및 시조 낭송회	(목포)
2004. 10. 04.	고시조 암송대회	첨단종합사회복지관
2010. 10. 28.	복지관을 찾아가는 시화전 및 시 낭송	첨단종합사회복지관
2011. 05. 25~29	복지관을 찾아가는 시화전 및 시조 낭송	첨단종합사회복지관
2012. 08. 20~27	복지관을 찾아가는 시화전 및 시조 낭송	노대동 노인복지건강타운
2013. 06. 20~30	5월의 함성 그날의 노래 시화전 및 시 낭송회	광주 지하철 상무역 광장
2018. 11. 03	현대인을 위한 시 낭송회	남도향토음식박물관

＊시조 문학 강좌 및 세미나 개최

연도	행사 내용	장소	강사
2003. 05. 21.	시조쓰기 애국운동 강연회	광주교육대학교 다목적회관	김종(서구문화원장), 전원범(광주교육대 교수)
2004. 10. 04.	시조쓰기 강습회 개최	광주교육대학교 다목적회관	노창수(광주여고 교장)
2004. 10. 04.	시조 문학 강좌 및 세미나	광주교육대학교 다목적회관	김종, 노창수, 염창권
2005. 08. 02.	시조 문학 강좌 및 여름 세미나	해남군 장애인복지관/ 진도문화원	
2005. 10. 02.	시조문학 강좌	광주시청자미디어센터	

날짜	강좌명	장소	강사/주제
2006.08.26.	시조 문학 강좌 및 여름 세미나	장흥군	
2007.08.11.	시조 문학 강좌 및 여름 세미나	화순초등학교 도서실	경철:방랑시인 김삿갓 한시의 풍자성 이재창: 문명 위기와 생태 시조
2008.10.19.	시조 문학 강좌	광주운남초등학교 시청각실	전원범: 시조의 시적 형상화 과제
2011.12.27.	시조창작 강의	첨단종합사회복지관	노창수: 현대시조 쓰기, 어떻게 할 것인가
2012.08.11.	시조창작 강의	광주고등학교 음악당	오재열
2012.10.13.	시조창작 강의	전남 장성교육지원청	김종: 청소년 시조 짓기의 실제
2013.12.01.	시조창작 강의	광주시청자미디어센터	김종:청소년 시조 짓기
2014.12.01.	시조문학 강좌	광주시청자미디어센터	노창수: 시조쓰기
2016.10.22.	시조문학 강좌	광주시청자미디어센터	김강호, 이보영:시조란 무엇인가
2017.11.04.	시조문학 강좌	남구 장애인복지관 2층	문제완: 현대시조의 매력에 빠져보자
2018.11.03.	시조문학 강좌	남도향토음식박물관	김강호: 대한민국 전통 시인 시조의 옷을 입자
2019.10.05.	시조문학 강좌	남도향토음식박물관	임성규: 실감나는 동시조(동시) 쓰기
2020.	지상시조문학 강좌	코로나팬데믹	김경애: 실감나는 동시조 쓰기
2021.	지상시조문학 강좌	코로나팬데믹	최성아
2022.	지상지상문학 강좌	코로나팬데믹	서관호: 동시조는 시조의 미래
2023.10.21.	시조문학 강좌	광주시청자미디어센터	김수엽: 시는 은유이고, 은유는 사랑이다

＊문학 행사 참관

연도	행사 내용	장소	기타
2017. 10. 28.	해남문학기행 및 이동주문학제	해남문화예술회관, 녹우당	
2018. 10. 13.	제8회 심호 이동주문학제 및 백일장 시상식	해남문화예술회관	
2019. 08. 10.	나래시조 여름시인학교	경북 문경 유스호스텔	
2019. 08. 31.	제1회 백수문화제	경북 김천	
2019. 09. 21.	제9회 심호 이동주문학제	해남 땅끝순례문학관	
2020. 10. 23.	제20회 고산문학대상 시상식 및 고산문학축전	해남 녹우당 백련재	수상자:이송희시인 (대상)
2021. 10. 08.	제21회 고산문학대상 시상식 및 고산문학축전	해남문화예술회관	
2022. 10. 14.	제22회 고산문학대상 시상식 및 고산문학축전	해남 녹우당 백련재	수상자:선안영시인 (대상)
2022. 11. 12.	제12회 심호 이동주문학상 시상식 및 학술세미나	해남문화예술회관	수상자:곽호연시인 (작품상)
2023. 11. 04.	제43회 가람시조문학상 시상식 및 학술세미나	익산 가람문학관	수상자:서연정시인
2024. 02. 17.	오늘의시조문학상 시상식 및 오늘의시조시인회의 정기총회	서울 조계사 전통문화예술회관	수상자:임성규시인

사진으로 보는 협회 발자취

자료조사 : **임성규**(본회 사무국장)

광주전남시조시인협회 연간지 창간호(2002)~23호(2024)

■ 광주 전남 시조문학사 발간위원회

1차 회의(2024. 4. 11.)

2차 회의(2024. 5. 30.)

4차 회의(2024. 8. 22.)

■ 광주전남시조시인협회 연간지 《광주전남시조문학》 표지

2002년 창간호

2003년 제2호

2004년 제3호

2005년 제4호

2006년 제5호

2007년 제6호

2008년 제7호

2009년 제8호

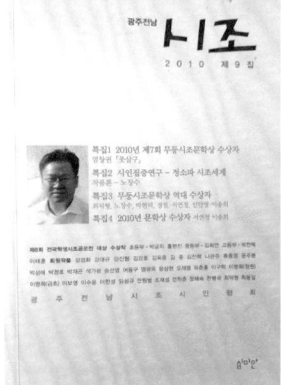
2010년 제9호

사진으로 보는 협회 발자취_ 임성규 | 411

2011년 제10호

2012년 제11호

2013년 제12호

2014년 제13호

2015년 제14호

2016년 제15호

2017년 제16호

2018년 제17호

2019년 제18호

2020년 제19호   2021년 제20호   2022년 제21호

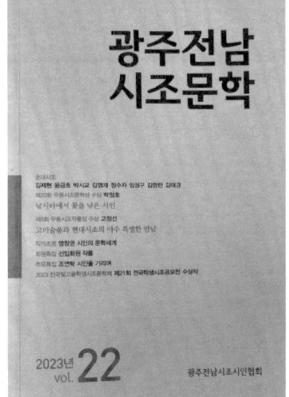

2023년 제22호   2024년 제23호

■ 광주전남시조시인협회 참석 행사 자료집 표지

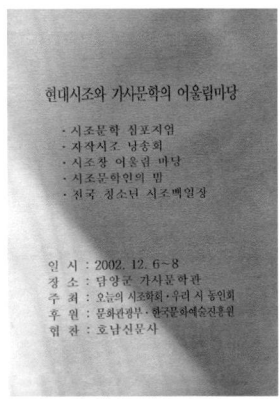  

현대시조와 가사문학의 어울림마당(2002. 12. 6~8)   시조시협 시화전시 작품집 (2003. 6. 20~30)   현대시조의 정체성과 비전 (2009.6.27~28)

사진으로 보는 협회 발자취_임성규 | 413

■ 전국학생시조공모백일장 수상작품 및 시상식

(2014. 11. 1)

(2016. 10. 22)

(2017. 11.41)

(2018. 11. 3)

(2019. 10. 5)

(2020.) 제18회

(2022.) 제20회

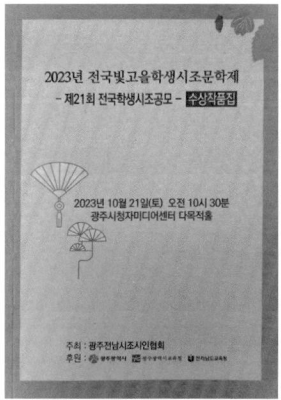
(2023. 10. 21) 제21회

■ 광주와 전남의 시조역사 자료 (노창수 시인 제공)

1985년 동국대신문사 주최 전국학생시조백일장발표 광주전남고등학생 6명 전원 장원 최우수 등 입상 수록 (1985.5.8.)

전라도 시조단 창간호
(2010. 1. 10.)

여고생주머니 속의 시조시 3집
지도교사 김진택 시조시인,
보림출판사(1990)

광주시조시인협회
광주시조 창간호(1990.12.15.)

한국시조시인협회전남지부
시조문예 제9집(1979.9.1.)

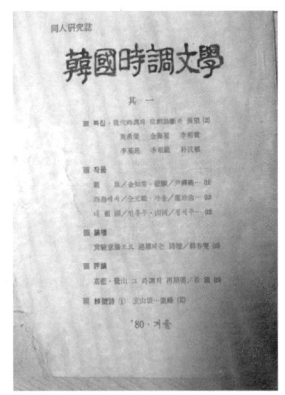

한국시조문학 창간호
1980. 겨울호

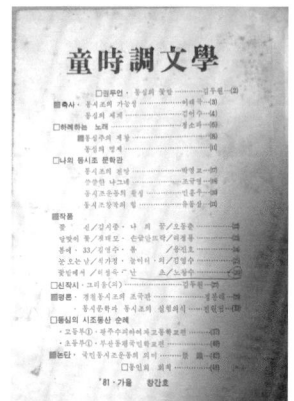
동시조문학 창간호(1981년 가을)

1978년 사화집 민족시, 민족시연구회 제2호

1981년 사화집 민족시집, 민족시연구회

노산 시집 『기원』 (광주에서 발간)
(1982. 9. 15.)

■ 용진호 시인 타계 한 달 전 인터뷰
2001년 8월. 송지면 산정리 계산 자택(윤삼현 시인 제공)

■ 토풍시 제7집 출판기념회
(2023. 4. 15.)
(서연정 시인 제공)

광주전남시조문학 화보로 본 협회 역사

■ 2002년 광주전남시조시인협회 역사 자료

2002.10.19. 본회 창립총회에서 김계룡 신임회장이 인사말을 하고 있음

2002.10.19. 본회 사무실 기념의 현판식에서 테이프를 끊는 회원들의 모습

■ 2003년 광주전남시조시인협회 역사 자료

2003.1.10. 본회 사무실 개설의 현판식 모습

공로상 수상자 최지형 시인

■ 2003년 광주전남시조시인협회 역사 자료

2003년 광주전남시조시인협회 김계룡 초대회장(팔십 중반, 서연정 시인 제공)

김계룡 회장 인사

■ 2004년 광주전남시조시인협회 역사 자료

2004.10.3. 제2회 전국시조신인(학생, 성인) 백일장

시조부흥과 민족정신 갱생운동 문학강좌
(문병란 교수)

문학강좌 청강 모습

■ 2005년 광주전남시조시인협회 역사 자료

광복 60년 맞이 1천명 한국문학인대회 백담사 만해마을에서

시조백일장 수상자 시상식

시조문학강좌를 하는 최동일 님

■ 2006년 광주전남시조시인협회 역사 자료

제4회 전국시조백일장 인사말(이한성 회장)

시조문학 강좌 및 여름세미나 주제발표(김종 교수)

정남진에서 회원 단체 기념촬영

■ 2007년 광주전남시조시인협회 역사 자료

제5회 전국시조백일장 수상자와 회원들(화순군민회관)

시조문학 강좌 및 여름세미나

제5회 전국학생시조백일장(노창수 심사위원장 시제 발표)

■ 2008년 광주전남시조시인협회 역사 자료

제4회 무등시조문학상 시상식(노창수 회장과 수상자 경철 시인)

제6회 전국학생시조공모대회 대상 시상 (오재열 부회장)

제6집 연간집 출판기념회

■ 2009년 광주전남시조시인협회 역사 자료

제5회 무등시조문학상 시상식(수상자 서연정 시인)

정기총회(2008.12.18.)

■ 2010년 광주전남시조시인협회 역사 자료

복지관을 찾아가는 시화전 및 시조낭송

■ 2011년 광주전남시조시인협회 역사 자료

제2회 시화전 및 시낭송 인사말(조연탁 회장)

제2회 시화전 및 시낭송 참가자들

제2회 시화전 및 시낭송회를 마치고

■ 2012년 광주전남시조시인협회 역사 자료

광주전남시조문학 출판기념회

조연탁 회장 인사말

김종 박사 시조 강의

시조문학 강의 및 시조백일장을 마치고

■ 2013년 광주전남시조시인협회 역사 자료

왼쪽 문주환 6대 회장,
오른쪽 5대 조연탁 회장

제9회 시조문학상 및 제11회 출판기념회

'오월의 노래 그날의 함성' 시화전 및 시낭송회

■ 2014년 광주전남시조시인협회 역사 자료

제10회 시조문학상 및 제12회 출판기념회

문학강연 (노창수)　　　시낭송　　　　시낭송

전국학생시조시조공모백일장 시상식

■ 2015년 광주전남시조시인협회 역사 자료

'오월의 노래 그날의 함성' 시화전 및 시낭송회

제13회 전국학생시조시조공모백일장 시상식을 마치고

■ 2016년 광주전남시조시인협회 역사 자료

제14회 전국학생시조시조공모백일장 시상식

제6회 이동주문학제 및 제9회 전국시조백일장 시상식

■ 2017년 광주전남시조시인협회 역사 자료

제15회 전국빛고을학생시조공모백일장 시상식

전국빛고을학생시조공모백일장 심사위원

제17회 고산문학대상 신인상 수상자 유헌시인과 회원들

■ 2018년 광주전남시조시인협회 역사 자료

제15회 순천문학상을 수상한 김영재 시인의 시상식에서 함께한 회원들

2018년 전국빛고을학생시조공모백일장 수상자들과 함께

제30회 한국시조시인 협회상을 수상하는
서연정 시인

제6회 중앙학생시조백일장에서
지도교사상을 수상한 이보영 시인

■ 2019년 광주전남시조시인협회 역사 자료

학생시조공모백일장 시상식을 마치고 함께한 회원들

2019년 전국빛고을학생시조공모백일장 수상자들과 함께

제18집 광주전남시조문학 출판기념회

■ 2020년 광주전남시조시인협회 역사 자료

2020 학생시조백일장
심사를 마치고

제20회 고산문학대상
수상자 이송희 시인

제6회 한국가사문학대상
대상 김진혁, 우수상 강대선 시인

2020년 정기총회 및 무등시조문학상 시상식

■ 2021년 광주전남시조시인협회 역사 자료

시에그린 한국시화박물관 (진도군 임회면 죽림길 97)

해남땅끝순례문학관 시조문학교실

제5회 노산시조문학상 수상자 염창권 시인과 시상식에 참가한 회원들

■ 2022년 광주전남시조시인협회 역사 자료

제19집 광주전남시조문학 출판기념회

2022년 해남 고산문학상 시상식날(수상자 선안영)

2022년 정기총회 및 무등시조문학상 시상식에 함께한 회원들

■ 2023년 광주전남시조시인협회 역사 자료

2023년 전국빛고을학생시조문학제 수상자들과 협회 회원들(2023.10.21.)

2023년 가람시조문학상 시상식에 함께 한 회원들(수상자 서연정)

2023년 정기총회를 마치고(2023.12.9.)

■ 2024년 광주전남시조시인협회 역사 자료

임원 회의를 마치고(2024. 4. 12.)

무등시조문학상 및 무등시조작품상 심사(2024. 7. 27.)

2024년 전국빛고을학생시조문학제 운영위원회 회의를 마치고(2024.8.8.)

■ 집필진 약력

김종 金 鍾 1948년 전남 나주 출생. 1971년 《월간문학》 등단. 1876년 중앙일보 신춘문예 시 당선, 민족시가대상, 광주시민대상(문화예술부문), 영랑문학대상 외 수상, 시조집 『배중손 생각』 외. 시집 『장미원』 외, 가사시집 『간절한 대륙』 외.

노창수 魯昌洙 1948년 전남 함평 출생. 1990년 《시조문학》 등단. 한국문협작가상, 이산문학상 수상. 시조집 『슬픈 시를 읽는 밤』 『조반권법(朝飯拳法)』 외. 시조선집 『탄피와 탱자』 외. 시조평론집 『논증의 가면과 정신의 허구』 『사물을 보는 시조의 눈』 외.

박현덕 朴玹德 1967년 전남 완도 출생. 1987년 《시조문학》 천료. 1988년 《월간문학》 신인상 시조 당선 등단. 1993년 경인일보 신춘문에 시 당선. 중앙시조대상, 백수문학상, 오늘의시조문학상 등 수상. 시조집 『겨울 삽화』 『스쿠터 언니』 『와온에 와 너를 만난다』 외.

백학근 白學根 1947년 전남 장흥 출생. 2021년 《문학춘추》 등단. 전남예술인상, 무등시조문학상, 전남문학상 수상. 시조집 『너도 섬 하나』 『두루뭉수리』 『가을 그리고 겨울』.

서연정 徐演禎 1959년 광주 출생. 1997년 중앙일보 지상시조백일장 연말장원. 1998년 서울신문 신춘문에 시조 당선. 가람시조문학상, 광주시 문화예술상(정소파문학상), 한국시조시인협회상 본상 외 수상. 시조집 『먼 길』 『인생』 『투명하게 서글퍼』 『부활의 방식』 외.

오종문 吳鍾文 1960년 광주 출생. 1986년 시화집 『지금 그리고 여기』를 통해 작품 활동 시작. 중앙시조대상. 가람시조문학상. 한국시조대상 등 수상. 시조집 『오월은 섹스를 한다』 『지상의 한 집에 들다』 『아버지의 자전거』 외.

유춘홍 劉春弘 1958년 전남 해남 출생. 1990년 《시조문학》 등단. 광주전남시조시인협회, 해남문인협회 활동. 남촌문학상, 무등시조문학상 수상.

유헌 劉憲 1957년 전남 장흥 출생. 2011년 국제신문 신춘문예 당선, 《월간문학》 등단. 시조집 『온금동의 달』 『노을치마』 『받침 없는 편지』 수필집 『문득 새떼가 되어』.

윤삼현 尹三鉉 1953년 전남 해남 출생. 1982년 광주일보 신춘문에 동화 당선, 1983년 동아일보 신춘문에 동시 당선, 1988년 《시조문학》 등단. 송순문학상, 무등시조문학상 수상. 시조집 『뻐꾹소리를 따라가다』.

임성규 任晠圭 1968년 전남 해남 출생. 1999년 금호문화 시조상. 광주전남시조시인협회 활동. 오늘의시조문학상 수상. 시조집 『배접』 『나무를 쓰다』 『바늘이 쏟아진다』.

전원범 全元範 1944년 전북 고창 출생. 1978년 《시조문학》 시조 천료, 1981년 한국일보 신춘문에 시조 당선. 광주문학상, 한국시조작품상, 박용철문학상 수상 외. 시조집 『걸어가는 나무』 『맨몸으로 서는 나무』 『허공의 길을 걸어서 그대에게 간다』 『전원범문학전집』.

정경화 鄭耿和 1963년 전남 담양 출생. 2022년 매일신문, 경상일보 신춘문예 시조 당선.

□ 『광주 전남 시조문학사』 발간위원회

○ 발간위원: 송선영, 오재열, 전원범, 백학근, 김종, 노창수, 문주환, 이한성, 윤삼현, 유춘홍, 유헌, 서연정, 김강호, 박정호
○ 발간사무: 임성규
○ 교정위원: 정경화

＊ 최선을 다해 취재와 집필을 하였습니다만, 워낙 방대한 작업이라 오류가 있을 것으로 생각됩니다. 미흡한 부분은 다음 증보판에서 바로잡겠습니다. 광주전남시조시인협회로 연락 주시면 감사하겠습니다.